HEYNE

DR. OETKER BACKEN VON A–Z

WILHELM HEYNE VERLAG
MÜNCHEN

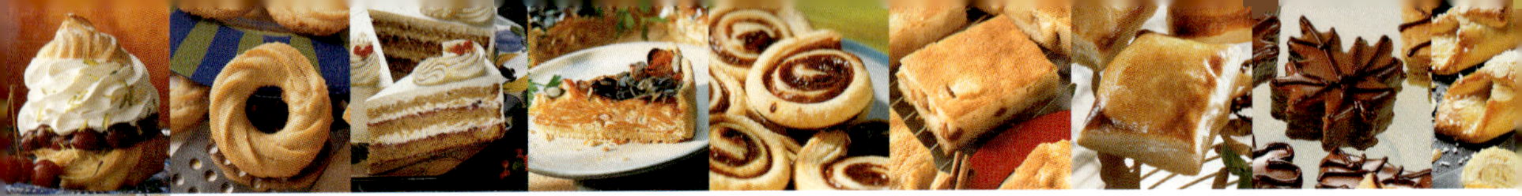

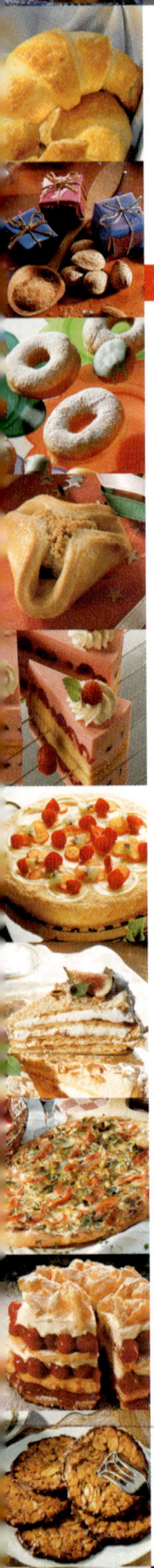

Abkürzungen

EL	=	Esslöffel
TL	=	Teelöffel
Msp.	=	Messerspitze
Pck.	=	Packung/Päckchen
g	=	Gramm
kg	=	Kilogramm
ml	=	Milliliter
l	=	Liter
evtl.	=	eventuell
geh.	=	gehäuft
gestr.	=	gestrichen
TK	=	Tiefkühlprodukt
°C	=	Grad Celcius
Ø	=	Durchmesser

Kalorien-/Nährwertangaben

E	=	Eiweiß
F	=	Fett
Kh	=	Kohlenhydrate
kcal	=	Kilokalorie
kJ	=	Kilojoule

Symbole

 = einfach

 = mittel

 = schwer

 = gefriergeeignet

 = mit Alkohol

Hinweise zu den Rezepten

Lesen Sie bitte vor der Zubereitung – besser noch vor dem Einkaufen – das Rezept einmal vollständig durch. Oft werden Arbeitsabläufe oder -zusammenhänge dann klarer.

Zutatenliste

Die Zutaten sind in der Reihenfolge ihrer Bearbeitung aufgeführt.

Arbeitsschritte

Die Arbeitsschritte sind einzeln hervorgehoben, in der Reihenfolge, in der sie von uns ausprobiert wurden.

Backofeneinstellung

Die in den Rezepten angegebenen Backtemperaturen und -zeiten sind Richtwerte, die je nach individueller Hitzeleistung des Backofens über- oder unterschritten werden können.
Bitte beachten Sie deshalb bei der Einstellung des Backofens die Gebrauchsanweisung des Herstellers und machen Sie nach Beendigung der angegebenen Backzeit eine Garprobe.

Zubereitungszeiten

Die Zubereitungszeit beinhaltet nur die Zeit für die eigentliche Zubereitung, die Backzeiten sind gesondert ausgewiesen. Längere Wartezeiten wie z.B. Kuhlzeiten sind ebenfalls nicht mit einbezogen.

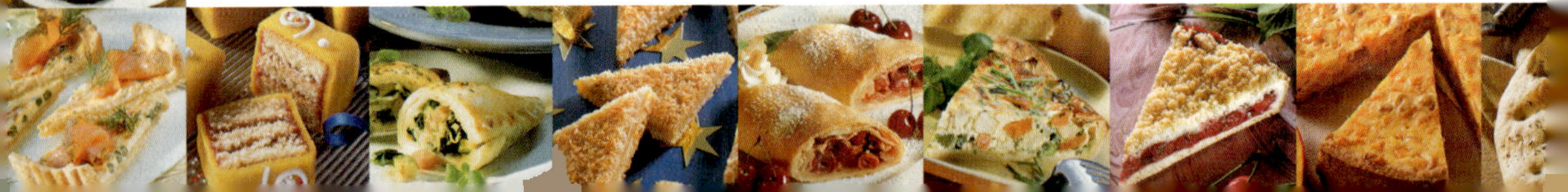

Vorwort

Backen von A–Z, das ist das Standardwerk für Ihre Backstube. In diesem Backlexikon finden Sie die wichtigsten und bekanntesten Backrezepte, sortiert von A–Z. Wenn Freunde, Verwandte oder der/die Liebste kommen – hier sind Sie richtig, wenn es ums zeitgemäße Backen geht. Auch wenn Sie sich selbst verwöhnen wollen, hier finden Sie Klassiker ebenso wie die modernen Rezepte, die handgeschrieben von Hobbybäcker zu Hobbybäcker weiter-gegeben werden. Sie finden die ganze Bandbreite des Backens von Plätzchen bis Torte, von Deutschland bis Amerika, von pikant bis süß. Und wenn Sie alles nachgebacken haben, dann beginnen Sie ruhig noch einmal von vorn.

Eine Buchstabenleiste zeigt Ihnen, wo Sie sich im Alphabet befinden. Gehen Sie mit uns auf Entdeckungsreise, egal ob Sie Ihre Familie oder Ihre Gäste mit leckerem Backwerk verwöh-nen möchten. Wir zeigen Ihnen von A–Z, was Sie Köstliches mit und ohne Backofen zaubern können.

Alle Rezepte sind am Ende des Buches noch einmal thematisch sortiert nach: Brot und Brötchen, Für Kinder, Grundrezepte, Kleingebäck, Konfekt, Kuchen aus der Form, Kuchen vom Blech, Mit Alkohol, Pikantes Gebäck, Plätzchen, Schnell, Torten, Vollwert-Gebäck und Weihnachtsgebäck.

Aachener Printen |

Klassisch

Für den Belag:
etwa 100 g Haselnusskerne

Für den Teig:
125 g Zuckerrübensirup (Rübenkraut)
50 g Zucker, 1 Prise Salz
50 g Butter oder Margarine
2 EL Milch oder Wasser
50 g Grümmel (gestoßener brauner Kandis), 3 Tropfen Zitronen-Aroma
1/2 gestr. TL gemahlener Anis
1/2 gestr. TL gemahlene Nelken
1/2 gestr. TL gemahlener Zimt
250 g Weizenmehl, 3 gestr. TL Backpulver

Zubereitungszeit: 45 Minuten, ohne Kühlzeit

Insgesamt: E: 75 g, F: 194 g, Kh: 820 g, kJ: 22934, kcal: 5476

1 Für den Belag Haselnusskerne auf ein Backblech geben, in den Backofen schieben und leicht anrösten lassen.

Ober-/Unterhitze: 200 – 220 °C (vorgeheizt)
Heißluft: 180 – 200 °C (vorgeheizt)
Gas: etwa Stufe 4 (vorgeheizt)
Röstzeit: 8 – 12 Minuten

2 Die Haselnusskerne in ein Sieb geben, die Häutchen mit den Händen abreiben, Haselnusskerne halbieren.

3 Für den Teig Sirup mit Zucker, Salz, Fett und Milch oder Wasser langsam erwärmen und zerlassen. Masse in eine Schüssel geben und kalt stellen.

4 Unter die fast erkaltete Masse mit Handrührgerät mit Rührbesen auf höchster Stufe Grümmel, Aroma und Gewürze rühren. Mehl mit Backpulver mischen, sieben und 2/3 davon portionsweise auf mittlerer Stufe unterrühren.

5 Die Teigmasse mit dem restlichen Mehl auf der Arbeitsfläche zu einem glatten Teig verkneten. Sollte der Teig kleben, ihn eine Zeit lang kalt stellen. Den Teig etwa 1/2 cm dick ausrollen, Rechtecke (etwa 2 1/2 x 7 cm) daraus schneiden und auf ein Backblech (gefettet) legen.

6 Die Haselnusshälften auf die Teigstücke legen und das Backblech in den Backofen schieben.

Ober-/Unterhitze: 180 – 200 °C (vorgeheizt)
Heißluft: 160 – 180 °C (vorgeheizt)
Gas: etwa Stufe 3 (vorgeheizt)
Backzeit: etwa 10 Minuten

7 Die Printen auf einem Kuchenrost erkalten lassen.

Tipp: Für den Guss 150 – 200 g dunkle Kuvertüre mit etwas Kokosfett in einem kleinen Topf im Wasserbad bei schwacher Hitze geschmeidig rühren und die Printen damit überziehen. Die Gewürzprinten sind etwa 4 Wochen haltbar.

Adventszahlen |

Schnell – preiswert

Für den Teig:
2 Eiweiß (Größe M)
2 EL (30 g) flüssiger Honig
80 g Weizenvollkornmehl

Zubereitungszeit: 15 Minuten, ohne Trockenzeit

Insgesamt: E: 17 g, F: 2 g, Kh: 73 g, kJ: 1652, kcal: 394

1 Für den Teig Eiweiß steif schlagen. Honig mit Mehl verrühren und Eischnee unterheben.

2 Den Teig in einen Spritzbeutel mit glatter Tülle füllen. Zahlen auf ein Backblech

Adventszahlen

(gefettet, mit Backpapier belegt) spritzen.

3 Die Zahlen bei Zimmertemperatur etwa 2 Stunden trocknen lassen und im Backofen hellgelb backen.

Ober-/Unterhitze: etwa 180 °C (vorgeheizt)
Heißluft: etwa 160 °C (vorgeheizt)
Gas: Stufe 2 – 3 (vorgeheizt)
Backzeit: 25 – 30 Minuten

Albertkekse |

Preiswert

Für den Knetteig:
175 g Weizenmehl
125 g Speisestärke
1/2 Pck. Backpulver
70 g Butter, 100 g Zucker
1 Ei (Größe M)
1 Pck. Vanillin–Zucker
2–3 EL Milch
1 Prise Salz

Zubereitungszeit: 30 Minuten, ohne Kühlzeit

Insgesamt: E: 29 g, F: 68 g, Kh: 350 g, kJ: 9209, kcal: 2200

1 Für den Teig Mehl, Speisestärke und Backpulver mischen, in eine Rührschüssel sieben. Restliche Zutaten hinzugeben und mit Handrührgerät mit Knethaken auf höchster Stufe gut durcharbeiten.

2 Anschließend auf einer bemehlten Arbeitsfläche zu einem glatten Teig verkneten. Teig zu einer Rolle formen, 30 Minuten kalt stellen.

3 Den Teig etwa 3 mm dick ausrollen, rechteckige Kekse ausschneiden. Mit einer Gabel Löcher in die Kekse stechen. Kekse auf ein Backblech (gefettet, mit Backpapier belegt) legen. Backblech in den Backofen schieben.

Ober-/Unterhitze: etwa 180 °C (vorgeheizt)
Heißluft: etwa 160 °C (vorgeheizt)
Gas: Stufe 2–3 (vorgeheizt)
Backzeit: etwa 15 Minuten

Albertkekse

Amaretti |

Gut vorzubereiten

Für den Teig:
300 g abgezogene, gemahlene Mandeln
6 Tropfen Bittermandel-Aroma
300 g Zucker
3 Eiweiß (Größe M)

Zum Bestäuben:
100 g Puderzucker

Zubereitungszeit: 15 Minuten, ohne Abkühlzeit

Insgesamt: E: 71 g, F: 160 g, Kh: 417 g, kJ: 14955, kcal: 3570

1 Mandeln mit Aroma und Zucker mischen. Eiweiß mit Handrührgerät mit Rührbesen sehr steif schlagen.

Amaretti

2 Eiweiß nach und nach unter die Mandelmasse mischen.

3 Aus dem Teig kleine Kugeln formen, die Amaretti in größerem Abstand auf ein Backblech (gefettet, mit Backpapier belegt) legen. Das Backblech in den Backofen schieben. Die Amaretti mehr trocknen als backen.

Ober-/Unterhitze: 140–160 °C (vorgeheizt)
Heißluft: 120–140 °C (vorgeheizt)
Gas: etwa Stufe 1 (vorgeheizt)
Backzeit: etwa 30 Minuten

4 Die Amaretti aus dem Backofen nehmen, noch warm mit Puderzucker bestäuben, etwas abkühlen lassen, dann vom Backpapier lösen.

Ananasbissen | ❄

Für die Weihnachtsbäckerei

4 Eiweiß (Größe M)
125 g feinkörniger Zucker
125 g abgezogene, gemahlene Mandeln
100 g abgetropfte, geraspelte
Ananasstücke (aus der Dose)
etwa 55 Backoblaten (Ø 5 cm)

Zubereitungszeit: 20 Minuten

Insgesamt: E: 40 g, F: 67 g, Kh: 145 g,
kJ: 5995, kcal: 1431

1 Eiweiß mit Handrührgerät mit Rührbesen
auf höchster Stufe steif schlagen, Zucker
nach und nach unterrühren. Mandeln und
Ananasstücke unterheben.

2 Von dem Teig mit 2 Teelöffeln jeweils
Häufchen auf Backoblaten geben. Die Oblaten
auf ein Backblech (gefettet, mit Backpapier
belegt) setzen, in den Backofen schieben.

Ober-/Unterhitze: 140 – 160 °C (vorgeheizt)
Heißluft: 120 – 140 °C (vorgeheizt)
Gas: etwa Stufe 1 (vorgeheizt)
Backzeit: etwa 30 Minuten

Ananasbissen

Ananas-Mascarpone-Torte |

Raffiniert – für Gäste

Für den Streuselteig:
350 g Weizenmehl
1 gestr. TL Backpulver
150 g Zucker
2 Pck. Vanillin-Zucker
1 Ei (Größe M)
200 g Butter oder Margarine

1 Dose Ananasraspel
(Abtropfgewicht 250 g)

Für die Mascarponecreme:
250 g Mascarpone
150 g Magerjoghurt
4 EL Zitronensaft
500 ml (¹/₂ l) Schlagsahne
2 Pck. Sahnesteif
50 g Zucker
3 EL gehackte
Zitronenmelisseblättchen

Zum Garnieren:
Ananasstückchen
Zitronenmelisseblättchen

Zubereitungszeit: 45 Minuten

Insgesamt: E: 75 g, F: 437 g, Kh: 564 g,
kJ: 28037, kcal: 6702

1 Für den Streuselteig Mehl mit Backpulver
in eine Rührschüssel sieben, mit Zucker und
Vanillin-Zucker mischen, Ei und Butter oder
Margarine hinzufügen. Alle Zutaten mit Handrührgerät mit Knethaken zu feinen Streuseln
verarbeiten.

2 Aus dem Teig 3 Böden backen. Dazu jeweils ¹/₃ der Streusel auf einem Springformboden (Ø 26 cm, gefettet) verteilen und zu
einem Boden leicht andrücken (darauf achten,
dass der Boden am Rand nicht zu dünn ist).

3 Ananasraspel auf einem Sieb gut abtropfen lassen. Jeweils ¹/₃ davon auf jedem Boden
verteilen. Die Böden ohne Springformrand
nacheinander (bei Heißluft zusammen) auf
dem Rost in den Backofen schieben.

Ober-/Unterhitze: etwa 200 °C (vorgeheizt)
Heißluft: etwa 180 °C (vorgeheizt)
Gas: Stufe 3 – 4 (vorgeheizt)
Backzeit: etwa 15 Minuten pro Boden

4 Die Böden sofort nach dem Backen mit
Hilfe eines Messers lösen, aber auf dem
Springformboden erkalten lassen. Einen der
Böden in 12 Stücke schneiden.

5 Für die Creme Mascarpone, Joghurt und
Zitronensaft verrühren. Sahne mit Sahnesteif
und Zucker steif schlagen, mit den gehackten
Melisseblättchen unter die Masse heben.

6 Jeweils die Hälfte der Creme auf die nicht
geschnittenen Böden streichen und zusammensetzen. Den geschnittenen Boden darauf
legen, etwas andrücken. Mit Ananas und Melisseblättchen garnieren.

Tipp: Anstelle von Mascarpone können Sie
auch Magerquark verwenden.

Ananas-Mascarpone-Torte

Anisplätzchen |

Für die Weihnachtsbäckerei

Für den Biskuitteig:
3 Eier (Größe M)
200 g Zucker
1 Pck. Vanillin-Zucker
125 g Weizenmehl
125 g Speisestärke
15 g gemahlene Anissamen

Zubereitungszeit: 30 Minuten, ohne
Trockenzeit

Insgesamt: E: 40 g, F: 24 g, Kh: 412 g,
kJ: 8723, kcal: 2083

1 Für den Teig Eier mit Handrührgerät mit
Rührbesen auf höchster Stufe schaumig
schlagen, nach und nach Zucker und Vanillin-
Zucker unterrühren. So lange rühren, bis eine
cremeartige Masse entstanden ist. Mehl mit

Speisestärke mischen, sieben und portionsweise auf mittlerer Stufe mit Anissamen unter
die Masse rühren.

2 Von dem Teig mit 2 Teelöffeln Häufchen auf
gefettete, gemehlte Backbleche setzen (genügend Zwischenraum lassen!), die Bleche mit
den Teighäufchen über Nacht nebeneinander
in einem warmen Raum trocknen lassen und
am anderen Tag nacheinander (bei Heißluft
zusammen) in den Backofen schieben.

Ober-/ Unterhitze: 140 – 160 °C (vorgeheizt)
Heißluft: 120 – 140 °C (nicht vorgeheizt)
Gas: etwa Stufe 1 (nicht vorgeheizt)
Backzeit: etwa 35 Minuten pro Backblech

Tipp: Die so genannten „Füßchen" bekommen die Plätzchen nur, wenn sie vor dem
Backen über Nacht in einem trockenen Raum
getrocknet werden.

Anisplätzchen

Apfel-Butterkuchen |

Für Gäste

Für den Quark-Öl-Teig:
300 g Weizenmehl
1 Pck. Backpulver
150 g Magerquark
100 ml Milch
100 ml Speiseöl
80 g Zucker
1 Pck. Vanillin-Zucker
1 Prise Salz

1 kg vorbereitete, in Scheiben geschnittene Äpfel

Für die Aprikosenbutter:
4 EL Aprikosenkonfitüre
125 g weiche Butter
3 Eigelb (Größe M)
3 Eiweiß (Größe M)
75 g Zucker

Zubereitungszeit: 40 Minuten

Insgesamt: E: 78 g, F: 230 g, Kh: 546 g, kJ: 19873, kcal: 4744

1 Für den Teig Mehl mit Backpulver mischen und in eine Rührschüssel sieben. Quark, Milch, Öl, Zucker, Vanillin-Zucker und Salz hinzufügen. Die Zutaten mit Handrührgerät mit Knethaken auf höchster Stufe in etwa 1 Minute zu einem Teig verarbeiten (nicht zu lange, Teig klebt sonst). Den Teig auf der bemehlten Arbeitsfläche zu einer Rolle formen.

2 Den Teig auf einem Backblech (30 x 40 cm, gefettet) ausrollen und mit den vorbereiteten Apfelscheiben belegen.

3 Für die Aprikosenbutter Aprikosenkonfitüre, Butter und Eigelb gut verrühren. Eiweiß steif schlagen und den Zucker unterrühren. Die

Eiweißmasse unter die Aprikosenbutter heben und auf die Äpfel streichen. Das Backblech in den Backofen schieben.

Ober-/Unterhitze: 180 – 200 °C (vorgeheizt)
Heißluft: 160 – 180 °C (vorgeheizt)
Gas: etwa Stufe 3 (vorgeheizt)
Backzeit: 20 – 30 Minuten

4 Das Backblech auf einen Kuchenrost stellen und den Kuchen erkalten lassen.

Abwandlung: Statt der Aprikosenbutter können auch Mandelstreusel auf die Äpfel gegeben werden. Dafür aus 250 g Weizenmehl, 200 g Zucker, 200 g Butterflöckchen Streusel von gewünschter Größe zubereiten, 100 g abgezogene, gehobelte Mandeln unterheben. Die Streusel über die Äpfel streuen und bei der oben angegebenen Herdeinstellung etwa 40 Minuten backen.

Apfel im Schlafrock |

Klassisch – mit Alkohol

Zum Einweichen:
2 EL Rosinen
3 EL Rum

1 Pck. (300 g) TK-Blätterteig
4 mürbe Äpfel (je 100 g)
50 g Zucker
75 g abgezogene, gehackte Mandeln
1 Ei (Größe M)
1 EL Wasser

etwas Puderzucker

Zubereitungszeit: 25 Minuten, ohne Einweich- und Auftauzeit

Insgesamt: E: 39 g, F: 132 g, Kh: 227 g, kJ: 10154, kcal: 2425

1 Rosinen in Rum 1 Stunde einweichen.

2 Blätterteig zugedeckt bei Zimmertemperatur auftauen lassen. Platten zu je einem Quadrat (16 x 16 cm) ausrollen. Aus der letzten Platte 4 gleich große Kreise ausstechen.

Apfel im Schlafrock

3 Äpfel schälen und mit einem Apfelausstecher Kerngehäuse entfernen. Die Rum-Rosinen mit Zucker und Mandeln mischen. Die Äpfel mit der Mischung füllen.

4 Ei mit Wasser verquirlen. Jeden Apfel in die Mitte eines Blätterteigquadrates setzen. Blätterteig um den Apfel herum hochschlagen und festdrücken. Blätterteigkreise mit etwas Wasser bepinseln, auf die Äpfel legen und mit verquirltem Ei bestreichen.

5 Äpfel auf ein mit kaltem Wasser abgespültes Backblech setzen und in den Backofen schieben.

Ober-/Unterhitze: 200 – 220 °C (vorgeheizt)
Heißluft: 180 – 200 °C (vorgeheizt)
Gas: etwa Stufe 4 (vorgeheizt)
Backzeit: 20 – 25 Minuten

6 Die Äpfel mit etwas Puderzucker bestäubt heiß servieren.

Beigabe: Schlagsahne oder Vanillesauce.

Apfelkuchen mit Rahmguss |

Klassisch – mit Alkohol

Für den Belag:
2 kg Äpfel
75 g Rum-Rosinen
40 g Butter
50 g Zucker
1 gestr. TL gemahlener Zimt

Für den Quark-Öl-Teig:
300 g Weizenmehl
1 Pck. Backpulver
150 g Magerquark
100 ml Milch
100 ml Speiseöl
80 g Zucker, 1 Pck. Vanillin-Zucker
1 Fläschchen Butter-Vanille-Aroma
etwas Salz

Für den Guss:
3 Eigelb (Größe M), 50 g Zucker
1 Becher (200 g) Schmand
oder Crème fraîche
3 Eiweiß (Größe M)

Zubereitungszeit: 50 Minuten, ohne Kühlzeit

Insgesamt: E: 82 g, F: 240 g, Kh: 651 g, kJ: 22310, kcal: 5320

1 Für den Belag Äpfel schälen, vierteln, entkernen, in Stücke schneiden. Mit Rum-Rosinen, Butter, Zucker und Zimt unter Rühren leicht dünsten. Abkühlen lassen.

2 Für den Teig Mehl mit Backpulver mischen, in eine Rührschüssel sieben. Quark, Milch, Öl, Zucker, Vanillin-Zucker, Aroma und Salz hinzufügen. Die Zutaten mit Handrührgerät mit Knethaken auf höchster Stufe in etwa 1 Minute zu einem Teig verarbeiten (nicht zu lange, Teig klebt sonst). Anschließend auf der bemehlten Arbeitsfläche zu einer Rolle formen.

3 Den Teig auf einem Backblech (30 x 40 cm, gefettet) ausrollen. Vor den Teig einen mehrfach umgeknickten Streifen Alufolie legen oder einen Backrahmen herumstellen.

4 Den erkalteten Belag gleichmäßig auf dem Teig verteilen. Backblech in den Backofen schieben.

Ober-/Unterhitze: etwa 200 °C (vorgeheizt)
Heißluft: etwa 180 °C (nicht vorgeheizt)
Gas: Stufe 3 – 4 (nicht vorgeheizt)
Backzeit: 30 – 35 Minuten

5 Für den Guss Eigelb und Zucker mit Handrührgerät mit Rührbesen auf höchster Stufe schaumig schlagen. Schmand oder Crème fraîche unterrühren. Eiweiß steif schlagen, unterziehen. Den Guss 10 Minuten vor Beendigung der Backzeit auf die Äpfel streichen und bräunen lassen.

Tipp: Den Kuchen statt auf einem Backblech in einer Fettfangschale backen. Die Äpfel, damit sie nicht braun werden, mit etwas Zitronensaft beträufeln.

Apfelkuchen mit Rahmguss

Apfelstrudel |

Klassisch

Für den Strudelteig:
200 g Weizenmehl
1 Prise Salz
75 ml (gut 5 EL) lauwarmes Wasser
50 g zerlassene Butter

Für die Füllung:
1 – 1,5 kg Äpfel
1/2 Fläschchen Rum-Aroma
3 Tropfen Zitronen-Aroma
75 g Butter
50 g Semmelbrösel
50 g Rosinen
100 g Zucker, 1 Pck. Vanillin-Zucker
50 g abgezogene, gehackte Mandeln

Zum Bestäuben:
Puderzucker

Zubereitungszeit: 60 Minuten, ohne Ruhezeit

Insgesamt: E: 42 g, F: 137 g, Kh: 453 g, kJ: 14086, kcal: 3360

1 Für den Teig Mehl in eine Rührschüssel sieben. Die übrigen Zutaten hinzufügen, mit Handrührgerät mit Knethaken zunächst kurz auf niedrigster, dann auf höchster Stufe gut durcharbeiten. Anschließend auf der Arbeitsfläche zu einem glatten Teig verkneten, ihn auf Pergamentpapier in einen heißen, trockenen Kochtopf (vorher Wasser darin kochen) legen, mit einem Deckel verschließen. 30 Minuten ruhen lassen.

2 Für die Füllung Äpfel schälen, vierteln, entkernen und in feine Stifte schneiden. Rum-Aroma und Zitronen-Aroma untermischen. Butter zerlassen.

3 Den Teig auf einem bemehlten, großen Küchentuch ausrollen und dünn mit etwas von der Butter bestreichen. Den Teig anheben und über dem Handrücken zu einem Rechteck (50 x 70 cm) ausziehen. Der Teig muss durchsichtig sein.

4 2/3 der Butter auf den Teig streichen. Brösel auf den Teig streuen und dabei an den kürzeren Seiten etwa 3 cm frei lassen.

5 Nacheinander Äpfel, Rosinen, Zucker, Vanillin-Zucker und Mandeln auf der Hälfte des Teiges verteilen.

6 Die frei gebliebenen Teigränder auf die Füllung schlagen. Den Teig von der längeren Seite her, mit der Füllung beginnend, aufrollen. An den Enden gut zusammendrücken und auf ein gefettetes Backblech legen. Strudel mit etwas Butter bestreichen und das Backblech in den Backofen schieben.

Ober-/Unterhitze: 180 – 200 °C (vorgeheizt)
Heißluft: 160 – 180 °C (nicht vorgeheizt)
Gas: Stufe 3 – 4 (nicht vorgeheizt)
Backzeit: 45 – 55 Minuten

7 Nach 30 Minuten Backzeit den Strudel mit der restlichen Butter bestreichen.

8 Nach dem Backen den Strudel erkalten lassen und mit Puderzucker bestäubt servieren.

Apfelstrudel

Apfeltaschen

Apfeltaschen | 🗑 🗑

Für Kinder

Für die Füllung:
750 g Äpfel
50 g Rosinen
50 – 70 g Zucker
3 – 4 Tropfen Zitronen-Aroma

Für den Quark-Öl-Teig:
300 g Weizenmehl
1 Pck. Backpulver
150 g Magerquark
6 EL Milch
6 EL Speiseöl
75 g Zucker
1 Pck. Vanillin-Zucker
1 Prise Salz
etwas Milch zum Bestreichen

Für den Guss:
100 g Puderzucker
etwas Wasser

Zubereitungszeit: 60 Minuten

Insgesamt: E: 57 g, F: 81 g, Kh: 574 g,
kJ: 14114, kcal: 3367

1 Für die Füllung Äpfel schälen, vierteln, ent-
kernen, in kleine Stücke schneiden. Unter
Rühren leicht dünsten, Rosinen, Zucker und
Zitronen-Aroma unterrühren, erkalten lassen.

2 Für den Teig Mehl mit Backpulver mischen,
in eine Rührschüssel sieben. Quark, Milch, Öl,
Zucker, Vanillin-Zucker und Salz hinzufügen.
Die Zutaten mit Handrührgerät mit Knethaken
auf höchster Stufe in etwa 1 Minute zu einem
glatten Teig verarbeiten (nicht zu lange, Teig
klebt sonst).

3 Teig auf der Arbeitsfläche zu einer Rolle
formen, den Teig dünn ausrollen und runde
Platten (Ø 10 cm) ausstechen, die eine Hälfte
jeder Teigplatte mit etwas Apfelfüllung bele-

gen, den Rand jeder Teigplatte mit Milch
bestreichen, die andere Teighälfte über die
Apfelfüllung klappen. Die Taschen gut an den
Rändern andrücken, auf ein Backblech (gefettet) legen und in den Backofen schieben.

Ober-/Unterhitze: 180 – 200 °C (vorgeheizt)
Heißluft: 160 – 180 °C (vorgeheizt)
Gas: etwa Stufe 3 (vorgeheizt)
Backzeit: etwa 15 Minuten

4 Für den Guss Puderzucker sieben, mit so
viel Wasser glatt rühren, dass eine dickflüssige Masse entsteht. Sofort nach dem Backen
die Apfeltaschen damit bestreichen, erkalten
lassen.

Tipp: Anstelle von Äpfeln, Sauerkirschen,
Pfirsiche oder Aprikosen verwenden.

Apfeltorte, gedeckt |

Raffiniert

Für den Knetteig:
300 g Weizenmehl
2 gestr. TL Backpulver
100 g Zucker
1 Pck. Vanillin-Zucker
1 Prise Salz
$^1/_2$ Eigelb (Größe M)
1 Eiweiß (Größe M)
1 EL Milch
150 g Butter oder Margarine

Für die Füllung:
etwa 2 kg Äpfel
1 EL Wasser, 50 g Zucker
$^1/_2$ TL gemahlener Zimt
50 g Rosinen
etwa 50 g Zucker
einige Tropfen Rum-Aroma

Zum Bestreichen:
$^1/_2$ Eigelb, 1 EL Milch

Zubereitungszeit: 60 Minuten

Insgesamt: E: 44 g, F: 140 g, Kh: 648 g,
kJ: 17545, kcal: 4183

1 Für den Teig Mehl mit Backpulver mischen, in eine Rührschüssel sieben. Zucker, Vanillin-Zucker, Salz, Eigelb, Eiweiß, Milch und Butter oder Margarine hinzufügen.

2 Die Zutaten mit Handrührgerät mit Knethaken zunächst kurz auf niedrigster, dann auf höchster Stufe gut durcharbeiten, anschließend auf der Arbeitsfläche zu einem glatten Teig verkneten. Sollte er kleben, ihn in Folie gewickelt eine Zeit lang kalt stellen.

3 Knapp die Hälfte des Teiges auf dem Boden einer Springform (Ø 28 cm, gefettet) ausrollen, mehrmals mit einer Gabel einstechen, Springformrand um den Boden stellen. Die Form auf dem Rost in den Backofen schieben.

Ober-/Unterhitze: 200 – 220 °C (vorgeheizt)
Heißluft: 180 – 200 °C (vorgeheizt)
Gas: etwa Stufe 4 (vorgeheizt)
Backzeit: 15 – 20 Minuten

4 Für die Füllung die Äpfel schälen, vierteln, entkernen, in kleine Stücke schneiden, mit Wasser, Zucker, Zimt und Rosinen unter Rühren dünsten und etwas abkühlen lassen. Masse mit Zucker und Rum-Aroma abschmecken.

5 Den restlichen Teig (etwa $^1/_3$ für den Rand abnehmen) zu einer Platte in Größe der Springform ausrollen, den abgenommenen Teig zu einer Rolle formen, sie als Rand auf den vorgebackenen Boden legen und so an die Form drücken, dass ein etwa 3 cm hoher Rand entsteht.

6 Die Füllung auf den vorgebackenen Boden streichen, die Teigplatte darauf legen.

7 Zum Bestreichen Eigelb mit Milch verschlagen, die Teigplatte damit bestreichen, mit einer Gabel mehrmals einstechen. Die Form auf dem Rost in den Backofen schieben und den Kuchen fertig backen

Ober-/Unterhitze: 200 – 220 °C (vorgeheizt)
Heißluft: 180 – 200 °C (vorgeheizt)
Gas: etwa Stufe 4 (vorgeheizt)
Backzeit: 20 – 30 Minuten

Apfeltorte, gedeckt

Apfeltorte, umgedreht

Apfeltorte, umgedreht |

Gut vorzubereiten

Für den Belag:
30 – 50 g Butter
30 g Zucker
$^1/_2$ gestr. TL gemahlener Zimt
750 g Äpfel
100 g halbierte Walnusskerne

Für den Rührteig:
100 g Butter oder Margarine
120 g Zucker
1 Pck. Vanillin-Zucker
1 Prise Salz
5 Tropfen Zitronen-Aroma
2 Eier (Größe M)
125 g Weizenmehl
75 g Speisestärke
2 gestr. TL Backpulver

Zum Bestreichen:
2 EL Aprikosenkonfitüre

Zubereitungszeit: 60 Minuten, ohne Abkühlzeit

Insgesamt: E: 46 g, F: 151 g, Kh: 415 g, kJ: 13889, kcal: 3314

1 Für den Belag Butter in einer Pfanne zerlassen und auf dem Boden einer Springform (Ø 28 cm, Form mit Alufolie ausgelegt) verteilen. Zucker mit Zimt mischen und gleichmäßig dünn auf die Butter streuen.

2 Äpfel schälen, die Kerngehäuse mit einem Apfelausstecher ausstechen. Äpfel in etwa 1 $^1/_2$ cm dicke Ringe schneiden.

3 Die Apfelringe in die mit Zucker und Zimt ausgestreute Form legen. Die Lücken mit Walnusskernhälften auslegen.

4 Für den Teig Butter oder Margarine mit Handrührgerät mit Rührbesen auf höchster Stufe geschmeidig rühren. Nach und nach Zucker, Vanillin-Zucker, Salz und Aroma unterrühren. So lange rühren, bis eine gebundene Masse entstanden ist.

5 Eier nach und nach unterrühren (jedes Ei etwa $^1/_2$ Minute). Mehl mit Speisestärke und Backpulver mischen, sieben, portionsweise auf mittlerer Stufe unterrühren. Den Teig gleichmäßig auf den Apfelringen verteilen. Die Form auf dem Rost in den Backofen schieben.

Ober-/Unterhitze: 180 – 200 °C (vorgeheizt)
Heißluft: 160 – 180 °C (nicht vorgeheizt)
Gas: etwa Stufe 3 (nicht vorgeheizt)
Backzeit: 40 – 50 Minuten

6 Die Torte vorsichtig mit Hilfe eines Messers vom Springformrand lösen und auf einen Kuchenrost stürzen. Alufolie abziehen. Die Torte erkalten lassen.

7 Zum Bestreichen Konfitüre durch ein Sieb streichen, in einem kleinen Topf aufkochen lassen und die Apfelringe damit bestreichen.

Tipp: Bereiten Sie die Torte mit einem säuerlichen Apfel, z. B. Cox Orange zu. Die Apfelringe zusätzlich mit Zitronensaft beträufeln.

Aprikosenwähe mit Marzipanguss | 🍦 🍦

Raffiniert

1 Dose Aprikosenhälften
(Abtropfgewicht 480 g)

Für den Quark-Öl-Teig:
300 g Weizenmehl, 1 Pck. Backpulver
150 g Magerquark
75 g Zucker, 6 EL Milch
6 EL Speiseöl, 1 Prise Salz

Zum Bestreuen:
2 EL abgezogene, gemahlene Mandeln

Für die Marzipancreme:
100 g Marzipan-Rohmasse
250 g Schmand, 4 Eier (Größe M)
2 EL Speisestärke
1 Pck. Finesse Bourbon-Vanille-Aroma
2 EL abgezogene, gehobelte Mandeln

Zubereitungszeit: 35 Minuten

Insgesamt: E: 114 g, F: 228 g, Kh: 420 g,
kJ: 18426, kcal: 4401

1 Aprikosen auf ein Sieb geben und gut
abtropfen lassen.

2 Für den Teig Mehl und Backpulver mischen, in eine Rührschüssel sieben. Quark,
Zucker, Milch, Öl und Salz hinzufügen.

3 Die Zutaten mit Handrührgerät mit Knethaken auf höchster Stufe in etwa 1 Minute verarbeiten (nicht zu lange, Teig klebt sonst). Anschließend auf der bemehlten Arbeitsfläche zu
einer Rolle formen. Eine Platte (Ø 30 – 32 cm)
ausrollen, in eine gefettete Wähen- oder Tarteform (Ø 28 – 30 cm) legen und überstehenden Rand abschneiden.

4 Boden mit Mandeln bestreuen.
Aprikosenhälften darauf verteilen.

5 Für die Marzipancreme Marzipan klein
schneiden und in eine Schüssel geben.
Schmand, Eier, Stärke und Vanille-Aroma hinzufügen und pürieren. Marzipancreme auf
den Aprikosen verteilen. Wähe mit Mandeln
bestreuen.

6 Form auf dem Rost in den Backofen
schieben.

Ober-/Unterhitze: etwa 200 °C (vorgeheizt)
Heißluft: etwa 180 °C (vorgeheizt)
Gas: Stufe 3 – 4 (vorgeheizt)
Backzeit: etwa 30 Minuten

7 Lauwarm oder kalt als Dessert servieren.

**Aprikosenwähe mit
Marzipanguss**

Artischockentarte

Artischockentarte

Raffiniert – etwas teurer

Für den Teig:
200 g Weizenmehl
¹/₂ gestr. TL Salz
1 Msp. Backpulver
1 Ei (Größe M)
120 g Butter oder Margarine

Für den Belag:
3 Dosen Artischockenböden (je 220 g)
50 g schwarze Olivenringe
(aus dem Glas)
30 g Pinienkerne
70 g Salami
30 g Parmesan
1 Döschen (0,2 g) Safran
1 EL heißes Wasser
250 ml (¹/₄ l) Schlagsahne
2 Eier (Größe M)
Salz, frisch gemahlener Pfeffer
Cayennepfeffer

Zubereitungszeit: 35 Minuten, ohne Kühlzeit

Insgsamt: E: 100 g, F: 253 g, Kh: 197 g, kJ: 15177, kcal: 3626

1 Für den Teig Mehl mit Salz und Backpulver in einer Schüssel mischen. Ei und Butter oder Margarine hinzufügen und mit Handrührgerät mit Knethaken auf höchster Stufe zu einem glatten Teig verkneten. Teig abdecken und 1 Stunde kalt stellen.

2 Für den Belag Artischockenböden und Olivenringe getrennt auf ein Sieb geben und abtropfen lassen. Pinienkerne in einer trockenen Pfanne goldbraun rösten. Abkühlen lassen.

3 Salami würfeln. Parmesan grob reiben und mit Salamiwürfeln, Pinienkernen und Olivenringen mischen.

4 Teig auf der bemehlten Arbeitsfläche zu einer runden Platte (Ø 32 cm) ausrollen. Eine Tarteform (Ø 28 cm) gefetten und mit Teig auslegen. Teigboden mit einer Gabel mehrfach einstechen. Artischockenböden auf dem Teig verteilen und mit der Salamimischung füllen.

5 Safran mit Wasser verrühren. Sahne, Eier und angerührten Safran verrühren. Mit Salz, Pfeffer und Cayennepfeffer würzen und auf den Belag gießen. Form auf dem Rost in den Backofen schieben.

Ober-/Unterhitze: etwa 200 °C (vorgeheizt)
Heißluft: etwa 180 °C (nicht vorgeheizt)
Gas: Stufe 3 – 4 (nicht vorgeheizt)
Backzeit: etwa 40 Minuten

Baisertorte mit Schokocreme

Baisertorte mit Schokocreme |

Raffiniert – dauert etwas länger

Für die Baisermasse:
4 Eiweiß (Größe M)
200 g Zucker

Für die Füllung:
4 Eigelb (Größe M)
50 g Zucker
25 g gesiebtes Kakaopulver
400 ml Schlagsahne
100 g Butter
1 Pck. Sahnesteif

25 g geschabte Zartbitterschokolade

Zubereitungszeit: 40 Minuten,
ohne Kühlzeit

Insgesamt: E: 43 g, F: 239 g, Kh: 290 g,
kJ: 14861, kcal: 3551

1 Für die Baisermasse Eiweiß mit Handrühr-gerät mit Rührbesen zu steifem Schnee schla-gen. Zucker nach und nach unterschlagen. Die Baisermasse in 3 Kreisen (Ø 19 cm) auf gefettete, mit Backpapier belegte Backbleche streichen (2 Kreise passen auf ein Blech). Backbleche nacheinander (bei Heißluft zusam-men) in den Backofen schieben.

Ober-/ Unterhitze: etwa 120 °C (vorgeheizt)
Heißluft: etwa 100 °C (nicht vorgeheizt)
Gas: etwa Stufe 1 (nicht vorgeheizt)
Backzeit: etwa 50 Minuten pro Backblech

2 Die Baiserböden vom Backpapier lösen und einzeln auf einem Kuchenrost erkalten lassen.

3 Für die Füllung Eigelb, Zucker, Kakao und 100 ml der Sahne verrühren. Butter in einem Topf zerlassen, Kakaomasse einrühren und

unter Rühren zum Kochen bringen. Topf von der Kochstelle nehmen und erkalten lassen. Zwischendurch umrühren.

4 Die übrige Sahne mit Sahnesteif steif schlagen und unter die Schokoladenmasse (3 Esslöffel Sahne zurückbehalten) heben.

5 Einen Baiserboden auf eine Tortenplatte legen, die Hälfte der Schokocreme auf den Boden streichen, den zweiten Boden darauf legen, restliche Schokocreme darauf vertei-len, mit dem dritten Boden bedecken. Auf den oberen Boden die zurückbehaltene Sahne streichen und mit Zartbitterschoko-lade bestreuen.

Tipp: Baiserböden können schon einige Tage vor dem Verzehr zubereitet werden. Böden dann gut verpackt, z. B. in Alufolie, aufbe-wahren.

Bananengebäck |  ❄

Für Kinder

Für den Quark-Öl-Teig:
300 g Weizenmehl
1 Pck. Backpulver
150 g Magerquark
6 EL Milch
6 EL Speiseöl
75 g Zucker, 1 Pck. Vanillin-Zucker
1 Prise Salz

Für die Füllung:
4 – 5 Bananen
Aprikosenkonfitüre
1 Eiweiß (Größe M)

Zum Bestreichen:
1 Eigelb, 1 EL Milch

Zum Bestreuen:
abgezogene, gehobelte Mandeln
Hagelzucker

Zubereitungszeit: 25 Minuten

Insgesamt: E: 70 g, F: 90 g, Kh: 434 g,
kJ: 12451, kcal: 2976

1 Für den Teig Mehl mit Backpulver mischen, in eine Rührschüssel sieben. Quark, Milch, Öl, Zucker, Vanillin-Zucker und Salz hinzufügen. Die Zutaten mit Handrührgerät mit Knethaken auf höchster Stufe in etwa 1 Minute zu einem Teig verarbeiten (nicht zu lange, Teig klebt sonst).

2 Anschließend auf der bemehlten Arbeitsfläche zu einer Rolle formen. Den Teig zu einem Rechteck (24 x 60 cm) ausrollen und in 10 Quadrate von 12 x 12 cm schneiden.

3 Für die Füllung Bananen schälen, je nach Größe in 2 bzw. 3 Stücke schneiden. Jedes Teigstück mit Aprikosenkonfitüre bestreichen, jeweils 1 Bananenstück darauf legen und

ebenfalls mit Aprikosenkonfitüre bestreichen. Die Teigränder mit verschlagenem Eiweiß bestreichen und jeweils von einer Ecke her übereinander legen.

4 Das Gebäck auf ein Backblech (gefettet) legen. Eigelb mit Milch verrühren, das Gebäck damit bestreichen, mit Mandeln und Hagelzucker bestreuen. Das Backblech in den Backofen schieben.

Ober-/ Unterhitze: 180 – 200 °C (vorgeheizt)
Heißluft: 160 – 180 °C (vorgeheizt)
Gas: etwa Stufe 3 (vorgeheizt)
Backzeit: 15 – 20 Minuten

5 Das Bananengebäck warm mit Schlagsahne oder Vanillesauce servieren.

Tipp: Anstelle der Aprikosenkonfitüre kann auch Kiwikonfitüre verwendet werden.

![Bananengebäck]
Bananengebäck

Barbaratorte

Für den Nachmittagskaffee

Für den Rührteig:
150 g Butter oder Margarine
150 g Zucker
1 Pck. Vanillin-Zucker
2 Eigelb (Größe M)
100 g Schmand
300 g Weizenmehl
$\frac{1}{2}$ Pck. Backpulver

Für den Belag:
2 Eiweiß (Größe M)
150 g Zucker
1 EL Weizengrieß
2 grob geraspelte Äpfel
50 g gemahlene Walnusskerne
1 – 2 EL Weizenmehl

Zum Verzieren:
etwas Schokoladenglasur

Zubereitungszeit: 50 Minuten

Insgesamt: E: 60 g, F: 202 g, Kh: 592 g,
kJ: 19084, kcal: 4558

1 Für den Teig Butter oder Margarine mit Handrührgerät mit Rührbesen auf höchster Stufe geschmeidig rühren. Nach und nach Zucker und Vanillin-Zucker unterrühren. So lange rühren, bis eine gebundene Masse entstanden ist.

2 Eigelb nach und nach unterrühren (jedes Eigelb knapp $\frac{1}{2}$ Minute). Schmand unterrühren. Mehl mit Backpulver mischen, sieben, portionsweise auf mittlerer Stufe unterrühren.

3 $\frac{2}{3}$ des Teiges in eine Springform (Ø 26 cm, Boden gefettet) geben, glatt streichen. Form auf dem Rost in den Backofen schieben und den Boden vorbacken.

Ober-/Unterhitze: etwa 180 °C (vorgeheizt)
Heißluft: etwa 160 °C (vorgeheizt)
Gas: Stufe 2 – 3 (vorgeheizt)
Backzeit: etwa 20 Minuten

4 Die Form auf einen Kuchenrost stellen. Boden abkühlen lassen.

5 Für den Belag Eiweiß steif schlagen, Zucker nach und nach unterrühren. Grieß, Apfelraspel und Nüsse vorsichtig unterheben und auf dem vorgebackenen Boden verteilen. Unter den restlichen Teig Mehl kneten, dünne Rollen daraus formen und als Gitter über den Belag legen. Form auf dem Rost in den Backofen schieben und die Torte **bei gleicher Backofeneinstellung in etwa 30 Minuten** fertig backen.

6 Die Torte aus der Form lösen und auf einem Kuchenrost erkalten lassen. Torte mit aufgelöster Glasur verzieren.

Barbaratorte

Bärentatzen |

Zum Tee – gut vorzubereiten

Für den Rührteig:
150 g Butter oder Margarine
150 g Zucker
2–3 Tropfen Rum-Aroma
3 Eier (Größe M)
125 g Weizenmehl
2 gestr. TL Backpulver
50 g geriebene Zartbitterschokolade
50 g nicht abgezogene, gemahlene
Mandeln, 1 gestr. TL gemahlener Zimt

Für den Guss:
100 g Zartbitterschokolade
1 EL Speiseöl

Zubereitungszeit: 35 Minuten

Insgesamt: E: 58 g, F: 232 g, Kh: 319 g,
kJ: 15612, kcal: 3730

1 Für den Teig Butter oder Margarine mit Handrührgerät mit Rührbesen auf höchster Stufe geschmeidig rühren. Nach und nach Zucker und Aroma unterrühren. So lange rühren, bis eine gebundene Masse entstanden ist.

2 Eier nach und nach unterrühren (jedes Ei etwa 1/2 Minute). Mehl mit Backpulver mischen, sieben, abwechselnd portionsweise mit Schokolade, Mandeln und Zimt auf mittlerer Stufe unterrühren.

3 Teig in gefettete, gemehlte Bärentatzen-Formen geben und nacheinander (bei Heißluft zusammen) auf dem Rost in den Backofen schieben.

Ober-/Unterhitze: etwa 180 °C (vorgeheizt)
Heißluft: etwa 160 °C (vorgeheizt)
Gas: Stufe 2 – 3 (vorgeheizt)
Backzeit: 15 – 20 Minuten pro Form

4 Die Bärentatzen 10 Minuten in der Form stehen lassen, vorsichtig lösen, stürzen und erkalten lassen.

5 Für den Guss Schokolade in Stücke brechen, mit Öl in einem kleinen Topf im Wasserbad auflösen, die Tatzen mit den Enden hineintauchen und trocknen lassen.

Bärentatzen

Baumkuchen |

Gut vorzubereiten

Für den Rührteig:
250 g Butter oder Margarine
250 g Zucker
1 Pck. Vanillin-Zucker
1 Prise Salz
2 Eier (Größe M)
4 Eigelb (Größe M)
3 EL Rum
150 g Weizenmehl
100 g Speisestärke
3 gestr. TL Backpulver
4 Eiweiß (Größe M)

Für den Guss:
100 g weiße Kuvertüre
100 g Halbbitter-Kuvertüre
30 g Kokosfett

Zubereitungszeit: 70 Minuten,
ohne Kühlzeit

Insgesamt: E: 73 g, F: 303 g, Kh: 559 g,
kJ: 23012, kcal: 5497

1 Für den Teig Butter oder Margarine mit Handrührgrät mit Rührbesen auf höchster Stufe geschmeidig rühren. Nach und nach Zucker, Vanillin-Zucker und Salz unterrühren, so lange rühren, bis eine gebundene Masse entstanden ist. Nach und nach die Eier und Eigelb unterrühren (jedes Ei, Eigelb knapp 1/2 Minute), Rum unterrühren.

2 Mehl mit Speisestärke und Backpulver mischen, sieben, portionsweise auf mittlerer Stufe unterrühren. Das Eiweiß steif schlagen, vorsichtig unter den Teig heben.

3 Eine gefettete Kastenform (35 x 11 cm) mit Backpapier auslegen. Einen gut gehäuften Esslöffel Teig gleichmäßig mit einem Pinsel darauf streichen. Die Form auf dem Rost unter den vorgeheizten Grill schieben (Abstand zwischen Grill und Teigschicht etwa 20 cm).

4 Die Teigschicht in etwa 2 Minuten hellbraun backen. Als zweite Schicht wieder 1 – 2 Esslöffel Teig auf die gebackene Schicht streichen, die Form wieder unter den Grill schieben. Auf diese Weise den ganzen Teig verarbeiten (die Einschubhöhe nach Möglichkeit so verändern, dass der Abstand von etwa 20 cm zwischen Grill und Teigschicht bestehen bleibt).

5 Den Kuchen mit einem Messer vorsichtig vom Rand der Form lösen, auf ein Backblech stürzen, das Papier abziehen und den Kuchen sofort noch etwa 5 Minuten in den heißen Backofen schieben. Den Kuchen auf einem Kuchenrost erkalten lassen und in 4 Stangen schneiden.

6 Für den Guss Kuvertüre und jeweils die Hälfte des Kokosfettes getrennt im heißen Wasserbad geschmeidig rühren und je 2 Baumkuchenstangen damit überziehen.

Baumkuchen-Petits-Fours

Baumkuchen-Petits-Fours |

Zum Verschenken

Für den Rührteig:
200 g Butter oder Margarine
200 g Zucker
1 Pck. Vanillin-Zucker
3 EL Weinbrand
2 Eier (Größe M)
2 Eigelb (Größe M)
100 g Weizenmehl
50 g Speisestärke
2 gestr. TL Backpulver
50 g abgezogene, gemahlene Mandeln
2 Eiweiß (Größe M)

Für den Guss:
*200 g Kuvertüre (Vollmilch-, Halbbitter-
oder weiße Kuvertüre)*
2 TL Speiseöl

Zubereitungszeit: 75 Minuten,
ohne Kühlzeit

Insgesamt: E: 63 g, F: 286 g, Kh: 442 g,
kJ: 20128, kcal: 4809

1 Für den Teig Butter oder Margarine mit Handrührgerät mit Rührbesen auf höchster Stufe geschmeidig rühren, nach und nach

Zucker, Vanillin-Zucker und Weinbrand unterrühren und so lange rühren, bis eine gebundene Masse entstanden ist.

2 Eier und Eigelb nach und nach unterrühren (jedes Ei etwa 1/2 Minute, jedes Eigelb knapp 1/2 Minute). Mehl mit Speisestärke und Backpulver mischen, sieben, portionsweise auf mittlerer Stufe unterrühren, dann Mandeln unterrühren.

3 Eiweiß zu steifem Schnee schlagen und vorsichtig unter den Teig heben.

4 Den gefetteten Boden einer Kastenform (30 x 11 cm) mit Backpapier auslegen, 1 gut gehäuften Esslöffel Teig gleichmäßig mit einem Pinsel darauf streichen, die Form auf dem Rost in den Backofen schieben (Abstand zwischen Grill und Teigschicht etwa 20 cm) und die Teigschicht unter dem vorgeheizten Grill hellbraun backen.
Grillzeit: etwa 2 Minuten.

5 Als zweite Schicht 1 – 2 Esslöffel Teig auf die gebackene Schicht streichen und die Form wieder unter den Grill schieben. Auf diese Weise zunächst die Hälfte des Teiges (6 Schichten) verarbeiten (die Einschubhöhe nach Möglich-

keit so verändern, dass der Abstand von etwa 20 cm zwischen Grill und Teigschicht bestehen bleibt). Das fertige Gebäck mit einem Messer vorsichtig vom Rand der Form lösen, auf einen Kuchenrost stürzen, das Papier abziehen.

6 Den restlichen Teig auf die gleiche Weise backen.

7 Die beiden Gebäckstücke erkalten lassen. Mit Blattausstechern kleine Petits Fours ausstechen.

8 Für den Guss Kuvertüre voneinander getrennt in kleine Stücke schneiden und mit je 1 Teelöffel Öl in einem kleinen Topf im Wasserbad bei schwacher Hitze geschmeidig rühren. Die Petits Fours mit einer Gabel in die Kuvertüre tauchen, abtropfen lassen und auf einen Kuchenrost setzen, trocknen lassen und in einer gut schließenden Dose aufbewahren.

Tipp: Jeweils die andersfarbige Kuvertüre in eine Pergamentpapiertüte füllen und Blattadern auf die Petits Fours spritzen. Einen Backrahmen von 25 x 25 cm auf ein Backblech (gefettet, mit Backpapier belegt) stellen und die ganze Masse darin backen.

Beerenschiffchen | 🍨 🍨 🍨 🍶

Raffiniert – dauert etwas länger

Für den Knetteig:
125 g Weizenmehl
25 g Zucker
1 Pck. Vanillin-Zucker
1 Eigelb (Größe M)
¹⁄₂ EL Milch
65 g Butter oder Margarine

Zum Bestreichen:
40 g Zartbitterschokolade
etwas Kokosfett

Für die Füllung:
1 TL Speisestärke
1 EL Zucker, 1 Pck. Vanillin-Zucker
1 Becher (150 g) Crème fraîche
1 Ei (Größe M)
3 EL Kirschwasser
250 g gemischte Beeren
1 – 2 EL Zucker

Für den Guss:
1 Pck. Tortenguss, 40 g Zucker
250 ml (¹⁄₄ l) Wasser oder Fruchtsaft

Zubereitungszeit: 60 Minuten,
ohne Kühlzeit

Insgesamt: E: 34 g, F: 136 g, Kh: 282 g,
kJ: 11046, kcal: 2640

1 Für den Teig Mehl in eine Rührschüssel sieben. Zucker, Vanillin-Zucker, Eigelb, Milch und Butter oder Margarine hinzufügen. Die Zutaten mit Handrührgerät mit Knethaken zunächst kurz auf niedrigster, dann auf höchster Stufe gut durcharbeiten.

2 Anschließend auf der bemehlten Arbeitsfläche zu einem glatten Teig verkneten, sollte er kleben, ihn eine Zeit lang kalt stellen. Den Teig ausrollen, in der Größe von 12 Schiffchen-Förmchen ausstechen und die Förmchen damit auslegen.

3 Die Förmchen auf ein Backblech setzen und das Blech auf der untersten Schiene in den Backofen schieben.

Ober-/Unterhitze: etwa 180 °C (vorgeheizt)
Heißluft: etwa 160 °C (vorgeheizt)
Gas: Stufe 2 – 3 (vorgeheizt)
Backzeit: etwa 10 Minuten

4 Die gebackenen Schiffchen sofort aus den Förmchen lösen und erkalten lassen.

5 Zum Bestreichen Zartbitterschokolade mit Kokosfett in einem kleinen Topf im heißen Wasserbad bei schwacher Hitze zu einer geschmeidigen Masse verrühren und die Schiffchen damit ausstreichen.

6 Für die Füllung Speisestärke, Zucker, Vanillin-Zucker und Crème-fraîche in einem Topf gut verrühren. Das Ei hinzufügen. Die Masse unter ständigem Schlagen einmal aufkochen lassen und von der Kochstelle nehmen. Kirschwasser unterrühren. Die Masse erkalten lassen, in die Schiffchen geben und glatt streichen.

7 Beeren vorsichtig waschen, abtropfen lassen, mit Zucker bestreuen und einige Zeit stehen lassen. Die Beeren abtropfen lassen, dabei den Saft auffangen. Beeren auf die Schiffchen geben.

8 Für den Guss den Tortenguss nach Packungsanleitung zubereiten und über die Beeren verteilen.

Tipp: Die Schiffchen können schon etwa 8 Tage vor dem Verzehr gebacken und in einer gut schließenden Dose aufbewahrt werden. Sie müssen die Schiffchen dann am Tag des Verzehrs nur noch füllen.

Beerenschiffchen

Bergische Waffeln |

Schnell zuzubereiten

Für den Rührteig:
250 g Butter oder Margarine
150 g Zucker
1 Pck. Vanillin-Zucker
1 Prise Salz
4 Eier (Größe M)
500 g Weizenmehl
1 TL Backpulver
etwa 375 ml (³/₈ l) Buttermilch
2 – 3 EL flüssiger Honig

Zum Einreiben:
1 Speckschwarte oder etwas Öl

Zum Bestreuen:
Puderzucker

Zubereitungszeit: 15 Minuten

Insgesamt: E: 101 g, F: 279 g, Kh: 600 g,
kJ: 23050, kcal: 5507

Bergische Waffeln

1 Für den Teig Butter oder Margarine mit Handrührgerät mit Rührbesen auf höchster Stufe geschmeidig rühren, nach und nach Zucker, Vanillin-Zucker und Salz unterrühren und so lange rühren, bis eine gebundene Masse entstanden ist.

2 Nach und nach Eier unterrühren (jedes Ei etwa ¹/₂ Minute). Mehl mit Backpulver mischen, sieben und abwechselnd mit Buttermilch portionsweise auf mittlerer Stufe unterrühren. Anschließend den Honig unterrühren.

3 Ein Waffeleisen gut erhitzen und mit einer Speckschwarte einreiben oder mit Öl bestreichen. Den Teig in nicht zu großen Portionen in das Waffeleisen füllen, die Waffeln auf beiden Seiten goldbraun backen und einzeln auf einem Kuchenrost erkalten lassen. Die Waffeln mit Puderzucker bestreuen.

Tipp: Die Waffeln mit Zuckerrübensirup oder Kompott servieren.

Berliner |

Für Kinder

Für den Hefeteig:
500 g Weizenmehl
1 Pck. Trockenhefe
30 g Zucker
1 Pck. Vanillin-Zucker
3 Tropfen Bittermandel-Aroma
1 gestr. TL Salz
2 Eier (Größe M)
1 Eigelb (Größe M)
125 ml (¹/₈ l) lauwarme Milch
100 g zerlassene abgekühlte Butter oder Margarine

1 Eiweiß (zum Bestreichen)

gelbe oder rote Konfitüre
1,5 kg Kokosfett
Zucker

Zubereitungszeit: 60 Minuten,
ohne Teiggehzeit

Insgesamt: E: 84 g, F: 310 g, Kh: 427 g,
kJ: 21114, kcal: 5044

1 Für den Teig Mehl in eine Rührschüssel sieben und mit der Hefe sorgfältig vermischen. Alle übrigen Zutaten hinzufügen und mit Handrührgerät mit Knethaken zunächst auf niedrigster, dann auf höchster Stufe in etwa 5 Minuten zu einem Teig verarbeiten.

2 Den Teig zugedeckt so lange an einem warmen Ort stehen lassen, bis er sich sichtbar vergrößert hat, ihn dann auf der Arbeitsfläche nochmals kurz durchkneten.

3 Den Teig etwa ¹/₂ cm dick ausrollen, mit einer runden Form (Ø etwa 7 cm) Platten ausstechen.

4 Die Hälfte der Teigplatten am Rand dünn mit Eiweiß bestreichen. In die Mitte jeweils etwas Konfitüre geben. Die übrigen Teigplatten darauf legen. Die Teigränder gut andrücken.

5 Die Teigstücke nochmals an einem warmen Ort so lange gehen lassen, bis sie sich sichtbar vergrößert haben.

6 Die Bällchen schwimmend in siedendem Ausbackfett auf beiden Seiten backen, mit einem Schaumlöffel herausnehmen, auf einem Kuchenrost abtropfen lassen und in Zucker wälzen.

Tipp: Berliner sind besonders zu Silvester und um die Karnevalszeit beliebt. Sie können außer mit Konfitüre auch mit Pflaumenmus gefüllt werden.

Bienenstich |

Für Gäste – klassisch

Für den Hefeteig:
375 g Weizenmehl
1 Pck. Trockenhefe
50 g Zucker, 1 Pck. Vanillin-Zucker
1 Prise Salz
1 Ei (Größe M)
200 ml lauwarme Milch
50 g zerlassene abgekühlte Butter

Für den Belag:
150 g Butter
75 g Zucker
1 Pck. Vanillin-Zucker
3 EL Schlagsahne
150 g abgezogene, gehobelte Mandeln

Für die Füllung:
2 Pck. Pudding-Pulver
Vanille-Geschmack
750 ml (³/4 l) Milch
60 g Zucker
250 ml (¹/4 l) Schlagsahne
1 Pck. Sahnesteif

Zubereitungszeit: 50 Minuten,
ohne Teiggehzeit

Insgesamt: E: 123 g, F: 398 g, Kh: 634 g,
kJ: 28885, kcal: 6899

1 Für den Teig Mehl in eine Rührschüssel
sieben, mit Trockenhefe sorgfältig vermischen.
Zucker, Vanillin-Zucker, Salz, Ei, Milch und
Butter hinzufügen. Die Zutaten mit Handrührgerät mit Knethaken zunächst auf niedrigster,
dann auf höchster Stufe in etwa 5 Minuten zu
einem glatten Teig verarbeiten.

2 Den Teig zugedeckt so lange an einem
warmen Ort stehen lassen, bis er sich sichtbar vergrößert hat. Teig auf der Arbeitsfläche
nochmals kurz durchkneten, in einer Fettfangschale (30 x 40 cm, gefettet) ausrollen und
mehrmals mit einer Gabel einstechen.

3 Für den Belag Butter mit Zucker, Vanillin-
Zucker und Sahne unter Rühren zerlassen,
Mandeln unterrühren, zum Kochen bringen,
von der Kochstelle nehmen, die Masse etwas

abkühlen lassen, gleichmäßig auf dem Teig
verteilen.

4 Teig nochmals so lange an einem warmen
Ort gehen lassen, bis er sich sichtbar vergrößert hat. Das Backblech in den Backofen
schieben.

Ober-/Unterhitze: 200 – 220 °C (vorgeheizt)
Heißluft: 180 – 200 °C (vorgeheizt)
Gas: etwa Stufe 4 (vorgeheizt)
Backzeit: etwa 15 Minuten

5 Für die Füllung einen Pudding aus Pudding-Pulver, Milch und Zucker nach Packungsanleitung, aber nur mit 750 ml Milch, zubereiten.

6 Sahne ¹/2 Minute schlagen, Sahnesteif einstreuen, die Sahne steif schlagen, vorsichtig
unter die Creme rühren.

7 Das erkaltete Gebäck vierteln, jedes Stück
waagerecht durchschneiden und mit der
Creme füllen.

Bienenstich

Birnenkuchen mit Quark |

Für Gäste

Für den Knetteig:
250 g Weizenmehl
2 gestr. TL Backpulver
125 g Zucker
1 Pck. Vanillin-Zucker
1 Prise Salz
1 Ei (Größe M)
2 EL kaltes Wasser
125 g Butter oder Margarine

Für den Belag:
1 Dose Birnenhälften
(Abtropfgewicht 460 g)
3 Eier (Größe M)
50 g Zucker
1 Pck. Vanillin-Zucker
3 – 5 Tropfen Zitronen-Aroma
1 Prise Salz, 250 g Magerquark
50 g abgezogene, gemahlene Mandeln
20 g gesiebte Speisestärke
125 ml (¹/₈ l) Schlagsahne

Für den Guss:
75 g Halbbitter-Kuvertüre
20 g Kokosfett

Zum Garnieren:
1 Dose Baby-Birnen
(Abtropfgewicht 200 g)
125 ml (¹/₈ l) Schlagsahne

Zubereitungszeit: 60 Minuten,
ohne Kühlzeit

Insgesamt: E: 110 g, F: 290 g, Kh: 515 g,
kJ: 22259, kcal: 5321

1 Für den Teig Mehl und Backpulver mischen, in eine Rührschüssel sieben, die übrigen Zutaten hinzufügen und alles mit Handrührgerät mit Knethaken zunächst auf niedrigster, dann auf höchster Stufe gut durcharbeiten. Anschließend auf der Arbeitsfläche zu einem glatten Teig verkneten. ²/₃ des Teiges auf einem Springformboden (Ø 26 cm, gefettet) ausrollen. Den restlichen Teig zu einer Rolle formen, auf den Teigboden legen, so an den Rand der Form drücken, dass der Teig-

rand 3 cm hoch wird. Den Boden mehrmals mit einer Gabel einstechen.

2 Für den Belag die Birnenhälften sehr gut abtropfen lassen, mit der Schnittfläche nach unten auf den Teigboden legen. Die Eier mit dem Zucker schaumig schlagen, Vanillin-Zucker, Zitronen-Aroma und Salz unterschlagen. Den Quark mit Mandeln und Speisestärke mischen, unterrühren. Die Sahne steif schlagen, unterziehen. Creme über die Birnen verteilen, glatt streichen. Die Form auf dem Rost in den Backofen schieben.

Ober-/Unterhitze: etwa 180 °C (vorgeheizt)
Heißluft: etwa 160 °C (nicht vorgeheizt)
Gas: Stufe 2 – 3 (nicht vorgeheizt)
Backzeit: etwa 45 Minuten (nach etwa 30 Minuten den Kuchen zudecken)

3 Das Gebäck in der Form auf einem Kuchenrost 10 Minuten abkühlen lassen, den Springformrand entfernen, den Boden lösen, das Gebäck erkalten lassen.

4 Für den Guss die Kuvertüre und das Kokosfett in einem kleinen Topf im Wasserbad bei schwacher Hitze zu einer geschmeidigen Masse verrühren. Den Gebäckrand damit bestreichen.

5 Zum Garnieren die Baby-Birnen gut abtropfen lassen, vierteln, mit Guss überziehen, fest werden lassen. Die Sahne steif schlagen, das Gebäck damit verzieren, mit Birnen garnieren.

Birnenkuchen mit Quark

Birnen-Schokokuchen

Birnen-Schokokuchen |

Für Kinder

Für den Rührteig:
150 g Butter oder Margarine
150 g Zucker
1 Pck. Vanillin-Zucker
3 Eier (Größe M)
150 g Weizenmehl
30 g Kakaopulver
2 gestr. TL Backpulver
100 g Raspelschokolade

1 Dose Birnen (Abtropfgewicht 460 g)

75 g Zartbitterschokolade
1 TL Speiseöl

Für den Belag:
3 Becher (je 150 g) Crème fraîche
50 ml Birnensaft aus der Dose
50 g Zucker
500 ml ('/₂ l) Schlagsahne
2 Pck. Vanillin-Zucker
4 Pck. Sahnesteif
evtl. Birnenspalten

Zubereitungszeit: 60 Minuten,
ohne Kühlzeit

Insgesamt: E: 74 g, F: 394 g, Kh: 548 g,
kJ: 25966, kcal: 6207

1 Für den Teig Butter oder Margarine mit Handrührgerät mit Rührbesen auf höchster Stufe geschmeidig rühren. Nach und nach Zucker und Vanillin-Zucker dazugeben, so lange rühren, bis eine gebundene Masse entstanden ist.

2 Eier nach und nach unterrühren (jedes Ei etwa ¹/₂ Minute). Mehl, Kakao und Backpulver mischen, sieben und portionsweise auf mittlerer Stufe unterrühren. Raspelschokolade unterheben.

3 Den Teig auf ein Backblech (30 x 40 cm, gefettet) geben und glatt streichen.

4 Birnen auf ein Sieb geben, abtropfen lassen, Saft auffangen und 50 ml für den Belag abmessen. Birnen in Scheiben schneiden und auf dem Teig verteilen. Das Backblech in den Backofen schieben.

Ober-/Unterhitze: etwa 180 °C (vorgeheizt)
Heißluft: etwa 160 °C (nicht vorgeheizt)
Gas: Stufe 2 – 3 (nicht vorgeheizt)
Backzeit: etwa 35 Minuten

5 Das Backblech auf einen Kuchenrost stellen und das Gebäck abkühlen lassen.

6 Schokolade in Stücke brechen, mit Öl in einem kleinen Topf im Wasserbad bei schwacher Hitze zu geschmeidiger Masse verrühren, auf Backpapier streichen und fest werden lassen. Dann mit einem spitzen Messer Birnenornamente ausschneiden.

7 Für den Belag Crème fraîche mit Birnensaft und Zucker verrühren. Sahne mit Vanillin-Zucker und Sahnesteif steif schlagen und unter die Crème-fraîche-Masse heben.

8 Die Creme auf dem Boden verteilen, glatt streichen, mit Hilfe eines Tortengarnierkammes verzieren und etwa 1 Stunde fest werden lassen. Mit Schokoladenornamenten und evtl. Birnenspalten garnieren.

Tipp: Einen Teil der Zartbitterschokolade durch Vollmilchschokolade ersetzen (getrennt auflösen). Oberfläche vor dem Garnieren mit 20 g Puderzucker – mit 20 g Kakaopulver gemischt – bestäuben.

Birnentarte |

Klassisch

Für den All-in-Teig:
200 g Weizenmehl
1 gestr. TL Natron
150 g Butter oder Margarine
1 Prise Salz
80 g Zucker, 1 Pck. Vanillin-Zucker
125 ml (¹/₈ l) Buttermilch
2 Eier (Größe M)
50 g Korinthen
1 Dose Birnenhälften
(Abtropfgewicht 460 g)
2 EL Aprikosenkonfitüre

Puderzucker

Zubereitungszeit: 30 Minuten,
ohne Kühlzeit

Insgesamt: E: 45 g, F: 140 g, Kh: 339 g,
kJ: 12140, kcal: 2902

1 Für den Teig Mehl und Natron mischen
und in eine Rührschüssel sieben. Butter oder
Margarine, Salz, Zucker, Vanillin-Zucker,
Buttermilch, Eier und Korinthen nacheinander
hinzufügen. Die Zutaten mit Handrührgerät mit
Knethaken zu einem glatten Teig verarbeiten.

2 Den Teig in eine gefettete Tarteform
(Ø 26 cm) füllen. Abgetropfte Birnenhälften
auf den Teig legen. Form auf dem Rost in
den Backofen schieben.

Ober-/Unterhitze: etwa 180 °C (vorgeheizt)
Heißluft: etwa 160 °C (nicht vorgeheizt)
Gas: Stufe 2 – 3 (nicht vorgeheizt)
Backzeit: etwa 35 Minuten

3 Tarte auf einem Kuchenrost erkalten lassen. Aprikosenkonfitüre durch ein Sieb streichen, aufkochen und auf die Birnen streichen. Mit Puderzucker bestäuben.

Tipp: Die Birnen können durch die gleiche
Menge Pfirsich- oder Aprikosenhälften, Man-
gostücke oder Ananasringe aus der Dose
ersetzt werden.

Birnentarte

Biskuit (Grundrezept) |

Gut vorzubereiten

75 g (100 g) Weizenmehl
1 gestr. TL (2 gestr. TL) Backpulver
50 g (100 g) Speisestärke
eventuell: Kakaopulver
3 (4) Eier (Größe M)
2 (4) EL heißes Wasser
100 g (150 g) Zucker
1 Pck. Vanillin-Zucker

Zubereitungszeit: 35 Minuten

Insgesamt: E: 34 g, F: 22 g, Kh: 211 g,
kJ: 5117, kcal: 1222

1 Es ist empfehlenswert, Backform oder
Backblech mit Pergament- oder Backpapier
auszulegen.
Das Papier für eine Springform so herstellen:
Die Form umdrehen (Boden nach oben), das
Papier darauf legen und mit einem
Messerrücken das am Rand überstehende
Papier abstreifen.

2 Den Boden an etwa 4 Stellen mit streich-
fähiger Butter oder Margarine einfetten, am
besten mit einem Pinsel. Den Rand nicht fetten. Das Backpapier auf den Boden legen, gut
andrücken. Mit den Händen glatt streichen.

3 Die Zutatenangaben in Klammern sind für eine etwas größere Biskuitmenge. Eier einzeln in eine Tasse aufschlagen. Zuerst jedes Ei überprüfen, ob es frisch ist, danach mit den anderen Eiern in eine Rührschüssel geben.

4 Mehl, Backpulver, Speisestärke und evtl. Kakao vermischen und sieben.

5 Eier und heißes Wasser mit den Rührbesen des Handrührgerätes in etwa 1 Minute schaumig schlagen.

6 Zucker mit Vanillin-Zucker mischen, in 1 Minute einstreuen und weitere etwa 2 Minuten auf höchster Stufe schlagen.

7 Zuerst die Hälfte der gesiebten Mehlmischung auf niedrigster Stufe unterrühren. Danach den Rest unterrühren.

8 Den Teig in die vorbereitete Form (Backblech) füllen und gleichmäßig verstreichen und backen.

9 Nach dem Abbacken das Gebäck auf ein Kuchenrost legen und das Papier abziehen, damit der Biskuit besser ausdünsten kann. Soll der Biskuitboden nicht am gleichen Tag verwendet werden, das Papier bis zum Gebrauch des Bodens darauf lassen.

Tipp: Nur sauber gespülte Gefäße und Geräte verwenden, da sie nicht fetthaltig sein dürfen. Zubereiteten Teig sofort backen. Bei auf dem Backblech gebackenem Biskuitteig kann durch leichtes Auflegen der Handfläche geprüft werden, ob er gar ist. Der Teig fühlt sich watteähnlich und trocken an.

Biskuitrolle |

Schnell

Für den Teig:
3 Eier (Größe M)
5 – 6 EL heißes Wasser
150 g Zucker, 1 Pck. Vanillin-Zucker
100 g Weizenmehl
50 g Speisestärke
1 gestr. TL Backpulver

Für die Füllung:
250 – 375 g Himbeerkonfitüre

Puderzucker

Zubereitungszeit: 25 Minuten

Insgesamt: E: 38 g, F: 22 g, Kh: 461 g, kJ: 9437, kcal: 2254

1 Für den Teig Eier und Wasser mit Handrührgerät mit Rührbesen auf höchster Stufe in 1 Minute schaumig schlagen.

2 Zucker mit Vanillin-Zucker mischen, in 1 Minute einstreuen, dann noch etwa 2 Minuten schlagen.

3 Mehl mit Speisestärke und Backpulver mischen, die Hälfte davon auf die Eiercreme sieben, kurz auf niedrigster Stufe unterrühren.

Den Rest des Mehlgemisches auf die gleiche Weise unterarbeiten.

4 Den Teig auf ein Backblech (30 x 40 cm, gefettet, mit Backpapier belegt) streichen.

5 An der offenen Seite des Blechs das Papier unmittelbar vor dem Teig zur Falte knicken, so dass ein Rand entsteht, das Backblech in den Backofen schieben.

Ober-/Unterhitze: 200 – 220 °C
Heißluft: 180 – 200 °C (vorgeheizt)
Gas: etwa Stufe 4 (vorgeheizt)
Backzeit: 10 – 15 Minuten

6 Den Biskuit sofort nach dem Backen auf ein mit Zucker bestreutes Geschirrtuch stürzen.

7 Das Backpapier mit kaltem Wasser bestreichen, vorsichtig, aber schnell abziehen.

8 Den Biskuit gleichmäßig mit der geschmeidig gerührten Konfitüre bestreichen, von der kürzeren Seite her aufrollen, die Rolle mit Puderzucker bestäuben.

Tipp: Den Biskuit statt auf ein Geschirrtuch auf ein mit Zucker bestreutes Backpapier stürzen und aufrollen.

Biskuitrolle

Biskuitrollen-Bombe |

Klassisch

Für den Biskuitteig:
2 Eier (Größe M)
3 – 4 EL heißes Wasser
100 g Zucker
1 Pck. Vanillin-Zucker
75 g Weizenmehl
40 g Speisestärke
1 gestr. TL Backpulver

Zum Bestreichen:
200 – 250 g rote Konfitüre
(z. B. Erdbeer-, Himbeer- oder
Kirschkonfitüre)

Für die Füllung:
500 ml (¹/₂ l) Schlagsahne
50 g Zucker, 1 Pck. Vanillin-Zucker
2 Pck. Sahnesteif
etwa 2 EL Kirschwasser

Zum Verzieren und Garnieren:
Schlagsahne
Sauerkirschen

Zubereitungszeit: 50 Minuten,
ohne Kühlzeit

Insgesamt: E: 39 g, F: 177 g, Kh: 434 g,
kJ: 15204, kcal: 3633

1 Für den Teig Eier und Wasser mit Handrührgerät mit Rührbesen auf höchster Stufe
in 1 Minute schaumig schlagen. Zucker mit
Vanillin-Zucker mischen, in 1 Minute einstreuen, dann noch etwa 2 Minuten schlagen.

2 Mehl mit Speisestärke und Backpulver
mischen, die Hälfte davon auf die Eiercreme
sieben, kurz auf niedrigster Stufe unterrühren
und den Rest des Mehlgemisches auf die
gleiche Weise unterarbeiten.

3 Den Teig auf ein Backblech (30 x 40 cm,
gefettet, mit Backpapier belegt) streichen, an
der offenen Seite des Blechs das Papier unmittelbar vor dem Teig zur Falte knicken, so
dass ein Rand entsteht. Backblech in den
Backofen schieben.

Ober-/ Unterhitze: 200 – 220 °C (vorgeheizt)
Heißluft: 180 – 200 °C (vorgeheizt)
Gas: etwa Stufe 4 (vorgeheizt)
Backzeit: 10 – 15 Minuten

4 Den Biskuit sofort nach dem Backen auf
mit Zucker bestreutes Backpapier stürzen,
das mitgebackene Backpapier mit kaltem
Wasser bestreichen, vorsichtig, aber schnell
abziehen. Den Biskuit sofort gleichmäßig mit
Konfitüre bestreichen und von der kürzeren
Seite her aufrollen. Rolle erkalten lassen.

5 Die erkaltete Rolle in etwa 1 cm dicke
Scheiben schneiden und eine Schüssel
(Ø etwa 23 cm, 2,5 l Inhalt) damit auslegen
(einige Scheiben zum Bedecken zurücklassen).

6 Für die Füllung Sahne mit Zucker, Vanillin-
Zucker und Sahnesteif steif schlagen und mit
Kirschwasser abschmecken. Die Sahne in die
mit Biskuitscheiben ausgelegte Schüssel füllen und mit den zurückgelassenen Biskuitscheiben bedecken.

7 Die Biskuitrollen-Bombe bis zum Servieren
kalt stellen, auf eine runde Platte stürzen, mit
geschlagener Sahne verzieren und Sauerkirschen garnieren.

Biskuitrollen-Bombe

Biskuitrollentorte „Exotic" |

Für Gäste

Für den Knetteig:
125 g Weizenmehl, 40 g Zucker
1 Pck. Vanillin-Zucker
80 g Butter oder Margarine

Für den Biskuitteig:
3 Eier (Größe M)
3–4 EL heißes Wasser
150 g Zucker, 1 Pck. Vanillin-Zucker
100 g Weizenmehl, 50 g Speisestärke
1 gestr. TL Backpulver

Zum Bestreichen:
200 g Erdbeerkonfitüre
1 EL Pfirsich-Maracuja-Konfitüre

Für den Belag:
1 Pck. Saucenpulver
Vanille-Geschmack
20 g Zucker, 250 ml (¹/₄ l) Milch
750 g vorbereitetes Obst, z. B. Litschis,
Karambole, Kiwis, Feigen, Erdbeeren

Für den Guss:
1 Pck. Tortenguss, klar
25 g Zucker, 250 ml (¹/₄ l) Apfelsaft
1 EL Zitronensaft

Für den Tortenrand:
gut 3 EL Erdbeerkonfitüre
25 g Kokosraspel

Zubereitungszeit: 50 Minuten,
ohne Kühlzeit

Insgesamt: E: 67 g, F: 113 g, Kh: 782 g,
kJ: 19073, kcal: 4557

1 Für den Knetteig das Mehl in eine Rühr-schüssel sieben. Die übrigen Zutaten hinzufü-gen, mit Handrührgerät mit Knethaken zu-nächst kurz auf niedrigster, dann auf höchster Stufe gut durcharbeiten.

2 Anschließend auf der mit Mehl bestäubten Arbeitsfläche zu einem glatten Teig verkneten. Sollte der Teig kleben, ihn eine Zeit lang kalt stellen.

3 Den Teig auf dem gefetteten Boden einer Springform (Ø 26 cm) ausrollen, mehrmals mit einer Gabel einstechen, Springformrand darumlegen. Form auf dem Rost in den Backofen schieben.

Biskuitrollentorte „Exotic"

Ober-/Unterhitze: etwa 200 °C (vorgeheizt)
Heißluft: etwa 180 °C (vorgeheizt)
Gas: Stufe 3–4 (vorgeheizt)
Backzeit: etwa 15 Minuten

4 Boden nach dem Backen vom Springform-boden lösen, aber darauf erkalten lassen.

5 Für den Biskuitteig Eier und Wasser mit Handrührgerät mit Rührbesen auf höchster Stufe in 1 Minute schaumig schlagen. Den mit Vanillin-Zucker gemischten Zucker in 1 Minute einstreuen. Dann noch etwa 2 Mi-nuten schlagen. Mehl, Speisestärke und Backpulver mischen. Die Hälfte davon auf die Eiercreme sieben und kurz auf niedrigs-ter Stufe unterrühren. Den Rest des Mehlge-misches auf die gleiche Weise unterarbeiten.

6 Den Teig auf ein Backblech (gefettet, mit Backpapier belegt) streichen, an der offenen Seite des Blechs das Papier unmittelbar vor dem Teig zur Falte knicken, so dass ein Rand entsteht. Das Backblech in den Backofen schieben.

Ober-/Unterhitze: 200–220 °C (vorgeheizt)
Heißluft: 180–200 °C (vorgeheizt)
Gas: etwa Stufe 4 (vorgeheizt)
Backzeit: 10–15 Minuten

7 Den Biskuit sofort nach dem Backen auf mit Zucker bestreutes Backpapier stürzen, das mitgebackene Backpapier mit kaltem Wasser bestreichen, vorsichtig, aber schnell abziehen. Den Biskuit sofort gleichmäßig mit Erdbeerkonfitüre bestreichen, von der kürze-ren Seite her aufrollen, erkalten lassen.

8 Die Rolle in 14 gleichmäßige Scheiben schneiden.

9 Den gesäuberten Springformrand wieder um den Knetteigboden legen, diesen mit Pfir-sich-Maracuja-Konfitüre bestreichen, dicht mit den Biskuitrollenscheiben belegen.

10 Für den Belag eine Sauce nach Pa-ckungsanleitung (mit den hier angegebenen Zutaten) zubereiten, etwas abkühlen lassen, ab und zu durchrühren. Sauce in die Form geben, glatt streichen. Das Obst in Scheiben schneiden, auf der Sauce verteilen.

11 Für den Guss einen Tortenguss nach Packungsanleitung (mit den hier angegebe-nen Zutaten) zubereiten. Den Guss über das Obst verteilen, fest werden lassen, den Springformrand entfernen.

12 Für den Tortenrand die Erdbeerkonfi-türe durch ein Sieb streichen, den Rand der Torte damit bestreichen, mit Kokosraspeln bestreuen.

Biskuittörtchen

Biskuittörtchen | ❄

Raffiniert

Für den Biskuitteig:
3 Eier (Größe M)
3 EL heißes Wasser
150 g Zucker
1 Pck. Bourbon-Vanille-Zucker
75 g Weizenmehl
1 Pck. Pudding-Pulver
Mandel- oder Vanille-Geschmack
3 gestr. TL Backpulver
Semmelbrösel

Für die Füllung
1 Pck. Pudding-Pulver
Vanille- oder Sahne-Geschmack
500 ml (¹/₂ l) Milch
1 Eigelb (Größe M), 75 g Zucker
200 g Speisequark (20 %)
einige Tropfen Rum-Aroma
3 Blatt weiße Gelatine
1 geh. TL Kakao
25 g abgezogene, fein gehackte,
gebräunte Mandeln
25 g fein gehackte Pistazienkernen

Zum Bestreuen:
75 g Vollmilch-Raspelschokolade
evtl. Marzipan-Motive

Zubereitungszeit: 45 Minuten

Insgesamt: E: 93 g, F: 93 g, Kh: 481 g, kJ: 13523, kcal: 3227

1 Für den Teig Eier, Wasser, Zucker und Vanille-Zucker mit Handrührgerät mit Rührbesen auf höchster Stufe in etwa 1 Minute schaumig schlagen. Mehl mit Pudding-Pulver und Backpulver mischen, darüber sieben, kurz auf niedrigster Stufe unter die Eiercreme ziehen.

2 Einen Backrahmen in der Größe von 26 x 26 cm auf ein Backblech (mit Backpapier belegt) stellen. Den Teig hineingeben und glatt streichen. Das Backblech in den Backofen schieben.

Ober-/Unterhitze: 180 – 200 °C (vorgeheizt)
Heißluft: 160 – 180 °C (vorgeheizt)
Gas: etwa Stufe 3 (vorgeheizt)
Backzeit: etwa 15 Minuten

3 Gebäckplatte lösen, auf ein mit Zucker bestreutes Backpapier stürzen. Mitgebackenes Backpapier lösen.

4 Für die Füllung Pudding-Pulver mit etwas von der Milch, Eigelb und Zucker verrühren. Die übrige Milch zum Kochen bringen, das angerührte Pudding-Pulver unterrühren, zum Kochen bringen, von der Kochstelle nehmen.

5 Pudding mit Speisequark verrühren, Aroma unter den Pudding rühren, erkalten lassen.

6 Aus der erkalteten Biskuitplatte Kreise (Ø 5 – 7 cm) ausstechen.

7 Gelatine in kaltem Wasser einweichen, tropfnass in einem kleinen Topf bei schwacher Hitze auflösen, unter die Pudding-Quark-Creme rühren, etwas zum Verzieren beiseite stellen, unter den Rest Mandeln und Pistazienkerne mischen.

8 Biskuittörtchen mit der Quark-Creme füllen, zweites Törtchen darauf setzen, gut andrücken. Den Rand und die Oberfläche mit der Quark-Creme bestreichen.

9 Zum Verzieren Kakao unter die restliche Creme rühren, in ein Pergamentpapiertütchen füllen, die Törtchen damit verzieren. Die Ränder mit Raspelschokolade bestreuen und evtl. mit Marzipan-Motiven garnieren.

Bismarckeiche |  ❄

Klassisch

Für den Biskuitteig:
4 Eier (Größe M)
3 – 4 EL heißes Wasser
125 g Zucker
1 Pck. Vanillin-Zucker
75 g Weizenmehl
50 g Speisestärke, 1 Msp. Backpulver

Für die Füllung:
1 Pck. Pudding-Pulver Schokolade
75 – 100 g Zucker
500 ml (¹/₂ l) Milch
200 g Butter

Zubereitungszeit: 50 Minuten,
ohne Kühlzeit

Insgesamt: E: 58 g, F: 210 g, Kh: 388 g,
kJ: 15759, kcal: 3763

1 Für den Teig Eier und Wasser mit Handrührgerät mit Rührbesen auf höchster Stufe in

1 Minute schaumig schlagen. Zucker mit
Vanillin-Zucker mischen, in 1 Minute einstreuen, dann noch etwa 2 Minuten schlagen.

2 Mehl mit Speisestärke und Backpulver
mischen, die Hälfte davon auf die Eiercreme
sieben. Kurz auf niedrigster Stufe unterrühren. Den Rest des Mehlgemisches auf die-
selbe Weise unterarbeiten.

3 Den Teig auf ein Backblech (30 x 40 cm,
gefettet, mit Backpapier belegt) streichen, an
der offenen Seite des Bleches das Papier unmittelbar vor dem Teig zur Falte knicken, sodass ein Rand entsteht. Das Backblech in den
Backofen schieben.

Ober-/Unterhitze: 200 – 220 °C (vorgeheizt)
Heißluft: 180 – 200 °C (vorgeheizt)
Gas: etwa Stufe 4 (vorgeheizt)
Backzeit: 10 – 15 Minuten

4 Den Biskuit nach dem Backen sofort auf
mit Zucker bestreutes Backpapier stürzen.

Das mitgebackene Backpapier mit kaltem
Wasser bestreichen, vorsichtig, aber schnell
abziehen. Den Biskuit mit dem Backpapier
aufrollen und erkalten lassen.

5 Für die Füllung aus Pudding-Pulver, Zucker und Milch nach Packungsanleitung einen Pudding zubereiten, kalt stellen, ab und
zu durchrühren, damit sich auf dem Pudding
keine Haut bildet.

6 Butter geschmeidig rühren, den Pudding
esslöffelweise unterrühren (darauf achten,
dass weder Butter noch Pudding zu kalt sind,
da die Masse sonst gerinnt).

7 Die ausgekühlte Rolle vorsichtig auseinander rollen, mit Buttercreme gleichmäßig bestreichen, aufrollen, dabei die äußere braune
Haut entfernen.

8 Die Rolle mit der restlichen Creme bestreichen und durch wellenförmige Längsstriche
mit Hilfe einer Gabel verzieren.

Bismarckeiche

Blätterteig (Grundrezept) |

Klassisch – dauert länger

Für den Blätterteig:
225 g Weizenmehl
25 g Butter, 1/4 TL Salz
1/2 EL Weißweinessig
125 ml (1/8 l) lauwarmes Wasser
225 g kalte Butter, 25 g Weizenmehl

Zubereitungszeit: 50 Minuten,
ohne Kühlzeit

Insgesamt: E: 28 g, F: 207 g, Kh: 184 g,
kJ: 11805, kcal: 2821

1 Für den Teig Mehl in eine Rührschüssel
sieben. Butter, Salz, Essig und Wasser hinzufügen.

2 Die Zutaten mit Handrührgerät mit Knethaken zunächst kurz auf niedrigster, dann auf
höchster Stufe zu einem glatten Teig verarbeiten. Sollte er kleben, ihn eine Zeit lang kalt
stellen.

3 Kalte Butter in eine Rührschüssel geben,
Mehl hinzufügen. Beide Zutaten mit Handrührgerät mit Knethaken auf höchster Stufe
zu einer einheitlichen Masse verkneten, auf
der mit Mehl bestäubten Arbeitsfläche zu
einem Quadrat (12 x 12 cm) ausrollen.

4 Teig zu einem Rechteck (25 x 12 cm) ausrollen, die ausgerollte Buttermasse auf eine
Teighälfte legen, die andere Teighälfte darüber klappen, die Ränder andrücken.

5 Teigstück zu einem 1 cm dicken Rechteck
ausrollen, der Länge nach 3-fach übereinander legen. Teigstück um 90° drehen
(Vierteldrehung).

6 Teigstück nochmals zu einem 1 cm dicken
Rechteck ausrollen, der Länge nach 4-fach
übereinander legen, zugedeckt 30 Minuten
kalt stellen.

7 Arbeitsschritte 5 und 6 nochmals wiederholen, zwischendurch 30 Minuten kalt stellen.
Teig je nach Rezept weiter verarbeiten und
backen.

Abwandlung: Anstelle von Weizenmehl
Type 405 Weizenmehl Type 1050 verwenden.

Blätterteigecken |

Raffiniert – für Gäste

1 Pck. (450 g) TK-Blätterteig
30 g Pinienkerne
1/2 Bund Basilikum
*100 g Gorgonzola (oder ein anderer
kräftiger Blauschimmelkäse)*
*250 g Ricotta (ital. Frischkäse,
ersatzweise Speisequark 40 % Fett)*
Salz
frisch gemahlener Pfeffer
Paprikapulver rosenscharf
1 Ei
1 EL Wasser
1 EL Milch

Zubereitungszeit: 50 Minuten,
ohne Kühlzeit

Insgesamt: E: 82 g, F: 215 g, Kh: 156 g,
kJ: 12490, kcal: 2987

1 Blätterteigplatten nebeneinander, zugedeckt auftauen lassen.

2 Für die Füllung Pinienkerne in einer Pfanne
ohne Fett goldbraun rösten. Basilikum abspülen, trocken schütteln und hacken. Gorgonzola
mit Ricotta, Pinienkernen und Basilikum verrühren, mit Salz, Pfeffer und Paprika
abschmecken.

3 Je zwei Blätterteigplatten aufeinander
legen und auf der bemehlten Arbeitsfläche zu
einem Rechteck (etwa 30 x 25 cm) ausrollen,
5 Minuten ruhen lassen.

4 Das Ei aufschlagen. Eiweiß mit Wasser,
Eigelb mit Milch verrühren. Ausgerollten Teig
der Länge nach halbieren. Auf eine Hälfte mit
einem Teelöffel 10 Häufchen der Füllung geben. Dabei möglichst gleichmäßige Zwischen-
räume lassen und diese mit Eiweiß bestreichen.

5 Zweite Teighälfte darüber legen und von
der Mitte nach außen, um die Häufchen herum, andrücken. Daraus mit einem Teigrädchen 10 Quadrate schneiden und auf ein
Backblech (mit Backpapier belegt) legen.
Quadrate mit Eigelb bestreichen.

Blätterteigecken

6 Restliche Teigplatten und Füllung auf die
gleiche Weise verarbeiten. Backblech in den
Backofen schieben.

Ober-/Unterhitze: etwa 200 °C (vorgeheizt)
Heißluft: etwa 180 °C (vorgeheizt)
Gas: Stufe 3–4 (vorgeheizt)
Backzeit: 20–25 Minuten

Blätterteigschnecken |

Für Kinder

Für den Teig:
1 Pck. (450 g) TK-Blätterteig
20 g Zucker
75 g Apfelkraut
(fruchtiger Brotaufstrich)
1 Pck. Finesse Geriebene Zitronenschale

Zubereitungszeit: 30 Minuten,
ohne Auftauzeit

Insgesamt: E: 23 g, F: 127 g, Kh: 212 g,
kJ: 8795, kcal: 2103

1 Für den Teig Blätterteigplatten zugedeckt
nebeneinander auftauen lassen. Zucker,
Apfelkraut und Zitronenschale verrühren.

2 Je zwei Blätterteigplatten aufeinander
legen und auf bemehlter Arbeitsfläche zu
Rechtecken (etwa 12 x 34 cm) ausrollen.
Rechtecke mit dem Apfelkraut bestreichen
und der Länge nach in etwa 1 cm breite
Streifen schneiden.

3 Die Streifen sehr lose aufrollen und auf
zwei Backbleche (mit Backpapier belegt)
legen. Backbleche nacheinander (bei Heißluft
zusammen) in den Backofen schieben.

Ober-/Unterhitze: etwa 200 °C (vorgeheizt)
Heißluft: etwa 180 °C (vorgeheizt)
Gas: Stufe 3 – 4 (vorgeheizt)
Backzeit: etwa 20 Minuten

4 Die Schnecken auf einem Kuchenrost
erkalten lassen.

Tipp: Für eine Füllung mit Orangenge-
schmack 30 g weiche Butter auf die Rechtecke streichen, mit 20 g Zucker und 1 Päckchen Finesse Orangenschalen-Aroma
bestreuen. Wie beschrieben aufrollen und
backen.

Blätterteigschnecken

Blätterteigstangen |

Schnell

300 g TK-Blätterteig

Zum Bestreichen:
1 Eigelb
3 EL Milch

Zum Bestreuen:
100 g klein gehackte, geröstete
Sonnenblumenkerne
30 g Sesamsamen
30 g Mohnsamen

Zubereitungszeit: 30 Minuten,
ohne Auftauzeit

Insgesamt: E: 56 g, F: 167 g, Kh: 117 g,
kJ: 9418, kcal: 2251

1 Blätterteigplatten zugedeckt nebeneinander
auftauen lassen.

2 Jede Teigplatte in 8 Streifen (1,5 x 9 cm)
schneiden.

3 Die Teigstreifen spiralförmig drehen (das
eine Ende nach rechts, das andere Ende nach
links herum drehen) und auf ein Backblech
(30 x 40 cm, mit Backpapier belegt) legen
und etwas andrücken.

4 Zum Bestreichen Eigelb mit Milch verschlagen, die Stangen damit bestreichen
und mit Sonnenblumenkernen, Sesam oder
Mohn bestreuen. Das Backblech in den
Backofen schieben.

Ober-/Unterhitze: 200 – 220 °C (vorgeheizt)
Heißluft: 180 – 200 °C (vorgeheizt)
Gas: etwa Stufe 4 (vorgeheizt)
Backzeit: 10 – 15 Minuten

Braune Kuchen, schwedische |

Für das Weihnachtsfest

Für den Teig:
60 g dunkler Sirup
100 g Zucker, 1 Pck. Vanillin-Zucker
125 g Butter oder Margarine
2 EL Wasser, 1 Msp. gemahlener Ingwer
1 Msp. gemahlene Nelken
1 schwach geh. TL gemahlener Zimt
250 g Weizenmehl
$^1/_2$ gestr. TL Backpulver
40 g abgezogene, gehobelte Mandeln
40 g fein gehacktes Zitronat (Sukkade)

Zubereitungszeit: 30 Minuten,
ohne Kühlzeit

Insgesamt: E: 36 g, F: 127 g, Kh: 369 g,
kJ: 11970, kcal: 2860

1 Für den Teig Sirup, Zucker, Vanillin-Zucker,
Butter oder Margarine und Wasser langsam
erwärmen, bis das Fett zerlassen ist, in eine
Rührschüssel geben und erkalten lassen.
Unter die fast erkaltete Masse Ingwer, Nelken
und Zimt rühren.

2 Mehl mit Backpulver mischen, sieben und
unter die Masse rühren. Zum Schluss Mandeln und Zitronat unterarbeiten.

3 Aus dem Teig Rollen (Ø etwa 3 cm) formen und in Alufolie verpackt kalt stellen (am
besten über Nacht). Rollen in sehr dünne
Scheiben schneiden und auf ein Backblech
(mit Backpapier belegt) legen. Das Backblech
in den Backofen schieben.

Ober-/Unterhitze: etwa 180 °C (vorgeheizt)
Heißluft: etwa 160 °C (vorgeheizt)
Gas: Stufe 2 – 3 (vorgeheizt)
Backzeit: 8 – 10 Minuten

4 Braune Kuchen mit dem Backpapier vom
Backblech ziehen, erkalten lassen.

Braune Kuchen, schwedische

Brioches |

Klassisch

Für den Hefeteig:
500 g Weizenmehl
1 Pck. (42 g) frische Hefe
1 TL Zucker
125 ml ($^1/_8$ l) Milch
50 g Zucker, $^1/_2$ TL Salz

2 Eier, 2 Eigelb (Größe M)
250 g weiche Butter oder Margarine

Zum Bestreichen:
1 Eigelb, 1 EL Milch

Zubereitungszeit: 30 Minuten,
ohne Teiggehzeit

Insgesamt: E: 88 g, F: 245 g, Kh: 428 g,
kJ: 18622, kcal: 4449

1 Für den Teig Mehl in eine Rührschüssel
sieben. In die Mitte eine Vertiefung drücken.
Die Hefe hineinbröckeln, 1 Teelöffel Zucker
und etwas von der Milch hinzufügen. Mit
einer Gabel vorsichtig verrühren und etwa
10 Minuten gehen lassen.

2 Die restlichen Zutaten hinzugeben und mit
Handrührgerät mit Knethaken zunächst auf
niedrigster, dann auf höchster Stufe in etwa
5 Minuten zu einem Teig verarbeiten. Den Teig
zugedeckt so lange an einem warmen Ort
stehen lassen, bis er sich sichtbar vergrößert
hat.

3 Den gegangenen Teig auf der Arbeitsfläche kurz durchkneten. Den Teig (etwas
Teig abnehmen) auf die Brioche-Förmchen
(gefettet) verteilen. Den abgenommenen Teig
zu kleinen Kugeln formen und diese auf den
Teig setzen.

4 Zum Bestreichen das Eigelb mit der Milch verschlagen. Den Teig damit bestreichen, nochmals gehen lassen. Die Förmchen auf dem Rost in den Backofen schieben.

Ober-/Unterhitze: etwa 200 °C (vorgeheizt)
Heißluft: etwa 180 °C (vorgeheizt)
Gas: Stufe 3 – 4 (vorgeheizt)
Backzeit: 25 – 30 Minuten

5 Das Gebäck sofort nach dem Backen aus den Förmchen lösen, noch warm verzehren.

Tipp: Brioches können auch gut eingefroren werden. Etwas antauen lassen und nochmals 10 Minuten aufbacken.

Brioches

Brombeerschnitten

Schnell

Für den Teig:
1 Pck. (400 g) Grundmischung Mürbeteig
1 Ei (Größe M)
125 g Butter oder Margarine

Für den Belag:
750 g frische Brombeeren oder
600 g TK Brombeeren

Für den Guss:
4 Eigelb (Größe M)
200 g Zucker
1 Pck. Bourbon-Vanille-Zucker
1 Pck. Finesse Geriebene Zitronenschale
100 g abgezogene, gemahlene, leicht gebräunte Mandeln
1 Becher (150 g) Crème fraîche
4 Eiweiß (Größe M)
50 g Zucker
Puderzucker

Zubereitungszeit: 35 Minuten

Insgesamt: E: 97 g, F: 173 g, Kh: 617 g, kJ: 19104, kcal: 4568

1 Für den Teig die Grundmischung nach Packungsanleitung zu Streuseln verarbeiten. Die Streusel mit gemehlten Händen auf ein Backblech (30 x 40 cm, Boden gefettet) geben, leicht andrücken.

2 Für den Belag die Brombeeren waschen und gut abtupfen oder TK Brombeeren etwas antauen lassen und auf dem Teig verteilen.

3 Für den Guss Eigelb mit Zucker, Vanille-Zucker und Zitronenschale schaumig rühren. Mandeln und Crème fraîche hinzufügen und verrühren.

4 Eiweiß steif schlagen und unter die Eigelbcreme heben. Den Guss auf die Brombeeren geben, glatt streichen. Backblech in den Backofen schieben.

Ober-/Unterhitze: 180 – 200 °C (vorgeheizt)
Heißluft: 160 – 180 °C (vorgeheizt)
Gas: etwa Stufe 3 (vorgeheizt)
Backzeit: etwa 30 Minuten

5 Das erkaltete Gebäck vor dem Servieren mit Puderzucker bestäuben.

Tipp: Das Gebäck kann auch mit gemischten Beerenfrüchten wie Himbeeren, Johannisbeeren und Heidelbeeren zubereitet werden.

Brombeerschnitten

Bröseltorte mit Obst |

Schnell zuzubereiten – preiswert

Für den All-in-Teig:
225 g Weizenmehl
150 g weiche Butter oder Margarine
100 g Zucker
2 Eier (Größe M)
1 Pck. Finesse Geriebene
Zitronenschale

Für den Belag:
1 Glas Rhabarberkompott
(Einwaage 360 g)
nach Belieben Puderzucker

Zubereitungszeit: 20 Minuten

Insgesamt: E: 44 g, F: 140 g, Kh: 442 g,
kJ: 13860, kcal: 3313

1 Für den Teig Mehl, Butter oder Margarine, Zucker, Eier und Zitronenschale in eine Schüssel geben und mit Handrührgerät mit Rührbesen auf höchster Stufe 2 Minuten rühren.

2 Knapp die Hälfte des Teiges in eine Springform (Ø 26 cm, Boden gefettet) geben und glatt streichen. Das Kompott darauf verteilen, dabei etwa 1 cm am Springformrand frei lassen.

3 Den Rest des Teiges in einen Spritzbeutel mit Sterntülle füllen, einen Rand und Streifen auf das Kompott spritzen. Die Form auf dem Rost in den Backofen schieben.

Ober-/Unterhitze: etwa 180 °C (vorgeheizt)
Heißluft: etwa 160 °C (vorgeheizt)
Gas: Stufe 2 – 3 (vorgeheizt)
Backzeit: etwa 30 Minuten

4 Den Kuchen aus der Springform lösen, erkalten lassen und nach Belieben mit Puderzucker bestäuben.

Bröseltorte mit Obst

Brownies |

Für Kinder – schnell

Für den Rührteig:
125 g Butter oder Margarine
75 g brauner Zucker
75 g weißer Zucker
1 Pck. Bourbon-Vanille-Zucker
1/2 TL Salz
2 Eier (Größe M)
150 g Weizenmehl
20 g Kakao
1 gestr. TL Backpulver
75 g gehackte Pekannusskerne
40 g Schokotropfen

Zubereitungszeit: 15 Minuten

Insgesamt: E: 45 g, F: 178 g, Kh: 316 g,
kJ: 13133, kcal: 3137

1 Für den Teig Butter oder Margarine mit Handrührgerät mit Rührbesen auf höchster Stufe geschmeidig rühren. Nach und nach beide Zuckersorten und Vanille-Zucker unterrühren, so lange rühren, bis eine gebundene Masse entstanden ist. Salz und Eier (jedes Ei etwa 1/2 Minute) nach und nach unterrühren.

2 Das Mehl mit Kakao und Backpulver mischen, sieben, portionsweise auf mittlerer Stufe unterrühren. Zuletzt Pekannüsse und Schokotropfen unterrühren. Einen Backrahmen in der Größe von 30 x 21 cm auf ein

Backblech (gefettet, mit Backpapier belegt) stellen. Den Teig einfüllen, glatt streichen. Das Backblech in den Backofen schieben.

Ober-/Unterhitze: etwa 180 °C (vorgeheizt)
Heißluft: etwa 160 °C (vorgeheizt)
Gas: Stufe 2 – 3 (vorgeheizt)
Backzeit: etwa 15 Minuten.

3 Den Backrahmen lösen, das Gebäck erkalten lassen, in kleine Würfel schneiden.

Tipp: Das Gebäck mit aufgelöster Kuvertüre besprenkeln.

Buchweizentorte |

Vollwertig – für Gäste

Für den Biskuitteig:
6 Eier (Größe M)
2 EL heißes Wasser
125 g flüssiger Honig
abgeriebene Schale von ¹/₂ Zitrone
(unbehandelt)
175 g Buchweizen, fein gemahlen

Für die Füllung:
1 Pck. gemahlene Gelatine, weiß
4 EL kaltes Wasser
2 – 3 EL Zitronensaft
750 ml (³/₄ l) Schlagsahne
6 EL Ahornsirup

Zum Bestreichen:
etwa 350 g Preiselbeerkonfitüre

Zubereitungszeit: 45 Minuten,
ohne Abkühlzeit

Insgesamt: E: 91 g, F: 277 g, Kh: 572 g,
kJ: 22117, kcal: 5285

1 Für den Teig Eier und Wasser mit Hand-rührgerät mit Rührbesen auf höchster Stufe in 1 Minute schaumig schlagen. Honig und Zitronenschale in etwa 3 Minuten unter-schlagen.

2 ¹/₃ des Buchweizens auf die Eiercreme geben, kurz auf niedrigster Stufe unterrühren und den Rest des Buchweizenmehls auf die gleiche Weise unterarbeiten.

3 Teig in eine Springform (Ø 28 cm, Boden gefettet, mit Backpapier belegt) füllen, glatt streichen. Die Form auf dem Rost in den Backofen schieben.

Ober-/Unterhitze: 180 – 200 °C (vorgeheizt)
Heißluft: 160 – 180 °C (nicht vorgeheizt)
Gas: etwa Stufe 3 (nicht vorgeheizt)
Backzeit: 30 – 35 Minuten

4 Den Tortenboden aus der Form lösen, auf einen mit Backpapier belegten Kuchenrost stürzen. Boden erkalten lassen und zweimal waagerecht durchschneiden.

5 Für die Füllung Gelatine mit Wasser in einem kleinen Topf anrühren, 10 Minuten zum Quellen stehen lassen, unter Rühren erwärmen, bis sie gelöst ist, Zitronensaft unterrühren. Sahne steif schlagen, die lau-warme Gelatinelösung und Ahornsirup unter-schlagen.

6 ¹/₄ der Sahne in einen Spritzbeutel mit Sterntülle füllen. Den unteren Tortenboden mit der Hälfte der Preiselbeerkonfitüre bestreichen, ¹/₃ der Sahne darauf streichen, mit dem zweiten Tortenboden bedecken, etwas andrücken, mit der restlichen Konfitüre (¹/₂ Esslöffel zum Garnieren zurückbehalten), bestreichen. Die Hälfte der restlichen Sahne darauf streichen, den dritten Tortenboden darauf legen, etwas andrücken. Rand und obere Seite der Torte mit der restlichen Sahne bestreichen. Die Torte mit der Sahne aus dem Spritzbeutel verzieren und kurz vor dem Servieren mit der zurückgelassenen Konfitüre oder mit frischen Preiselbeeren garnieren.

Buchweizentorte

Butterkuchen | ❄

Klassisch

Für den Hefeteig:
375 g Weizenmehl
1 Pck. Trockenhefe
50 g Zucker
1 Pck. Vanillin-Zucker
1 Prise Salz
250 ml (¹/₄ l) lauwarme Milch
50 – 75 g zerlassene, abgekühlte Butter

Butterkuchen

Für den Belag:
100 g Butter
75 g Zucker, 1 Pck. Vanillin-Zucker
50 g abgezogene, gehobelte Mandeln

Zubereitungszeit: 20 Minuten,
ohne Teiggehzeit

Insgesamt: E: 63 g, F: 175 g, Kh: 436 g,
kJ: 15535, kcal: 3711

1 Für den Teig Mehl in eine Rührschüssel
sieben und mit Hefe sorgfältig vermischen.
Zucker, Vanillin-Zucker, Salz, Milch und Butter
hinzufügen, die Zutaten mit Handrührgerät
mit Knethaken zunächst auf niedrigster, dann

auf höchster Stufe in etwa 5 Minuten zu
einem glatten Teig verarbeiten.

2 Den Teig zugedeckt so lange an einem
warmen Ort stehen lassen, bis er sich sichtbar vergrößert hat.

3 Teig aus der Schüssel nehmen, auf der
Arbeitsfläche nochmals kurz durchkneten, auf
einem Backblech (30 x 40 cm, gefettet) ausrollen und vor den Teig einen mehrfach umgeknickten Streifen Alufolie legen.

4 Für den Belag Butter in Flöckchen gleichmäßig auf den Teig setzen oder zerlassen und
darauf streichen. Zucker mit Vanillin-Zucker

mischen, darüber streuen, Mandeln gleichmäßig darüber verteilen.

5 Den Teig nochmals so lange an einem
warmen Ort gehen lassen, bis er sich sichtbar vergrößert hat. Das Backblech in den
Backofen schieben.

Ober-/Unterhitze: 200 – 220 °C (vorgeheizt)
Heißluft: 180 – 200 °C (vorgeheizt)
Gas: etwa Stufe 4 (vorgeheizt)
Backzeit: etwa 15 Minuten

Tipp: 250 ml (¹/₄ l) Schlagsahne steif schlagen und sofort nach dem Backen auf den
Butterkuchen streichen.

Butterkuchen aus Quark-Öl-Teig |  ❄

Für Kinder – preiswert

Für den Quark-Öl-Teig:
300 g Weizenmehl
1 Pck. Backpulver
150 g Speisequark
6 EL Milch
6 EL Speiseöl
75 g Zucker
1 Pck. Vanillin-Zucker
1 Prise Salz

Für den Belag:
125 g Butter
75 g Zucker
1 Pck. Vanillin-Zucker
50 g abgezogene, gehobelte Mandeln

Zubereitungszeit: 20 Minuten

Insgesamt: E: 63 g, F: 223 g, Kh: 450 g,
kJ: 17688, kcal: 4225

1 Für den Teig Mehl mit Backpulver mischen, in eine Rührschüssel sieben. Quark,
Milch, Öl, Zucker, Vanillin-Zucker und Salz
hinzufügen. Die Zutaten mit Handrührgerät
mit Knethaken auf höchster Stufe in etwa
1 Minute zu einem Teig verarbeiten (nicht
zu lange, Teig klebt sonst).

2 Den Teig auf einem Backblech
(30 x 40 cm, gefettet) ausrollen.

3 Für den Belag Butter zerlassen und auf
den Teig streichen. Zucker mit Vanillin-Zucker
und Mandeln mischen, gleichmäßig auf dem
Teig verteilen, vor den Teig einen mehrfach
umgeknickten Streifen Alufolie legen und das
Backblech in den Backofen schieben.

Ober-/Unterhitze: 180 – 200 °C (vorgeheizt)
Heißluft: 160 – 180 °C (vorgeheizt)
Gas: etwa Stufe 3 (vorgeheizt)
Backzeit: etwa 20 Minuten

Tipp: 75 g Rosinen zum Schluss unter den
Teig kneten.

Butterpralinen |

Schnell – einfach

50 g Butter
150 g geriebene Schokolade
1 Pck. Pudding-Pulver Schokolade
6 Tropfen Rum-Aroma
20 g klein geschnittene Schokolade
etwa 40 g Schokoladenstreusel

Zubereitungszeit: 30 Minuten

Insgesamt: E: 11 g, F: 77 g, Kh: 190 g, kJ: 6474, kcal: 1546

1 Butter geschmeidig rühren. Geriebene Schokolade, Pudding-Pulver, Aroma und Schokolade nach und nach unterrühren. Die Masse kalt stellen.

2 Anschließend etwa walnussgroße Kugeln formen (evtl. nochmals kalt stellen) und in den Schokoladenstreuseln wälzen. Pralinen kalt stellen.

3 Zum Verzehr die Pralinen in Papier-manschetten anrichten.

Butterpralinen

Butterringe |

Für Kinder

Für den Rührteig:
150 g Butter
75 g Zucker
1 Pck. Vanillin-Zucker
1 Ei (Größe M)
¹/₂ gestr. TL gemahlener Koriander

175 g Weizenmehl
25 g Speisestärke

Zubereitungszeit: 50 Minuten, ohne Kühlzeit

Insgesamt: E: 28 g, F: 132 g, Kh: 235 g, kJ: 9672, kcal: 2311

1 Für den Teig Butter zerlassen und kalt stellen.

2 Die etwas fest gewordene Butter mit Handrührgerät mit Rührbesen auf höchster Stufe geschmeidig rühren. Nach und nach Zucker und Vanillin-Zucker unterrühren. So lange rühren, bis eine gebundene Masse entstanden ist.

3 Ei (etwa ¹/₂ Minute) und Koriander unterrühren. Mehl mit Speisestärke mischen, sieben und portionsweise auf mittlerer Stufe unterrühren.

4 Den Teig in einen Spritzbeutel mit Sterntülle füllen und in Form von Ringen auf ein Backblech (gefettet, mit Backpapier belegt) spritzen. Backblech in den Backofen schieben.

Ober-/Unterhitze: 180 – 200 °C (vorgeheizt)
Heißluft: 160 – 180 °C (vorgeheizt)
Gas: etwa Stufe 3 (vorgeheizt)
Backzeit: etwa 12 Minuten

Tipp: Die Ringe vor dem Backen mit gehackten Belegkischen oder Mandeln bestreuen.

Butterringe

Calzone |

Für Gäste

Für den Hefeteig:
300 g Weizenmehl (Type 550)
1 Pck. Trockenhefe
4 EL Speiseöl
1 TL Salz
knapp 125 ml (⅛ l) lauwarme Milch

Für den Belag:
1 Glas Champignons
(Abtropfgewicht 380 g)
5 Tomaten
200 g Salami
350 g Maasdamer-Käse
100 g Schinkenspeck
1 Zwiebel
8 EL Tomatenmark
2 EL Semmelbrösel
frisch gemahlener Pfeffer
Paprikapulver edelsüß

Knoblauchsalz
gerebelter Oregano
Speiseöl

Zubereitungszeit: 50 Minuten, ohne
Teiggehzeit

Insgesamt: E: 222 g, F: 294 g, Kh: 273 g,
kJ: 20404, kcal: 4875

1 Für den Teig Mehl in eine Rührschüssel
sieben, mit Trockenhefe sorgfältig vermischen.
Öl, Salz und Milch hinzufügen.

2 Die Zutaten mit Handrührgerät mit Knethaken zunächst auf niedrigster, dann auf höchster Stufe in etwa 5 Minuten zu einem glatten
Teig verarbeiten. Sollte der Teig kleben, noch
etwas Mehl hinzufügen. Den Teig zugedeckt
so lange an einem warmen Ort stehen lassen,
bis er sich sichtbar vergrößert hat.

3 Den Teig leicht mit Mehl bestäuben, aus
der Schüssel nehmen, auf der Arbeitsfläche
nochmals kurz durchkneten und halbieren.
Jede Teighälfte zu einer runden Platte
(Ø 30 cm) ausrollen, auf ein Backblech
(mit Backpapier belegt) legen.

4 Für den Belag Champignons in einem Sieb
abtropfen lassen, in Scheiben schneiden.

5 Tomaten kurze Zeit in kochendes Wasser
legen, nicht kochen lassen, mit kaltem Wasser abschrecken, enthäuten, Stängelansätze
herausschneiden, die Tomaten in Scheiben
schneiden.

6 Salami in Scheiben schneiden, Maas-
damer und Schinkenspeck fein würfeln. Zwiebel abziehen und in Ringe schneiden.

7 Tomatenmark mit Semmelbröseln verrühren, mit Salz, Pfeffer, Paprika und Knoblauchsalz würzen.

8 Beide Teigplatten mit der Tomatenmark-
Masse bestreichen, die Tomatenscheiben darauf verteilen, mit Salz, Pfeffer, Paprika und
Knoblauchsalz bestreuen. Champignons, Salami, Käse, Schinken und Zwiebelringe darauf
verteilen und mit Pfeffer, Paprika und Oregano
bestreuen.

9 Die Teigplatten zur Hälfte zusammenklap-
pen, gut festdrücken. Die Oberfläche mit
Speiseöl bestreichen, mit Oregano bestreuen
und die Calzone nochmals an einem warmen
Ort so lange gehen lassen, bis sie sich sichtbar vergrößert haben. Das Backblech in den
Backofen schieben.

Ober-/Unterhitze: 200 – 220 °C (vorgeheizt)
Heißluft: 180 – 200 °C (vorgeheizt)
Gas: etwa Stufe 4 (vorgeheizt)
Backzeit: etwa 25 Minuten

Tipp: Die Calzone mit geraspeltem Käse
bestreuen und backen.

Calzone

Cantuccini

Cantuccini |

Klassisch

Für den Knetteig:
500 g Weizenmehl
1 TL Backpulver
250 g Zucker
3 Eier (Größe M)
1 Pck. Finesse Geriebene
Zitronenschale
1 Pck. Finesse Orangenschalen-Aroma
2 EL Orangensaft
2 EL Vin Santo oder Cream Sherry
etwa 25 g Anissamen
1 Prise Salz
50 g weiche Butter
1 EL Schweineschmalz
200 g nicht abgezogene, ganze
Mandeln

Zubereitungszeit: 50 Minuten

Insgesamt: E: 123 g, F: 193 g, Kh: 647 g,
kJ: 21390, kcal: 5110

1 Für den Teig Mehl mit Backpulver mischen, in eine Rührschüssel sieben. Zucker, Eier, Zitronenschale, Aroma, Orangensaft, Vin Santo oder Cream Sherry, Anissamen, Salz, Butter und Schweineschmalz hinzufügen. Die Zutaten mit Handrührgerät mit Knethaken zunächst kurz auf niedrigster, dann auf höchster Stufe gut durcharbeiten.

2 Anschließend auf der Arbeitsfläche zu einem glatten Teig verkneten, die Mandeln unterkneten. Sollte der Teig kleben, ihn in Folie gewickelt eine Zeit lang kalt stellen.

3 Aus dem Teig fünf gleich große Rollen formen, nebeneinander auf ein Backblech (mit Backpapier belegt) legen. Das Backblech in den Backofen schieben.

Ober-/Unterhitze: etwa 180 °C (vorgeheizt)
Heißluft: etwa 160 °C (vorgeheizt)
Gas: Stufe 2–3 (vorgeheizt)
Backzeit: etwa 30 Minuten

4 Die noch heißen Gebäckrollen schräg in gut 1 cm breite Scheiben schneiden, nochmals auf einem Backblech in den Backofen schieben, damit sie kross werden.

Ober-/Unterhitze: 160–180 °C (vorgeheizt)
Heißluft: 140–160 °C (vorgeheizt)
Gas: etwa Stufe 2 (vorgeheizt)
Backzeit: etwa 20 Minuten

Cappuccino-Flockentorte mit Rumkirschen |

Für Gäste

Zum Vorbereiten:
1 Glas Sauerkirschen
(Abtropfgewicht 360 g)
2 cl Rum

Für den Brandteig:
125 ml (⅛ l) Wasser
50 g Butter oder Margarine
1 Prise Salz
75 g Weizenmehl
25 g Speisestärke
2–3 Eier (Größe M)

Für den Belag:
1 EL lösliches Instant-
Cappuccinopulver
2 EL heißes Wasser
200 ml Schlagsahne
2 Pck. Sahnesteif
250 g Magerquark
250 g Mascarpone
(italienischer Frischkäse)
120 g Zucker
1 Pck. Vanillin-Zucker

Zum Bestäuben:
je 1 TL Kakaopulver und Instant-
Cappuccinopulver

Zubereitungszeit: 60 Minuten, ohne
Durchzieh- und Abkühlzeit

Insgesamt: E: 82 g, F: 230 g, Kh: 290 g,
kJ: 15631, kcal: 3735

1 Zum Vorbereiten Kirschen in einem Sieb
abtropfen lassen, mit Rum beträufeln, 1 Stunde durchziehen lassen.

2 Für den Teig Wasser mit Butter oder Margarine und Salz am besten in einem Stieltopf
zum Kochen bringen.

3 Mehl mit Speisestärke sieben, auf einmal
in die von der Kochstelle genommene Flüssigkeit schütten, zu einem glatten Kloß rühren
und unter Rühren etwa 1 Minute erhitzen.

4 Den heißen Kloß sofort in eine Rührschüssel geben, nach und nach Eier mit Handrührgerät mit Knethaken auf höchster Stufe unterarbeiten. Die Eiermenge hängt von der Beschaffenheit des Teiges ab, er muss stark
glänzen und so von einem Löffel abreißen,
dass lange Spitzen hängen bleiben.

5 Aus dem Teig drei Böden backen, dazu jeweils ein Drittel des Teiges auf einen Springformboden (Ø 26 cm, gefettet, mit Mehl bestäubt) streichen (darauf achten, dass die
Teiglage am Rand nicht zu dünn ist, damit
der Boden dort nicht zu dunkel wird). Jeden
Boden ohne Springformrand backen. Die
Formen nacheinander auf dem Rost in den
Backofen schieben (bei Heißluft 2 Böden
zusammen).

Ober-/Unterhitze: 200 – 220 °C (vorgeheizt)
Heißluft: 180 – 200 °C (vorgeheizt)
Gas: etwa Stufe 4 (vorgeheizt)
Backzeit: etwa 20 Minuten pro Boden

6 Böden sofort nach dem Backen vom
Springformboden lösen, einzeln auf einem
Kuchenrost erkalten lassen.

7 Für den Belag Cappuccinopulver mit
Wasser gut verrühren, erkalten lassen.

8 Sahne mit Sahnesteif steif schlagen. Quark,
Mascarpone, angerührten Cappuccino, Zucker
und Vanillin-Zucker verrühren. Sahne unterrühren.

9 Kirschen abtropfen lassen und trocken
tupfen. Den unteren Boden auf eine Tortenplatte legen, mit Kirschen belegen. Die Hälfte
der Cappuccinocreme darauf verteilen. Mit
dem zweiten Boden bedecken, restliche
Creme darauf streichen. Mit dem dritten
Boden bedecken. Mit Kakao und Cappuccinopulver bestäuben.

Tipp: Für den Belag zusätzlich noch 3 Esslöffel Cappuccinopulver unterrühren.

Cappuccino-Flockentorte mit Rumkirschen

Cappuccino-Torte |

Cappuccino-Torte

Für Gäste

Zum Vorbereiten:
100 ml starker Kaffee
150 g Zartbitterschokolade

Für den Biskuitteig:
3 Eier (Größe M)
150 g Zucker
1 Pck. Bourbon-Vanille-Zucker
5 Tropfen Butter-Vanille-Aroma
150 g Weizenmehl
25 g Speisestärke
2 gestr. TL Backpulver
75 g zerlassene Butter

Für den Guss:
100 g Zartbitterschokolade
20 g Kokosfett
1 TL Instant-Kaffeepulver

Für die Mascarponesauce:
250 g Mascarpone
(italienischer Frischkäse)
50 g Zucker
1 Pck. Bourbon-Vanille-Zucker
100 ml Milch

Zubereitungszeit: 45 Minuten, ohne Abkühlzeit

Insgesamt: E: 71 g, F: 293 g, Kh: 485 g, kJ: 20930, kcal: 5001

1 Kaffee in einem Stieltopf erwärmen. Schokolade in Stücke brechen, unter Rühren darin auflösen und erkalten lassen.

2 Für den Teig Eier mit Handrührgerät mit Rührbesen auf höchster Stufe in 1 Minute schaumig schlagen. Zucker mit Vanille-Zucker mischen, in 1 Minute einstreuen, dann noch etwa 2 Minuten schlagen. Aroma und Schoko-Kaffee auf niedrigster Stufe unterrühren.

3 Mehl mit Speisestärke und Backpulver mischen, die Hälfte davon auf die Eiercreme sieben, kurz auf niedrigster Stufe unterrühren. Den Rest des Mehlgemisches auf die gleiche Weise unterarbeiten, zuletzt die Butter unterrühren. Den Teig in eine Springform (Ø 22 cm, Boden gefettet, mit Backpapier belegt) füllen. Die Form auf dem Rost in den Backofen schieben.

Ober-/Unterhitze: etwa 180 °C (vorgeheizt)
Heißluft: etwa 160 °C (nicht vorgeheizt)
Gas: Stufe 2–3 (nicht vorgeheizt)
Backzeit: 30–40 Minuten

4 Den Boden aus der Form lösen, auf einen Kuchenrost stürzen und erkalten lassen.

5 Für den Guss Schokolade in Stücke brechen, mit Kokosfett in einem kleinen Topf im Wasserbad auflösen, Instant-Kaffeepulver hinzufügen und auflösen. Den Guss auf die Gebäckoberfläche geben, am Gebäckrand herunterlaufen lassen.

6 Für die Mascarponesauce Mascarpone mit Zucker, Vanille-Zucker und Milch verrühren. Die Sauce erst kurz vor dem Servieren zubereiten, zu der Torte reichen.

Garnier-Tipp: Das Gebäck mit Puderzucker bestäuben, mit Mokkabohnen belegen.

Cassata-Torte | 🗑 🗑 🍾 ❄

Gut vorzubereiten

Für den Boden:
75 g Amarettinikekse

Für den Belag:
*1 kleines Glas Sauerkirschen
(Abtropfgewicht 155 g)
125 g Amarena-Kirschen
100 g Marzipan-Rohmasse
50 g Pistazienkerne
2–3 Tropfen grüne Speisefarbe
3 Eigelb (Größe M)
50 g Zucker, 1 kleine Mango
750 ml (³/₄ l) Schlagsahne*

Zum Verzieren und Garnieren:
*125 ml (¹/₈ l) Schlagsahne
1 EL Pistazienkerne, gehackt*

Zubereitungszeit: 60 Minuten, ohne
Gefrierzeit

Insgesamt: E: 60 g, F: 361 g, Kh: 265 g,
kJ: 19622, kcal: 4687

1 Für den Boden Amarettinikekse grob zerstoßen, Tortenring oder Springformrand
(Ø 20 – 22 cm) auf eine Tortenplatte stellen,
die Masse einfüllen, mit einem Esslöffel andrücken.

2 Für den Belag Sauerkirschen und Amarena-Kirschen in einem Sieb abtropfen lassen, nebeneinander im Gefrierfach hart gefrieren lassen.

3 Marzipan mit Pistazien verkneten,
mit Speisefarbe färben. Daraus Rollen
(Ø etwa 5 mm) formen, in 5 mm dicke
Scheiben schneiden und gefrieren lassen.

4 Eigelb und Zucker mit Handrührgerät
mit Rührbesen auf höchster Stufe schaumig
schlagen. Mango schälen, Fruchtfleisch vom

faserigen Stein lösen, pürieren und unter die
Eigelbcreme ziehen. Sahne steif schlagen,
unter die Mangocreme heben. Die gefrorenen
Kirschen und Marzipanscheiben hinzufügen
und unterheben. Masse auf den Amarettini-
boden füllen. Über Nacht gefrieren lassen.

5 Vor dem Servieren Cassata-Torte aus der
Form lösen.

6 Zum Verzieren und Garnieren Sahne steif
schlagen, mit Hilfe eines Spritzbeutels mit
glatter Tülle an den Tortenrand spritzen. Mit
Pistazienkernen garnieren.

Tipp: Besonders gut schmeckt die Torte,
wenn sie etwa 30 Minuten vor dem Verzehr
angetaut wird.
Für Kinder können die Amarena-Kirschen
durch 100 g abgetropfte Sauerkirschen
ersetzt werden.

Cassata-Torte

Cassispralinen

Für die Pralinenmasse:
50 g Vollmilch-Kuvertüre
50 g Marzipan-Rohmasse
1–2 EL Cassis-Likör (schwarzer
Johannisbeerlikör) oder Kirschlikör
50 g Nuss-Nougat
gesiebter Puderzucker

kandierte Veilchen zum Garnieren

Zubereitungszeit: 30 Minuten

Insgesamt: E: 13 g, F: 49 g, Kh: 80 g,
kJ: 3693, kcal: 883

1 Für die Pralinen Kuvertüre in einem kleinen Topf im Wasserbad bei schwacher Hitze zu einer geschmeidigen Masse verrühren und in Papier-Pralinen-Förmchen füllen.

2 Marzipan mit Likör geschmeidig rühren und ebenfalls in die Förmchen füllen.

3 Nougat auf einer mit Puderzucker bestäubten Arbeitsfläche messerrückendick ausrollen. Mit einem Förmchen Deckel für die Pralinenförmchen ausstechen, die Pralinen damit verschließen.

4 Kandierte Veilchen in kleine Stücke brechen, die Pralinen damit garnieren.

Tipp: Diese Pralinen halten sich gut gekühlt 1 Woche.

Cassispralinen

Champagnerplätzchen

Für Gäste

Für den Knetteig:
125 g Weizenmehl
50 g gesiebter Puderzucker
1 Pck. Vanillin-Zucker
abgeriebene Schale von $\frac{1}{2}$ Bio-Zitrone
(unbehandelt, ungewachst)
1 Prise Salz, 2 Eigelb (Größe M)
60 g Butter oder Margarine

Für die Füllung:
100 g weiße Kuvertüre, 40 g Butter
40 g gesiebter Puderzucker
4 EL Champagner oder Sekt
abgeriebene Schale von $\frac{1}{2}$ Bio-Zitrone
(unbehandelt, ungewachst)
1 EL Zitronensaft

50 g aufgelöste weiße Kuvertüre

Zubereitungszeit: 90 Minuten, ohne Abkühlzeit

Insgesamt: E: 35 g, F: 148 g, Kh: 285 g,
kJ: 11334, kcal: 2708

1 Für den Teig Mehl in eine Rührschüssel sieben. Puderzucker, Vanillin-Zucker, Zitronenschale, Salz, Eigelb und Butter oder Margarine hinzufügen. Die Zutaten mit Handrührgerät mit Knethaken zunächst kurz auf niedrigster, dann auf höchster Stufe gut durcharbeiten.

2 Anschließend auf der Arbeitsfläche zu einem glatten Teig verkneten. Sollte er kleben, ihn in Folie gewickelt 30 Minuten kalt stellen.

3 Teig portionsweise auf bemehlter Arbeitsfläche dünn ausrollen, Plätzchen (Ø etwa 6 cm) ausstechen und auf ein Backblech (mit Backpapier) legen. In den Backofen schieben.

Ober-/Unterhitze: etwa 200 °C (vorgeheizt)
Heißluft: etwa 180 °C (vorgeheizt)
Gas: Stufe 3 – 4 (vorgeheizt)
Backzeit: 8 – 10 Minuten

4 Plätzchen vom Backpapier lösen und erkalten lassen.

5 Für die Füllung Kuvertüre in kleine Stücke schneiden, in einem kleinen Topf im Wasserbad bei schwacher Hitze zu einer geschmeidigen Masse verrühren.

6 Butter und Puderzucker mit Handrührgerät mit Rührbesen auf höchster Stufe cremig rühren. Zwei Drittel der Kuvertüre, Champagner, Zitronenschale und -saft hinzufügen und gut aufschlagen. Die Hälfte der Plätzchen mit der Masse bestreichen und mit den restlichen Plätzchen belegen.

7 Kuvertüre in einen kleinen Gefrierbeutel füllen. Eine kleine Ecke abschneiden und die Plätzchen mit der Kuvertüre verzieren. Gekühlt servieren.

Tipp: Runde Plätzchen (Ø 4 cm) ausstechen und nach dem Füllen die Plätzchen zur Hälfte in aufgelöste Zartbitterschokolade tauchen.

Champagnerplätzchen

Champagnertorte mit Physalis |

Für Gäste

Zum Vorbereiten:
*100 g Edelbitter-Schokolade
(70 % Kakao)*

Für den Schoko-Biskuitteig:
*6 Eier (Größe M)
150 g Zucker
125 g Weizenmehl
125 g Speisestärke
1/2 gestr. TL Backpulver*

Für die Füllung:
*4 Blatt weiße Gelatine
2 Eigelb (Größe M)
75 g Zucker
100 ml Champagner (oder Sekt)
250 ml (1/4 l) Orangensaft
300 g Physalis (Kapstachelbeeren)
40 g Speisestärke
100 g Zucker
1 Pck. Vanillin-Zucker
200 ml Schlagsahne
1 Becher (150 g) Crème fraîche*

Zum Verzieren und Garnieren:
*400 ml Schlagsahne
2 Pck. Sahnesteif
einige Physalis und Champagnertrüffel*

Zubereitungszeit: 50 Minuten, ohne Kühlzeit

Insgesamt: E: 98 g, F: 320 g, Kh: 767 g, kJ: 27481, kcal: 6567

1 Zum Vorbereiten Schokolade in kleine Stücke brechen, in einem kleinen Topf im Wasserbad bei schwacher Hitze zu einer geschmeidigen Masse verrühren, etwas abkühlen lassen.

2 Für den Teig Eier trennen. Eiweiß sehr steif schlagen. Eigelb und Zucker weiß cremig rühren. Mehl, Speisestärke und Backpulver mischen, auf die Eigelbcreme sieben, unterrühren.

3 Aufgelöste Schokolade hinzufügen und unterrühren. Eischnee vorsichtig unterheben. Den Teig in eine Springform (Ø 26 cm, Boden gefettet, mit Backpapier belegt) füllen, glatt streichen. Die Form auf dem Rost in den Backofen schieben.

Ober-/Unterhitze: etwa 180 °C (vorgeheizt)
Heißluft: etwa 160 °C (vorgeheizt)
Gas: Stufe 2 – 3 (vorgeheizt)
Backzeit: etwa 25 Minuten

4 Den Biskuitboden aus der Form lösen, auf einen Kucherost stürzen und erkalten lassen.

5 Für die Füllung Gelatine in kaltem Wasser nach Packungsanleitung einweichen. Eigelb und Zucker in einer Rührschüssel im heißen Wasserbad cremig rühren. Champagner unterrühren. Gelatine leicht ausdrücken, in der Eigelbcreme unter Rühren auflösen. Creme zum Gelieren in den Kühlschrank stellen, zwischendurch mehrmals umrühren.

6 Physalis aus den Häutchen lösen, kalt abspülen und trockentupfen.

7 Speisestärke mit 4 Esslöffeln Orangensaft glatt rühren. Restlichen Orangensaft, Physalis, Zucker und Vanillin-Zucker unter Rühren aufkochen. Angerührte Speisestärke unterrühren, unter Rühren einige Minuten köcheln, dann abkühlen lassen.

8 Sahne steif schlagen, mit Crème fraîche verrühren und unter die etwas fest gewordene Champagnercreme rühren.

9 Biskuitboden zweimal waagerecht durchschneiden. Unteren Boden auf eine Tortenplatte legen, Tortenring darumstellen. Physaliskompott auf dem Boden verteilen. Mit dem zweiten Boden bedecken, Champagnercreme darauf streichen. Mit dem dritten Boden bedecken. Torte 2 – 3 Stunden kalt stellen.

10 Zum Verzieren und Garnieren Sahne mit Sahnesteif steif schlagen. Tortenrand und -oberfläche damit bestreichen. Mit Sahnetuffs verzieren, mit Physalis und Champagnertrüffeln garnieren.

Champagnertorte mit Physalis

Chaostorte   🍶 ❄

Raffiniert – für Gäste

Für den Biskuitteig:
3 Eier (Größe M)
100 g Zucker
1 Pck. Vanillin-Zucker
125 g Weizenmehl
25 g Speisestärke
1 gestr. TL Backpulver

Für die Füllung:
4 Blatt weiße Gelatine
150 ml Eierlikör
300 g TK-Himbeeren
600 ml Schlagsahne

Zum Bestreuen und Bestäuben:
40 g gehobelte Haselnusskerne
2 EL Puderzucker

Zubereitungszeit: 40 Minuten, ohne Kühlzeit

Insgesamt: E: 72 g, F: 239 g, Kh: 339 g, kJ: 17298, kcal: 4134

Chaostorte

1 Für den Teig Eier mit Handrührgerät mit Rührbesen auf höchster Stufe in 1 Minute schaumig schlagen. Zucker und Vanillin-Zucker mischen, in 1 Minute einstreuen, dann noch etwa 2 Minuten schlagen. Mehl, Speisestärke und Backpulver mischen, die Hälfte davon auf die Eiercreme sieben, kurz auf niedrigster Stufe unterrühren. Den Rest des Mehlgemisches auf die gleiche Weise unterarbeiten.

2 Den Teig in eine Springform (Ø 26 cm, Boden gefettet, mit Backpapier belegt) füllen. Form auf dem Rost in den Backofen schieben und sofort backen.

Ober-/Unterhitze: 180 – 200 °C (vorgeheizt)
Heißluft: 160 – 180 °C (vorgeheizt)
Gas: etwa Stufe 3 (vorgeheizt)
Backzeit: etwa 30 Minuten

3 Den Tortenboden aus der Form lösen, auf einen Kuchenrost stürzen, Backpapier abziehen, Boden erkalten lassen, einmal waagerecht durchschneiden. Tortenring oder den gesäuberten Springformrand um den unteren Boden legen. Oberen Boden in „Chaosstücke" schneiden.

4 Für die Füllung Gelatine in kaltem Wasser nach Packungsanleitung einweichen, leicht ausdrücken. Die ausgedrückte Gelatine in einem kleinen Topf unter Rühren erwärmen (nicht kochen), bis sie völlig gelöst ist, leicht abkühlen lassen und mit dem Eierlikör verrühren.

5 Himbeeren antauen lassen. 400 ml Sahne steif schlagen. Wenn die Eierlikörmasse anfängt dicklich zu werden, die steif geschlagene Sahne unterheben.

6 Ein Drittel der Eierlikörcreme auf den Boden streichen, mit Himbeeren (12 Himbeeren beiseite legen) belegen, mit restlicher Creme bestreichen. Mindestens zwei Stunden kalt stellen.

7 Haselnusskerne in einer Pfanne ohne Fett rösten. Restliche Sahne (200 ml) steif schlagen. Den Tortenring oder Springformrand lösen und entfernen. Tortenrand mit etwas von der Sahne bestreichen und mit Nussblättchen bestreuen.

8 Restliche Sahne in einen Spritzbeutel mit Lochtülle füllen und auf die Torte spritzen. Chaosstücke darauf verteilen und mit den beiseite gelegten Himbeeren garnieren. Kurz vor dem Servieren mit Puderzucker bestäuben.

Tipp: Anstelle von TK-Himbeeren frische Himbeeren verwenden.

49

Christstollen

Klassisch – dauert länger

Zum Vorbereiten:
375 g Rosinen, 4 EL Rum

Für den Hefeteig:
375 g Weizenmehl
1 Pck. Trockenhefe
150 ml lauwarme Milch
75 g Zucker, 1 Pck. Vanillin-Zucker
1 Prise Salz
2 Msp. gemahlener Kardamom
2 Msp. gemahlene Muskatblüte
1 Ei (Größe M)
150 g weiche Butter oder Margarine
100 g gewürfeltes Zitronat (Sukkade)
100 g abgezogene, gehackte Mandeln

Zum Bestreichen:
100 g zerlassene Butter

Puderzucker zum Bestäuben

Zubereitungszeit: 60 Minuten, ohne Einweich- und Teiggehzeit

Insgesamt: E: 44 g, F: 271 g, Kh: 458 g, kJ: 19962, kcal: 4768

1 Zum Vorbereiten Rosinen mit Rum beträufeln, mehrere Stunden (am besten über Nacht) einweichen lassen.

2 Für den Teig Mehl in eine Rührschüssel sieben, mit Trockenhefe sorgfältig vermischen.

Milch, Zucker, Vanillin-Zucker, Salz, Gewürze, Ei und Butter oder Margarine hinzufügen.

3 Die Zutaten mit Handrührgerät mit Knethaken zunächst auf niedrigster, dann auf höchster Stufe in etwa 5 Minuten zu einem glatten Teig verarbeiten. Den Teig zugedeckt so lange an einem warmen Ort stehen lassen, bis er sich sichtbar vergrößert hat.

4 Den Teig leicht mit Mehl bestäuben, aus der Schüssel nehmen und auf der Arbeitsfläche kurz durchkneten, dabei Rum-Rosinen, Zitronat und Mandeln unterkneten.

5 Den Teig zu einem Stollen formen, dazu den Teig zu einer Rolle formen und mit der Teigrolle der Länge nach eine Vertiefung eindrücken. Die linke Seite auf die rechte Seite schlagen, den mittleren Teil mit den Händen formen. Stollen auf ein Backblech (gefettet, mit doppeltem Backpapier belegt) legen, nochmals so lange an einem warmen Ort gehen lassen, bis er sich sichtbar vergrößert hat. Backblech in den Backofen schieben.

Ober-/Unterhitze: vorheizen etwa 250 °C, backen 160 – 180 °C
Heißluft: vorheizen etwa 220 °C, backen 140 – 160 °C
Gas: Stufe 2 – 3 (vorgeheizt)
Backzeit: 50 – 55 Minuten

6 Das Backblech auf einen Kuchenrost stellen. Den Stollen sofort nach dem Backen mit einem Teil der Butter bestreichen, mit etwas Puderzucker bestäuben.

7 Den Stollen etwas abkühlen lassen und den Vorgang wiederholen.

Tipp: Nach Belieben 200 g Marzipan-Rohmasse gut durchkneten und zu einem Rechteck von 30 x 15 cm ausrollen. Den Teig zu einem Rechteck von 30 x 20 cm ausrollen. Die Marzipanplatte auf die Teigplatte legen, so dass an den Längsseiten etwas Teig frei bleibt. Den Teig von der längeren Seite her nicht zu locker aufrollen, zu einem Stollen formen und wie nebenstehend angegeben backen.
Stollen gut in Alufolie einpacken, trocken und kühl lagern, er bleibt 4 – 6 Wochen frisch. Stollen schmeckt am besten, wenn er etwas durchgezogen ist.

Christstollen

Ciabatta

Dauert länger

Für den Hefeteig:
950 g Weizenmehl (Type 550)
1 Pck. (42 g) frische Hefe
500 ml (½ l) lauwarmes Wasser
5 EL (75 ml) lauwarme Milch
1 EL Olivenöl
1 gestr. EL Salz

evtl. 2 – 3 EL lauwarmes Wasser

Zubereitungszeit: 45 Minuten, ohne Ruhe- und Teiggehzeit

Insgesamt: E: 106 g, F: 25 g, Kh: 681 g, kJ: 14982, kcal: 3583

1 Für den Teig Mehl in eine Rührschüssel sieben. In die Mitte eine Vertiefung drücken. Hefe hineinbröckeln, etwas Wasser hinzufügen. Mit einer Gabel vorsichtig verrühren und etwa 10 Minuten gehen lassen.

2 Milch, Öl, Salz und restliches Wasser hinzufügen. Die Zutaten mit Handrührgerät mit Knethaken zunächst auf niedrigster, dann auf höchster Stufe in etwa 5 Minuten zu einem glatten Teig verarbeiten. Den Teig zugedeckt so lange an einem warmen Ort stehen lassen, bis er sich sichtbar vergrößert hat.

3 Teig aus der Schüssel nehmen, auf der bemehlten Arbeitsfläche nochmals kurz durchkneten, evtl. etwas Mehl unterarbeiten. Der Teig soll relativ weich bleiben. Nochmals zugedeckt so lange an einem warmen Ort gehen lassen, bis er sich verdoppelt hat.

4 Teig auf einer mit Mehl bestäubten Arbeitsfläche in vier Portionen teilen, aber nicht durchkneten. Zu Rechtecken (25 x 10 cm) ausrollen. Jedes Rechteck auf ein Stück bemehltes Backpapier legen und mit den Fingern regelmäßig eindrücken. Die Teigstücke zugedeckt 90 Minuten ruhen lassen. Der Teig geht nur wenig auf.

5 Zwei Backbleche für etwa 15 Minuten zum Erhitzen in den vorgeheizten Backofen schieben. Die Teigbrote vorsichtig umgedreht auf je ein Backblech (mit Backpapier belegt)

legen (dabei aber nicht die Luft herausdrücken!). Das Backpapier vorsichtig entfernen und die Backbleche nacheinander (bei Heißluft zusammen) in den Backofen schieben. Während der ersten 10 Minuten der Backzeit die Brote dreimal mit Wasser bestreichen.

Ober-/Unterhitze: 200 – 220 °C (vorgeheizt)
Heißluft: 180 – 200 °C (vorgeheizt)
Gas: etwa Stufe 4 (vorgeheizt)
Backzeit: 20 – 25 Minuten pro Backblech

6 Brote vom Backpapier lösen und auf einem Kuchenrost erkalten lassen.

Tipp: Aus dem gleichen Teig können Sie ein Oliven-Tomaten-Brot herstellen. Nach einer Stunde Teiggehzeit werden je 100 g schwarze und grüne, entsteinte, gewürfelte Oliven und 6 gewürfelte, getrocknete Tomaten (in Öl eingelegt, abgetropft) unter den Teig geknetet. Teig teilen, aus einer Portion ein flaches Brot, aus restlichem Teig 6 flache Fladen formen. Nach

90 Minuten Ruhezeit das Brot etwa 30 Minuten und die Fladen etwa 20 Minuten backen.

Ciabatta

Coca-Cola Muffins* |

Einfach

Für den Teig:
225 g Weizenmehl
1 ¹/₂ gestr. TL Backpulver
¹/₂ gestr. TL Natron
300 g Zucker
150 g Butter oder Margarine
3 EL Kakaopulver
125 ml (¹/₈ l) Coca-Cola
100 ml Buttermilch, 3 Eier (Größe M)
¹/₂ Fläschchen Butter-Vanille-Aroma

Für den Guss:
25 g Butter, 1 ¹/₂ EL Kakaopulver
50 ml Coca-Cola
200 g gesiebter Puderzucker

Zum Bestreuen:
100 g gehackte Pekannusskerne

Zubereitungszeit: 25 Minuten, ohne Abkühlzeit

Ingesamt: E: 70 g, F: 241 g, Kh: 715 g, kJ: 22703, kcal: 5421

1 Für den Teig Mehl mit Backpulver und Natron mischen, in eine Rührschüssel sieben. Zucker, Butter oder Margarine, Kakao, Coca-Cola, Buttermilch, Eier und Aroma hinzufügen. Die Zutaten mit Handrührgerät mit Rührbesen in 2 Minuten zu einem glatten Teig verarbeiten.

2 Den Teig in 18 Muffinförmchen (gefettet) füllen. Die Förmchen auf dem Rost in den Backofen schieben.

Ober-/Unterhitze: etwa 180 °C (vorgeheizt)
Heißluft: etwa 160 °C (vorgeheizt)
Gas: Stufe 2 – 3 (vorgeheizt)
Backzeit: etwa 25 Minuten

3 Die Muffins 10 Minuten in den Förmchen stehen lassen, dann herauslösen und auf einen Kuchenrost legen.

4 Für den Guss Butter, Kakao und Coca-Cola in einem kleinen Stieltopf zum Kochen bringen, kurz einkochen lassen. Den Topf von der Kochstelle nehmen, Puderzucker unterrühren. Den warmen Guss auf die noch warmen Muffins geben und mit Pekannüssen bestreuen. Muffins erkalten lassen.

Tipp: Die Muffinförmchen sollten zu etwa zwei Drittel mit dem Teig gefüllt sein. Muffins können auch in doppelt gestellten Papierbackförmchen gebacken werden.

* Rezept nicht von Coca-Cola autorisiert

Cremeschnitten mit Blätterteig |

Schnell – einfach

Für den Teig:
1 Pck. (300 g) TK-Blätterteig

Für die Glasur:
100 g gesiebter Puderzucker
2 EL Zitronensaft
2 EL Wasser
50 g Halbbitter-Kuvertüre

Für die Füllung:
300 g frische Himbeeren
300 g Himbeerkonfitüre
250 ml (¹/₄ l) Schlagsahne
1 Pck. Sahnesteif
1 Pck. Vanillin-Zucker
1 EL Himbeergeist

Zubereitungszeit: 30 Minuten, ohne
Auftau- und Ruhezeit

Insgesamt: E: 31 g, F: 181 g, Kh: 445 g,
kJ: 15194, kcal: 3632

1 Den Blätterteig nach Packungsanleitung
auftauen lassen, jede Platte quer halbieren, auf
ein mit kaltem Wasser abgespültes Backblech

legen, 15 Minuten ruhen lassen. Anschließend
das Backblech in den Backofen schieben.

Ober-/Unterhitze: etwa 200 °C (vorgeheizt)
Heißluft: etwa 180 °C (vorgeheizt)
Gas: Stufe 3 – 4 (vorgeheizt)
Backzeit: etwa 15 Minuten

2 Die Blätterteigplatten sofort vom Backblech lösen und erkalten lassen. Jede Platte
waagerecht vorsichtig mit Hilfe eines Säge-
messers durchschneiden.

3 Für die Glasur Puderzucker mit Zitronensaft und Wasser verrühren und die Oberseite
der Gebäckteile damit bestreichen. Kuvertüre
in kleine Stücke schneiden, in einem kleinen
Topf im Wasserbad bei schwacher Hitze zu
einer geschmeidigen Masse verrühren und
auf den fest werdenden weißen Guss spritzen. Die Glasur sofort mit einem Hölzchen
verziehen.

4 Für die Füllung Himbeeren verlesen, evtl.
waschen. Himbeerkonfitüre auf die unteren
Gebäckteile streichen, Himbeeren darauf geben. Schlagsahne ½ Minute schlagen. Sahnesteif mit Vanillin-Zucker mischen, in die

Sahne einstreuen und die Sahne steif schlagen.
Himbeergeist unterschlagen und die Sahne
auf den Himbeeren verteilen. Die glasierten
Gebäckteile darauf legen.

Cremeschnitten mit Blätterteig

Croissants |

Dauert länger

Für den Plunderteig:
500 g Weizenmehl
1 Pck. (42 g) frische Hefe
30 g Zucker, 250 ml (¹/₄ l) Milch
1 Prise Salz, 2 Eier (Größe M)
25 g Butter

Zum Belegen:
250 g kalte Butter in Scheiben

Zum Bestreichen:
3 EL Kondensmilch

Zubereitungszeit: 60 Minuten, ohne
Teiggeh- und Kühlzeit

Insgesamt: E: 83 g, F: 255 g, Kh: 420 g,
kJ: 18822, kcal: 4497

1 Für den Teig Mehl in eine Rührschüssel
sieben und in die Mitte eine Vertiefung drücken, Hefe zerbröckeln, in die Vertiefung geben, mit etwas Zucker, etwas Milch und etwas Mehl vom Rand aus verrühren. Mit Mehl
bestäuben, an einem warmen Ort so lange
gehen lassen, bis der Vorteig sich sichtbar
vergrößert hat.

2 Salz, Eier, restlichen Zucker, Butter und
restliche kalte Milch hinzufügen. Mit Handrührgerät mit Knethaken auf höchster Stufe in
5 Minuten zu einem glatten Teig verarbeiten.
Teig zugedeckt an einem warmen Ort so
lange gehen lassen, bis er sich sichtbar vergrößert hat.

3 Teig aus der Schüssel nehmen, nochmals
kurz durchkneten, auf der mit Mehl bestäubten Arbeitsfläche zu einem Rechteck von
20 x 35 cm ausrollen. Die Hälfte des Teiges
mit den kalten Butterscheiben belegen. Die
nicht belegte Teighälfte darüber klappen und
leicht mit einer Teigrolle andrücken.

4 Teig zu einer Platte von 30 x 40 cm ausrollen. Von der schmalen Seite her zweimal übereinander schlagen, damit 3 Schichten entstehen und 15 Minuten in den Kühlschrank legen. Diesen Vorgang noch 2 – 3 mal wiederholen. Teig dazu zur offenen Seite ausrollen. Teig zwischendurch immer 15 Minuten ruhen lassen.

5 Teig zu einem Rechteck von 40 x 50 cm ausrollen, der Länge nach halbieren, so dass 2 Teigstreifen von 20 x 50 cm entstehen.

6 Jeden Teigstreifen mit Hilfe eines Lineals und Messers in 6 Dreiecke schneiden, von der breiten Seite her aufrollen, und die Seiten etwas nach innen biegen.

Croissants

7 Croissants in größerem Abstand nebeneinander auf ein Backblech (gefettet, mit Backpapier belegt) legen. Croissants zugedeckt nochmals an einem warmen Ort stehen lassen, bis sie sich vergrößert haben. Mit Kondensmilch bestreichen. Backblech in den Backofen schieben.

Ober-/Unterhitze: 200 – 220 °C (vorgeheizt)
Heißluft: 180 – 200 °C (vorgeheizt)
Gas: etwa Stufe 4 (vorgeheizt)
Backzeit: 15 – 20 Minuten

Tipp: Croissants können auch gefüllt werden, z. B. mit Schinken, Käse oder Konfitüre.

Croissants mit Schokofüllung |  ❄

Für Kinder – dauert etwas länger

Für den Plunderteig:
500 g Weizenmehl
1 Pck. Trockenhefe
25 g Zucker
1 Prise Salz
2 Eier (Größe M)
25 g Butter oder Margarine
250 ml (¼ l) Milch

250 g kalte Butter in Scheiben

Für die Füllung:
50 g Vollmilchschokolade

Kondensmilch zum Bestreichen

Zum Bestreuen:
100 g abgezogene, gehobelte Mandeln

Zubereitungszeit: 60 Minuten, ohne Kühl- und Teiggehzeit

Insgesamt: E: 107 g, F: 322 g, Kh: 416 g, kJ: 21945, kcal: 5243

1 Für den Teig Mehl in eine Rührschüssel sieben, mit Hefe sorgfältig vermischen. Zucker, Salz, Eier, Fett und kalte Milch hinzufügen. Die Zutaten mit Handrührgerät mit Knethaken zunächst auf niedrigster, dann auf höchster Stufe in etwa 5 Minuten zu einem glatten Teig verarbeiten. Den Teig zugedeckt an einem warmen Ort so lange gehen lassen, bis er sich sichtbar vergrößert hat.

2 Den Teig auf einer mit Mehl bestäubten Arbeitsfläche kurz durchkneten, zu einem Rechteck (20 x 35 cm) ausrollen. Die Hälfte des Teiges mit den Butterscheiben belegen. Die nicht belegte Teighälfte darüber klappen und leicht mit der Teigrolle andrücken.

3 Den Teig wieder zu einem Rechteck (30 x 40 cm) ausrollen. Von der schmalen Seite her dreifach übereinander klappen, den Teig zugedeckt 15 Minuten kalt stellen.

4 Diesen Vorgang 2 – 3 mal wiederholen (den Teig dazu zur offenen Seite zu einem Rechteck ausrollen). Den Teig zu einem Rechteck (40 x 50 cm) ausrollen, der Länge

nach halbieren, so dass zwei Teigstreifen von 20 x 50 cm entstehen. Jeden Teigstreifen mit Hilfe eines Lineals und eines Messers in sechs Dreiecke schneiden.

5 Für die Füllung Schokolade in kleine Stücke schneiden. Einige Schokoladenstückchen auf jedes Teigdreieck legen, jeweils von der breiten Seite her aufrollen und rund biegen.

6 Die Croissants im größeren Abstand nebeneinander auf ein Backblech (gefettet, mit Backpapier belegt) legen, nochmals zugedeckt an einem warmen Ort gehen lassen, mit Kondensmilch bestreichen und mit Mandeln bestreuen.

7 Backblech in den Backofen schieben.

Ober-/Unterhitze: 200 – 220 °C (vorgeheizt)
Heißluft: 180 – 200 °C (vorgeheizt)
Gas: etwa Stufe 4 (vorgeheizt)
Backzeit: etwa 20 Minuten

Tipp: Croissants lassen sich gut einfrieren und bei 220 °C in 4 – 5 Minuten aufbacken.

Dänisches Brot | ❄

Gut vorzubereiten

Für den Hefeteig:
500 g Weizenmehl (Type 550)
1 Pck. Trockenhefe
1 Prise Salz
1 TL Zucker
250 ml (¹/₄ l) lauwarme Schlagsahne
200 g Doppelrahm-Frischkäse
Milch oder Sahne zum Bestreichen

Zubereitungszeit: 25 Minuten, ohne
Teiggehzeit

Insgesamt: E: 85 g, F: 147 g, Kh: 380 g,
kJ: 13960, kcal: 3338

Dänisches Brot

1 Für den Teig Mehl in eine Rührschüssel
sieben, mit Trockenhefe sorgfältig vermischen. Salz, Zucker, Sahne und Frischkäse
hinzufügen. Die Zutaten mit Handrührgerät
mit Knethaken zunächst auf niedrigster,
dann auf höchster Stufe in etwa 5 Minuten
zu einem glatten Teig verarbeiten. Den Teig
zugedeckt so lange an einem warmen Ort
stehen lassen, bis er sich sichtbar vergrößert hat.

2 Den Teig aus der Schüssel nehmen, auf
der Arbeitsfläche nochmals kurz durchkneten,
zu einem länglichen Laib formen und in eine
Kastenform (30 x 11 cm, gefettet) oder in eine
dänische Brotbackform geben. Den Teig nochmals zugedeckt so lange an einem warmen
Ort stehen lassen, bis er sich sichtbar vergrö-

ßert hat. Mit einem Messer etwa 1 cm tief
ein Zickzackmuster in den Teig ritzen. Form
auf dem Rost in den Backofen schieben.

Ober-/Unterhitze: etwa 180 °C (vorgeheizt)
Heißluft: etwa 160 °C (nicht vorgeheizt)

Gas: Stufe 2 – 3 (nicht vorgeheizt)
Backzeit: etwa 35 Minuten

3 Das Brot sofort nach dem Backen mit
Milch oder Sahne bestreichen, damit
es Glanz bekommt, aus der Form lösen,
erkalten lassen.

Dattelkonfekt |

Geschenk

250 g Datteln mit Stein
100 g Marzipan-Rohmasse
30 – 40 g Zartbitterschokolade
etwas Kokosfett

Zubereitungszeit: 35 Minuten,
ohne Kühlzeit

Insgesamt: E: 17 g, F: 59 g, Kh: 87 g,
kJ: 4843, kcal: 1157

1 Datteln entsteinen. Marzipan in so viele
Stücke schneiden, wie Datteln vorhanden
sind. Stücke etwas länglich formen und
anstelle des Steins in die Datteln drücken.

2 Schokolade und Fett in einem kleinen Topf
im Wasserbad bei schwacher Hitze schmelzen, die Dattelenden in die Schokolade tauchen, auf Backpapier legen, im Kühlschrank
fest werden lassen.

Dobostorte

Klassisch – für Gäste – mit Alkohol

Für den Teig:
7 Eier (Größe M)
150 g gesiebter Puderzucker
100 g Weizenmehl
50 g Speisestärke

Für die Creme:
150 g Zartbitterschokolade
250 g Butter
150 g gesiebter Puderzucker
2 Eigelb (Größe M, ganz frisch)
1 EL Kirschwasser

Für die Karamellglasur:
150 g Zucker
1 EL Zitronensaft

Zubereitungszeit: 110 Minuten, ohne Abkühlzeit

Insgesamt: E: 83 g, F: 313 g, Kh: 637 g, kJ: 24577, kcal: 5871

1 Für den Teig Eier trennen. Eigelb und die Hälfte des Puderzuckers mit Handrührgerät mit Rührbesen schaumig schlagen. Eiweiß sehr steif schlagen, den restlichen Puderzucker einrieseln lassen. Eischnee auf die Eigelbmasse geben.

2 Mehl mit Speisestärke mischen, auf die Eiermasse sieben und vorsichtig unterheben. Für fünf Böden je ein Fünftel des Teiges in je eine Springform (Ø 24 cm, Boden gefettet, mit Mehl bestäubt) füllen, glatt streichen. Formen nacheinander (bei Heißluft zusammen) auf dem Rost in den Backofen schieben.

Ober-/Unterhitze: etwa 200 °C (vorgeheizt)
Heißluft: etwa 180 °C (vorgeheizt)
Gas: etwa Stufe 3 (vorgeheizt)
Backzeit: etwa 8 Minuten pro Boden

3 Die Böden sofort vorsichtig aus der Form lösen und einzeln auf je einem mit Backpapier belegten Kuchenrost erkalten lassen.

4 Für die Creme Schokolade in Stücke brechen, in einem kleinen Topf im Wasserbad bei schwacher Hitze zu einer geschmeidigen Masse verrühren, erkalten lassen.

5 Butter mit Puderzucker und Eigelb schaumig rühren. Kirschwasser dazugeben und esslöffelweise die Schokolade unterrühren.

6 Einen Tortenboden beiseite legen, die restlichen Böden mit der Creme bestreichen. Ein Viertel der Creme zurücklassen. Die bestrichenen Böden zusammensetzen und mit der restlichen Creme bestreichen.

7 Für die Karamellglasur Zucker mit Zitronensaft in einem Topf unter ständigem Rühren erhitzen, bis er goldgelb ist. Schnell den letzten unbestrichenen Boden damit überziehen, mit einem gefetteten Messer den Rand sauber schneiden.

8 Den Boden mit einem frisch gefetteten Messer in 12 Tortenstücke teilen, die Stücke auf der Torte zusammensetzen. Torte gut durchziehen lassen.

Dobostorte

Dominosteine |

Gut vorzubereiten

Für den Teig:
200 g flüssiger Honig
50 g Kandisfarin (brauner Zucker)
1 Pck. Vanillin-Zucker, 1 Ei (Größe M)
2 gestr. TL Lebkuchengewürz
100 g abgezogene, gemahlene Mandeln
250 g Weizenmehl
2 gestr. TL Backpulver

Für die Füllung:
200 g Aprikosenkonfitüre
200 g Marzipan-Rohmasse
100 g gesiebter Puderzucker

Für den Guss:
200 g Zartbitterschokolade
75 g Kokosfett

Zubereitungszeit: 90 Minuten, ohne Abkühlzeit

Insgesamt: E: 47 g, F: 56 g, Kh: 396 g, kJ: 9900, kcal: 2367

1 Für den Teig Honig, Kandisfarin und Vanillin-Zucker bei schwacher Hitze zerlassen, in einer Schüssel abkühlen lassen.

2 Unter die fast erkaltete Masse mit Handrührgerät mit Rührbesen auf höchster Stufe nach und nach Ei, Lebkuchengewürz und Mandeln rühren.

3 Mehl und Backpulver mischen, sieben, zwei Drittel auf mittlerer Stufe unterrühren. Den Rest auf der bemehlten Arbeitsfläche unterkneten. Teig auf ¾ eines Backblechs (30 x 40 cm, gefettet) ausrollen. Vor den Teig einen mehrfach geknickten Streifen Alufolie legen oder einen Backrahmen darumstellen. Backblech in den Backofen schieben.

Ober-/Unterhitze: 180 – 200 °C (vorgeheizt)
Heißluft: 160 – 180 °C (vorgeheizt)
Gas: etwa Stufe 3 (vorgeheizt)
Backzeit: etwa 20 Minuten

4 Gebäck erkalten lassen, halbieren, vom Backblech nehmen. Jede Platte einmal waagerecht durchschneiden.

5 Für die Füllung Aprikosenkonfitüre durch ein Sieb passieren. Die Hälfte davon auf die unteren Gebäckhälften streichen.

6 Marzipan-Rohmasse mit Puderzucker verkneten, zwischen Frischhaltefolie 2 Platten in Größe der Gebäckplatten ausrollen, auf die bestrichenen Gebäckteile legen. Mit der restlichen Aprikosenkonfitüre bestreichen, mit den oberen Gebäckteilen belegen und kalt stellen.

7 Für den Guss Schokolade und Kokosfett in einem kleinen Topf im Wasserbad bei schwacher Hitze zu einer geschmeidigen Masse verrühren. Gebäck in Würfel von 2 x 2 cm schneiden. Mit dem Guss überziehen, evtl. mit Hilfe zweier Gabeln hineintauchen, fest werden lassen. Dominosteine nach Belieben mit Puderzuckerguss verzieren.

Dominosteine

Donuts und Timbits (caption)

Donuts und Timbits |

Klassisch – preiswert

Für den Hefeteig:
375 g Weizenmehl
1 Pck. Trockenhefe
40 g Zucker, 1 Prise Salz
2 Eigelb (Größe M)
150 ml lauwarme Milch
*60 g zerlassene abgekühlte Butter
oder Margarine*

1 kg Ausbackfett

Zum Bestäuben:
Puderzucker

Zubereitungszeit: 60 Minuten, ohne
Teiggehzeit

Insgesamt: E: 54 g, F: 369 g, Kh: 343 g,
kJ: 21342, kcal: 5098

1 Für den Teig Mehl in eine Rührschüssel
sieben, mit Trockenhefe sorgfältig vermischen.
Zucker, Salz, Eigelb, Milch und Butter oder
Margarine hinzufügen. Die Zutaten mit Handrührgerät mit Knethaken zunächst auf niedrigster, dann auf höchster Stufe in etwa 5 Minuten zu einem glatten Teig verarbeiten.

2 Den Teig zugedeckt so lange an einem
warmen Ort stehen lassen, bis er sich sichtbar vergrößert hat.

3 Den Teig aus der Schüssel nehmen, auf
der Arbeitsfläche nochmals kurz durchkneten
und etwa 1 cm dick ausrollen. Zunächst

Platten (Ø 9 cm), dann die Mitte nochmals
so ausstechen, dass 2 cm breite Ringe entstehen. Die Ringe und das Innere (Timbits)
der Ringe auf ein Backpapier legen, nochmals
so lange an einem warmen Ort gehen lassen,
bis sie sich sichtbar vergrößert haben.

4 Die Teigringe und das innere Teigstück
(Timbits) schwimmend in siedendem Ausbackfett auf beiden Seiten backen, mit einem Schaumlöffel herausnehmen, auf
einem Kuchenrost abtropfen lassen und
noch warm mit Puderzucker bestäuben.

Tipp: Donuts können nach dem Erkalten mit
Puderzucker oder Schokoladenguss bestri-
chen und mit Schokoladenraspeln oder Liebesperlen bestreut werden.

57

Dreispitze

Dreispitze |

Etwas schwieriger – für Geübte

Für den Knetteig:
250 g Weizenmehl
1 Msp. Backpulver
65 g Zucker, 1 Pck. Vanillin-Zucker
1 Eigelb (Größe M)
½ Fläschchen Rum-Aroma
½ Pck. Finesse Orangenschalen-Aroma
125 g Butter oder Margarine

Für die Füllung:
100 g gemahlene Haselnusskerne
50 g Zucker
1 ½ Eiweiß (Größe M)
½ Fläschchen Rum-Aroma
½ Pck. Finesse Orangenschalen-Aroma
etwa 2 EL Orangensaft
40 g Korinthen

Zum Bestreichen:
½ verschlagenes Eiweiß
1 Eigelb
1 EL Milch

Zubereitungszeit: 110 Minuten,
ohne Kühlzeit

Pro Stück: E: 1 g, F: 3 g, Kh: 6 g,
kJ: 236, kcal: 56

1 Für den Teig Mehl mit Backpulver mischen und in eine Rührschüssel sieben. Zucker, Vanillin-Zucker, Eigelb, Aromen und Butter oder Margarine hinzufügen. Die Zutaten mit Handrührgerät mit Knethaken zunächst kurz auf niedrigster, dann auf höchster Stufe gut durcharbeiten.

2 Anschließend auf der bemehlten Arbeitsfläche zu einem glatten Teig verkneten. Sollte er kleben, ihn in Folie gewickelt eine Zeit lang kalt stellen.

3 Für die Füllung Haselnusskerne mit Zucker, Eiweiß, Aromen und Orangensaft zu einer geschmeidigen Masse verrühren. Korinthen unterrühren.

4 Den Teig auf der bemehlten Arbeitsfläche portionsweise etwa knapp ½ cm dick ausrollen und mit einer Ausstechform runde Plätzchen (Ø etwa 4 cm) ausstechen. Die Teigplätzchen mit Eiweiß bestreichen. In die Mitte je ein haselnussgroßes Häufchen von der

Füllung geben. Den Teig an drei Seiten zur Mitte hochziehen und zu einem Dreispitz zusammendrücken.

5 Die Teigstücke auf Backbleche (mit Backpapier belegt) setzen. Eigelb mit Milch verschlagen, die Teigstücke damit bestreichen. Die Backbleche nacheinander (bei Heißluft zusammen) in den Backofen schieben.

Ober-/Unterhitze: etwa 200 °C (vorgeheizt)
Heißluft: etwa 180 °C (vorgeheizt)
Gas: etwa Stufe 4 (vorgeheizt)
Backzeit: etwa 15 Minuten je Backblech

6 Die Dreispitze mit dem Backpapier von den Backblechen auf Kuchenroste ziehen. Dreispitze erkalten lassen.

Tipp: Die Dreispitze sind in einer gut schließenden Dose (nicht zu warm lagern) etwa 4 Wochen haltbar. Sie werden nach einiger Zeit etwas weicher.

Durstige Liese | ❄

Preiswert – einfach

Für den Rührteig:
200 g Butter oder Margarine
200 g Zucker, 1 Pck. Vanillin-Zucker
4 Eier (Größe M)
200 g Weizenmehl
50 g Speisestärke
2 gestr. TL Backpulver
$^1/_2$ FL. Zitronen-Aroma
oder abgeriebene Schale von 1 Bio-
Zitrone (unbehandelt, ungewachst)

Zum Beträufeln:
Saft von 1 – 2 Orangen
Saft von 1 Zitrone
1 – 2 EL Zucker

Zubereitungszeit: 25 Minuten

Insgesamt: E: 57 g, F: 196 g, Kh: 440 g, kJ: 16169, kcal: 3863

1 Für den Teig Butter oder Margarine mit Handrührgerät mit Rührbesen auf höchster Stufe geschmeidig rühren. Nach und nach Zucker und Vanillin-Zucker unterrühren. So lange rühren, bis eine gebundene Masse entstanden ist.

2 Eier nach und nach unterrühren (jedes Ei etwa $^1/_2$ Minute). Mehl mit Speisestärke und Backpulver mischen, sieben, portionsweise auf mittlerer Stufe unterrühren. Zuletzt Zitronen-Aroma oder -schale unterrühren.

3 Teig in eine Springform mit Rohrboden (Ø 24 cm, gefettet) füllen. Die Form auf dem Rost in den Backofen schieben.

Ober-/Unterhitze: etwa 180 °C (vorgeheizt)
Heißluft: etwa 160 °C (nicht vorgeheizt)
Gas: Stufe 2 – 3 (nicht vorgeheizt)
Backzeit: etwa 45 Minuten

4 Den Kuchen auf einen mit Backpapier belegten Kuchenrost stürzen, mit einem Holzstäbchen einstechen und mit Orangen- und Zitronensaft (evtl. mit Zucker verrührt) beträufeln. Kuchen erkalten lassen.

Tipp: Den Teig auf ein Backblech (30 x 40 cm, gefettet) streichen und etwa 30 Minuten bei gleicher Backtemperatur backen.

Durstige Liese

Eberswalder Spritzkuchen |

Klassisch

Für den Brandteig:
125 ml (¹/₈ l) Wasser
25 g Butter
75 g Weizenmehl
15 g Speisestärke
15 g Zucker
1 Pck. Vanillin-Zucker
2 – 3 Eier (Größe M)
1 Msp. Backpulver

Außerdem:
1 kg Ausbackfett (Kokosfett) oder
1 l Speiseöl

Für den Guss:
100 g Puderzucker
1 EL Zitronensaft
etwa 2 EL heißes Wasser

Zubereitungszeit: 40 Minuten, ohne Abkühlzeit

Insgesamt: E: 33 g, F: 239 g, Kh: 194 g, kJ: 13237, kcal: 3161

1 Für den Teig Wasser und Butter am besten in einem Stieltopf zum Kochen bringen. Mehl mit Speisestärke mischen, sieben, auf einmal in die von der Kochstelle genommene Flüssigkeit schütten, zu einem glatten Kloß rühren und unter Rühren etwa 1 Minute erhitzen.

2 Den heißen Kloß sofort in eine Rührschüssel geben, nach und nach Zucker, Vanillin-Zucker und Eier mit Handrührgerät mit Knethaken auf höchster Stufe unterarbeiten. Weitere Eizugabe erübrigt sich, wenn der Teig stark glänzt und so von einem Löffel abreißt, dass lange Spitzen hängen bleiben.

3 Backpulver in den erkalteten Teig arbeiten, den Teig in einen Spritzbeutel (große Sterntülle) füllen, auf gefettetem Backpapier (etwa 10 x 10 cm groß) in Form von Kränzen spritzen.

4 Durch Eintauchen der mit Teig bespritzten Backpapierstücke in siedendem Ausbackfett die Kränzchen lösen, schwimmend auf beiden Seiten hellbraun backen, mit einem Schaumlöffel herausnehmen, auf einem Kuchenrost abtropfen lassen.

5 Für den Guss Puderzucker sieben, mit Zitronensaft und Wasser glatt rühren, sodass eine dickflüssige Masse entsteht. Das Gebäck damit überziehen.

Eberswalder Spritzkuchen

Eclairs (Liebesknochen)

Eclairs (Liebesknochen) |

Klassisch

Für den Brandteig:
125 ml (¹/₈ l) Wasser
25 g Butter oder Margarine
75 g Weizenmehl
15 g Speisestärke
2 – 3 Eier (Größe M)
1 Msp. Backpulver

1 – 2 EL Aprikosenkonfitüre

Für die Füllung:
75 g Nuss-Nougat
250 ml (¹/₄ l) Schlagsahne
1 Pck. Sahnesteif

Zubereitungszeit: 30 Minuten, ohne Abkühlzeit

Insgesamt: E: 44 g, F: 139 g, Kh: 141 g, kJ: 8649 kcal: 2068

1 Für den Teig Wasser und Butter oder Margarine am besten in einem Stieltopf zum Kochen bringen.

2 Mehl mit Speisestärke mischen, sieben, auf einmal in die von der Kochstelle genommene Flüssigkeit schütten, zu einem glatten Kloß rühren und unter Rühren etwa 1 Minute erhitzen.

3 Den heißen Kloß sofort in eine Rührschüssel geben, nach und nach 2 – 3 Eier mit Handrührgerät mit Knethaken auf höchster Stufe unterarbeiten. Weitere Eizugabe erübrigt sich, wenn der Teig stark glänzt und so von einem Löffel abreißt, dass lange Spitzen hängen bleiben.

4 Backpulver in den erkalteten Teig arbeiten, ihn in einen Spritzbeutel (große Sterntülle) füllen, jeweils zwei fingerlange Streifen nebeneinander, einen dritten Teigstreifen obenauf, auf ein Backblech (gefettet, bemehlt) spritzen. In den Backofen schieben.

Ober-/Unterhitze: 200 – 220 °C (vorgeheizt)
Heißluft: 180 – 200 °C (vorgeheizt)
Gas: Stufe 4 – 5 (vorgeheizt)
Backzeit: etwa 20 Minuten

5 Nach dem Backen sofort von jedem Eclair einen Deckel abschneiden, auskühlen lassen.

6 Etwas Aprikosenkonfitüre durch ein Sieb streichen, unter Rühren erhitzen, die Gebäckdeckel dünn damit bestreichen.

7 Für die Füllung Nuss-Nougat in einem kleinen Topf im Wasserbad bei schwacher Hitze zu einer geschmeidigen Masse verrühren, etwas abkühlen lassen. Schlagsahne ¹/₂ Minute schlagen, Sahnesteif einstreuen, die Sahne steif schlagen und die Nougatmasse esslöffelweise unterrühren. Die Nougatsahne in einen Spritzbeutel füllen, in die Eclairs spritzen, je einen Deckel auflegen.

Eierlikör-Cremekuchen |  🍶 ❄

Eierlikör-Cremekuchen

2 Eier nach und nach unterrühren (jedes Ei etwa ¹/₂ Minute). Mehl mit Backpulver mischen, sieben, portionsweise auf mittlerer Stufe unterrühren.

3 Den Teig in eine Springform (Ø 28 cm, Boden gefettet) füllen, glatt streichen.

4 Sauerkirschen oder Stachelbeeren in einem Sieb gut abtropfen lassen, auf dem Teig verteilen. Die Form auf dem Rost in den Backofen schieben.

Ober-/Unterhitze: 180 – 200 °C (vorgeheizt)
Heißluft: 160 – 180 °C (vorgeheizt)
Gas: etwa Stufe 3 (vorgeheizt)
Backzeit: 25 – 30 Minuten

5 Den Kuchen aus der Form lösen, auf einem Kuchenrost erkalten lassen. Dann auf eine Tortenplatte geben, den gesäuberten Springformrand darumlegen.

6 Für die Eierlikörcreme Gelatine mit kaltem Wasser in einem kleinen Topf anrühren, 10 Minuten zum Quellen stehen lassen. Aus Pudding-Pulver, Zucker und Milch nach Packungsanleitung einen Pudding zubereiten.

7 Die gequollene Gelatine unter den heißen Pudding rühren, bis sie gelöst ist, kalt stellen, ab und zu durchrühren. Likör unterrühren. Wenn die Masse anfängt dicklich zu werden, die Sahne steif schlagen und unterheben.

8 Die Creme auf dem Kuchen verteilen, glatt streichen, im Kühlschrank fest werden lassen. Springformrand vorsichtig lösen und entfernen.

9 Den Eierlikör-Cremekuchen mit Krokant bestreuen.

Tipp: Nach Belieben mit grünen Marzipanblättern garnieren. Marzipanblätter fertig kaufen oder selbst herstellen. Dafür etwa 50 g Marzipan-Rohmasse und 25 g gesiebten Puderzucker mit grüner Lebensmittelfarbe verkneten, ausrollen, Blätter ausstechen.

Für Gäste

Für den Rührteig:
100 g Butter oder Margarine
100 g Zucker
2 Eier (Größe M)
100 g Weizenmehl
1 gestr. TL Backpulver

etwa 500 g gedünstete Sauerkirschen oder Stachelbeeren

Für die Eierlikörcreme:
1 Pck. gemahlene Gelatine, weiß
4 EL kaltes Wasser
1 Pck. Pudding-Pulver Vanille-Geschmack
50 g Zucker

500 ml (¹/₂ l) Milch
250 ml (¹/₄ l) Eierlikör
250 ml (¹/₄ l) Schlagsahne

100 g Krokant

Zubereitungszeit: 45 Minuten, ohne Kühl- und Quellzeit

Insgesamt: E: 90 g, F: 205 g, Kh: 420 g, kJ: 18294, kcal: 4366

1 Für den Teig Butter oder Margarine mit Handrührgerät mit Rührbesen auf höchster Stufe geschmeidig rühren. Nach und nach Zucker unterrühren. So lange rühren, bis eine gebundene Masse entstanden ist.

Eierlikörkuchen |

Einfach

Für den Biskuitteig:
5 Eier (Größe M)
250 g gesiebter Puderzucker
2 Pck. Vanillin-Zucker
250 ml (¹/₄ l) Speiseöl
250 ml (¹/₄ l) Eierlikör
125 g Weizenmehl, 125 g Speisestärke
4 gestr. TL Backpulver

40 g Puderzucker

Zubereitungszeit: 20 Minuten, ohne Abkühlzeit

Insgesamt: E: 64 g, F: 296 g, Kh: 582 g, kJ: 24141, kcal: 5764

1 Für den Teig Eier mit Puderzucker und Vanillin-Zucker mit Handrührgerät mit Rührbesen auf höchster Stufe in 1 Minute schaumig schlagen. Öl und Eierlikör unterrühren.

2 Mehl mit Speisestärke und Backpulver mischen, die Hälfte davon auf die Eiercreme sieben, kurz auf niedrigster Stufe unterrühren, den Rest des Mehlgemisches auf die gleiche Art unterarbeiten.

3 Den Teig in eine Gugelhupfform (Ø 22 cm, gefettet, mit Weizenmehl ausgestreut) füllen. Form auf dem Rost in den Backofen schieben.

Ober-/Unterhitze: 180 – 200 °C (vorgeheizt)
Heißluft: 160 – 180 °C (nicht vorgeheizt)
Gas: etwa Stufe 3 (nicht vorgeheizt)
Backzeit: etwa 60 Minuten

4 Kuchen etwa 10 Minuten in der Form stehen lassen, auf einen mit Backpapier belegten Kuchenrost stürzen, erkalten lassen, mit Puderzucker bestäuben.

Eierlikörkuchen

Eierlikör-Mohn-Torte |

Für das Osterfest

Für den Rührteig:
250 g Butter oder Margarine
150 g Zucker
1 Pck. Vanillin-Zucker
4 Eier (Größe M)
250 g Weizenmehl
2 gestr. TL Backpulver
75 g frisch gemahlener Mohn

Für die Füllung:
100 g Marzipan-Rohmasse
25 g Puderzucker
600 ml Schlagsahne
3 Pck. Sahnesteif
2 Pck. Vanillin-Zucker
1 Pck. Galetta Pudding-Pulver
Vanille-Geschmack, ohne Kochen
125 ml (¹/₈ l) Eierlikör
125 ml (¹/₈ l) Milch

Zum Verzieren:
75 ml Eierlikör

Zubereitungszeit: 40 Minuten,
ohne Kühlzeit

Insgesamt: E: 99 g, F: 463 g, Kh: 566 g,
kJ: 30528, kcal: 7294

1 Für den Teig Fett mit Handrührgerät mit Rührbesen auf höchster Stufe geschmeidig rühren. Nach und nach Zucker und Vanillin-Zucker unterrühren. So lange rühren, bis eine gebundene Masse entstanden ist. Eier nach und nach unterrühren (jedes Ei etwa ¹/₂ Minute). Mehl mit Backpulver mischen, sieben, portionsweise auf mittlerer Stufe unterrühren. Zuletzt Mohn unterheben.

2 Teig in eine Springform (Ø 26 cm, gefettet) füllen, glatt streichen. Form auf dem Rost in den Backofen schieben.

Ober-/Unterhitze: etwa 180 °C (vorgeheizt)
Heißluft: etwa 160 °C (vorgeheizt)
Gas: Stufe 2 – 3 (vorgeheizt)
Backzeit: etwa 30 Minuten

3 Den Boden aus der Form lösen, auf einen mit Backpapier belegten Kuchenrost stürzen, erkalten lassen. Boden einmal waagerecht durchschneiden. Unteren Boden auf eine Tortenplatte legen.

4 Für die Füllung Marzipan und Puderzucker verkneten, auf Puderzucker zu einer Platte (Ø 26 cm) ausrollen, auf den unteren Boden legen. Sahne ¹/₂ Minute schlagen, Sahnesteif mit Vanillin-Zucker mischen, einstreuen, Sahne steif schlagen (2 Esslöffel in einen Spritzbeutel mit Lochtülle füllen). Ein Drittel der Sahne auf die Marzipandecke streichen.

5 Pudding-Pulver nach Packungsanleitung – aber nur mit Eierlikör und Milch – aufschlagen und auf der Sahne verteilen. Oberen Boden darauf legen. Tortenrand und Oberfläche mit der restlichen Sahne bestreichen.

6 Zum Verzieren ovale Sahneringe übereinander auf die Oberfläche spritzen und mit Eierlikör füllen. Torte zwei Stunden kalt stellen.

Eierlikör-Mohn-Torte

Erdbeerbiskuit mit Pistaziensahne |

Raffiniert

Für den Knetteig:
150 g Weizenmehl, 40 g Zucker
1 Pck. Vanillin-Zucker
100 g Butter oder Margarine

Für den Biskuitteig:
3 Eier (Größe M)
3–4 EL heißes Wasser
150 g Zucker, 1 Pck. Vanillin-Zucker
100 g Weizenmehl
100 g Speisestärke
3 gestr. TL Backpulver

Für die Füllung:
500 g Erdbeeren
500 ml ('/₂ l) Schlagsahne
2 Pck. Sahnesteif
1 Pck. Vanillin-Zucker
1 EL Zucker
25 g gehackte Pistazienkerne

Zum Bestreichen:
2–3 EL Erdbeerkonfitüre

Zum Garnieren:
Pistazienkerne
Erdbeerkonfitüre

Zubereitungszeit: 60 Minuten,
ohne Abkühlzeit

Insgesamt: E: 76 g, F: 286 g, Kh: 616 g,
kJ: 23114, kcal: 5526

1 Für den Knetteig Mehl in eine Rührschüssel sieben. Zucker, Vanillin-Zucker und Butter oder Margarine hinzufügen. Die Zutaten mit Handrührgerät mit Knethaken zunächst kurz auf niedrigster, dann auf höchster Stufe gut durcharbeiten. Anschließend auf einer bemehlten Arbeitsfläche zu einem glatten Teig verkneten. Sollte er kleben, ihn in Folie gewickelt eine Zeit lang kalt stellen.

2 Teig auf dem Boden einer Springform (Ø 28 cm, gefettet) ausrollen, Springformrand darumstellen. Form auf dem Rost in den Backofen schieben.

Ober-/Unterhitze: 200–220 °C (vorgeheizt)
Heißluft: 180–200 °C (vorgeheizt)
Gas: etwa Stufe 4 (vorgeheizt)
Backzeit: 12–15 Minuten

3 Den Boden nach dem Backen vom Springformboden lösen, aber darauf erkalten lassen.

4 Für den Biskuitteig Eier und Wasser mit Handrührgerät mit Rührbesen auf höchster Stufe in 1 Minute schaumig schlagen. Zucker und Vanillin-Zucker mischen, in 1 Minute einstreuen, dann noch etwa 2 Minuten schlagen.

5 Mehl mit Speisestärke und Backpulver mischen, die Hälfte davon auf die Eiercreme sieben, kurz auf niedrigster Stufe unterrühren, den Rest des Mehlgemisches auf die gleiche Art unterarbeiten. Den Teig in eine Springform (Ø 28 cm, Boden gefettet, mit Backpapier belegt) füllen, glatt streichen. Form auf dem Rost in den Backofen schieben.

Ober-/Unterhitze: 180–200 °C (vorgeheizt)
Heißluft: 160–180 °C (vorgeheizt)
Gas: etwa Stufe 3 (vorgeheizt)
Backzeit: 20–30 Minuten

6 Den Tortenboden sofort nach dem Backen aus der Form lösen, auf einen Kuchenrost stürzen, mitgebackenes Backpapier abziehen. Den Boden erkalten lassen, einmal waagerecht durchschneiden.

7 Für die Füllung Erdbeeren waschen, gut abtropfen lassen (einige Erdbeeren zum Garnieren beiseite legen), entstielen und halbieren.

8 Sahne mit Sahnesteif, Vanillin-Zucker und Zucker steif schlagen, unter die Hälfte der Sahne Pistazienkerne heben.

9 Knetteigboden auf eine Tortenplatte legen, mit Erdbeerkonfitüre bestreichen. Den unteren Biskuitboden darauf legen, den Boden mit halbierten Erdbeeren belegen, mit der Pistaziensahne bestreichen, mit dem zweiten Boden bedecken, gut andrücken. Rand und Oberfläche der Torte mit der restlichen Sahne bestreichen.

10 Torte mit den beiseite gelegten Erdbeeren, Pistazienkernen und etwas glatt gerührter Erdbeerkonfitüre garnieren.

**Erdbeerbiskuit mit
Pistaziensahne**

Erdbeer-Käse-Kuchen

Erdbeer-Käse-Kuchen │ 🗑 🗑

Für Gäste

Für den Boden:
100 g Butter, 150 g Löffelbiskuits

Für den Belag:
*500 g Erdbeeren, 500 g Mascarpone
(italienischer Frischkäse)
500 g Magerquark, 150 g Zucker
Saft und abgeriebene Schale von
1 ½ Bio-Zitronen
(unbehandelt, ungewachst)
30 g Speisestärke
1 Prise Salz, 5 Eier (Größe M)
2 EL abgezogene, gehobelte Mandeln
1 EL Erdbeerkonfitüre
1 EL Schlagsahne*

Zubereitungszeit: etwa 60 Minuten,
ohne Abkühlzeit

Insgesamt: E: 148 g, F: 357 g, Kh: 328 g,
kJ: 22335, kcal: 5340

1 Für den Boden Butter zerlassen. Löffelbiskuits in einen Gefrierbeutel geben und mit einer Teigrolle fein zerbröseln. Löffelbiskuitbrösel mit der Butter verkneten.

2 Biskuitbrösel auf dem Boden einer Springform (Ø 26 cm, gefettet) verteilen und mit einem Esslöffel fest andrücken. Die Form auf dem Rost in den Backofen schieben und den Boden vorbacken.

Ober-/Unterhitze: etwa 180 °C (vorgeheizt)
Heißluft: etwa 160 °C (vorgeheizt)
Gas: Stufe 2 – 3 (vorgeheizt)
Backzeit: 10 – 15 Minuten

3 Für den Belag Erdbeeren waschen, gut abtropfen lassen, entstielen und klein schneiden. Etwa 100 g geputzte Erdbeeren beiseite legen, den Rest auf dem Teigboden verteilen.

4 400 g Mascarpone, Quark, Zucker, Zitronensaft und -schale verrühren. Stärke, Salz und

Eier unterrühren. Mascarponecreme auf den Erdbeeren verteilen. Die Form wieder auf dem Rost in den Backofen schieben (unteres Drittel).

Ober-/Unterhitze: etwa 180 °C (vorgeheizt)
Heißluft: etwa 160 °C (nicht vorgeheizt)
Gas: Stufe 2 – 3 (nicht vorgeheizt)
Backzeit: etwa 70 Minuten

5 Kuchen in der Form erkalten lassen, aus der Form lösen.

6 Mandeln in einer Pfanne ohne Fett goldbraun rösten. Konfitüre glatt rühren, an den Kuchenrand streichen, Mandeln an den Kuchenrand drücken.

7 Beiseite gelegte Erdbeeren pürieren. Restlichen Mascarpone und Sahne cremig rühren, auf der Kuchenoberfläche mit einem Esslöffel wellenförmig verteilen. Mit Erdbeerpüree verzieren, 1 Stunde kalt stellen.

Erdbeerkonfekt |

Zum Verschenken

500 g Erdbeeren mit Stiel
100 g Zartbitterschokolade
etwas Kokosfett

Zubereitungszeit: 30 Minuten

Insgesamt: E: 11 g, F: 44 g, Kh: 73 g,
kJ: 3240, kcal: 776

1 Die Erdbeeren mit Stiel vorsichtig waschen und trocken tupfen.

2 Schokolade in Stücke brechen, mit Kokosfett in einem kleinen Topf im Wasserbad bei schwacher Hitze geschmeidig rühren.

3 Die Erdbeeren zur Hälfte hineintauchen, abtropfen lassen und auf Backpapier setzen.

Tipp: Lassen sich kühl und trocken 2 – 3 Tage aufbewahren. Schmecken gut gekühlt am besten.

Erdbeerkonfekt

Erdbeertorte Gracia |

Einfach – mit Alkohol

Für den Teig:
1 Pck. (250 g) Grundmischung
Obstkuchenteig
125 g Butter oder Margarine
1 Ei (Größe M)
2 EL Wasser

Zum Bestreichen:
100 g Zartbitterschokolade
20 g Kokosfett

Für den Belag:
500 g Erdbeeren
125 ml ('/8 l) Wasser
125 ml ('/8 l) Weißwein
50 g Zucker

1 Pck. Tortenguss, rot
250 ml ('/4 l) Saft

Zubereitungszeit: 30 Minuten,
ohne Abkühl- und Durchziehzeit

Insgesamt: E: 32 g, F: 170 g, Kh: 343 g,
kJ: 13362, kcal: 3194

1 Für den Teig die Grundmischung mit Butter oder Margarine, Ei und Wasser nach Packungsanleitung zubereiten.

2 Den Teig in eine Obsttortenform (Ø 28 cm, gefettet) streichen. Form auf dem Rost in den Backofen schieben.

Ober-/Unterhitze: 200 – 220 °C (vorgeheizt)
Heißluft: 180 – 200 °C (vorgeheizt)
Gas: etwa Stufe 4 (vorgeheizt)
Backzeit: etwa 20 Minuten

3 Den Tortenboden aus der Form lösen, auf einen Kuchrost stürzen, erkalten lassen.

4 Zum Bestreichen Schokolade in kleine Stücke brechen, in einem kleinen Topf im Wasserbad bei schwacher Hitze zu einer geschmeidigen Masse verrühren, mit Hilfe eines Pinsels auf den erkalteten Tortenboden streichen.

5 Für den Belag Erdbeeren waschen, abtropfen lassen, entstielen, evtl. halbieren. Wasser mit Wein und Zucker mischen, die Erdbeeren etwa 30 Minuten darin ziehen lassen, anschließend zum Abtropfen in ein Sieb geben, den Saft auffangen und 250 ml ('/4 l) davon abmessen. Erdbeeren auf den Tortenboden legen. Tortenguss mit dem abgemessenen Saft nach Packungsanleitung zubereiten, den Guss über die Erdbeeren geben. Guss fest werden lassen.

Erdbeertorte Gracia

Erfrischungstorte |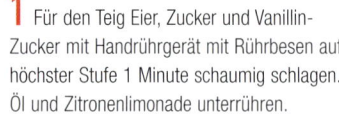

Für Kinder

Für den Teig:
2 Eier (Größe M)
125 g Zucker
1 Pck. Vanillin-Zucker
5 EL Speiseöl
6 EL Zitronenlimonade
125 g Weizenmehl
15 g Kakaopulver
2 gestr. TL Backpulver

Für den Belag:
2 Pck. Erfrischungsstäbchen (je 75 g)
1 Dose Mandarinenspalten

(Abtropfgewicht 175 g)
8 Blatt weiße Gelatine
6 EL Mandarinensaft
300 g Naturjoghurt
40 g Zucker
400 ml Schlagsahne

Zum Garnieren:
1 Pck. Erfrischungsstäbchen (75 g)

Zubereitungszeit: 45 Minuten,
ohne Kühlzeit

Insgesamt: E: 62 g, F: 212 g, Kh: 362 g,
kJ: 15561, kcal: 3721

1 Für den Teig Eier, Zucker und Vanillin-Zucker mit Handrührgerät mit Rührbesen auf höchster Stufe 1 Minute schaumig schlagen. Öl und Zitronenlimonade unterrühren.

2 Mehl, Kakao und Backpulver mischen, sieben und portionsweise auf mittlerer Stufe unterrühren. Den Teig in eine Springform (Ø 26 cm, Boden gefettet, mit Backpapier belegt) füllen und glatt streichen. Die Form auf dem Rost in den Backofen schieben.

Ober-/Unterhitze: etwa 180 °C (vorgeheizt)
Heißluft: etwa 160 °C (vorgeheizt)
Gas: Stufe 2–3 (vorgeheizt)
Backzeit: etwa 25 Minuten

3 Den Boden aus der Form lösen, auf einen mit Backpapier belegten Kuchenrost stürzen und erkalten lassen.

4 Für den Belag Erfrischungsstäbchen in kleine Stücke schneiden. Mandarinen in einem Sieb abtropfen lassen, Saft auffangen.

5 Gelatine in kaltem Wasser nach Packungsanleitung einweichen, leicht ausdrücken. Die ausgedrückte Gelatine mit dem Mandarinensaft in einem kleinen Topf unter Rühren erwärmen (nicht kochen), bis sie völlig gelöst ist, leicht abkühlen lassen.

6 Joghurt und Zucker verrühren, aufgelöste Gelatine unterrühren. Wenn die Masse anfängt dicklich zu werden, zerkleinerte Erfrischungsstäbchen und Mandarinen (einige zum Garnieren beiseite legen) unterheben.

7 Sahne steif schlagen und unterheben. Den Boden auf eine Tortenplatte legen, einen Tortenring darumstellen, den Belag darauf verteilen, glatt streichen und 2–3 Stunden kalt stellen.

8 Den Tortenring vorsichtig lösen und entfernen. Die Oberfläche mit Erfrischungsstäbchen und den beiseite gelegten Mandarinen garnieren.

Erfrischungstorte

Errötendes-Mädchen-Torte |

Für Gäste – mit Alkohol

Für den All-In-Teig:
100 g Weizenmehl
3 gestr. TL Backpulver, 75 g Zucker
1 Pck. Vanillin-Zucker, 3 Eier (Größe M)
2 EL Speiseöl, 1 EL Essig

50 g Zucker, 5 EL Wasser
3 – 4 EL Himbeergeist

Für den Belag:
500 g TK-Himbeeren
6 EL Himbeersirup
500 ml (¹/₂ l) Buttermilch
75 g gesiebter Puderzucker
2 Pck. Finesse Geriebene
Zitronenschale, 3 EL Zitronensaft
10 Blatt weiße Gelatine
200 ml Schlagsahne

250 ml (¹/₄ l) Schlagsahne
1 Pck. Sahnesteif
Zitronenmelisse
Himbeeren

Zubereitungszeit: 45 Minuten,
ohne Auftau- und Kühlzeit

Insgesamt: E: 82 g, F: 188 g, Kh: 475 g,
kJ: 17287, kcal: 4131

Errötendes-Mädchen-Torte

1 Für den Teig Mehl und Backpulver mischen, in eine Rührschüssel sieben, Zucker, Vanillin-Zucker, Eier, Öl und Essig hinzufügen. Die Zutaten mit Handrührgerät mit Rührbesen in 1 Minute zu einem glatten Teig verarbeiten. Den Teig in eine Springform (Ø 26 cm, Boden gefettet, mit Backpapier belegt) füllen, glatt streichen. Form auf dem Rost in den Backofen schieben.

Ober-/Unterhitze: etwa 200 °C (vorgeheizt)
Heißluft: etwa 180 °C (vorgeheizt)
Gas: Stufe 3 – 4 (vorgeheizt)
Backzeit: 15 – 20 Minuten

2 Den Boden aus der Form lösen, auf einen mit Backpapier belegten Kuchenrost stürzen, erkalten lassen. Mitgebackenes Papier entfernen. Den Boden auf eine Tortenplatte legen

und einen gesäuberten Springformrand darumstellen.

3 Zucker und Wasser in einem kleinen Topf aufkochen, so lange kochen lassen, bis der Zucker sich gelöst hat, Himbeergeist unterrühren. Den Boden damit beträufeln.

4 Für den Belag Himbeeren auftauen lassen, in einem Sieb gut abtropfen lassen, mit Küchenpapier trocken tupfen. Saft mit Himbeersirup und Wasser auf 200 ml ergänzen.

5 Buttermilch, Puderzucker, Zitronenschale und -saft verrühren. Himbeerflüssigkeit unterrühren. Gelatine in kaltem Wasser nach Packungsanleitung einweichen, leicht ausdrücken. Die ausgedrückte Gelatine in einem

kleinen Topf unter Rühren erwärmen (nicht kochen), bis sie völlig gelöst ist, leicht abkühlen lassen.

6 Etwas von der Buttermilchmischung zu der Gelatine geben, dann alles unter die Buttermilchmischung rühren. Wenn die Masse anfängt dicklich zu werden, die Sahne steif schlagen und unterheben.

7 Die Himbeeren auf dem Boden verteilen. Die Buttermilchmasse darauf geben. Torte etwa 3 Stunden kalt stellen.

8 Den Springformrand lösen, entfernen. Sahne mit Sahnesteif steif schlagen. Torte mit Sahne verzieren, mit Himbeeren und Melisse garnieren.

Fächertorte mit Fruchtcocktail |

Gut vorzubereiten – für Gäste

Für den Rührteig:
125 g Butter oder Margarine
125 g Zucker, 1 Pck. Vanillin-Zucker
1 Prise Salz, 2 Eier (Größe M)
150 g Weizenmehl
1 gestr. TL Backpulver, 2 EL Milch
50 g abgezogene, gehobelte Mandeln
10 g Zucker

Für die Füllung:
1 Pck. Pudding-Pulver
Vanille-Geschmack
50 g Zucker, 400 ml Milch
1 Dose Fruchtcocktail
(Abtropfgewicht 460 g)
250 ml (¹/₄ l) Schlagsahne
1 Pck. Käse-Sahne-Tortencreme
150 ml Saft (von den Cocktailfrüchten)
3 EL Zitronensaft
500 g Naturjoghurt

Zum Verzieren:
250 ml (¹/₄ l) Schlagsahne
1 Pck. Sahnesteif, 1 TL Zucker

Zubereitungszeit: 60 Minuten,
ohne Kühlzeit

Insgesamt: E: 90 g, F: 331 g, Kh: 547 g,
kJ: 24125, kcal: 5764

1 Für den Teig Butter oder Margarine mit
Handrührgerät mit Rührbesen auf höchster
Stufe geschmeidig rühren. Nach und nach
Zucker, Vanillin-Zucker und Salz unterrühren.
So lange rühren, bis eine gebundene Masse
entstanden ist.

2 Eier nach und nach unterrühren (jedes
Ei etwa ¹/₂ Minute). Mehl und Backpulver
mischen, sieben und portionsweise abwechselnd mit der Milch auf mittlerer Stufe
unterrühren.

3 Für zwei Böden jeweils die Hälfte des
Teiges in eine Springform (Ø 26 cm, Boden
gefettet) streichen. Auf einen der Böden
Mandeln und Zucker verteilen. Die Formen

nacheinander (bei Heißluft zusammen) auf
dem Rost in den Backofen schieben.

Ober-/Unterhitze: etwa 180 °C (vorgeheizt)
Heißluft: etwa 160 °C (vorgeheizt)
Gas: Stufe 2 – 3 (vorgeheizt)
Backzeit: etwa 20 Minuten pro Boden

4 Böden sofort nach dem Backen vom
Springformboden lösen und einzeln auf einem
Kuchenrost erkalten lassen. Den Mandel-
boden in zwölf Stücke schneiden.

5 Für die Füllung aus Pudding-Pulver, Zucker und Milch nach Packungsanleitung (aber
mit den hier angegebenen Zutaten) einen
Pudding zubereiten und unter gelegentlichem
Rühren abkühlen lassen.

6 Den unteren Boden (ohne Mandeln) auf
eine Tortenplatte legen, einen Tortenring darumstellen und den Pudding darauf verteilen.

7 Fruchtcocktail zum Abtropfen in ein Sieb
geben. 150 ml Saft abmessen. Sahne steif
schlagen. Die Tortencreme nach Packungsanleitung mit dem Saft und Zitronensaft zubereiten. Joghurt und die steif geschlagene
Sahne unterheben.

8 Die gut abgetropften Früchte unter die Jo-
ghurtcreme heben, die Masse auf dem Pudding verteilen und 2 – 3 Stunden kalt stellen.
Tortenring entfernen.

9 Zum Verzieren Sahne mit Sahnesteif und
Zucker steif schlagen, in einen Spritzbeutel
mit gezackter Tülle füllen und auf die Joghurt-
masse 12 Streifen (Tortenstücke) spritzen.
Den in Stücke geschnittenen Boden schräg
daran stellen.

10 Nach Belieben mit dem Puderzucker
(aus der Tortencreme-Packung) bestäuben.

Fächertorte mit Fruchtcocktail

Feigen-Pinien-Torte mit Honigquarkcreme

Feigen-Pinien-Torte mit Honigquarkcreme |

Dauert länger

Für den Knetteig:
300 g Weizenmehl
2 gestr. TL Backpulver
200 g Zucker, 1 Prise Salz
5 Eigelb (Größe M)
250 g Butter oder Margarine

Für die Baisermasse:
60 g Pinienkerne
5 Eiweiß (Größe M)
150 g Zucker

Für die Füllung:
150 g Feigenkonfitüre
200 ml Schlagsahne
500 g Magerquark
60 g flüssiger Orangenblütenhonig
2 Pck. Vanillin-Zucker

Zum Garnieren:
3 Feigen
Pinienkerne und Minze

Zubereitungszeit: 100 Minuten,
ohne Warte- und Abkühlzeit

Insgesamt: E: 160 g, F: 335 g, Kh: 808 g,
kJ: 29647, kcal: 7081

1 Für den Teig Mehl mit Backpulver mischen, in eine Rührschüssel sieben. Zucker, Salz, Eigelb und Butter oder Margarine hinzufügen. Die Zutaten mit Handrührgerät mit Knethaken zunächst kurz auf niedrigster, dann auf höchster Stufe gut durcharbeiten.

2 Anschließend auf einer bemehlten Arbeitsfläche zu einem glatten Teig verkneten. Sollte er kleben, ihn in Folie gewickelt eine Zeit lang kalt stellen.

3 Den Teig in 4 Portionen teilen, jeweils 1 Teigstück auf dem Boden einer Springform (Ø 26 cm, gefettet) ausrollen. Den Springformrand darumlegen.

4 Für die Baisermasse Pinienkerne fein mahlen. Eiweiß mit Handrührgerät mit Rührbesen auf höchster Stufe steif schlagen, der Schnee muss so fest sein, dass ein Messerschnitt sichtbar bleibt, nach und nach Zucker unterschlagen.

5 Jeweils ein Viertel der Baisermasse auf je einen Boden streichen. Mit gemahlenen Pinienkernen bestreuen. Formen nacheinander (bei Heißluft je 2 Formen zusammen) auf dem Rost in den Backofen schieben.

Ober-/Unterhitze: etwa 180 °C (vorgeheizt)
Heißluft: etwa 160 °C (vorgeheizt)
Gas: Stufe 2 – 3 (vorgeheizt)
Backzeit: 15 – 20 Minuten pro Boden
(Baisermasse zwischendurch immer wieder kalt stellen)

6 Böden sofort nach dem Backen lösen, einzeln auf einen Kuchenrost legen, erkalten lassen. Einen Boden sofort in 12 Stücke schneiden. Die Böden erkalten lassen, drei Böden mit Feigenkonfitüre bestreichen.

7 Sahne steif schlagen. Quark, Honig und Vanillin-Zucker verrühren. Sahne unterziehen. Quarkcreme auf den drei Böden verteilen und die Böden zu einer Torte zusammensetzen. Den geschnittenen Boden auf die Torte legen. Mit frischen Feigen, gerösteten Pinienkernen und Minze garnieren.

Fladenkuchen mit Porree |

Für Gäste

Für den Hefeteig:
250 g Weizenmehl (Type 550)
¹/₂ Pck. (21 g) frische Hefe
1 gestr. TL Salz
125 ml (¹/₈ l) lauwarmes Wasser
1 TL flüssiger Honig, 10 EL Speiseöl

Für den Belag:
250 g Porree (Lauch)
1 Msp. getrockneter Thymian
2 EL Speiseöl, Salz
frisch gemahlener Pfeffer
250 g Schmand
1 Ei (Größe M)
frisch geriebene Muskatnuss
1 Pck. (150 g) Bacon
(Frühstücksspeck in Scheiben)

Zubereitungszeit: etwa 50 Minuten, ohne Teiggehzeit

Insgesamt: E: 61 g, F: 304 g, Kh: 203 g, kJ: 16535, kcal: 3950

1 Für den Teig Mehl in eine Schüssel sieben. In die Mitte eine Vertiefung drücken. Hefe hineinbröckeln, Salz und etwas Wasser hinzufügen. Mit einer Gabel vorsichtig verrühren und etwa 10 Minuten gehen lassen.

2 Honig, Öl und restliches Wasser hinzufügen. Die Zutaten mit Handrührgerät mit Knethaken zunächst auf niedrigster, dann auf höchster Stufe in etwa 5 Minuten zu einem glatten Teig verarbeiten. Den Teig zugedeckt so lange an einem warmen Ort stehen lassen, bis er sich sichtbar vergrößert hat.

3 Für den Belag Porree putzen, der Länge nach aufschneiden, waschen. Porree in halbe Ringe schneiden, mit Thymian in Öl 5 Minuten dünsten. Mit Salz und Pfeffer würzen.

4 Schmand und Ei verquirlen, mit Pfeffer und Muskat würzen. Baconscheiben zweimal durchschneiden.

5 Teig aus der Schüssel nehmen und auf der bemehlten Arbeitsfläche nochmals kurz durchkneten. Teigstück zu einem ovalen Fladen (35 x 30 cm) ausrollen und auf ein Backblech (gefettet, mit Backpapier belegt) legen. Teigfladen zugedeckt an einem warmen Ort nochmals so lange gehen lassen, bis er sich sichtbar vergrößert hat.

6 Schmand, Porree und Bacon auf dem Teigfladen verteilen. Das Backblech in den Backofen schieben.

Ober-/Unterhitze: etwa 200 °C (vorgeheizt)
Heißluft: etwa 180 °C (vorgeheizt)
Gas: Stufe 3 – 4 (vorgeheizt)
Backzeit: etwa 30 Minuten

Tipp: Den Fladenkuchen mit Blätterteig zubereiten. Dafür 5 Platten TK-Blätterteig (¹/₂ Päckchen, 225 g) auftauen lassen, zu einem Rechteck in gleicher Größe ausrollen. Statt mit Thymian mit Kümmel würzen.

Fladenkuchen mit Porree

Flammkuchen

Flammkuchen |

Klassisch

Für den Hefeteig:
375 g Weizenmehl
1 Pck. Trockenhefe
1 TL Zucker, 1 1/2 TL Salz
3 – 4 EL Speiseöl
etwa 250 ml (1/4 l) lauwarmes Wasser

Für den Belag:
150 g Schinkenspeck
4 große Zwiebeln
250 g Speisequark (40 % Fett)
250 ml (1/4 l) Schlagsahne
Salz
gemahlener schwarzer Pfeffer
geriebene Muskatnuss

Zubereitungszeit: 30 Minuten,
ohne Teiggeh- und Abkühlzeit

Insgesamt: E: 92 g, F: 256 g, Kh: 307 g,
kJ: 17058, kcal: 4075

1 Für den Teig Mehl in eine Rührschüssel sieben, mit Trockenhefe sorgfältig vermischen. Zucker, Salz, Öl und Wasser hinzufügen.

2 Die Zutaten mit Handrührgerät mit Knethaken zunächst auf niedrigster, dann auf höchster Stufe in etwa 5 Minuten zu einem glatten Teig verarbeiten. Den Teig zugedeckt so lange an einem warmen Ort stehen lassen, bis er sich sichtbar vergrößert hat.

3 Den Teig leicht mit Mehl bestäuben, aus der Schüssel nehmen und auf der Arbeitsfläche nochmals kurz durchkneten.

4 Für den Belag den Schinkenspeck fein würfeln, in einer Pfanne ausbraten und zum Abtropfen auf Küchenpapier geben.

5 Zwiebeln abziehen, in Ringe schneiden, in dem Speckfett kurz dünsten, erkalten lassen.

6 Quark und Sahne verrühren, mit Salz, Pfeffer und Muskat abschmecken.

7 Den Teig halbieren und jede Teighälfte 2 – 3 mm dick zu einer ovalen großen Platte ausrollen und jeweils auf ein Backblech (gefettet, mit Backpapier belegt) legen.

8 Die Quarkmasse darauf streichen, mit Zwiebelringen und Speckwürfeln belegen. Die Backbleche nacheinander (bei Heißluft zusammen) in den Backofen schieben.

Ober-/Unterhitze: etwa 240 °C (vorgeheizt)
Heißluft: etwa 220 °C (vorgeheizt)
Gas: etwa Stufe 5 (vorgeheizt)
Backzeit: etwa 15 Minuten

Flockentorte

Flockentorte

Für Gäste

Für den Knetteig:
150 g Weizenmehl
40 g Zucker, 1 Pck. Vanillin-Zucker
100 g Butter oder Margarine

Für den Brandteig:
125 ml ($^1/_8$ l) Wasser
25 g Butter
75 g Weizenmehl
15 g Speisestärke
2 – 3 Eier (Größe M)
$^1/_2$ gestr. TL Backpulver

Für die Füllung:
1 Glas Sauerkirschen
(Abtropfgewicht 370 g)
30 g Speisestärke
etwas Zucker
500 ml ($^1/_2$ l) Schlagsahne
25 g gesiebter Puderzucker
1 Pck. Vanillin-Zucker
2 Pck. Sahnesteif

rotes Johannisbeergelee zum
Bestreichen

Zum Bestäuben:
Puderzucker

Zubereitungszeit: 70 Minuten,
ohne Kühlzeit

Insgesamt: E: 62 g, F: 281 g, Kh: 370 g,
kJ: 18487, kcal: 4418

1 Für den Knetteig Mehl in eine Rührschüssel sieben. Zucker, Vanillin-Zucker und Fett hinzufügen. Die Zutaten mit Handrührgerät mit Knethaken zunächst kurz auf niedrigster, dann auf höchster Stufe gut durcharbeiten.

2 Anschließend auf einer bemehlten Arbeitsfläche zu einem glatten Teig verkneten. Sollte er kleben, ihn in Folie gewickelt eine Zeit lang kalt stellen. Den Teig auf dem Boden einer Springform (Ø 28 cm, gefettet) ausrollen und den Springformrand darumlegen. Form auf dem Rost in den Backofen schieben.

Ober-/Unterhitze: 200 – 220 °C (vorgeheizt)
Heißluft: 180 – 200 °C (vorgeheizt)
Gas: etwa Stufe 4 (vorgeheizt)
Backzeit: etwa 15 Minuten

3 Sofort nach dem Backen das Gebäck vom Springformboden lösen, aber darauf erkalten lassen. Boden auf eine Tortenplatte legen.

4 Für den Brandteig Wasser und Butter in einem Stieltopf zum Kochen bringen. Mehl mit Speisestärke mischen, sieben, auf einmal in die von der Kochstelle genommene Flüssigkeit schütten, zu einem glatten Kloß rühren, unter Rühren etwa 1 Minute erhitzen.

5 Den heißen Kloß sofort in eine Rührschüssel geben. Nach und nach Eier mit Handrührgerät mit Knethaken auf höchster Stufe unterarbeiten. Weitere Eizugabe erübrigt sich, wenn der Teig stark glänzt und so von einem Löffel abreißt, dass lange Spitzen hängen bleiben. Backpulver in den erkalteten Teig arbeiten.

6 Aus dem Teig drei Böden backen, dazu jeweils ein Drittel des Teiges auf einen Springformboden (Ø 28 cm, gefettet, mit Mehl bestäubt) streichen (darauf achten, dass der Teig am Rand nicht zu dünn ist, damit der Boden dort nicht zu dunkel wird). Jeden Boden ohne Springformrand nacheinander (bei Heißluft 2 Böden zusammen) auf dem Rost in den Backofen schieben.

Ober-/Unterhitze: 200 – 220 °C (vorgeheizt)
Heißluft: 180 – 200 °C (vorgeheizt)
Gas: etwa Stufe 4 (vorgeheizt)
Backzeit: 20 – 25 Minuten pro Boden

7 Die hellbraunen Böden sofort vom Springformboden lösen und einzeln auf einem Kuchenrost erkalten lassen.

8 Für die Füllung Sauerkirschen in einem Sieb abtropfen lassen, 250 ml ($^1/_4$ l) Saft abmessen (evtl. mit Wasser auffüllen). Speisestärke mit 4 Esslöffeln von dem Saft anrühren, den übrigen Saft zum Kochen bringen. Angerührte Speisestärke unter Rühren in den von der Kochstelle genommenen Saft geben, kurz aufkochen lassen, die Kirschen unterrühren, kalt stellen, evtl. mit Zucker abschmecken.

9 Sahne $^1/_2$ Minute schlagen. Puderzucker, Vanillin-Zucker und Sahnesteif mischen, einstreuen. Sahne steif schlagen. Den Knetteigboden dünn mit Johannisbeergelee bestreichen und mit einem Brandteigboden bedecken. Diesen zunächst mit der Hälfte der Kirschmasse, dann mit einem Drittel der Sahne bestreichen, darauf den zweiten Brandteigboden legen und mit der restlichen Kirschmasse und der Sahne bestreichen. Den dritten Boden zerbröckeln, auf der Sahne verteilen und mit Puderzucker bestäuben.

Florentiner mit Mandeln | 🗑 🗑

Klassisch – für Gäste

Zum Vorbereiten:
50 g Orangeat
50 g Zitronat (Sukkade)

Zum Karamellisieren:
100 g Butter, 100 g Zucker
3 EL flüssiger Honig
250 ml (¹/₄ l) Schlagsahne
250 g abgezogene, gehobelte Mandeln
50 g gehobelte Haselnusskerne

Für den Guss:
100 g Zartbitterschokolade
20 g Kokosfett

Zubereitungszeit: 60 Minuten, ohne Abkühlzeit

Insgesamt: E: 71 g, F: 377 g, Kh: 296 g, kJ: 21286, kcal: 5086

1 Orangeat und Zitronat sehr fein hacken.

2 Zum Karamellisieren Butter, Zucker und Honig in einem Topf zerlassen, erhitzen und unter Rühren etwa 5 Minuten bräunen lassen. Sahne hinzufügen, so lange rühren, bis der Zucker gelöst ist. Orangeat, Zitronat, Mandeln und Haselnüsse hinzufügen. Die Masse bei schwacher Hitze köcheln lassen, bis sie gebunden ist.

3 Von der Masse mit 2 Teelöffeln Häufchen in Abständen auf ein Backblech (gefettet, mit Backpapier belegt) setzen und in den Backofen schieben.

Ober-/Unterhitze: 180 – 200 °C (vorgeheizt)
Heißluft: 160 – 180 °C (vorgeheizt)
Gas: etwa Stufe 3 (vorgeheizt)
Backzeit: etwa 10 Minuten

4 Florentiner aus dem Backofen nehmen, evtl. mit großen runden Ausstechförmchen nachformen, vom Backpapier lösen.

5 Für den Guss Schokolade in kleine Stücke brechen, mit dem Kokosfett in einem kleinen Topf im Wasserbad bei schwacher Hitze geschmeidig rühren.

6 Den Guss mit einem Pinsel auf die Unterseite der erkalteten Florentiner auftragen und fest werden lassen.

Florentiner mit Mandeln

Florentiner Schnitten | 🧺 🧺

Für Kinder – gut vorzubereiten

Für den Knetteig:
200 g Weizenmehl
¹/₂ gestr. TL Backpulver
75 g Zucker
1 Pck. Vanillin-Zucker
1 EL Milch
100 g Butter

Für den Belag:
75 g Butter, 75 g Zucker
1 Pck. Vanillin-Zucker
2 EL flüssiger Honig
125 ml (¹/₈ l) Schlagsahne
100 g abgezogene,
gestiftelte Mandeln
100 g gehobelte Haselnusskerne
50 g kandierte Kirschen

150 g Zartbitter-Kuvertüre
1 EL Speiseöl

Zubereitungszeit: 60 Minuten,
ohne Abkühlzeit

Insgesamt: E: 66 g, F: 364 g, Kh: 447 g,
kJ: 23493, kcal: 5612

1 Für den Teig Mehl mit Backpulver mischen, in eine Rührschüssel sieben. Zucker, Vanillin-Zucker, Milch und Butter hinzufügen. Die Zutaten mit Handrührgerät mit Knethaken kurz auf niedrigster, dann auf höchster Stufe gut durcharbeiten.

2 Anschließend auf einer bemehlten Arbeitsfläche zu einem glatten Teig verkneten. Sollte er kleben, ihn in Folie gewickelt eine Zeit lang kalt stellen.

3 Den Teig in der Größe von etwa 28 x 36 cm ausrollen. Die Teigplatte halbieren, sodass zwei Teigstreifen von etwa 14 x 36 cm entstehen, die Teigstreifen jeweils an den Längsseiten 1 – 2 cm nach innen klappen. Die Teigstreifen auf ein Backblech (mit Backpapier belegt) legen. Das Backblech in den Backofen schieben und das Gebäck vorbacken.

Ober-/Unterhitze: etwa 180 °C (vorgeheizt)
Heißluft: etwa 160 °C (vorgeheizt)
Gas: Stufe 2 – 3 (vorgeheizt)
Backzeit: etwa 10 Minuten

4 Für den Belag Butter zerlassen. Zucker, Vanillin-Zucker und Honig hinzufügen, unter Rühren karamellisieren lassen. Sahne hinzugießen, so lange rühren, bis sich der Zucker gelöst hat.

5 Mandeln, Haselnusskerne und kandierte Kirschen (in kleine Stücke geschnitten) hinzufügen, so lange unter Rühren erhitzen, bis die Masse gebunden ist. Auf die beiden Gebäckstreifen streichen. Das Backblech wieder in den Backofen schieben und das Gebäck fertig backen.

Ober-/Unterhitze: etwa 180 °C (vorgeheizt)
Heißluft: etwa 160 °C (vorgeheizt)
Gas: Stufe 2 – 3 (vorgeheizt)
Backzeit: etwa 10 Minuten

6 Die Gebäckstreifen mit dem Backpapier auf einen Kuchenrost ziehen, etwas abkühlen lassen, dann in 3 – 4 cm dicke Streifen schneiden und erkalten lassen.

7 Kuvertüre in kleine Stücke schneiden, mit Öl in einem kleinen Topf im Wasserbad bei schwacher Hitze schmelzen. Die Schnitten von einer Seite hineintauchen, auf Backpapier legen, mit Kuvertüre besprenkeln und fest werden lassen.

Florentiner Schnitten

Förstertorte |

Einfach

Für den Rührteig:
100 g Butter oder Margarine
80 g Zucker, 3 Eigelb (Größe M)
25 g gesiebtes Weizenmehl
1 ¹/₂ TL Backpulver
2 EL gesiebtes Kakaopulver
100 g gemahlene Haselnusskerne
100 g abgezogene, gehackte Mandeln
3 Eiweiß (Größe M)

Zum Bestreichen:
2 EL Nuss-Nougat-Creme
(aus dem Glas)

Für den Belag:
2 Gläser Wildpreiselbeer-Dessert
(Abtropfgewicht je 175 g)
500 ml (¹/₂ l) Schlagsahne
3 Pck. Sahnesteif
etwa 2 EL Rotwein

Zum Garnieren:
Preiselbeeren
Zitronenmelisse

Zubereitungszeit: 45 Minuten,
ohne Abkühlzeit

Insgesamt: E: 81 g, F: 380 g, Kh: 212 g,
kJ: 20072, kcal: 4795

Förstertorte

1 Für den Teig Fett mit Handrührgerät mit Rührbesen auf höchster Stufe geschmeidig rühren, nach und nach Zucker unterrühren. So lange rühren, bis eine gebundene Masse entstanden ist.

2 Eigelb nach und nach unterrühren (jedes Eigelb knapp ¹/₂ Minute). Mehl mit Backpulver, Kakao und Haselnüssen mischen, portionsweise auf mittlerer Stufe unterrühren. Mandeln und steif geschlagenes Eiweiß unterheben.

3 Teig in eine Springform (Ø 26 cm, Boden gefettet, mit Backpapier belegt) füllen. Die Form auf dem Rost in den Backofen schieben.

Ober-/Unterhitze: etwa 180 °C (vorgeheizt)
Heißluft: etwa 160 °C (vorgeheizt)
Gas: Stufe 2 – 3 (vorgeheizt)
Backzeit: etwa 25 Minuten

4 Boden vorsichtig aus der Form lösen, auf einen mit Backpapier belegten Kuchenrost stürzen und erkalten lassen. Boden auf eine Tortenplatte geben.

5 Tortenring oder den gesäuberten Springformrand um den Boden stellen. Den Boden mit Nuss-Nougat-Creme bestreichen.

6 Für den Belag Preiselbeeren gut abtropfen lassen. Sahne mit Sahnesteif steif schlagen, Preiselbeeren vorsichtig unter die Sahne heben, einige zum Garnieren beiseite legen. Preiselbeersahne mit Wein abschmecken.

7 Preiselbeersahne auf den Boden geben und mit den Preiselbeeren und der Zitronenmelisse garnieren. Nach 1 Stunde den Tortenring oder Springformrand vorsichtig lösen und entfernen.

Tipp: Wenn die Preiselbeersahne kuppelartig auf den Tortenboden gestrichen wird, benötigt man keinen Tortenring.

Frankfurter Kranz

Klassisch

Für den Rührteig:
100 g Butter oder Margarine
150 g Zucker
1 Pck. Vanillin-Zucker
4 Tropfen Zitronen-Aroma
3 Eier (Größe M)
150 g Weizenmehl
50 g Speisestärke
2 gestr. TL Backpulver

Für den Krokant:
1 TL Butter, 60 g Zucker
125 g gehackte Haselnusskerne
etwas Speiseöl

Für die Buttercreme:
1 Pck. Pudding-Pulver
Vanille-Geschmack
100 g Zucker
500 ml (¹/₂ l) kalte Milch
250 g weiche Butter

rote Konfitüre, z. B. Kirschkonfitüre
Kirschen oder rote Konfitüre

Zubereitungszeit: 60 Minuten,
ohne Kühlzeit

Insgesamt: E: 85 g, F: 398 g, Kh: 615 g,
kJ: 27603, kcal: 6592

1 Für den Teig Butter oder Margarine mit Handrührgerät mit Rührbesen auf höchster Stufe geschmeidig rühren. Nach und nach Zucker, Vanillin-Zucker und Aroma unterrühren. So lange rühren, bis eine gebundene Masse entstanden ist.

2 Eier nach und nach unterrühren (jedes Ei etwa ¹/₂ Minute). Mehl mit Speisestärke und Backpulver mischen, sieben, portionsweise auf mittlerer Stufe unterrühren. Den Teig in eine Kranzform (Ø 20 cm, gefettet) füllen.

Ober-/Unterhitze: 180 – 200 °C (vorgeheizt)
Heißluft: 160 – 180 °C (nicht vorgeheizt)
Gas: etwa Stufe 3 (nicht vorgeheizt)
Backzeit: 35 – 45 Minuten

3 Gebäck auf einen Kuchenrost stürzen und erkalten lassen.

4 Für den Krokant Butter, Zucker und Haselnusskerne unter Rühren so lange erhitzen, bis der Krokant genügend gebräunt ist, ihn auf ein mit Speiseöl bestrichenes Stück Alufolie geben, erkalten lassen und zerstoßen.

5 Für die Buttercreme aus Pudding-Pulver, Zucker und Milch nach Packungsanleitung (aber mit 100 g Zucker) einen Pudding zubereiten, kalt stellen, ab und zu rühren.

6 Butter geschmeidig rühren, den Pudding esslöffelweise dazugeben (darauf achten, dass weder Butter noch Pudding zu kalt sind, da die Masse sonst gerinnt).

7 Den Gebäckkranz zweimal waagerecht durchschneiden. Die untere Gebäcklage mit Konfitüre bestreichen.

8 Die 3 Gebäcklagen mit Buttercreme zu einem Kranz zusammensetzen, ihn mit Creme bestreichen (etwas zurücklassen), mit Krokant bestreuen, mit zurückgelassener Creme verzieren und mit Kirschen oder Konfitüre garnieren.

Tipp: Das Gebäck am besten einen Tag vor dem Verzehr füllen. Sofort Klarsichtfolie auf den heißen Pudding legen, dann bildet sich keine Haut.

Frankfurter Kranz

Fränkisches Gewürzbrot |

Vollwertig – gut vorzubereiten

Für den Hefeteig:
500 g Roggen
je 1 TL Anis-, Fenchel- und Kümmel-
samen, 1 Pck. Trockenhefe
1 Pck. Sauerteig-Extrakt, 1 TL Salz
400 ml lauwarmes Wasser
heißes Wasser zum Bestreichen

Zubereitungszeit: 30 Minuten,
ohne Teiggehzeit

Insgesamt: E: 56 g, F: 10 g, Kh: 309 g,
kJ: 6884, kcal: 1646

1 Für den Teig 250 g Roggen fein mahlen,
restlichen Roggen mittelgrob schroten. Anis-,
Fenchel- und Kümmelsamen mitschroten.

Vorbereitete Zutaten mit Hefe und Sauerteig-
Extrakt sorgfältig vermischen.

2 Salz und Wasser hinzufügen. Die Zutaten
mit Handrührgerät mit Knethaken zunächst
auf niedrigster, dann auf höchster Stufe in etwa
5 Minuten zu einem glatten Teig verarbeiten.

3 Den Teig zugedeckt an einem warmen Ort
so lange stehen lassen, bis er sich sichtbar
vergrößert hat.

4 Den Teig aus der Schüssel nehmen, auf
einer bemehlten Arbeitsfläche nochmals kurz
durchkneten, zu einem Brotlaib formen und
auf ein Backblech (gefettet, mit Backpapier
belegt) legen. Den Teig nochmals zugedeckt
an einem warmen Ort so lange gehen lassen,
bis er sich sichtbar vergrößert hat.

5 Den Brotlaib mit Wasser bestreichen. Das
Backblech in den Backofen schieben.

Ober-/Unterhitze: etwa 220 °C (vorgeheizt)
Heißluft: etwa 200 °C (nicht vorgeheizt)
Gas: Stufe 4 – 5 (nicht vorgeheizt)
Backzeit: 50 – 60 Minuten

6 Das Brot nach etwa 40 Minuten Backzeit
mit Backpapier zudecken. Während des
Backens eine Schale mit heißem Wasser mit
auf das Backblech stellen.

7 Das fertig gebackene Brot mit heißem
Wasser bestreichen und noch 5 – 10 Minuten
im ausgeschalteten Backofen stehen lassen,
dann mit dem Backpapier auf einen Kuchenrost ziehen und erkalten lassen.

Friesenkeks, hell oder dunkel |

Gut vorzubereiten

Für den hellen Knetteig:
250 g Weizenmehl
1 gestr. TL Backpulver
100 g Zucker, 1 Pck. Vanillin-Zucker
1 Fläschchen Rum-Aroma
2 EL Wasser, 100 g Butter

Für den dunklen Knetteig:
250 g Weizenmehl, 30 g Kakaopulver
1 gestr. TL Backpulver
100 g Zucker, 1 Pck. Vanillin-Zucker
1 Fläschchen Rum-Aroma
3 EL Wasser
125 g Butter

Zum Wälzen:
grober Zucker

Zubereitungszeit: 60 Minuten,
ohne Kühlzeit

Insgesamt: E: 61 g, F: 193 g, Kh: 614 g,
kJ: 19168, kcal: 4580

1 Für den hellen Teig Mehl mit Backpulver
mischen, in eine Rührschüssel sieben. Zucker,
Vanillin-Zucker, Aroma, Wasser und Butter hinzufügen, mit Handrührgerät mit Knethaken zunächst kurz auf niedrigster, dann auf höchster
Stufe gut durcharbeiten. Anschließend auf einer bemehlten Arbeitsfläche zu einem glatten
Teig verkneten.

2 Für den dunklen Teig Mehl mit Backpulver
und Kakao mischen, in eine Rührschüssel sieben. Zucker, Vanillin-Zucker, Aroma, Wasser
und Butter hinzufügen, mit Handrührgerät mit
Knethaken zunächst kurz auf niedrigster, dann
auf höchster Stufe gut durcharbeiten. Anschließend auf der bemehlten Arbeitsfläche zu
einem glatten Teig verkneten.

3 Aus den Teigen je 2 – 3 etwa 3 cm dicke
Rollen formen, in grobem Zucker wälzen. Rollen
so lange kalt stellen, bis sie fest geworden sind.
Teigrollen in $\frac{1}{2}$ cm dicke Scheiben schneiden,
die obere Seite in den Zucker drücken und
auf ein Backblech (mit Backpapier belegt)
legen. Backblech in den Backofen schieben.

Ober-/Unterhitze: 180 – 200 °C (vorgeheizt)
Heißluft: 160 – 180 °C (vorgeheizt)
Gas: etwa Stufe 3 (vorgeheizt)
Backzeit: etwa 10 Minuten

4 Gebäck mit dem Backpapier vom Backblech auf einen Kuchenrost ziehen und erkalten lassen.

Tipp: Helle und dunkle Teigrollen ganz kurz
miteinander verkneten, so erhält man ein
marmoriertes Muster.

Friesenkeks, hell oder dunkel

Friesische Streuseltorte |  ❄

Klassisch – gut vorzubereiten

Für den Knetteig:
250 g Weizenmehl
1 Msp. Backpulver
2 Pck. Vanillin-Zucker
1 Becher (150 g) Crème fraîche
175 g Butter oder Margarine

Für den Streuselteig:
150 g Weizenmehl
75 g Zucker, 1 Pck. Vanillin-Zucker
1 Msp. gemahlener Zimt
100 g Butter oder Margarine

Für die Füllung:
450 g Pflaumenmus
500 ml ('/₂ l) Schlagsahne

2 Pck. Sahnesteif
25 g Zucker
1 Pck. Vanillin-Zucker

Puderzucker zum Bestäuben

Zubereitungszeit: 75 Minuten,
ohne Kühlzeit

Insgesamt: E: 65 g, F: 431 g, Kh: 703 g,
kJ: 30165, kcal: 7209

1 Für den Knetteig Mehl mit Backpulver mischen, in eine Rührschüssel sieben. Restliche Zutaten hinzufügen und mit Handrührgerät mit Knethaken zunächst kurz auf niedrigster, dann auf höchster Stufe gut durcharbeiten.

2 Anschließend auf einer bemehlten Arbeitsfläche zu einem glatten Teig verkneten, ihn in Folie gewickelt ein Zeit lang kalt stellen.

3 Den Teig vierteln. Jedes Teigstück auf dem Boden einer Springform (Ø 28 cm, Boden gefettet) ausrollen, dabei am Rand nicht zu dünn ausrollen. Den Boden mehrmals mit einer Gabel einstechen. Den Springformrand darumlegen.

4 Für den Streuselteig Mehl in eine Rührschüssel sieben, mit Zucker, Vanillin-Zucker und Zimt mischen. Butter oder Margarine hinzufügen. Mit Handrührgerät mit Knethaken zu Streuseln von gewünschter Größe verarbeiten. Die Knetteigböden gleichmäßig mit den Streuseln bedecken. Formen nacheinander (bei Heißluft 2 Böden zusammen) auf dem Rost in den Backofen schieben.

Ober-/Unterhitze: etwa 200 °C (vorgeheizt)
Heißluft: etwa 180 °C (vorgeheizt)
Gas: Stufe 3 – 4 (vorgeheizt)
Backzeit: etwa 15 Minuten pro Boden

5 Jeden Boden nach dem Backen sofort vom Springformboden lösen, aber darauf erkalten lassen. Einen Boden noch heiß in 12 Tortenstücke schneiden.

6 Für die Füllung die drei unzerteilten Böden jeweils mit einem Drittel des Pflaumenmuses bestreichen. Die Sahne mit Sahnesteif, Zucker und Vanillin-Zucker steif schlagen. Die Hälfte in einen Spritzbeutel mit Sterntülle füllen. Die übrige Sahne gleichmäßig auf den bestrichenen Böden verteilen. Auf alle drei Böden direkt am Rand mit Sahne einen Kreis spritzen.

7 Die drei Böden zu einer Torte zusammensetzen, mit dem geschnittenen Boden bedecken und leicht andrücken.

8 Die Torte mit Puderzucker bestäuben, bis zum Servieren kalt stellen und am besten mit einem Sägemesser (Schneide mit Wellenschliff) schneiden.

Friesische Streuseltorte

Frischkäse-Torte |

Für Kinder

Für den Biskuitboden:
150 g Löffelbiskuits
120 g zerlassene abgekühlte Butter

Für die Füllung:
1 Pck. Götterspeise Zitronen-
Geschmack (1 Beutel)
200 ml Wasser
200 g Doppelrahm-Frischkäse
125 g Zucker
1 Pck. Vanillin-Zucker
2 EL Zitronensaft
500 ml (¹/₂ l) Schlagsahne

Zum Bestreuen:
30 g Löffelbiskuits

Zubereitungszeit: 40 Minuten,
ohne Kühlzeit

Insgesamt: E: 74 g, F: 326 g, Kh: 251 g,
kJ: 18276, kcal: 4366

1 Für den Boden Löffelbiskuits in einen
Gefrierbeutel geben, den Beutel fest ver-
schließen, mit einer Teigrolle zerbröseln.
Biskuitbrösel in eine Schüssel geben.

2 Butter zu den Biskuitbröseln geben und
gut verrühren. Die Masse gleichmäßig auf
dem Boden einer Springform (Ø etwa 26 cm,
gefettet, mit Backpapier belegt) verteilen und
gut andrücken.

3 Für die Füllung Götterspeise mit Wasser
nach Packungsanleitung zubereiten. Götterspeise etwas abkühlen lassen.

4 Frischkäse mit Zucker, Vanillin-Zucker und
Zitronensaft verrühren. Die lauwarme Götterspeise unterrühren, kalt stellen.

5 Sahne steif schlagen. Wenn die Masse
anfängt dicklich zu werden, Sahne unterheben.

6 Käse-Sahne-Masse auf dem Biskuitboden
verteilen und glatt streichen.

7 Zum Bestreuen Löffelbiskuits in einen
Gefrierbeutel geben, den Beutel fest verschließen. Löffelbiskuits mit einer Teigrolle
zerbröseln.

8 Biskuitbrösel auf die Käse-Sahne-Masse
streuen. Die Torte bis zum Verzehr kalt
stellen.

Tipp: Die Oberfläche der Käse-Sahne-Fül-
lung mit Hilfe eines Esslöffels mit einem Muster versehen und die Torte mit frischem Obst
der Saison garnieren.

Frischkäse-Torte

Geburtstagstorte

Preiswert

Für den Biskuitteig:
3 Eier (Größe M)
3–4 EL warmes Wasser
150 g Zucker
1 Pck. Vanillin-Zucker
100 g Weizenmehl
75 g Speisestärke
25 g Kakaopulver
3 gestr. TL Backpulver

Für den Guss:
100 g Vollmilchschokolade
15 g Kokosfett

Für die Füllung:
1 Pck. Pudding-Pulver
Erdbeer-Geschmack
375 ml ($^3/_8$ l) Milch

50 g Zucker
200 g Butter
25 g kochend heißes Kokosfett

Vollmilch-Schokoladen-Streusel
Schokoladenplätzchen

Zubereitungszeit: 45 Minuten,
ohne Abkühlzeit

Insgesamt: E: 64 g, F: 279 g, Kh: 472 g,
kJ: 20031, kcal: 4784

1 Für den Teig Eier und Wasser mit Handrührgerät mit Rührbesen auf höchster Stufe in
1 Minute schaumig schlagen. Zucker und Vanillin-Zucker mischen, in 1 Minute einstreuen,
dann noch etwa 2 Minuten schlagen. Mehl mit
Speisestärke, Kakao und Backpulver mischen,
die Hälfte davon auf die Eiercreme sieben,

kurz auf niedrigster Stufe unterrühren, den
Rest des Mehlgemisches auf die gleiche Art
unterarbeiten.

2 Den Teig in eine Springform (Ø 26 cm,
Boden gefettet, mit Backpapier belegt) füllen,
glatt streichen. Die Form auf dem Rost in den
Backofen schieben.

Ober-/Unterhitze: 180–200 °C (vorgeheizt)
Heißluft: 160–180 °C (vorgeheizt)
Gas: etwa Stufe 3 (vorgeheizt)
Backzeit: 20–30 Minuten

3 Den Tortenboden aus der Form lösen, auf
einem Kuchenrost erkalten lassen, zweimal
waagerecht durchschneiden.

4 Für den Guss Schokolade mit Kokosfett in
einem kleinen Topf im Wasserbad bei schwacher Hitze zu einer geschmeidigen Masse
verrühren, oberen Tortenboden damit bestreichen, fest werden lassen.

5 Für die Füllung Pudding-Pulver mit Milch
und Zucker nach Packungsanleitung zubereiten. Butter geschmeidig rühren, Pudding esslöffelweise unter Rühren hinzufügen, sofort
heißes Kokosfett unterrühren.

6 2 Esslöffel Buttercreme in einen Spritzbeutel mit gezackter Tülle füllen. Mit einem
Teil der Buttercreme den unteren Boden bestreichen, den mittleren darauf legen und
ebenfalls bestreichen. Mit der restlichen
Buttercreme den Rand bestreichen. Den oberen Boden auflegen und leicht andrücken.

7 Den mit Buttercreme bestrichenen Rand
mit Schokoladenstreuseln verzieren. Die
Tortenstücke (evtl. auch die Mitte) auf dem
Schokoladenguss leicht markieren und auf
jedes Stück mit der Creme aus dem Spritzbeutel einen Tuff spritzen. (Nach Belieben in
die Mitte der Torte die Geburtstagszahl
schreiben.)

8 Schokoladenplätzchen so in jeden Tuff
stecken, dass kleine Blüten entstehen.

Geburtstagstorte

Gedeckter Apfelkuchen
auf dem Blech

Gedeckter Apfelkuchen auf dem Blech |

Raffiniert

Für die Füllung:
1 ¹/₂ kg Äpfel
50 g Zucker
1 Pck. Vanillin-Zucker
1 Msp. gemahlener Zimt
30 g Rosinen
50 g Butter
50 g Zucker

Für den Knetteig:
350 g Weizenmehl
4 gestr. TL Backpulver
70 g Zucker
1 Pck. Vanillin-Zucker
1 Ei (Größe M)
4 EL Milch
150 g Butter oder Margarine

Zum Bestreichen:
1 Eigelb
1 EL Milch

Zum Bestreuen:
50 g abgezogene, gehobelte Mandeln

Zubereitungszeit: 70 Minuten,
ohne Abkühlzeit

Insgesamt: E: 67 g, F: 216 g, Kh: 612 g,
kJ: 20390, kcal: 4865

1 Für die Füllung Äpfel schälen, vierteln, entkernen, in Stifte schneiden, mit Zucker, Vanillin-Zucker, Zimt, Rosinen und Butter unter Rühren leicht dünsten, abkühlen lassen, mit Zucker abschmecken.

2 Für den Teig Mehl mit Backpulver mischen, in eine Rührschüssel sieben. Zucker, Vanillin-Zucker, Ei, Milch und Butter oder Margarine hinzufügen. Die Zutaten mit Handrührgerät mit Knethaken zunächst kurz auf niedrigster, dann auf höchster Stufe gut durcharbeiten. Anschließend auf einer bemehlten Arbeitsfläche zu einem glatten Teig verkneten. Sollte er kleben, ihn in Folie gewickelt eine Zeit lang kalt stellen.

3 Knapp die Hälfte des Teiges dünn ausrollen, für die Decke eine Teigplatte in Backblechgröße (30 x 40 cm) ausschneiden, auf

Papier aufrollen, den restlichen Teig auf dem Backblech (30 x 40 cm, gefettet) ausrollen.

4 Die Füllung auf dem Teig verteilen, die Teigdecke darauf abrollen.

5 Zum Bestreichen Eigelb mit Milch verschlagen, den Teig damit bestreichen, zum Schluss mit Mandeln bestreuen. Die Teigdecke mehrmals mit einer Gabel einstechen. Das Backblech in den Backofen schieben.

Ober-/Unterhitze: 200 – 220 °C (vorgeheizt)
Heißluft: 180 – 200 °C (vorgeheizt)
Gas: etwa Stufe 4 (vorgeheizt)
Backzeit: 20 – 25 Minuten

6 Das Backblech auf einen Kuchenrost stellen, erkalten lassen. Kuchen in Stücke schneiden und vorsichtig vom Backblech lösen.

Abwandlung: Kuchen in einer Springform (Ø 26 cm) backen, dazu Teig und Füllung halbieren.

Gelb-Weiß-Kuchen

Gelb-Weiß-Kuchen | ❄

Raffiniert

Für den Belag:
50 g Butter
3 EL Milch
50 g Zucker
1 Pck. Vanillin-Zucker
75 g abgezogene,
 gehobelte Mandeln

Für Teig I:
75 g Butter
125 g Zucker
1 Pck. Vanillin-Zucker
4 Eiweiß (Größe M)
150 g Weizenmehl

2 gestr. TL Backpulver
3–4 EL Milch
100 g Kokosraspel

Für Teig II:
25 g Butter
50 g Zucker
1 Pck. Vanillin-Zucker
4 Eigelb (Größe M)
100 g Weizenmehl
1 Pck. Pudding-Pulver
Vanille-Geschmack
2 gestr. TL Backpulver

Zubereitungszeit: 40 Minuten,
ohne Abkühlzeit

Insgesamt: E: 77 g, F: 252 g, Kh: 443 g,
kJ: 18849, kcal: 4502

1 Für den Belag Butter in einem kleinen Topf zerlassen, nach und nach Milch, Zucker, Vanillin-Zucker und Mandeln hinzufügen, unter Rühren erhitzen und erkalten lassen.

2 Für Teig I Butter mit Handrührgerät mit Rührbesen auf höchster Stufe geschmeidig rühren, nach und nach Zucker und Vanillin-Zucker unterrühren. So lange rühren, bis eine gebundene Masse entstanden ist.

3 Eiweiß nach und nach unterrühren (jedes Eiweiß knapp $\frac{1}{2}$ Minute). Mehl mit Backpulver mischen, sieben und abwechselnd portionsweise mit der Milch auf mittlerer Stufe unterrühren. Kokosraspel unterrühren.

4 Den Teig in eine Kastenform (30 x 11 cm, gefettet, mit Backpapier ausgelegt) füllen.

5 Für Teig II Butter mit Handrührgerät mit Rührbesen auf höchster Stufe geschmeidig rühren, nach und nach Zucker und Vanillin-Zucker unterrühren. So lange rühren, bis eine gebundene Masse entstanden ist.

6 Eigelb nach und nach unterrühren (jedes Eigelb knapp $\frac{1}{2}$ Minute). Mehl mit Pudding-Pulver und Backpulver mischen, sieben, portionsweise auf mittlerer Stufe unterrühren.

7 Den Teig II auf Teig I in die Kastenform geben, gleichmäßig verstreichen, mit dem Butter-Mandel-Belag bedecken. Form auf dem Rost in den Backofen schieben.

Ober-/Unterhitze: 160 – 180 °C (vorgeheizt)
Heißluft: 140 – 160 °C (nicht vorgeheizt)
Gas: etwa Stufe 2 (nicht vorgeheizt)
Backzeit: 50 – 60 Minuten

8 Den Kuchen aus der Form lösen, auf einem Kuchenrost erkalten lassen, das Backpapier entfernen.

Gemüse-Lachs-Strudel |  ❄

Etwas aufwändiger

Für den Strudelteig:
250 g Weizenmehl
125 ml (¹/₈ l) lauwarmes Wasser
1 Prise Salz
5 EL Speiseöl

Für die Füllung:
2 Bund Suppengrün (Möhre, Porree,
Sellerie, Petersilienwurzel mit Grün)
2 mittelgroße Zwiebeln
500 g Lachsfilet (ohne Haut)
1 TL Salz
1 EL Fenchelsamen (Apotheke)
30 g Butter
125 ml (¹/₈ l) Weißwein
frisch gemahlener Pfeffer

Zum Bestreichen:
80 g Butter

Zum Bestreuen:
50 g Semmelbrösel

Zubereitungszeit: 65 Minuten, ohne Ruhe-
und Abkühlzeit

Insgesamt: E: 152 g, F: 163 g, Kh: 262 g,
kJ: 16661, kcal: 3982

1 Für den Teig Mehl in eine Rührschüssel sieben. Wasser, Salz und Öl hinzufügen. Die Zutaten mit Handrührgerät mit Knethaken zunächst kurz auf niedrigster, dann auf höchster Stufe gut durcharbeiten.

2 Anschließend auf der Arbeitsfläche zu einem glatten Teig verkneten, ihn auf Backpapier in einen heißen, trockenen Kochtopf (vorher Wasser darin kochen) legen, mit einem Deckel verschließen und etwa 30 Minuten ruhen lassen.

3 Für die Füllung Suppengrün (nur 1 Selleriestück verwenden) putzen und waschen. Petersiliengrün beiseite legen. Sellerie, Möhren und Petersilienwurzel schälen. Möhren und Petersilienwurzel in dünne Scheiben, Sellerie in dünne Streifen schneiden. Porree in dünne Ringe schneiden. (Ergibt 600 g geputztes Suppengrün.)

4 Zwiebeln schälen, längs halbieren und in halbe Ringe schneiden.

5 Lachs waschen, trocken tupfen, evtl. Lachsgräten mit einer Pinzette herausziehen. Lachs in ewa 2 cm große Würfel schneiden und mit Salz bestreuen.

6 Fenchelsamen im Mörser zerdrücken. Fenchel und Zwiebeln in zerlassener Butter andünsten. Suppengrün dazugeben, mit

Weißwein ablöschen und zugedeckt 10 Minuten garen. Mit Salz und Pfeffer würzen. Flüssigkeit im offenen Topf verdampfen lassen. Gemüsefüllung erkalten lassen. Petersiliengrün hacken.

7 Teig auf einem bemehlten Tuch sehr dünn ausrollen und über den Handrücken zu einem Rechteck (etwa 90 x 50 cm) ziehen.

8 Zum Bestreichen Butter schmelzen und etwa zwei Drittel lauwarm auf den Teig streichen. Semmelbrösel darauf streuen. Gemüse, Petersilie und Lachsstücke auf das untere Teigdrittel verteilen, dabei die Ränder 2 cm breit frei lassen.

9 Strudel mit Hilfe des Tuches von der belegten kurzen Seite her aufrollen und auf ein Backblech (mit Backpapier belegt) legen. Teigenden unter den Strudel legen. Übrige Butter auf den Strudel streichen. Das Backblech in den Backofen schieben.

Ober-/ Unterhitze: etwa 180 °C (vorgeheizt)
Heißluft: etwa 160 °C (nicht vorgeheizt)
Gas: Stufe 2 – 3 (nicht vorgeheizt)
Backzeit: etwa 35 Minuten

10 Strudel mit einem elektrischen Messer schneiden und lauwarm servieren.

Tipp: Den Strudel mit Hollandaise servieren.

Gemüse-Lachs-Strudel

Gemüsequiche |

Für Gäste

Für den Teig:
3 Platten TK-Blätterteig (je 75 g)

Für den Belag:
1 Zwiebel, 2 Knoblauchzehen
2 EL Olivenöl
1 Pck. (450 g) TK-Suppengemüse
1 Prise Salz
frisch gemahlener Pfeffer
200 ml Schlagsahne
3 Eier (Größe M)
2–3 TL mittelscharfer Senf
1 Bund Schnittlauch
1 EL Semmelbrösel

Zubereitungszeit: 35 Minuten,
ohne Auftauzeit

Insgesamt: E: 45 g, F: 165 g, Kh: 110 g,
kJ: 9041, kcal: 2160

1 Für den Teig Blätterteigplatten zugedeckt nach Packungsanleitung auftauen lassen.

2 Für den Belag Zwiebel und Knoblauch abziehen und fein würfeln. Öl in einer Pfanne erhitzen. Zwiebel und Knoblauch darin glasig dünsten, evtl. etwas Wasser hinzufügen. Suppengemüse hinzufügen und zugedeckt bei mittlerer Hitze etwa 5 Minuten dünsten. Mit Salz und Pfeffer würzen.

3 Sahne, Eier und Senf verquirlen. Mit Salz und Pfeffer würzen.

4 Blätterteigplatten wieder aufeinander legen, auf bemehlter Arbeitsfläche zu einem Quadrat (etwa 32 x 32 cm) ausrollen. Teig in eine Tarteform (Ø 28 cm, gefettet) legen, Ränder abschneiden. Teigboden mit einer Gabel mehrmals einstechen, mit Semmelbröseln bestreuen.

5 Schnittlauch abspülen, trocken schütteln, in Röllchen schneiden und unter das Gemüse mischen. Gemüse auf den Blätterteig geben. Eiersahne darüber gießen. Form auf dem Rost in den Backofen schieben.

Ober-/Unterhitze: etwa 200 °C
(vorgeheizt, untere Schiene)
Heißluft: etwa 180 °C (nicht vorgeheizt)
Gas: Stufe 3–4 (nicht vorgeheizt)
Backzeit: etwa 35 Minuten

Gemüsequiche

Gemüsetorte

Gemüsetorte |  ❄

Gut vorzubereiten

Für den Knetteig:
250 g Weizenmehl (Type 550)
1 TL Salz
3 EL kaltes Wasser
150 g Butter oder Margarine

Für die Füllung:
700 g Möhren
1 – 2 Knoblauchzehen
2 EL Speiseöl
Salz
Pfeffer
1 – 2 TL Currypulver
200 g gekochter Schinken
1/2 Bund glatte Petersilie
250 ml (1/4 l) Schlagsahne
3 Eier (Größe M)
30 g Kürbiskerne

Zubereitungszeit: etwa 60 Minuten, ohne Kühlzeit

Insgesamt: E: 108 g, F: 284 g, Kh: 228 g, kJ: 17050, kcal: 4075

1 Für den Teig Mehl in eine Rührschüssel sieben. Salz, Wasser und Butter oder Margarine hinzufügen. Die Zutaten mit Handrührgerät mit Knethaken zunächst kurz auf niedrigster, dann auf höchster Stufe gut durcharbeiten.

2 Anschließend auf einer bemehlten Arbeitsfläche zu einem glatten Teig verkneten, ihn in Folie gewickelt mindestens 1 Stunde kalt stellen.

3 Für die Füllung Möhren putzen, schälen, waschen und mit dem Gemüsehobel oder dem Sparschäler der Länge nach in sehr dünne Scheiben schneiden. Knoblauch abziehen. Möhren und Knoblauch zwei Minuten in erhitztem Öl dünsten, mit Salz, Pfeffer und Curry würzen. Abkühlen lassen. Schinken würfeln. Petersilie waschen, trocken tupfen und hacken. Petersilie und Schinken unter die Möhren mischen.

4 Zwei Drittel des Teiges auf dem Boden einer Springform (Ø 26 cm, gefettet) ausrollen, mehrmals mit einer Gabel einstechen. Einen Springformrand darumstellen. Die Form

auf dem Rost in den Backofen schieben und den Boden vorbacken.

Ober-/Unterhitze: etwa 200 °C (vorgeheizt)
Heißluft: etwa 180 °C (vorgeheizt)
Gas: Stufe 3 – 4 (vorgeheizt)
Backzeit: etwa 10 Minuten

5 Die Form auf einen Kuchenrost stellen, Boden etwas abkühlen lassen. Aus dem restlichen Teig eine Rolle formen, sie als Rand auf den Teigboden legen, so an die Form drücken, dass ein etwa 3 cm hoher Rand entsteht.

6 Möhrenmasse auf den Teig geben. Sahne und Eier verquirlen, salzen und über das Gemüse geben. Mit Kürbiskernen bestreuen. Die Form auf dem Rost in den Backofen schieben und die Torte **bei der angegebenen Backofeneinstellung in 60 Minuten** fertig backen.

7 Die Form auf einen Kuchenrost stellen, etwas abkühlen lassen. Zum Servieren Torte auf eine Platte setzen.

87

Gerstenbrot, rundes

Gerstenbrot, rundes | ❄

Vollwertig

Für den Hefeteig:
300 g Weizen-Vollkornmehl
1 Pck. (42 g) frische Hefe
1 TL Zucker
350 ml lauwarmes Wasser
200 g Gersten-Vollkornmehl
(Reformhaus)
2 gestr. TL Salz
1 Msp. gemahlener Anis
1 gestr. TL Koriander

Zubereitungszeit: 50 Minuten,
ohne Teiggehzeit

Insgesamt: E: 61 g, F: 16 g, Kh: 347 g,
kJ: 7839, kcal: 1872

1 Für den Teig Weizen-Vollkornmehl in eine Rührschüssel geben. In die Mitte eine Vertiefung drücken. Hefe hineinbröckeln, Zucker und etwas von dem Wasser hinzufügen. Mit einer Gabel vorsichtig verrühren und etwa 10 Minuten gehen lassen.

2 Gersten-Vollkornmehl, Salz, Anis, Koriander und restliches Wasser hinzufügen. Die Zutaten mit Handrührgerät mit Knethaken zunächst auf niedrigster, dann auf höchster Stufe in etwa 5 Minuten zu einem Teig verarbeiten. Den Teig zugedeckt so lange an einem warmen Ort stehen lassen, bis er sich sichtbar vergrößert hat.

3 Den gegangenen Teig aus der Schüssel nehmen, auf einer bemehlten Arbeitsfläche nochmals kurz durchkneten und zu einer Kugel formen. Einen Gärkorb (Ø 22 cm) oder eine Schüssel (Ø 22 cm) mit Mehl ausstreuen. Teigkugel hineinlegen, zugedeckt etwa 30 Minuten an einem warmen Ort gehen lassen.

4 Brotteig aus dem Korb oder aus der Schüssel vorsichtig auf ein Backblech (gefettet, mit Backpapier belegt) stürzen. Das Backblech in den Backofen schieben.

Ober-/Unterhitze: etwa 200 °C (vorgeheizt)
Heißluft: etwa 180 °C (nicht vorgeheizt)
Gas: Stufe 3–4 (nicht vorgeheizt)
Backzeit: 50–60 Minuten

5 Das Brot mit dem Backpapier vom Backblech auf einen Kuchenrost ziehen, Brot erkalten lassen.

Glückspilze |

Zum Verschenken

Für den Knetteig:
400 g Weizenmehl
¹/₂ gestr. TL Backpulver
75 g Zucker
1 Pck. Vanillin-Zucker
1 Prise Salz, 2 Eier (Größe M)
150 g Butter oder Margarine

Zum Bestreichen:
Kondensmilch

Zum Garnieren:
200 g rote Belegkirschen
100 g abgezogene, halbierte Mandeln

Zum Verzieren:
50 g Puderzucker
etwas Wasser

Zubereitungszeit: 60 Minuten, ohne Abkühlzeit

Insgesamt: E: 83 g, F: 195 g, Kh: 472 g, kJ: 17486, kcal: 4177

1 Für den Teig Mehl mit Backpulver mischen, in eine Rührschüssel sieben. Zucker, Vanillin-Zucker, Salz, Eier und Fett hinzufügen. Die Zutaten mit Handrührgerät mit Knethaken zunächst kurz auf niedrigster, dann auf höchster Stufe gut durcharbeiten.

2 Anschließend auf einer bemehlten Arbeitsfläche zu einem glatten Teig verkneten. Sollte er kleben, ihn in Folie gewickelt eine Zeit lang kalt stellen.

3 Teig etwa 3 mm dick ausrollen, mit einer runden, gezackten Form (Ø etwa 5 cm) Plätzchen ausstechen, auf ein Backblech (mit Backpapier belegt) legen, mit Kondensmilch bestreichen, mit Belegkirschen und Mandeln in Form von Pilzen garnieren. Das Backblech in den Backofen schieben.

Ober-/Unterhitze: 180 – 200 °C (vorgeheizt)
Heißluft: 160 – 180 °C (vorgeheizt)
Gas: etwa Stufe 3 (vorgeheizt)
Backzeit: 10 – 12 Minuten

4 Plätzchen vom Backpapier nehmen und erkalten lassen.

5 Zum Verzieren Puderzucker sieben, mit etwas Wasser verrühren, so dass eine spritzfähige Masse entsteht und mit Hilfe eines Pergamentpapiertütchens als Tupfen auf die erkalteten Pilzköpfe spritzen, fest werden lassen.

Glückspilze

Griechisches Fladenbrot |

Für Gäste

Für den Hefeteig:
450 g Weizenmehl (Type 405)
300 g Weizenmehl (Type 1050)
1 Pck. Backpulver, 1 Pck. Trockenhefe
2 gestr. TL Salz, 1 TL Zucker
150 g Naturjoghurt
150 ml lauwarme Milch
150 ml lauwarmes Wasser
75 ml Speiseöl, 2 Eier (Größe M)

Griechisches Fladenbrot

1–2 EL zerlassene Butter oder Kondensmilch zum Bestreichen

Sesamsamen zum Bestreuen

Zubereitungszeit: 35 Minuten, ohne Teiggehzeit

Backzeit: etwa 25 Minuten je Backblech

Insgesamt: E: 121 g, F: 138 g, Kh: 560 g, kJ: 16452, kcal: 3929

1 Für den Teig beide Mehlsorten mit Backpulver und Trockenhefe in eine Rührschüssel geben und sorgfältig vermischen. Salz, Zucker, Joghurt, Milch, Wasser, Speiseöl und Eier hinzufügen.

2 Die Zutaten mit Handrührgerät mit Knethaken zunächst kurz auf niedrigster, dann auf höchster Stufe in etwa 5 Minuten zu einem Teig verarbeiten. Den Teig zugedeckt so lange an einem warmen Ort gehen lassen, bis er sich sichtbar vergrößert hat.

3 Den Teig leicht mit Mehl bestäuben, aus der Schüssel nehmen, auf der leicht bemehlten Arbeitsfläche nochmals gut durchkneten und in drei Portionen teilen. Jede Teigportion etwa 2 cm dick ausrollen und zu einem ovalen Fladen formen. Teigfladen auf Backbleche (mit Backpapier belegt) legen, mit zerlassener Butter oder Kondensmilch bestreichen und mit Sesam bestreuen. Die Fladen nochmals zugedeckt so lange an einem warmen Ort gehen lassen, bis sie sich sichtbar vergrößert haben.

4 Die Backbleche nacheinander (bei Heißluft zusammen) in den Backofen schieben.

Ober-/Unterhitze: etwa 200 °C (vorgeheizt)
Heißluft: etwa 180 °C (vorgeheizt)
Gas: Stufe 3–4 (vorgeheizt)
Backzeit: etwa 25 Minuten pro Backblech

5 Die Fladenbrote mit dem Backpapier von den Backblechen auf Kuchenroste ziehen und erkalten lassen.

Grießplätzchen |

Preiswert

Für den Knetteig:
125 g Weizenmehl
2 ¹/₂ gestr. TL Backpulver
125 g Zucker, 125 g Hartweizengrieß
1 großes Ei (Größe L)
50 g Butter oder Margarine

Zubereitungszeit: 40 Minuten, ohne Kühlzeit

Insgesamt: E: 35 g, F: 51 g, Kh: 309 g, kJ: 7926, kcal: 1893

1 Für den Teig Mehl mit Backpulver mischen, in eine Rührschüssel sieben. Zucker, Grieß, Ei und Butter oder Margarine hinzufügen. Die Zutaten mit Handrührgerät mit Knethaken zu-

nächst kurz auf niedrigster, dann auf höchster Stufe gut durcharbeiten.

2 Anschließend auf einer bemehlten Arbeitsfläche zu einem glatten Teig verkneten. Sollte

Grießplätzchen

er kleben, ihn in Folie gewickelt eine Zeit lang kalt stellen.

3 Aus dem Teig walnussgroße Kugeln formen, auf ein Backblech (mit Backpapier belegt) legen. Das Backblech in den Backofen schieben.

Ober-/Unterhitze: etwa 180 °C (vorgeheizt)
Heißluft: etwa 160 °C (vorgeheizt)
Gas: Stufe 2–3 (vorgeheizt)
Backzeit: etwa 15 Minuten

4 Plätzchen vom Backpapier lösen und auf einem Kuchenrost erkalten lassen.

Abwandlung: Je die Hälfte der Plätzchen mit Anissamen und Zitrone aromatisieren.

Gugelhupf | ❄

Klassisch

Für den Hefeteig:
500 g Weizenmehl
1 Pck. Trockenhefe
125 g Zucker
1 Pck. Vanillin-Zucker
6 Tropfen Zitronen-Aroma
1 Prise Salz, 3 Eier (Größe M)
200 ml lauwarme Schlagsahne
200 g zerlassene abgekühlte Butter
oder Margarine
75 g abgezogene, gemahlene Mandeln
150 g Rosinen
Semmelbrösel

Zubereitungszeit: 40 Minuten,
ohne Teiggehzeit

Insgesamt: E: 105 g, F: 292 g, Kh: 624 g,
kJ: 24273, kcal: 5800

1 Für den Teig Mehl in eine Rührschüssel sieben, mit Trockenhefe sorgfältig vermischen. Zucker, Vanillin-Zucker, Aroma, Salz, Eier, Sahne und Butter oder Margarine hinzufügen. Die Zutaten mit Handrührgerät mit Knethaken zunächst auf niedrigster, dann auf höchster Stufe in etwa 5 Minuten zu einem glatten Teig verarbeiten. Den Teig zugedeckt so lange an einem warmen Ort stehen lassen, bis er sich sichtbar vergrößert hat.

2 Den Teig auf höchster Stufe kurz durchkneten, Mandeln und Rosinen unterkneten.

3 Den Teig in eine Napfkuchenform (Ø 24 cm, gefettet, mit Semmelbröseln ausgestreut) füllen und nochmals so lange an einem warmen Ort gehen lassen, bis er sich sichtbar vergrößert hat. Die Form auf dem Rost in den Backofen schieben.

Ober-/Unterhitze: 180 – 200 °C (vorgeheizt)
Heißluft: 160 – 180 °C (nicht vorgeheizt)
Gas: etwa Stufe 3 (nicht vorgeheizt)
Backzeit: etwa 50 Minuten

4 Kuchen etwa 10 Minuten in der Form stehen lassen, Kuchen stürzen, erkalten lassen.

Gugelhupf

Haferstangen mit Joghurt | ❄

Gut vorzubereiten

Für den Hefeteig:
450 g Weizenmehl (Type 550)
1 Pck. (42 g) frische Hefe
1 TL Zucker, 200 ml lauwarmes Wasser
2 TL Salz, 150 g Vollmilchjoghurt
150 g kernige Haferflocken

Zum Bestreuen:
2 EL grobe Haferflocken

Zubereitungszeit: 50 Minuten,
ohne Teiggehzeit

Insgesamt: E: 82 g, F: 23 g, Kh: 437 g,
kJ: 10127, kcal: 2422

1 Für den Teig Mehl in eine Rührschüssel
sieben. In die Mitte eine Vertiefung drücken.
Hefe hineinbröckeln, Zucker und etwas Wasser hinzufügen. Mit einer Gabel vorsichtig verrühren und etwa 10 Minuten gehen lassen.

2 Salz, Joghurt und restliches Wasser hinzufügen und mit Handrührgerät mit Knethaken

Haferstangen mit Joghurt

zunächst auf niedrigster, dann auf höchster
Stufe in etwa 5 Minuten zu einem Teig verarbeiten, zum Schluss die Haferflocken unterkneten. Den Teig zugedeckt so lange an einem warmen Ort stehen lassen, bis er sich
sichtbar vergrößert hat.

3 Teig auf einer bemehlten Arbeitsfläche
nochmals kurz durchkneten. 3 Teigstangen
(je etwa 35 cm Länge) formen und auf ein
Backblech (mit Backpapier belegt) legen,
mehrmals mit einem Messer tief einritzen,
mit Wasser bestreichen und mit Haferflocken
bestreuen. Teigstangen nochmals so lange an
einem warmen Ort stehen lassen, bis sie sich
sichtbar vergrößert haben. Das Backblech in
den Backofen schieben.

Ober-/Unterhitze: etwa 200 °C (vorgeheizt)
Heißluft: etwa 180 °C (vorgeheizt)
Gas: Stufe 3 – 4 (vorgeheizt)
Backzeit: etwa 30 Minuten

Tipp: Anstelle von Haferflocken können Sie
auch Leinsamen, Sonnenblumen- oder Kürbiskerne auf die Haferstangen streuen.

Hannchen–Jensen–Torte |

Für Gäste – raffiniert

Für den Rührteig:
100 g Butter oder Margarine
100 g Zucker, 1 Pck. Vanillin-Zucker
4 Eigelb (Größe M)
125 g Weizenmehl
1/2 gestr. TL Backpulver
2 EL Milch

Für den Belag:
4 Eiweiß (Größe M)
200 g Zucker
80 g abgezogene, gehobelte Mandeln

Für die Füllung:
1 Pck. Pudding-Pulver
Vanille-Geschmack

100 ml Wasser, 25 g Zucker
1 Pck. (300 g) TK-Himbeeren
250 ml (1/4 l) Schlagsahne
1 Pck. Sahnesteif
1 Pck. Vanillin-Zucker

Zubereitungszeit: 65 Minuten, ohne
Abkühlzeit

Insgesamt: E: 69 g, F: 226 g, Kh: 525 g,
kJ: 18996, kcal: 4539

1 Für den Teig Butter oder Margarine mit
Handrührgerät mit Rührbesen auf höchster
Stufe geschmeidig rühren. Nach und nach
Zucker und Vanillin-Zucker unterrühren. So
lange rühren, bis eine gebundene Masse ent-
standen ist.

2 Eigelb nach und nach unterrühren (jedes
Eigelb knapp 1/2 Minute). Mehl mit Backpulver
mischen, sieben, abwechselnd portionsweise
mit der Milch auf mittlerer Stufe unterrühren.

3 Den Teig halbieren. Jeweils eine Hälfte in
je eine Springform (Ø 26 cm, Boden gefettet)
geben und glatt streichen.

4 Für den Belag Eiweiß mit Handrührgerät
mit Rührbesen auf höchster Stufe steif schlagen, der Schnee muss so fest sein, dass ein
Messerschnitt sichtbar bleibt, nach und nach
Zucker unterschlagen.

5 Eiweißmasse halbieren. Jeweils eine Hälfte
auf je einen Boden streichen. Mit je 40 g
Mandeln bestreuen. Die Formen nacheinan-

der (bei Heißluft zusammen) auf dem Rost in den Backofen schieben.

Ober-/Unterhitze: etwa 180 °C (vorgeheizt)
Heißluft: etwa 160 °C (vorgeheizt)
Gas: Stufe 2 – 3 (vorgeheizt)
Backzeit: etwa 20 Minuten pro Boden

6 Die Böden aus den Formen lösen. Einen Boden sofort in 12 Stücke schneiden. Böden erkalten lassen.

7 Für die Füllung Pudding-Pulver mit etwas Wasser und Zucker anrühren. Restliches Wasser in einem Topf zum Kochen bringen, Himbeeren hinzugeben, aufkochen lassen, von der Kochstelle nehmen. Angerührtes Pudding-Pulver einrühren und alles unter Rühren nochmals aufkochen und erkalten lassen.

8 Den Tortenboden auf eine Tortenplatte legen, mit der Himbeermasse bestreichen. Sahne mit Sahnesteif und Vanillin-Zucker steif

schlagen und auf die Himbeermasse streichen. Tortenstücke auf die Sahne legen.

Tipp: Die Himbeeren statt mit Pudding-Pulver mit Tortenguss andicken.

Hannchen-Jensen-Torte

Haselnussbrot | ❄

Vollwertig – gut vorzubereiten

Für den Hefeteig:
500 g Vollkorn-Dinkelmehl
1 Pck. Trockenhefe
30 g brauner Zucker
1 gestr. TL Salz
1 Prise gemahlener Kardamom
1 Prise gemahlener Zimt
2 Eier (Größe M)
250 ml (¼ l) lauwarme Milch
75 g zerlassene lauwarme Butter
150 g Haselnusskerne

etwas Wasser zum Bestreichen

Zum Bestreuen:
gehackte Haselnusskerne

Zubereitungszeit: 30 Minuten, ohne Teiggehzeit

Insgesamt: E: 112 g, F: 199 g, Kh: 369 g, kJ: 16325, kcal: 3900

1 Für den Teig Vollkorn-Dinkelmehl in eine Rührschüssel geben, mit Trockenhefe sorgfältig vermischen. Zucker, Salz, Kardamom, Zimt, Eier, Milch und Butter hinzufügen.

2 Die Zutaten mit Handrührgerät mit Knethaken zunächst auf niedrigster, dann auf höchster Stufe in etwa 5 Minuten zu einem Teig verarbeiten. Den Teig zugedeckt so lange an einem warmen Ort stehen lassen, bis er sich sichtbar vergrößert hat.

3 Den Teig leicht mit Mehl bestäuben, aus der Schüssel nehmen, auf bemehlter Arbeits-

fläche nochmals kurz durchkneten und Haselnusskerne unterkneten.

4 Den Teig zu einem länglichen Brot (etwa 30 cm) formen, auf ein Backblech (mit Backpapier belegt) legen. Nochmals so lange an einem warmen Ort gehen lassen, bis es sich sichtbar vergrößert hat.

5 Den Teig mehrere Male schräg etwa 1 cm tief einschneiden (nicht drücken), mit Wasser bestreichen, mit gehackten Haselnusskernen bestreuen. Das Backblech in den Backofen schieben.

Ober-/Unterhitze: 180 – 200 °C (vorgeheizt)
Heißluft: 160 – 180 °C (nicht vorgeheizt)
Gas: etwa Stufe 3 (nicht vorgeheizt)
Backzeit: etwa 45 Minuten

Haselnussmakronen |  ❄

Gut vorzubereiten – klassisch

Haselnussmakronen

Für die Baisermasse:
4 Eiweiß (Größe M)
200 g feinkörniger Zucker
1 Msp. gemahlener Zimt
4 Tropfen Bittermandel-Aroma
200 g gehobelte Haselnusskerne
150 g gemahlene Haselnusskerne

Zubereitungszeit: 30 Minuten

Insgesamt: E: 35 g, F: 91 g, Kh: 214 g,
kJ: 7770, kcal: 1856

1 Für die Baisermasse Eiweiß mit Handrührgerät mit Rührbesen auf höchster Stufe steif
schlagen. Der Schnee muss so fest sein,
dass ein Messerschnitt sichtbar bleibt.

2 Nach und nach Zucker, Zimt und Aroma
unterschlagen.

3 Haselnusskerne vorsichtig unter den Eischnee heben (nicht rühren).

4 Von dem Teig mit 2 Teelöffeln Häufchen
auf ein Backblech (mit Backpapier belegt)
setzen. Das Backblech in den Backofen
schieben.

Ober-/Unterhitze: 130 – 150 °C (vorgeheizt)
Heißluft: 110 – 130 °C (vorgeheizt)
Gas: etwa Stufe 1 (vorgeheizt)
Backzeit: 20 – 25 Minuten

5 Die Makronen vom Backpapier nehmen
und erkalten lassen.

Hefe-Knäckebrot |

Aufwändig – dauert länger

Für den Teig I:
250 g Weizenmehl (Type 1050)
100 g Roggenmehl (Type 1150)
1/2 Pck. (21 g) frische Hefe
1 TL Zucker
170 ml lauwarmes Wasser
1/2 gestr. TL Salz

warmes Wasser zum Bestreichen

Für den Teig II:
50 g Weizenmehl (Type 1050)
50 g Roggenmehl (Type 1150)
1/2 Pck. (21 g) frische Hefe
1 TL Zucker, 1/2 gestr. TL Salz
50 ml lauwarmes Wasser

50 g Kürbiskerne

Zubereitungszeit: 60 Minuten,
ohne Teiggeh- und Ruhezeit

Insgesamt: E: 67 g, F: 30 g, Kh: 313 g,
kJ: 7945, kcal: 1897

1 Für den Teig I beide Mehlsorten in eine
Rührschüssel geben. In die Mitte eine Vertiefung drücken. Hefe hineinbröckeln, Zucker
und etwas Wasser hinzufügen. Mit einer Gabel
vorsichtig verrühren und etwa 10 Minuten
gehen lassen.

2 Salz und restliches Wasser hinzufügen, mit
Handrührgerät mit Knethaken zunächst auf
niedrigster, dann auf höchster Stufe in etwa
5 Minuten zu einem Teig verarbeiten und in
einen großen Gefrierbeutel legen. Beutel verschließen. Teig bei Zimmertemperatur etwa
12 Stunden ruhen lassen.

3 Nach 12 Stunden für den Teig II beide
Mehlsorten in eine Schüssel geben. In die Mitte eine Vertiefung drücken. Hefe hineinbröckeln, Zucker und etwas Wasser hinzufügen.
Mit einer Gabel vorsichtig verrühren und etwa
10 Minuten gehen lassen.

4 Salz und restliches Wasser hinzufügen.
Teig I in Stücke zupfen und zu Teig II geben.
Den Teig mit Handrührgerät mit Knethaken
zunächst auf niedrigster, dann auf höchster

Stufe in etwa 5 Minuten zu einem Teig verarbeiten. Teig halbieren und eine Hälfte mit einem Geschirrtuch zudecken.

5 Zweite Teighälfte auf bemehlter Arbeitsfläche zu einem Rechteck (42 x 32 cm) ausrollen, der Länge nach durchschneiden und in
Rechtecke (16 x 7 cm) schneiden. Teigscheiben auf je ein Backblech (mit Backpapier belegt) legen, mit warmem Wasser bestreichen.

6 Kürbiskerne hacken und die Teigscheiben mit der Hälfte der Kürbiskerne bestreu-
en. Mit einem zweiten Backblech zudecken
und 30 Minuten an einem warmen Ort stehen lassen. Restlichen Teig und restliche Kürbiskerne auf die gleiche Weise verarbeiten.

7 Backbleche nacheinander (bei Heißluft
zusammen) in den Backofen schieben.

Ober-/Unterhitze: etwa 200 °C (vorgeheizt)
Heißluft: etwa 180 °C (vorgeheizt)
Gas: Stufe 3 – 4 (vorgeheizt)
Backzeit: 20 – 25 Minuten pro Blech

Hefe-Napfkuchen | 🍰 🍰 ❄

Gut vorzubereiten – klassisch

Für den Hefeteig:

500 g Weizenmehl, 1 Pck. Trockenhefe
125 g Zucker
1 Pck. Bourbon-Vanille-Zucker
1 Prise Salz, 3 Eier (Größe M)
etwas abgeriebene Schale von 1 Bio-
Zitrone (unbehandelt, ungewachst)
6 Tropfen Bittermandel-Aroma
gemahlener Macis (Muskatblüte)
200 ml lauwarme Schlagsahne
(oder Milch)
75 g abgezogene, gemahlene Mandeln
200 g zerlassene abgekühlte Butter
oder Margarine
125 g Rosinen
50 g fein gehacktes Zitronat (Sukkade)

30 g abgezogene, gemahlene Mandeln
für die Form

Zum Bestäuben:
Puderzucker

Zubereitungszeit: 25 Minuten,
ohne Teiggehzeit

Insgesamt: E: 116 g, F: 294 g, Kh: 666 g,
kJ: 25187, kcal: 6019

1 Für den Teig Mehl in eine Rührschüssel
sieben, mit Trockenhefe sorgfältig vermischen. Zucker, Vanille-Zucker, Salz, Eier, Zitronenschale, Aroma, Macis, Sahne oder
Milch, Mandeln und Butter oder Margarine
hinzufügen.

2 Die Zutaten mit Handrührgerät mit Knethaken zunächst auf niedrigster, dann auf
höchster Stufe in etwa 5 Minuten zu einem
Teig verarbeiten. Den Teig zugedeckt so lange
an einem warmen Ort stehen lassen, bis er
sich sichtbar vergrößert hat.

3 Den Teig leicht mit Mehl bestäuben, aus
der Schüssel nehmen, nochmals kurz durchkneten, Rosinen und Zitronat unterkneten.

4 Den Teig in eine Napfkuchenform
(Ø 24 cm, gefettet, mit gemahlenen Mandeln ausgestreut) geben und nochmals so
lange an einem warmen Ort gehen lassen,
bis er sich sichtbar vergrößert hat.

5 Die Form auf dem Rost in den Backofen
schieben.

Ober-/Unterhitze: 180 – 200 °C (vorgeheizt)
Heißluft: 160 – 180 °C (nicht vorgeheizt)
Gas: etwa Stufe 3 (nicht vorgeheizt)
Backzeit: etwa 50 Minuten

6 Den Kuchen 10 Minuten in der Form stehen lassen, dann auf einen Kuchenrost stürzen und erkalten lassen.

7 Den Kuchen vor dem Servieren mit
Puderzucker bestäuben.

Hefe-Napfkuchen

Hefeteig (Grundrezept)

Klassisch

Für den Hefeteig:
500 g Weizenmehl
1 Pck. Trockenhefe oder
1 Pck. (42 g) frische Hefe, 75 g Zucker
1 Pck. Vanillin-Zucker, 1 Prise Salz
250 ml (¹/₄ l) lauwarme Milch
75 – 100 g zerlassene Butter oder
Margarine

Zubereitungszeit: etwa 35 Minuten,
ohne Teiggehzeit

Insgesamt: E: 66 g, F: 96 g, Kh: 464 g,
kJ: 13014, kcal: 3109

Zubereitung mit Trockenhefe:

1 Für den Teig Mehl in eine Rührschüssel
sieben, mit Trockenhefe sorgfältig vermischen. Zucker, Vanillin-Zucker, Salz, Milch
und Butter oder Margarine hinzufügen.

2 Die Zutaten mit Handrührgerät mit Knethaken zunächst auf niedrigster, dann auf
höchster Stufe in etwa 5 Minuten zu einem
Teig verarbeiten.

3 Den Teig zugedeckt an einem warmen Ort
so lange gehen lassen, bis er sich sichtbar
vergrößert hat, ihn leicht mit Mehl bestäuben,
aus der Schüssel nehmen und auf der Arbeitsfläche nochmals kurz durchkneten.

4 Den Teig – je nach Rezept – in der Form
oder auf dem Backblech nochmals so lange
an einem warmen Ort gehen lassen, bis er
sich sichtbar vergrößert hat. Je nach Rezept
backen.

Zubereitung mit frischer Hefe:

1 Für den Teig Mehl in eine Schüssel sieben. In die Mitte eine Vertiefung drücken. Hefe hineinbröckeln. 1 Teelöffel von dem Zucker
und etwas Milch hinzufügen. Mit einer Gabel

vorsichtig verrühren und etwa 10 Minuten
gehen lassen.

2 Restlichen Zucker, Vanillin-Zucker, Salz,
Milch und Butter oder Margarine hinzufügen.
Die Zutaten mit Handrührgerät mit Knethaken
zunächst auf niedrigster, dann auf höchster
Stufe in etwa 5 Minuten zu einem Teig verarbeiten. Den Teig zugedeckt so lange an einem
warmen Ort stehen lassen, bis er sich sichtbar vergrößert hat.

3 Teig aus der Schüssel nehmen, auf der
bemehlten Arbeitsfläche nochmals kurz
durchkneten. Den Teig – je nach Rezept –
in der Form oder auf dem Backblech nochmals an einem warmen Ort stehen lassen,
bis er sich sichtbar vergrößert hat. Je nach
Rezept backen.

Hefewaffeln

Vollwertig – für Kinder

Für den Hefeteig:
200 g Vollkorn-Weizenmehl
1 gestr. TL Trockenhefe
2 EL flüssiger Honig
abgeriebene Schale und Saft von 1 Bio-
Zitrone (unbehandelt, ungewachst)
2 Eigelb (Größe M)
150 ml lauwarmes Wasser
75 – 100 g zerlassene Butter oder
Margarine, 2 Eiweiß (Größe M)

Zubereitungszeit: 50 Minuten,
ohne Teiggehzeit

Insgesamt: E: 36 g, F: 83 g, Kh: 177 g,
kJ: 6982, kcal: 1669

1 Für den Teig Mehl in eine Rührschüssel
geben, mit Trockenhefe sorgfältig vermischen.

Hefewaffeln

Honig, Zitronenschale und -saft, Eigelb, Wasser und Butter oder Margarine hinzufügen.

2 Die Zutaten mit Handrührgerät mit Knethaken zunächst auf niedrigster, dann auf höchster Stufe in etwa 5 Minuten zu einem

Teig verarbeiten, zugedeckt so lange an einem warmen Ort gehen lassen, bis er sich sichtbar vergrößert hat.

3 Den Teig nochmals kurz durchkneten. Eiweiß sehr steif schlagen und auf niedrigster

Stufe unter den Hefeteig arbeiten. Den Teig in nicht zu großer Menge in ein gut erhitztes Waffeleisen (gefettet) füllen und die Waffeln goldbraun backen. Waffeln einzeln auf einem Kuchenrost auskühlen lassen.

Hefezopf |

Klassisch

Für den Hefeteig:
500 g Weizenmehl
1 Pck. Trockenhefe
50 g Zucker, 1 Pck. Vanillin-Zucker
1 Prise Salz
2 Eier (Größe M)
1 Eiweiß (Größe M)
250 ml (¹/₄ l) lauwarme Schlagsahne

Zum Bestreichen:
1 Eigelb
1 EL Milch

Zubereitungszeit: 35 Minuten,
ohne Teiggehzeit

Insgesamt: E: 85 g, F: 103 g, Kh: 436 g,
kJ: 13224, kcal: 3161

1 Für den Teig Mehl in eine Rührschüssel sieben, mit Trockenhefe sorgfältig vermischen. Zucker, Vanillin-Zucker, Salz, Eier, Eiweiß und Sahne hinzufügen.

2 Die Zutaten mit Handrührgerät mit Knethaken zunächst kurz auf niedrigster, dann auf höchster Stufe in etwa 5 Minuten zu einem Teig verarbeiten. Den Teig zugedeckt an einem warmen Ort so lange stehen lassen, bis er sich sichtbar vergrößert hat. Den Teig anschließend leicht mit Mehl bestäuben, aus der Schüssel nehmen und auf der Arbeitsfläche nochmals kurz durchkneten.

3 Aus zwei Drittel des Teiges 3 etwa 40 cm lange Rollen formen, zum Zopf flechten und

auf ein Backblech (gefettet) legen. Mit einer Teigrolle der Länge nach eine Vertiefung eindrücken.

4 Zum Bestreichen Eigelb mit Milch verschlagen, die Vertiefung mit etwas von der Eigelbmilch bestreichen.

5 Aus dem Rest des Teiges 3 etwa 35 cm lange Rollen formen, daraus einen Zopf flechten, auf den größeren Zopf legen, etwas andrücken, ebenfalls mit Eigelbmilch bestreichen.

6 Den Zopf nochmals so lange an einem warmen Ort gehen lassen, bis er sich sichtbar vergrößert hat. Backblech in den Backofen schieben.

Ober-/Unterhitze: 180–200 °C (vorgeheizt)
Heißluft: 160–180 °C (nicht vorgeheizt)
Gas: etwa Stufe 3 (nicht vorgeheizt)
Backzeit: etwa 35 Minuten

Hefezopf

Heidelbeerkuchen mit Guss |

Für Kinder – einfach

Für den Belag:
750 – 1000 g Heidelbeeren

Für den Quark-Öl-Teig:
200 g Weizenmehl
4 gestr. TL Backpulver
100 g Speisequark
1 EL Milch
4 EL Speiseöl
1 Ei (Größe M)
50 g Zucker
1 Pck. Vanillin-Zucker
1 Prise Salz

Für den Guss:
50 g Butter
100 g Zucker
250 g Speisequark
1 Ei (Größe M)
1 Pck. Saucenpulver
Vanille-Geschmack
5 EL kalte Milch

Zubereitungszeit: 50 Minuten

Insgesamt: E: 84 g, F: 114 g, Kh: 536 g,
kJ: 15408, kcal: 3677

1 Für den Belag Heidelbeeren verlesen, waschen, gut abtropfen lassen.

2 Für den Teig Mehl mit Backpulver mischen, in eine Rührschüssel sieben. Quark, Milch, Öl, Ei, Zucker, Vanillin-Zucker und Salz hinzufügen. Die Zutaten mit Handrührgerät mit Knethaken auf höchster Stufe etwa 1 Minute zu einem Teig verarbeiten (nicht zu lange, Teig klebt sonst). Anschließend auf einer bemehlten Arbeitsfläche zu einer Rolle formen.

3 Den Teig auf dem Boden einer Springform (Ø 28 cm, Boden gefettet) ausrollen, Springformrand darumstellen, Teig am Rand etwa 2 cm hochdrücken. Heidelbeeren gleichmäßig auf dem Teig verteilen.

4 Für den Guss Butter geschmeidig rühren. Nach und nach Zucker, Quark, Ei, Saucenpulver und Milch unterrühren.

5 Den Guss auf den Heidelbeeren verteilen. Form auf dem Rost in den Backofen schieben.

Ober-/Unterhitze: 180 – 200 °C (vorgeheizt)
Heißluft: 160 – 180 °C (nicht vorgeheizt)
Gas: etwa Stufe 3 (nicht vorgeheizt)
Backzeit: etwa 45 Minuten

6 Den Kuchen in der Form auf einem Kuchenrost etwas abkühlen lassen, lösen und erkalten lassen.

Tipp: Um ein Durchweichen des Kuchens zu verhindern, können auf den Teig abgezogene, gemahlene Mandeln gestreut werden. Statt frischer Heidelbeeren können auch 500 g TK-Heidelbeeren verwendet werden. Der Heidelbeerkuchen kann auch in einer Fettfangschale gebacken werden, dafür das doppelte Rezept zubereiten.

Heidelbeerkuchen mit Guss

Heidelbeermuffins | ❄

Für Kinder – schnell

Für den Rührteig:
100 g Butter oder Margarine
125 g Zucker
1 Pck. Vanillin-Zucker
abgeriebene Schale von 1 Bio-Zitrone
(unbehandelt, ungewachst)
1 Prise Salz
2 Eier (Größe M)
200 g Weizenmehl
$^1/_2$ gestr. TL Backpulver, 100 ml Milch

Für den Belag:
1 Glas Heidelbeeren (Abtropfgewicht
140 g) oder TK-Heidelbeeren

Zum Bestäuben:
evtl. Puderzucker

Zubereitungszeit: 35 Minuten

Insgesamt: E: 41 g, F: 100 g, Kh: 333 g, kJ: 10381, kcal: 2480

1 Für den Teig Butter oder Margarine mit Handrührgerät mit Rührbesen auf höchster Stufe geschmeidig rühren. Nach und nach Zucker, Vanillin-Zucker, Zitronenschale und Salz unterrühren. So lange rühren, bis eine gebundene Masse entstanden ist.

2 Eier nach und nach unterrühren (jedes Ei etwa $^1/_2$ Minute). Mehl mit Backpulver mischen, sieben, portionsweise mit der Milch auf mittlerer Stufe unterrühren (nur so viel Milch verwenden, dass der Teig schwer reißend vom Löffel fällt).

3 Für den Belag die Heidelbeeren in einem Sieb gut abtropfen lassen.

4 Den Teig in 12 gefettete Muffinförmchen verteilen. Die Heidelbeeren auf den Teig geben (TK-Heidelbeeren unaufgetaut auf den Teig geben). Die Form auf dem Rost in den Backofen schieben.

Ober-/Unterhitze: etwa 200 °C (vorgeheizt)
Heißluft: etwa 180 °C (vorgeheizt)
Gas: Stufe 3 – 4 (vorgeheizt)
Backzeit: etwa 25 Minuten

5 Muffins 10 Minuten in der Form stehen lassen, aus den Förmchen lösen und erkalten lassen. Nach Belieben mit Puderzucker bestäuben.

Heidesand |

Für Kinder – klassisch

Zum Vorbereiten:
275 g Butter

Für den Teig:
250 g Zucker
1 Pck. Vanillin-Zucker
1 Prise Salz, 1 EL Milch
375 g Weizenmehl
1 gestr. TL Backpulver

Zubereitungszeit: 40 Minuten, ohne Kühlzeit

Insgesamt: E: 43 g, F: 210 g, Kh: 485 g, kJ: 17258, kcal: 4123

1 Zum Vorbereiten Butter zerlassen, dabei stark bräunen und in eine Rührschüssel geben. Kalt stellen.

2 Für den Teig die wieder fest gewordene Butter mit Handrührgerät mit Rührbesen auf höchster Stufe geschmeidig rühren.

Heidesand

3 Nach und nach Zucker, Vanillin-Zucker, Salz und Milch unterrühren. So lange rühren, bis eine gebundene Masse entstanden ist.

4 Mehl mit Backpulver mischen, sieben und zwei Drittel davon esslöffelweise auf mittlerer Stufe unterrühren.

5 Teigbrei mit dem Rest des Mehls auf der bemehlten Arbeitsfläche zu einem glatten Teig verkneten. Daraus etwa 3 cm dicke Rollen formen und diese so lange kalt stellen, bis sie hart geworden sind.

6 Rollen in knapp $^1/_2$ cm dicke Scheiben schneiden und die Scheiben auf ein Backblech (gefettet, mit Backpapier belegt) legen. Backblech in den Backofen schieben.

Ober-/Unterhitze: etwa 180 °C (vorgeheizt)
Heißluft: etwa 160 °C (vorgeheizt)
Gas: Stufe 2 – 3 (vorgeheizt)
Backzeit: 15 – 18 Minuten

Himbeer-Kirsch-Torte |

Gut vorzubereiten

Für den Knetteig:
150 g Weizenmehl
¹/₂ gestr. TL Backpulver
15 g Kakaopulver
75 g Zucker, 1 Pck. Vanillin-Zucker
1 Ei (Größe M)
75 g Butter oder Margarine
50 g abgezogene, gehobelte Mandeln
1 EL Weizenmehl für den Rand

Für die Füllung:
1 Pck. Pudding-Pulver
Vanille-Geschmack
40 g Zucker
500 ml (¹/₂ l) Schlagsahne

Für den Belag:
250 g Himbeeren
250 g Süßkirschen

Für den Guss:
1 Pck. Tortenguss, klar
2 EL Zucker
250 ml (¹/₄ l) Wasser

Puderzucker zum Bestäuben

Zubereitungszeit: 50 Minuten,
ohne Abkühlzeit

Insgesamt: E: 55 g, F: 255 g, Kh: 323 g,
kJ: 16562, kcal: 3957

1 Für den Teig Mehl mit Backpulver und Ka-kao mischen, in eine Rührschüssel sieben. Zu-cker, Vanillin-Zucker, Ei und Butter oder Marga-rine hinzufügen. Die Zutaten mit Handrührgerät mit Knethaken zunächst kurz auf niedrigster, dann auf höchster Stufe gut durcharbeiten.

2 Anschließend auf einer bemehlten Arbeits-fläche zu einem glatten Teig verkneten. Sollte er kleben, ihn in Folie gewickelt eine Zeit lang kalt stellen.

3 Zwei Drittel des Teiges auf einem Spring-formboden (Ø 26 cm, gefettet) ausrollen, mit den Mandeln bestreuen. Den Springformrand

darumstellen. Den restlichen Teig mit dem Mehl verkneten, zu einer Rolle formen, als Rand auf den Boden legen und so an die Form drücken, dass ein etwa 3 cm hoher Rand entsteht. Teigboden mit einer Gabel mehrmals einstechen. Die Form auf dem Rost in den Backofen schieben.

Ober-/Unterhitze: etwa 200 °C (vorgeheizt)
Heißluft: etwa 180 °C (vorgeheizt)
Gas: Stufe 3 – 4 (vorgeheizt)
Backzeit: etwa 15 Minuten

4 Den Boden aus der Form lösen und auf einem Kuchenrost erkalten lassen.

5 Für die Füllung den Pudding mit Zucker nach Packungsanleitung, aber nur mit Sahne zubereiten, etwas abkühlen lassen und auf den Boden streichen.

6 Für den Belag die Himbeeren verlesen. Die Kirschen waschen, in einem Sieb abtrop-fen lassen, entsteinen und mit den Him-beeren auf der Puddingmasse verteilen.

7 Für den Guss Tortengusspulver mit Zucker und Wasser nach Packungsanleitung zuberei-ten, Guss auf das Obst geben. Die Torte bis zum Verzehr kalt stellen. Den oberen Torten-rand mit Puderzucker bestäuben.

Himbeer-Kirsch-Torte

Himbeer-Kokosnuss-Schnitten

Himbeer-Kokosnuss-Schnitten │

Einfach

Für den Rühr-Knetteig:
200 g Butter oder Margarine
100 g Zucker
1 Pck. Vanillin-Zucker
1 Ei (Größe M)
300 g Weizenmehl
1 gestr. TL Backpulver

200 g Himbeerkonfitüre

Für den Belag:
300 g TK-Himbeeren
4 Eier (Größe M)
75 g Zucker
200 ml Schlagsahne
300 g Kokosraspel

Zubereitungszeit: 35 Minuten

Insgesamt: E: 103 g, F: 449 g, Kh: 575 g, kJ: 28969, kcal: 6923

1 Für den Teig Butter oder Margarine mit Handrührgerät mit Rührbesen auf höchster Stufe geschmeidig rühren. Nach und nach Zucker und Vanillin-Zucker unterrühren. So lange rühren, bis eine gebundene Masse entstanden ist.

2 Ei unterrühren (etwa ½ Minute). Mehl mit Backpulver mischen, sieben und mit Handrührgerät mit Rührbesen auf höchster Stufe gut unterarbeiten.

3 Den Teig mit etwas Mehl bestäuben, auf einem Backblech (30 x 40 cm, gefettet) verteilen, mit bemehlten Händen glatt drücken. Das Backblech in den Backofen schieben und den Boden vorbacken.

Ober-/Unterhitze: etwa 200 °C (vorgeheizt)
Heißluft: etwa 180 °C (vorgeheizt)
Gas: Stufe 3 – 4 (vorgeheizt)
Backzeit: etwa 15 Minuten

4 Das Backblech auf einen Kuchenrost stellen. Konfitüre auf den vorgebackenen Teig streichen.

5 Für den Belag die gefrorenen Himbeeren auf der Konfitüre verteilen.

6 Eier und Zucker verrühren, Sahne unterrühren, Kokosraspel unterheben, Masse auf die Himbeeren streichen. Backblech wieder in den Backofen schieben und den Kuchen fertig backen.

Ober-/Unterhitze: etwa 200 °C (vorgeheizt)
Heißluft: etwa 180 °C (vorgeheizt)
Gas: Stufe 3 – 4 (vorgeheizt)
Backzeit: etwa 25 Minuten

7 Backblech auf einen Kuchenrost stellen. Den Kuchen erkalten lassen.

Tipp: Evtl. in einer Fettfangschale backen.

101

Holländische Kirschtorte |

Klassisch – raffiniert

Für den Teig:
1 Pck. (300 g, 5 Platten)
TK-Blätterteig

Für den Guss:
100 g Johannisbeergelee
100 g gesiebter Puderzucker
3 – 4 EL Zitronensaft

Für die Füllung:
1 Glas Sauerkirschen
(Abtropfgewicht 370 g)
250 ml (¹/₄ l) Kirschsaft
25 g Speisestärke
2 Pck. Vanillin-Zucker

Zum Bestreichen:
500 – 600 ml Schlagsahne
25 g Zucker

1 Pck. Vanillin-Zucker
2 Pck. Sahnesteif

Zubereitungszeit: 55 Minuten,
ohne Auftau- und Abkühlzeiten

Insgesamt: E: 32 g, F: 256 g, Kh: 468 g,
kJ: 18407, kcal: 4398

1 Blätterteigplatten nebeneinander zugedeckt bei Zimmertemperatur auftauen lassen.

2 Für 2 Böden je 1¹/₂ Blätterteigplatten aufeinander legen, je zu einem Boden (Ø 28 cm)
ausrollen (Ränder begradigen) und auf je ein
Backblech (gefettet, mit Backpapier belegt)
legen.

3 Aus den restlichen 2 Teigplatten auf die
gleiche Weise einen weiteren Boden herstellen. Böden etwa 15 Minuten ruhen lassen,

mehrmals mit einer Gabel einstechen.
Backbleche nacheinander (bei Heißluft
zusammen) in den Backofen schieben.

Ober-/Unterhitze: 200 – 220 °C (vorgeheizt)
Heißluft: 180 – 200 °C (vorgeheizt)
Gas: etwa Stufe 4 (vorgeheizt)
Backzeit: 10 – 15 Minuten pro Boden

4 Die Böden vom Backpapier lösen und einzeln auf Kuchenrosten erkalten lassen.

5 Für den Guss Johannisbeergelee in einem
kleinen Topf unter Rühren erhitzen, den di-
ckeren Boden (aus 2 Teigplatten) damit bestreichen und antrocknen lassen.

6 Puderzucker mit so viel Zitronensaft verrühren, dass eine dünnflüssige Masse entsteht. Den mit Gelee bestrichenen Boden mit
dem Guss überziehen. Boden in 12 Tortenstücke schneiden.

7 Für die Füllung Sauerkirschen in ein Sieb
geben, abtropfen lassen, dabei den Saft auffangen und 250 ml (¹/₄ l) abmessen.

8 Speisestärke und Vanillin-Zucker mischen,
mit 4 Esslöffeln von dem Saft anrühren, restlichen Saft in einem Topf zum Kochen bringen. Die angerührte Speisestärke unter Rühren hineingeben und kurz aufkochen lassen,
Topf von der Kochstelle nehmen, die Sauerkirschen unterrühren. Masse erkalten lassen.

9 Zum Bestreichen Sahne mit Zucker, Vanillin-Zucker und Sahnesteif in 2 Portionen steif
schlagen (5 Esslöffel davon in einen Spritzbeutel füllen).

10 Einen Gebäckboden auf eine Tortenplatte legen und mit der Kirschmasse (1 cm
am Rand frei lassen) bestreichen, dann an
dem äußeren Rand entlang einen Sahnering
spritzen. Diesen mit einer Sahneschicht ausstreichen, mit dem zweiten Gebäckboden bedecken. Nochmals am Rand entlang einen
Sahnering spritzen. Diesen mit der restlichen
Sahne ausstreichen und mit den geschnittenen Tortenstücken belegen.

Holländische Kirschtorte

Holländische Moppen |

Einfach – klassisch

Für den Rühr-Knetteig:
1 Ei (Größe M)
1 Eigelb (Größe M)
100 g Zucker
1 Pck. Vanillin-Zucker
1 Msp. gemahlene Nelken
4 Tropfen Butter-Vanille-Aroma
200 g Weizenmehl
2 gestr. TL Backpulver

Zum Belegen:
60 g Haselnusskerne

Zubereitungszeit: 60 Minuten,
ohne Abkühlzeit

Insgesamt: E: 40 g, F: 51 g, Kh: 264 g,
kJ: 7301, kcal: 1744

1 Für den Teig Ei und Eigelb mit Handrühr-gerät mit Rührbesen auf höchster Stufe schaumig schlagen. Zucker mit Vanillin-Zu-cker und Nelken mischen, nach und nach unterrühren, Aroma unterrühren.

2 Mehl mit Backpulver mischen, sieben. Die Hälfte des Mehlgemisches auf niedrigster Stufe unterrühren. Den Rest des Mehlgemi-sches auf einer bemehlten Arbeitsfläche mit den Händen unterkneten. Aus dem Teig klei-ne Kugeln (Ø etwa 2 cm) formen und auf ein Backblech (mit Backpapier belegt) legen.

3 Zum Belegen je einen Haselnusskern in die Mitte jeder Teigkugel drücken. Das Back-blech in den Backofen schieben.

Ober-/Unterhitze: etwa 180 °C (vorgeheizt)
Heißluft: etwa 160 °C (vorgeheizt)
Gas: Stufe 2 – 3 (vorgeheizt)
Backzeit: etwa 10 Minuten
(das Gebäck soll hell bleiben)

4 Das Gebäck vom Backpapier lösen und auf einem Kuchenrost erkalten lassen.

Tipp: Die Plätzchen nach dem Erkalten luft-dicht verpacken.

Holländisches Kaffeegebäck |

Für Gäste

Für den Rührteig:
300 g Butter oder Margarine
100 g gesiebter Puderzucker
1 Pck. Vanillin-Zucker, 1 Prise Salz
abgeriebene Schale von 1 Bio-Zitrone
(unbehandelt, ungewachst)
2 Eier (Größe M)
400 g Weizenmehl
1 gestr. TL Backpulver

80 g Aprikosenkonfitüre

Für den Guss:
100 g Halbbitter-Kuvertüre
20 g Kokosfett

Zubereitungszeit: 60 Minuten,
ohne Abkühlzeit

Insgesamt: E: 64 g, F: 315 g, Kh: 497 g,
kJ: 22103, kcal: 5280

1 Für den Teig Butter oder Margarine mit Handrührgerät mit Rührbesen auf höchster Stufe geschmeidig rühren.

2 Nach und nach Puderzucker, Vanillin-Zu-cker und Salz unterrühren. So lange rühren, bis eine gebundene Masse entstanden ist, Zitronenschale unterrühren.

3 Eier nach und nach unterrühren (jedes Ei etwa 1/2 Minute). Mehl mit Backpulver mi-schen, sieben und portionsweise auf mittlerer Stufe unterrühren.

**Holländisches
Kaffeegebäck**

4 Teig in einen Spritzbeutel mit Sterntülle füllen, in eng untereinander liegenden Linien auf ein Backblech (gefettet, mit Backpapier belegt) spritzen, sodass jeweils die Form ei-nes lang gezogenen Dreiecks entsteht. Das Backblech in den Backofen schieben.

Ober-/Unterhitze: 180 – 200 °C (vorgeheizt)
Heißluft: 160 – 180 °C (vorgeheizt)
Gas: etwa Stufe 3 (vorgeheizt)
Backzeit: etwa 15 Minuten

5 Gebäck vom Backpapier lösen und auf einem Kuchenrost erkalten lassen.

6 Die Hälfte des Gebäckes auf der Unter-seite mit Aprikosenkonfitüre bestreichen, die anderen mit der Unterseite darauf legen.

7 Für den Guss die Kuvertüre hacken, mit Kokosfett in einem kleinen Topf im Wasserbad bei schwacher Hitze zu einer geschmeidigen Masse verrühren. Die Plätzchen mit der brei-ten Seite hineintauchen und auf Backpapier legen. Guss fest werden lassen.

Ingwer-Aprikosen-Kuchen |

Raffiniert – gut vorzubereiten

Zum Vorbereiten:
200 g getrocknete Aprikosen
100 g kandierter Ingwer
100 g kandierte Ananas

Für den Rührteig:
175 g Butter oder Margarine
125 g Zucker
2 Pck. Finesse Bourbon-Vanille-Aroma
1 Prise Salz
3 Eier (Größe M), 250 g Weizenmehl
2 gestr. TL Backpulver
1 Pck. Finesse Orangenschalen-Aroma
1 Pck. Finesse Geriebene
Zitronenschale

evtl. Puderzucker zum Bestäuben

Zubereitungszeit: 30 Minuten,
ohne Abkühlzeit

Insgesamt: E: 64 g, F: 169 g, Kh: 513 g,
kJ: 18199, kcal: 4348

1 Zum Vorbereiten Aprikosen, Ingwer und Ananas klein würfeln.

2 Für den Teig Butter oder Margarine mit Handrührgerät mit Rührbesen auf höchster Stufe geschmeidig rühren. Nach und nach Zucker, Aroma und Salz unterrühren. So lange rühren, bis eine gebundene Masse entstanden ist.

3 Eier nach und nach unterrühren (jedes Ei etwa $1/2$ Minute). Mehl mit Backpulver mischen, sieben und portionsweise auf mittlerer Stufe unterrühren.

4 Orangenschalen-Aroma, Zitronenschale, Aprikosen-, Ingwer- und Ananaswürfel unterrühren. Den Teig in eine Kastenform (30 x 11 cm, gefettet, mit Backpapier ausge-

legt) füllen und glatt streichen. Die Form auf dem Rost in den Backofen schieben.

Ober-/Unterhitze: etwa 180 °C (vorgeheizt)
Heißluft: etwa 160 °C (nicht vorgeheizt)
Gas: Stufe 2–3 (nicht vorgeheizt)
Backzeit: etwa 65 Minuten (evtl. nach gut der Hälfte der Backzeit den Kuchen mit Backpapier zudecken).

5 Den Kuchen 10 Minuten in der Form stehen lassen, aus der Form nehmen, Backpapier entfernen und den Kuchen erkalten lassen. Nach Belieben den Kuchen mit Puderzucker bestäuben.

Tipp: Der Kuchen schmeckt nach 1–2 Tagen besonders gut.

Ingwer-Aprikosen-Kuchen

Ingwergebäck mit Schokolade

Ingwergebäck mit Schokolade |

Schnell

Für den Rührteig:
125 g Butter oder Margarine
200 g Zucker
1 Pck. Vanillin-Zucker
2 TL gemahlener Ingwer
4 Eier (Größe M)
250 g Weizenmehl
1 gestr. TL Backpulver
250 g Raspelschokolade
200 g Rosinen

Für den Guss:
150 g Halbbitter-Kuvertüre
evtl. einige Belegkirschen

Zubereitungszeit: 20 Minuten,
ohne Abkühlzeit

Insgesamt: E: 86 g, F: 182 g, Kh: 811 g,
kJ: 22723, kcal: 5428

1 Für den Teig Butter oder Margarine mit
Handrührgerät mit Rührbesen auf höchster
Stufe geschmeidig rühren. Nach und nach
Zucker, Vanillin-Zucker und Ingwer unterrüh-
ren. So lange rühren, bis eine gebundene
Masse entstanden ist.

2 Eier nach und nach unterrühren (jedes Ei
etwa $1/2$ Minute). Mehl mit Backpulver mischen, sieben, portionsweise abwechselnd mit
der Schokolade auf mittlerer Stufe unterrühren. Rosinen klein schneiden, zuletzt unterheben.

3 Den Teig auf ein Backblech (30 x 40 cm,
gefettet, mit Backpapier belegt) streichen.
Das Backblech in den Backofen schieben.

Ober-/Unterhitze: 180 – 200 °C (vorgeheizt)
Heißluft: 160 – 180 °C (vorgeheizt)
Gas: etwa Stufe 3 (vorgeheizt)
Backzeit: 20 – 25 Minuten

4 Backblech auf einen Kuchenrost stellen,
Gebäck erkalten lassen. Das Gebäck in Quadrate (4 x 4 cm) schneiden.

5 Für den Guss Kuvertüre hacken, in einem
kleinen Topf im Wasserbad bei schwacher
Hitze zu einer geschmeidigen Masse verrühren. Das Gebäck mit der Kuvertüre bestreichen, nach Belieben mit halbierten Belegkirschen garnieren.

Jägertorte |

Raffiniert – für Gäste

Für den Rührteig:

150 g Butter oder Margarine
150 g Zucker, 1 Pck. Vanillin-Zucker
1/2 Fläschchen Rum-Aroma
1 Prise Salz, 4 Eigelb (Größe M)
60 g Weizenmehl
2 gestr. TL Backpulver
125 g geraspelte Zartbitterschokolade
50 g gemahlene Haselnusskerne
50 g abgezogene, gehackte Mandeln
4 Eiweiß (Größe M)

Für die Füllung:

2 Gläser Preiselbeeren
(Abtropfgewicht 350 g)
200 ml Preiselbeersaft aus den Gläsern
1 Pck. Tortenguss, rot
2 TL Zucker
600 ml Schlagsahne
2 Pck. Sahnesteif
2 Pck. Vanillin-Zucker

Zitronenmelisseblätter
Raspelschokolade

Zubereitungszeit: 45 Minuten,
ohne Abkühlzeit

Insgesamt: E: 78 g, F: 412 g, Kh: 462 g,
kJ: 25439, kcal: 6080

1 Für den Teig Butter oder Margarine mit Handrührgerät mit Rührbesen auf höchster Stufe geschmeidig rühren. Nach und nach Zucker, Vanillin-Zucker, Aroma und Salz unterrühren. So lange rühren, bis eine gebundene Masse entstanden ist.

2 Eigelb nach und nach unterrühren (jedes Eigelb knapp 1/2 Minute). Mehl und Backpulver mischen, sieben, auf mittlerer Stufe unterrühren. Schokolade, Haselnusskerne und Mandeln unterrühren.

3 Eiweiß steif schlagen und unter den Teig heben.

4 Teig in eine Springform (Ø 26 cm, Boden gefettet, mit Backpapier belegt) füllen, glatt streichen. Die Form auf dem Rost in den Backofen schieben.

Ober-/Unterhitze: 180 – 200 °C (vorgeheizt)
Heißluft: 160 – 180 °C (nicht vorgeheizt)
Gas: etwa Stufe 3 (nicht vorgeheizt)
Backzeit: etwa 40 Minuten

5 Tortenboden aus der Form lösen, auf einen Kuchenrost stürzen, erkalten lassen. Backpapier entfernen. Boden einmal waagerecht durchschneiden.

6 Für die Füllung Preiselbeeren zum Abtropfen in ein Sieb geben, Saft auffangen und 200 ml abmessen.

7 Einen Tortenguss aus Tortengusspulver, 200 ml Saft und Zucker nach Packungsanleitung zubereiten. Die Hälfte der Preiselbeeren unterrühren. Die Masse auf den unteren Boden streichen (1 cm am Rand frei lassen). Die Preiselbeermasse erkalten lassen.

8 Sahne mit Sahnesteif und Vanillin-Zucker steif schlagen. Unter die Hälfte der Sahnemasse die Hälfte der Preiselbeeren rühren, auf die Preiselbeermasse streichen und mit dem oberen Boden bedecken.

9 Tortenoberfläche und -rand mit der restlichen Sahnemasse bestreichen und verzieren. Torte mit den restlichen Preiselbeeren, Zitronenmelisseblättchen und Raspelschokolade garnieren.

Jägertorte

Joghurt-Becher-Kuchen |

Einfach

Für den Teig:
1 Becher (150 g) Naturjoghurt
3 Becher (je 100 g) Weizenmehl
2 gestr. TL Backpulver
2 Becher (je 150 g) Zucker
1 Pck. Finesse Geriebene
Zitronenschale, 3 Eier (Größe M)
1 Becher (150 ml) Speiseöl

1 Dose Aprikosenhälften
(Abtropfgewicht 480 g)

100 g Orangenmarmelade oder
Aprikosenkonfitüre zum Bestreichen

25 g gehackte Pistazienkerne

Zubereitungszeit: 30 Minuten

Insgesamt: E: 70 g, F: 192 g, Kh: 687 g,
kJ: 20578 , kcal: 4914

1 Für den Teig Joghurt in eine verschließbare Schüssel (3-Liter-Inhalt) geben, Becher auswaschen und trocknen. Mehl mit Backpulver mischen, sieben, mit Zucker und Zitronenschale mischen und in die Schüssel geben. Eier und Öl hinzufügen, Schüssel mit dem Deckel fest verschließen.

2 Mehrmals (insgesamt 15 – 30 Sekunden) kräftig schütteln, so dass alle Zutaten gut vermischt sind. Alles mit einem Schneebesen oder Rührlöffel nochmals sorgfältig durchrühren, damit vor allem trockene Zutaten vom

Rand mit untergerührt werden. Teig auf ein Backblech (30 x 40 cm, gefettet) streichen.

3 Aprikosen in einem Sieb gut abtropfen lassen und auf dem Teig verteilen. Das Backblech in den Backofen schieben.

Ober-/Unterhitze: etwa 200 °C (vorgeheizt)
Heißluft: etwa 180 °C (vorgeheizt)
Gas: Stufe 3 – 4 (vorgeheizt)
Backzeit: etwa 30 Minuten

4 Das Backblech auf einen Kuchenrost stellen. Marmelade oder Konfitüre durch ein Sieb streichen und in einem kleinen Topf erwärmen. Den heißen Kuchen damit bestreichen.

5 Die Pistazienkerne auf die Kuchenoberfläche streuen. Kuchen erkalten lassen.

Joghurt-Becher-Kuchen

Johannisbeerschnitten |

Für Gäste

Für den Biskuitteig:
3 Eier (Größe M)
3 – 4 EL heißes Wasser
150 g Zucker, 1 Pck. Vanillin-Zucker
100 g Weizenmehl
50 g Speisestärke
1 gestr. TL Backpulver

Für die Füllung:
8 Blatt weiße Gelatine
500 g rote Johannisbeeren
750 ml (³/₄ l) Schlagsahne
125 g gesiebter Puderzucker
1 Pck. Vanillin-Zucker

Zum Garnieren:
Raspelschokolade
evtl. gezuckerte
Johannisbeerrispen

Zubereitungszeit: 45 Minuten,
ohne Abkühlzeit

Insgesamt: E: 122 g, F: 271 g, Kh: 488 g,
kJ: 21019 , kcal: 5021

1 Für den Teig Eier und Wasser mit Hand-rührgerät mit Rührbesen auf höchster Stufe in 1 Minute schaumig schlagen. Zucker mit Vanillin-Zucker mischen, in 1 Minute ein-streuen, dann noch etwa 2 Minuten schlagen.

2 Mehl mit Speisestärke und Backpulver mi-schen, die Hälfte davon auf die Eiercreme sieben, kurz auf niedrigster Stufe unterrüh-ren. Den Rest des Mehlgemisches auf die gleiche Weise unterarbeiten.

3 Den Teig auf ein Backblech (30 x 40 cm, gefettet, mit Backpapier belegt) streichen. Das Backblech in den Backofen schieben.

Ober-/Unterhitze: 200 – 220 °C (vorgeheizt)
Heißluft: 180 – 200 °C (vorgeheizt)
Gas: etwa Stufe 4 (vorgeheizt)
Backzeit: 10 – 15 Minuten

4 Den Biskuit sofort nach dem Backen auf ein mit Zucker bestreutes Stück Backpapier stürzen. Das mitgebackene Backpapier mit kaltem Wasser bestreichen und vorsichtig, aber schnell abziehen.

5 Für die Füllung Gelatine in kaltem Wasser nach Packungsanleitung einweichen, leicht ausdrücken.

6 Johannisbeeren waschen, in einem Sieb gut abtropfen lassen und entstielen (einige Johannisbeerrispen beiseite legen). Die Jo-hannisbeeren pürieren, den Johannisbeerbrei durch ein Sieb streichen. Die ausgedrückte Gelatine in einem kleinen Topf unter Rühren erwärmen (nicht kochen), bis sie völlig gelöst ist. Gelatine leicht abkühlen lassen.

7 Sahne mit Puderzucker und Vanillin-Zu-cker steif schlagen. Zwei Drittel der Sahne unter den Johannisbeerbrei rühren. Die Gela-tine unterrühren.

8 Den Biskuit halbieren, die eine Hälfte des Gebäcks mit der Johannisbeersahne bestrei-chen, die andere Hälfte darauf legen, etwas andrücken. Die Kuchenoberfläche mit der restlichen Sahne gleichmäßig bestreichen.

9 Den Kuchen in Schnitten beliebiger Größe schneiden, die Kuchenoberfläche mit Raspel-schokolade bestreuen und mit den beiseite gelegten Johannisbeerrispen garnieren.

Tipp: Maximal 1 Tag vor dem Verzehr zube-reiten. Für Erwachsene die Sahnemasse mit etwas Cassis-Likör abschmecken.

Veränderung: 100 g Zartbitterschokolade in Stücke brechen, in einem kleinen Topf im Wasserbad bei schwacher Hitze ge-schmeidig rühren. Die untere Biskuithälfte zuerst mit der Schokolade, dann mit gut der Hälfte der Johannisbeersahne bestreichen, die restliche Johannisbeersahne auf die Oberfläche streichen.

Johannisbeerschnitten

Johannisbeer-Stachelbeer-Kuchen |

Raffiniert

Für den Teig:
375 ml (³/₈ l) Schlagsahne
250 g Zucker
1 Pck. Vanillin-Zucker
1 Prise Salz
4 Eier (Größe M)
375 g Weizenmehl
4 gestr. TL Backpulver

Für den Belag:
1 kg reife Stachelbeeren
250 g rote Johannisbeeren
100 g Butter
100 g Zucker
125 ml (¹/₈ l) Schlagsahne
100 g abgezogene,
gehobelte Mandeln

Zubereitungszeit: 40 Minuten

Insgesamt: E: 114 g, F: 324 g, Kh: 777 g,
kJ: 28309, kcal: 6759

1 Für den Teig Sahne fast steif schlagen.
Nach und nach Zucker, Vanillin-Zucker, Salz
und Eier mit Handrührgerät mit Rührbesen
auf niedrigster Stufe unterrühren.

2 Mehl mit Backpulver mischen, sieben und
portionsweise auf mittlerer Stufe unterrühren.
Den Teig in eine Fettfangschale (30 x 40 cm,
gefettet) geben und glatt streichen.

3 Für den Belag Stachelbeeren von Stiel und
Blüte befreien, waschen, gut abtropfen lassen,
große Beeren halbieren und auf dem Teig
verteilen. Die Fettfangschale in den Backofen
schieben.

Ober-/Unterhitze: 180 – 200 °C
(vorgeheizt, untere Schiene)
Heißluft: 160 – 180 °C (vorgeheizt)
Gas: etwa Stufe 3 (vorgeheizt, untere Schiene)
Backzeit: etwa 25 Minuten

4 In der Zwischenzeit Johannisbeeren waschen, gut abtropfen lassen und entstielen.

5 Butter mit Zucker und Sahne langsam erhitzen und einmal aufkochen lassen. Mandeln
unterrühren.

6 Mandelmasse und Johannisbeeren auf
dem vorgebackenen Kuchen verteilen. Den
Kuchen **bei gleicher Temperatur auf mittlerer Schiene weitere 20 Minuten** backen.

7 Die Fettfangschale auf einen Kuchenrost
stellen und den Kuchen erkalten lassen.

Johannisbeer-Stachelbeer-Kuchen

Johannisbeertorte 🍮 🍮

Für Gäste

Für den Knetteig:
150 g Weizenmehl
40 g Zucker, 1 Pck. Vanillin-Zucker
2 Eigelb (Größe M)
75 g Butter oder Margarine

Für den Biskuitteig:
2 Eiweiß (Größe M)
2 geh. EL Zucker
1 Prise Salz
3 Eigelb (Größe M)
2 geh. EL gesiebtes Weizenmehl
2 EL abgezogene, gemahlene Mandeln

Für den Belag:
1 kg rote Johannisbeeren
175 g Zucker
50 ml Wasser, 5 EL kaltes Wasser
40 g Speisestärke

2 EL Johannisbeergelee

Für das Baiser:
3 Eiweiß (Größe M)
150 g Zucker

Zubereitungszeit: 75 Minuten,
ohne Abkühlzeit

Insgesamt: E: 65 g, F: 101 g, Kh: 653 g,
kJ: 16436, kcal: 3921

Johannisbeertorte

1 Für den Knetteig Mehl in eine Rührschüssel sieben, Zucker, Vanillin-Zucker, Eigelb und Butter oder Margarine hinzufügen. Die Zutaten mit Handrührgerät mit Knethaken zunächst kurz auf niedrigster, dann auf höchster Stufe gut durcharbeiten, anschließend auf der Arbeitsfläche zu einem glatten Teig verkneten. Sollte er kleben, ihn in Folie gewickelt eine Zeit lang kalt stellen. Teig auf dem Boden einer Springform (Ø 28 cm, Boden gefettet) ausrollen, mehrmals mit einer Gabel einstechen, den Springformrand darumlegen.

2 Die Form auf dem Rost in den Backofen schieben.

Ober-/Unterhitze: 200–220 °C (vorgeheizt)
Heißluft: 180–200 °C (vorgeheizt)
Gas: etwa Stufe 4 (vorgeheizt)
Backzeit: etwa 15 Minuten

3 Den Tortenboden sofort nach dem Backen vom Springformboden lösen, aber darauf erkalten lassen.

4 Für den Biskuitteig Eiweiß mit Handrührgerät mit Rührbesen steif schlagen, Zucker und Salz unterschlagen, Eigelb hinzufügen. Mehl mit Mandeln unterheben. Den Teig in eine Springform (Ø 28 cm, Boden gefettet, mit Backpapier belegt) füllen, glatt streichen. Form auf dem Rost in den Backofen schieben.

Ober-/Unterhitze: 180–200 °C (vorgeheizt)
Heißluft: 160–180 °C (vorgeheizt)
Gas: etwa Stufe 3 (vorgeheizt)
Backzeit: etwa 15 Minuten

5 Den Tortenboden sofort nach dem Backen aus der Form lösen, auf einen Kuchenrost stürzen, Backpapier abziehen, Boden erkalten lassen.

6 Für den Belag Johannisbeeren waschen, in einem Sieb abtropfen lassen, entstielen und mit Zucker bestreuen. Johannisbeeren zum Saft ziehen stehen lassen, in einem Sieb gut abtropfen lassen, Saft auffangen.

7 Von dem Saft 150 ml abmessen, mit Wasser auf 200 ml ergänzen. Saft in einem kleinen Topf zum Kochen bringen. Speisestärke mit Wasser anrühren und in die Flüssigkeit rühren, nochmals kurz aufkochen lassen. Johannisbeeren vorsichtig unterheben.

8 Den Knetteigboden auf ein mit Backpapier belegtes Backblech legen, mit Johannisbeergelee bestreichen. Den Biskuitboden darauf legen, mit der Johannisbeermasse bestreichen (1–2 cm am Rand frei lassen).

9 Für das Baiser Eiweiß mit Handrührgerät mit Rührbesen auf höchster Stufe steif schlagen, der Schnee muss so fest sein, dass ein Messerschnitt sichtbar bleibt, nach und nach Zucker unterschlagen. Die Tortenoberfläche mit etwa der Hälfte der Eiweißmasse bestreichen, restliche Eiweißmasse in einen Spritzbeutel mit Sterntülle füllen und die Torte damit verzieren. Die Torte auf dem Rost in den Backofen schieben.

Ober-/Unterhitze: etwa 220 °C (vorgeheizt)
Heißluft: etwa 200 °C (vorgeheizt)
Gas: Stufe 4–5 (vorgeheizt)
Backzeit: etwa 5 Minuten

10 Die Torte auf einen Kuchenrost stellen und erkalten lassen.

Johannisbeer-Wähe |

Einfach

Für den Hefeteig:
200 g Weizenmehl
1 Pck. Trockenhefe
30 g Zucker, 1 Pck. Vanillin-Zucker
1 Prise Salz
125 ml (¹/₈ l) lauwarme Milch
30 g zerlassene, abgekühlte Butter

Für den Belag:
500 g rote Johannisbeeren

Für den Guss:
1 Pck. Saucenpulver
Vanille-Geschmack (zum Kochen)
50 g Zucker, 1 Pck. Vanillin-Zucker
200 ml Schlagsahne, 3 Eier (Größe M)

Zubereitungszeit: 65 Minuten,
ohne Teiggehzeit

Insgesamt: E: 62 g, F: 114 g, Kh: 309 g,
kJ: 11023, kcal: 2632

1 Für den Teig Mehl in eine Rührschüssel
sieben, mit Trockenhefe sorgfältig vermischen.
Zucker, Vanillin-Zucker, Salz, Milch und Butter
hinzufügen.

2 Die Zutaten mit Handrührgerät mit Knethaken zunächst auf niedrigster, dann auf
höchster Stufe in etwa 5 Minuten zu einem
Teig verarbeiten. Den Teig zugedeckt so lange
an einem warmen Ort stehen lassen, bis er
sich sichtbar vergrößert hat.

3 Den Teig leicht mit Mehl bestäuben, aus
der Schüssel nehmen und auf einer bemehlten Arbeitsfläche kurz durchkneten. Teig zu
einer runden Platte (Ø 28 cm) ausrollen und
in eine Tarteform (28 cm, gefettet) legen. Den
Rand etwas hochziehen.

4 Für den Belag Johannisbeeren waschen,
in einem Sieb abtropfen lassen, entstielen
und auf dem Teig verteilen.

5 Für den Guss Saucenpulver mit Zucker
und Vanillin-Zucker mischen und mit der
Sahne glatt rühren. Eier hinzufügen und verrühren. Den Guss über die Beeren gießen.
Die Form auf dem Rost in den Backofen
schieben.

Ober-/Unterhitze: etwa 180 °C (vorgeheizt)
Heißluft: etwa 160 °C (nicht vorgeheizt)
Gas: Stufe 2 – 3 (nicht vorgeheizt)
Backzeit: etwa 45 Minuten

6 Die Form auf einen Kuchenrost stellen.
Gebäck erkalten lassen.

Tipp: Dazu passt leicht angeschlagene
Eierlikörsahne.

Johannisbeer-Wähe

Kaffeetorte

Kaffeetorte |

Für Gäste – einfach

Zum Vorbereiten:
600 ml Schlagsahne
150 g Mokkaschokolade
6 TL Instant-Espressopulver oder
2 Portionsbeutel Cappuccinopulver
2 Pck. Sahnesteif

Für die Böden:
1 Pck. (300 g) TK-Blätterteig

Für die Streusel:
150 g Weizenmehl
10 g Kakaopulver
75 g Zucker
1 Pck. Vanillin-Zucker
100 g zerlassene abgekühlte Butter

Zum Bestreichen:
4 – 5 EL Milch

Für die Füllung:
1 Dose Birnen (Abtropfgewicht 460 g)
1 Pck. Tortenguss, klar
250 ml (¹/₄ l) Birnensaft aus der Dose

Zum Bestäuben:
Puderzucker

Zubereitungszeit: 45 Minuten, ohne Kühl-
und Auftauzeit

Insgesamt: E: 63 g, F: 403 g, Kh: 490 g,
kJ: 25078, kcal: 5995

1 Zum Vorbereiten Sahne in einem Topf aufkochen, von der Kochstelle nehmen, zerkleinerte Schokolade unterrühren, bis sie gelöst
ist. Espresso- oder Cappuccinopulver unterrühren. Die Masse in eine Rührschüssel füllen, mit Klarsichtfolie zudecken, über Nacht in
den Kühlschrank stellen.

2 Für die Böden Blätterteigplatten zugedeckt
bei Zimmertemperatur auftauen lassen, die
Platten in zwei Portionen aufeinander legen, zu
je einem Boden (Ø 28 cm) ausrollen und ausschneiden. Böden auf je ein Backblech (gefettet, mit Wasser besprenkelt) legen. Mehrmals
mit einer Gabel einstechen, 15 Minuten ruhen
lassen, am besten im Kühlschrank.

3 Für die Streusel Mehl in eine Rührschüssel
sieben, Kakao, Zucker und Vanillin-Zucker mischen, mit der Butter hinzufügen. Alle Zutaten
mit Handrührgerät mit Knethaken zu Streuseln
von gewünschter Größe verarbeiten. Streuselteig in den Kühlschrank stellen, bis er fest geworden ist.

4 Teigplatten mit Milch bestreichen, mit
der Hälfte der Streusel bestreuen. Backbleche
nacheinander (bei Heißluft zusammen) in den
Backofen schieben.

Ober-/Unterhitze: 200 – 220 °C (vorgeheizt)
Heißluft: 180 – 200 °C (vorgeheizt)
Gas: etwa Stufe 4 (vorgeheizt)
Backzeit: etwa 15 Minuten pro Backblech

5 Die Böden vom Backblech lösen und einzeln auf einem Kuchenrost erkalten lassen.

6 Für die Füllung Birnen in einem Sieb abtropfen lassen, Saft auffangen. Birnen würfeln.

7 Aus Tortengusspulver und Saft nach Packungsanleitung einen Guss zubereiten. Gewürfelte Birnen unterheben, etwas abkühlen
lassen. Masse auf einem Boden verteilen.
Kalt stellen.

8 Die gut gekühlte Schokosahne steif schlagen, in einen Spritzbeutel mit Sterntülle füllen
und auf den Birnenboden spritzen. Anderen
Boden mit der Streuselseite nach oben darauf
legen. Torte kalt stellen.

9 Vor dem Verzehr mit Puderzucker bestäuben.

Tipp: Kaffeetorte etwa 1 Stunde vor dem
Verzehr zusammensetzen, damit der Blätterteig nicht durchweicht. Blätterteigböden können auch schon 1 – 2 Tage vor dem Verzehr
zubereitet werden.

Karamelltörtchen | 🧁 🧁

Zum Kindergeburtstag – raffiniert

Für die Baisermasse:
3 Eiweiß (Größe M)
125 g Zucker
1 Pck. Vanillin-Zucker
60 g gemahlene Haselnusskerne
60 g abgezogene, gemahlene Mandeln
20 g gesiebte Speisestärke

Für die Füllung:
50 g Zucker
400 ml Milch
1 Pck. Gala Pudding-Pulver
Karamell
1 TL Instant-Kaffeepulver
100 g Butter

Zum Garnieren:
gehobelte Haselnusskerne

Zum Bestäuben:
Puderzucker
Kakaopulver

Zubereitungszeit: 50 Minuten, ohne Abkühlzeit

Insgesamt: E: 48 g, F: 172 g, Kh: 288 g, kJ: 12468, kcal: 2976

1 Für die Baisermasse Eiweiß mit Handrührgerät mit Rührbesen auf höchster Stufe steif schlagen, der Schnee muss so fest sein, dass ein Messerschnitt sichtbar bleibt, nach und nach Zucker und Vanillin-Zucker unterschlagen. Haselnusskerne, Mandeln und Speisestärke mischen, unter den Eischnee heben.

2 Teig in einen Spritzbeutel mit Sterntülle füllen, 20 Plätzchen (Ø 6–7 cm) auf ein Backblech (gefettet, mit Backpapier belegt) spritzen. Backblech in den Backofen schieben.

Ober-/Unterhitze: etwa 140 °C (vorgeheizt)
Heißluft: etwa 120 °C (vorgeheizt)
Gas: etwa Stufe 1 (vorgeheizt)
Backzeit: 25–30 Minuten

3 Das Gebäck mit dem Backpapier auf einen Kuchenrost ziehen und erkalten lassen.

4 Für die Füllung Zucker in einem Topf bei schwacher Hitze schmelzen, bis er „hellbraun" ist. Von der Milch 3 Esslöffel abnehmen, Pudding-Pulver damit anrühren. Restliche Milch mit dem karamellisierten Zucker aufkochen, den Zucker unter Rühren auflösen. Kaffeepulver hinzufügen und unterrühren. Milch von der Kochstelle nehmen, angerührtes Pudding-Pulver einrühren, unter Rühren zum Kochen bringen und gut aufkochen lassen. Pudding mit der Butter vermengen und erkalten lassen, ab und zu umrühren.

5 Den Pudding in einen Spritzbeutel mit Sterntülle füllen. Die Hälfte der Baiserplätzchen auf der Unterseite mit dem Pudding bespritzen, restliche Plätzchen darauf setzen.

6 Törtchen mit einem dicken Puddingtupfen verzieren, mit Haselnusskernen garnieren und mit Puderzucker oder Kakao bestäuben.

Karamelltörtchen

Käsegebäck |

Für Gäste

Für den Knetteig:
125 g Weizenmehl
50 g fein gemahlener Weizenschrot
2 Eier (Größe M)
150 g geriebener Emmentaler-Käse
80 g Butter oder Margarine

Zum Bestreichen:
1 Eigelb

Zum Bestreuen:
Sesamsamen, gemahlener Mohn
geriebener Käse

Zubereitungszeit: 45 Minuten

Insgesamt: E: 89 g, F: 145 g, Kh: 124 g, kJ: 9496, kcal: 2269

1 Für den Teig Mehl in eine Rührschüssel sieben. Weizenschrot, Eier, Käse und Butter oder Margarine hinzufügen. Die Zutaten mit Handrührgerät mit Knethaken zunächst kurz auf niedrigster, dann auf höchster Stufe gut durcharbeiten.

2 Anschließend auf einer bemehlten Arbeitsfläche zu einem glatten Teig verkneten. Sollte er kleben, ihn in Folie gewickelt eine Zeit lang kalt stellen.

3 Teig auf einer bemehlten Arbeitsfläche etwa ½ cm dick zu einem Rechteck ausrollen.

4 Aus dem Teig etwa 2 cm breite und 5 cm lange Streifen ausschneiden. Teigstreifen auf ein Backblech (mit Backpapier belegt) legen.

5 Teigstreifen mit verquirltem Eigelb bestreichen. Nach Belieben mit Sesamsamen, Mohn und Käse bestreuen.

6 Das Backblech in den Backofen schieben.

Ober-/Unterhitze: etwa 200 °C (vorgeheizt)
Heißluft: etwa 180 °C (vorgeheizt)
Gas: Stufe 3 – 4 (vorgeheizt)
Backzeit: etwa 10 Minuten

Tipp: Käsegebäck kann auch eingefroren werden. Das Gebäck zum Servieren antauen lassen und bei den oben angegebenen Temperaturen etwa 4 Minuten aufbacken. Dann sofort servieren, damit es schön kross ist.

Käsekuchen mit Erdbeerbelag |

Für Gäste – raffiniert

Für den Knetteig:
200 g Weizenmehl
50 g gesiebter Puderzucker
1 Ei (Größe M)
100 g Butter oder Margarine

Käsekuchen mit Erdbeerbelag

Für die Füllung:
500 g Schichtkäse
150 g gesiebter Puderzucker
4 Eigelb (Größe M)
abgeriebene Schale von 1 Bio-Zitrone
(unbehandelt, ungewachst)
4 Eiweiß (Größe M)
100 g zerlassene Butter

Für den Belag:
500 g Erdbeeren
75 g gesiebter Puderzucker
3 EL Zitronensaft
1 EL gehackte Minze
1 Pck. Tortenguss, rot
Erdbeersaft (mit Apfelsaft, Wein oder Wasser auf 250 ml [¼ l] aufgefüllt)

Zubereitungszeit: 50 Minuten, ohne Durchzieh- und Abkühlzeit

Insgesamt: E: 121 g, F: 232 g, Kh: 475 g, kJ: 19560, kcal: 4677

1 Für den Teig Mehl in eine Rührschüssel sieben. Puderzucker, Ei und Butter oder Margarine hinzufügen. Die Zutaten mit Handrührgerät mit Knethaken zunächst kurz auf niedrigster, dann auf höchster Stufe gut durcharbeiten. Anschließend auf einer Arbeitsfläche zu einem glatten Teig verkneten. Sollte er kleben, ihn in Folie gewickelt eine Zeit lang kalt stellen. Zwei Drittel des Teiges auf dem Boden einer Springform (Ø 26 cm, Boden gefettet) ausrollen, Springformrand darumlegen.

2 Den Rest des Teiges zu einer Rolle formen, als Rand auf den Teigboden legen, so an die Form drücken, dass ein etwa 3 cm hoher Rand entsteht, den Teigboden mehrere Male mit einer Gabel einstechen.

3 Für die Füllung Schichtkäse mit 125 g Puderzucker, Eigelb und Zitronenschale gut verrühren. Eiweiß mit dem restlichen Puderzucker steif schlagen, unterheben und die Butter vorsichtig unterrühren. Die Masse auf den Teigboden geben, glatt streichen. Die Form auf dem Rost in den Backofen schieben.

114

Ober-/Unterhitze: etwa 180 °C (vorgeheizt)
Heißluft: etwa 160 °C (nicht vorgeheizt)
Gas: etwa Stufe 3 (nicht vorgeheizt)
Backzeit: etwa 70 Minuten

4 Den Kuchen 10 Minuten in der Form stehen lassen, dann aus der Form lösen und auf einem Kuchenrost erkalten lassen.

5 Für den Belag die Erdbeeren waschen, in einem Sieb abtropfen lassen, entstielen, halbieren oder in Scheiben schneiden, mit Puderzucker, Zitronensaft und Minze vorsichtig mischen und etwa 1 Stunde durchziehen lassen.

6 Die Erdbeeren wieder in ein Sieb geben, den Saft auffangen, Erdbeeren auf der Oberfläche des abgekühlten Käsekuchens verteilen. Erdbeersaft evtl. mit Apfelsaft oder Wein

auf 250 ml (¼ l) auffüllen. Aus Tortengusspulver und der abgemessenen Flüssigkeit nach Packungsanleitung einen Guss zubereiten, auf die Erdbeeren geben, erkalten lassen.

Tipp: Der Boden weicht nicht so schnell durch, wenn der Teigboden (ohne Füllung) 10 Minuten bei oben angegebener Backofeneinstellung vorgebacken wird.

Käsekuchen mit gemischtem Obst |

Gut vorzubereiten – fruchtig

Für den Rührteig:
150 g Butter oder Margarine
150 g Zucker, 1 Pck. Vanillin-Zucker
1 Prise Salz, 3 Eier (Größe M)
150 g Weizenmehl
2 gestr. TL Backpulver

Für die Käsemasse:
4 Eigelb (Größe M)
125 g Zucker, 2 Pck. Vanillin-Zucker
1 Pck. Pudding-Pulver
Vanille-Geschmack, 1 kg Magerquark
250 g Schmand oder Crème fraîche
4 Eiweiß (Größe M)

Für den Belag:
2 Dosen Fruchtcocktail
(Abtropfgewicht je 500 g)
2 Pck. Tortenguss, klar
20 g Zucker
500 ml (½ l) Fruchtsaft aus der Dose

Zubereitungszeit: 45 Minuten, ohne Abkühlzeit

Insgesamt: E: 219 g, F: 237 g, Kh: 738 g, kJ: 26984, kcal: 6444

1 Für den Teig Butter oder Margarine mit Handrührgerät mit Rührbesen auf höchster Stufe geschmeidig rühren. Nach und nach Zucker, Vanillin-Zucker und Salz unterrühren.

Käsekuchen mit gemischtem Obst

So lange rühren, bis eine gebundene Masse entstanden ist. Eier nach und nach unterrühren (jedes Ei etwa ½ Minute). Mehl mit Backpulver mischen, sieben, portionsweise auf mittlerer Stufe unterrühren. Teig auf ein Backblech (30 x 40 cm, gefettet) streichen, einen Backrahmen darumstellen. Für die Käsemasse Eigelb mit Zucker und Vanillin-Zucker gut verrühren. Pudding-Pulver, Quark, Schmand oder Crème fraîche unterrühren. Eiweiß steif schlagen und unterheben. Die Käsemasse auf dem Teigboden verteilen und glatt streichen. Das Backblech in den Backofen schieben.

Ober-/Unterhitze: etwa 180 °C (vorgeheizt)
Heißluft: etwa 160 °C (nicht vorgeheizt)
Gas: Stufe 2 – 3 (nicht vorgeheizt)
Backzeit: etwa 40 Minuten

2 Das Backblech auf einen Kuchenrost stellen und den Kuchen erkalten lassen.

3 Für den Belag Fruchtcocktail in einem Sieb gut abtropfen lassen, Saft auffangen, 500 ml (½ l) davon abmessen. Den Fruchtcocktail auf dem Kuchen verteilen.

4 Aus Tortenguss, Zucker und dem abgemessenen Saft nach Packungsanleitung einen Guss zubereiten, über die Früchte geben und fest werden lassen. Den Backrahmen vorsichtig mit Hilfe eines Messers lösen und entfernen.

Käsekuchen mit Streuseln

Käsekuchen mit Streuseln |

Klassisch – beliebt

Für den Knetteig:
150 g Weizenmehl
$^1/_2$ gestr. TL Backpulver
75 g Zucker, 1 Pck. Vanillin-Zucker
1 Prise Salz, 1 Ei (Größe M)
75 g Butter oder Margarine

Für den Rand:
1 gestr. EL Weizenmehl

Für die Füllung:
750 g Magerquark
150 g Zucker
3 EL Zitronensaft
50 g Speisestärke
3 Eigelb (Größe M)
3 Eiweiß (Größe M)
200 ml Schlagsahne

Für die Streusel:
100 g Weizenmehl
75 g Zucker
1 Pck. Vanillin-Zucker
75 g Butter

Zum Verzieren:
50 g Zartbitterschokolade

Zubereitungszeit: 50 Minuten, ohne Abkühlzeit

Insgesamt: E: 162 g, F: 229 g, Kh: 610 g, kJ: 22349, kcal: 5338

1 Für den Teig Mehl mit Backpulver mischen, in eine Rührschüssel sieben. Zucker, Vanillin-Zucker, Salz, Ei und Butter oder Margarine hinzufügen. Die Zutaten mit Handrührgerät mit Knethaken zunächst kurz auf niedrigster, dann auf höchster Stufe gut durcharbeiten.

2 Anschließend auf der Arbeitsfläche zu einem glatten Teig verkneten. Sollte er kleben, ihn in Folie gewickelt eine Zeit lang kalt stellen.

3 Gut zwei Drittel des Teiges auf dem Boden einer Springform (Ø 28 cm, Boden gefettet) ausrollen. Springformrand darumstellen.

4 Unter den Rest des Teiges das Mehl kneten, zu einer Rolle formen, sie als Rand auf den Teigboden legen und so an die Form drücken, dass ein etwa 3 cm hoher Rand entsteht. Den Boden mehrmals mit einer Gabel einstechen. Form auf dem Rost in den Backofen schieben. Boden hellbraun vorbacken.

Ober-/Unterhitze: 200 – 220 °C (vorgeheizt)
Heißluft: 180 – 200 °C (vorgeheizt)
Gas: etwa Stufe 4 (vorgeheizt)
Backzeit: etwa 10 Minuten

5 Für die Füllung Quark mit Zucker, Zitronensaft, Speisestärke und Eigelb gut verrühren. Eiweiß steif schlagen. Sahne steif schlagen. Eiweiß und Sahne unter die Quarkmasse heben. Die Füllung gleichmäßig auf den vorgebackenen Boden streichen.

6 Für die Streusel Mehl in eine Rührschüssel sieben. Zucker, Vanillin-Zucker und Butter hinzufügen, mit Handrührgerät mit Rührbesen zu Streuseln von gewünschter Größe verarbeiten und gleichmäßig auf der Füllung verteilen. Die Form wieder auf dem Rost in den Backofen schieben.

Ober-/Unterhitze: etwa 180 °C (vorgeheizt)
Heißluft: etwa 160 °C (nicht vorgeheizt)
Gas: Stufe 2 – 3 (nicht vorgeheizt)
Backzeit: 70 – 80 Minuten

7 Den Kuchen nach der Backzeit (Backofen ausgeschaltet) noch etwa 15 Minuten bei geöffneter Backofentür im Backofen stehen lassen.

8 Die Form auf einen Kuchenrost stellen, Kuchen etwas abkühlen lassen. Kuchen aus der Form lösen und erkalten lassen.

9 Zum Verzieren Schokolade in kleine Stücke brechen, in einem kleinen Topf im Wasserbad bei schwacher Hitze zu einer geschmeidigen Masse verrühren. Die aufgelöste Schokolade in ein Pergamentpapiertütchen füllen, eine Spitze abschneiden, den Kuchen damit verzieren.

Käsekuchen ohne Boden | ❄

Klassisch – einfach

Für den Rührteig:
125 g Butter, 225 g Zucker
1 Pck. Vanillin-Zucker
3 – 4 EL Zitronensaft
Schale von ¹/₂ Bio-Zitrone
(unbehandelt, ungewachst)
4 Eigelb (Größe M)
75 g Weizengrieß
1 Pck. Backpulver
1 Pck. Pudding-Pulver
Vanille-Geschmack
1 kg Magerquark
4 Eiweiß (Größe M)

Zubereitungszeit: 25 Minuten

Insgesamt: E: 166 g, F: 131 g, Kh: 390 g,
kJ: 14857, kcal: 3546

1 Für den Teig Butter in einer Rührschüssel mit Handrührgerät mit Rührbesen auf höchs- ter Stufe geschmeidig rühren. Nach und nach Zucker, Vanillin-Zucker, Zitronensaft und -schale hinzufügen. So lange rühren, bis eine gebundene Masse entstanden ist.

2 Eigelb nach und nach (jedes Eigelb knapp ¹/₂ Minute) unterrühren. Grieß mit Backpulver und Pudding-Pulver mischen, unter die But-ter-Eigelb-Masse rühren. Zuletzt den Quark unterrühren. Eiweiß steif schlagen und vor-sichtig unter die Masse heben.

3 Die Masse in eine Springform (Ø 26 cm, Boden gefettet) füllen, glatt streichen. Die Form auf dem Rost in den Backofen schie-ben.

Ober-/Unterhitze: etwa 180 °C (vorgeheizt)
Heißluft: etwa 160 °C (nicht vorgeheizt)
Gas: Stufe 2 – 3 (nicht vorgeheizt)
Backzeit: etwa 65 Minuten

4 Den Käsekuchen in der Form etwa 30 Minuten auf einem Kuchenrost stehen lassen. Dann den Rand mit Hilfe eines Mes-sers lösen, den Kuchen vom Springformbo-den lösen, aber darauf erkalten lassen.

Käsekuchen ohne Boden

Käsekuchen vom Blech |

Einfach – schnell

Für den Knetteig:
1 Pck. (400 g) Grundmischung
Streuselteig
1 Ei (Größe M)
2 EL Milch
125 g Butter oder Margarine

Für den Belag:
500 g Schichtkäse
250 ml (¹/₄ l) Schlagsahne
100 g Zucker
3 Eier (Größe M)
40 g Speisestärke

100 g Rosinen
50 g abgezogene, gestiftelte Mandeln
1 – 2 EL Zimt-Zucker

Zubereitungszeit: 35 Minuten

Insgesamt: E: 116 g, F: 241 g, Kh: 229 g,
kJ: 15514, kcal: 3706

1 Für den Teig die Grundmischung mit Ei, Milch und Butter oder Margarine nach Pa-ckungsanleitung zubereiten. Den Teig auf ein Backblech (30 x 40 cm, gefettet) geben und fest andrücken, einen Backrahmen darum-stellen.

Käsekuchen vom Blech

2 Für den Belag Schichtkäse mit Sahne, Zu-cker, Eiern und Speisestärke in einer Schüs-sel gut verrühren. Die Käsemasse auf den Teigboden geben und glatt streichen. Falls kein Backrahmen vorhanden ist, vor den Teig einen mehrfach geknickten Streifen Alufolie legen.

3 Rosinen und Mandeln auf der Käsemasse verteilen. Das Backblech in den Backofen schieben.

Ober-/Unterhitze: etwa 180 °C (vorgeheizt)
Heißluft: etwa 160 °C (nicht vorgeheizt)
Gas: Stufe 2 – 3 (nicht vorgeheizt)
Backzeit: etwa 35 Minuten

4 Das Backblech auf einen Kuchenrost stel-len. Den Kuchen noch warm mit Zimt-Zucker bestreuen, erkalten lassen. Den Kuchen in beliebig große Stücke schneiden.

Käsetorte | ❄

Klassisch – dauert länger

Für den Knetteig:
150 g Weizenmehl
40 g Zucker, 1 Pck. Vanillin-Zucker
100 g Butter oder Margarine

Für den Belag:
250 g Butter, 200 g Zucker
1 Pck. Vanillin-Zucker
7 Eigelb (Größe M)
1 Prise Salz
abgeriebene Schale von 1 Bio-Zitrone
(unbehandelt, ungewachst)
3 EL Zitronensaft
1 kg Magerquark
1 Pck. Käsekuchen-Hilfe
7 Eiweiß (Größe M)

Zubereitungszeit: 40 Minuten

Insgesamt: E: 185 g, F: 329 g, Kh: 416 g,
kJ: 23509, kcal: 5613,

1 Für den Teig Mehl in eine Rührschüssel sieben, Zucker, Vanillin-Zucker und Butter oder Margarine hinzufügen. Die Zutaten mit Handrührgerät mit Knethaken zunächst kurz auf niedrigster, dann auf höchster Stufe gut durcharbeiten.

2 Anschließend auf der Arbeitsfläche zu einem glatten Teig verkneten. Sollte er kleben, ihn in Folie gewickelt eine Zeit lang kalt stellen. Den Teig auf dem Boden einer Springform (Ø 28 cm, Boden gefettet) ausrollen.

3 Für den Belag Butter geschmeidig rühren, nach und nach Zucker, Vanillin-Zucker, Eigelb, Salz, Zitronenschale und -saft unterrühren. Nach und nach Quark mit Käsekuchen-Hilfe unter die Butter-Eigelb-Masse rühren.

4 Eiweiß steif schlagen, unter die Käsemasse heben. Masse auf dem Teigboden verteilen und glatt streichen. Die Form auf dem Rost in den Backofen schieben.

Ober-/Unterhitze: 160 – 180 °C (vorgeheizt)
Heißluft: 140 – 160 °C (nicht vorgeheizt)
Gas: etwa Stufe 2 (nicht vorgeheizt)
Backzeit: 70 – 80 Minuten

5 Die gebackene Torte noch 30 – 45 Minuten im ausgeschalteten Backofen bei etwas geöffneter Backofentür stehen lassen, erst dann herausnehmen und auf einen Kuchenrost stellen. Kuchen in der Form erkalten lassen, dann lösen.

Käsetorte

Katzenzungen |

Für Kinder

Für den Teig:
150 g Butter, 150 g Zucker
1 Pck. Vanillin-Zucker

Katzenzungen

150 g Weizenmehl
5 Eiweiß (Größe M)
1 EL gesiebter Puderzucker

200 g Halbbitter-Kuvertüre

Zubereitungszeit: 45 Minuten, ohne Abkühlzeit

Insgesamt: E: 47 g, F: 195 g, Kh: 392 g,
kJ: 15007, kcal: 3586

1 Für den Teig Butter mit Handrührgerät mit Rührbesen auf höchster Stufe geschmeidig rühren. Nach und nach Zucker und Vanillin-Zucker unterrühren. So lange rühren, bis eine gebundene Masse entstanden ist.

2 Mehl sieben, portionsweise auf mittlerer Stufe unterrühren. Eiweiß steif schlagen, mit Puderzucker unterheben. Den Teig in einen

Spritzbeutel mit Lochtülle füllen und in 5 cm großen Abständen 6 cm lange Stangen auf ein Backblech (gefettet, mit Backpapier belegt) spritzen. Das Backblech in den Backofen schieben.

Ober-/Unterhitze: etwa 180 °C (vorgeheizt)
Heißluft: etwa 160 °C (vorgeheizt)
Gas: Stufe 2 – 3 (vorgeheizt)
Backzeit: etwa 10 Minuten

3 Gebäck mit dem Backpapier vom Backblech ziehen, auf einem Kuchenrost erkalten lassen.

4 Kuvertüre in kleine Stücke hacken, in einem kleinen Topf im Wasserbad bei schwacher Hitze zu einer geschmeidigen Masse verrühren. Gebäck mit der Spitze hineintauchen, auf Backpapier legen, fest werden lassen.

Kirsch-Gewürz-Torte |

Einfach – zum Nachmittagskaffee

Für den Rührteig:
100 g Butter oder Margarine
125 g Zucker
1 Pck. Vanillin-Zucker
1 Prise Salz
2 Msp. gemahlene Nelken
1 Msp. geriebene Muskatnuss
1/2 TL gemahlener Zimt
2 Eier (Größe M)
150 g Weizenmehl
2 gestr. TL Backpulver
1 Pck. Pudding-Pulver Schokoladen-Geschmack
1 – 2 EL Milch
50 g geriebene Zartbitterschokolade

Semmelbrösel für die Form

Für den Belag:
1 Glas Sauerkirschen
(Abtropfgewicht 370 g)
1 Pck. Tortenguss, rot
20 g Zucker, 250 ml (1/4 l)
Sauerkirschsaft aus dem Glas

Zum Bestreichen:
500 ml (1/2 l) Schlagsahne
2 Pck. Sahnesteif
2 TL Zucker
1 Pck. Vanillin-Zucker

etwa 2 EL Raspelschokolade

Zubereitungszeit: 40 Minuten, ohne Abkühlzeit

Insgesamt: E: 54 g, F: 276 g, Kh: 536 g, kJ: 20884, kcal: 4989

1 Für den Teig Butter oder Margarine mit Handrührgerät mit Rührbesen auf höchster Stufe geschmeidig rühren. Nach und nach Zucker, Vanillin-Zucker, Salz und Gewürze unterrühren. So lange rühren, bis eine gebundene Masse entstanden ist.

2 Eier nach und nach unterrühren (jedes Ei etwa 1/2 Minute). Mehl mit Backpulver und Pudding-Pulver mischen, sieben, abwechselnd portionsweise mit der Milch auf mittlerer Stufe unterrühren. Schokolade unterrühren.

3 Den Teig in eine Obstform (Ø 30 cm, gefettet, mit Semmelbröseln ausgestreut) füllen. Form auf dem Rost in den Backofen schieben.

Ober-/Unterhitze: 180 – 200 °C (vorgeheizt)
Heißluft: 160 – 180 °C (vorgeheizt)
Gas: etwa Stufe 3 (vorgeheizt)
Backzeit: etwa 25 Minuten

4 Tortenboden sofort auf einen mit Backpapier belegten Kuchenrost stürzen und erkalten lassen.

5 Für den Belag Sauerkirschen zum Abtropfen in ein Sieb geben, Saft auffangen und 250 ml (1/4 l) Saft abmessen.

6 Tortenguss mit Zucker und Kirschsaft nach Packungsanleitung zubereiten, die Kirschen unterrühren. Die Kirschmasse auf dem Tortenboden verteilen.

7 Zum Bestreichen Sahne 1/2 Minute schlagen. Sahnesteif, Zucker und Vanillin-Zucker mischen, einstreuen und die Sahne steif schlagen.

8 Die Sahne bergartig auf die Kirschen streichen und mit Raspelschokolade bestreuen.

Kirsch-Gewürz-Torte

Kirsch-Streusel-Kuchen | ❄

Für Gäste – klassisch

Für die Füllung:

1 kg Sauerkirschen
100 g Zucker
250 ml (¹/₄ l) Kirschsaft von den Kirschen
25 g Speisestärke
4 EL Wasser
Zucker

Für den Knetteig:

150 g Weizenmehl
1 Msp. Backpulver
100 g Zucker
1 Pck. Vanillin-Zucker
1 Prise Salz
1 Ei (Größe M)
100 g Butter oder Margarine
1 gestr. EL Weizenmehl

Für die Streusel:

150 g Weizenmehl
100 g Zucker
1 Pck. Vanillin-Zucker
etwas gemahlener Zimt
100 g weiche Butter

Zubereitungszeit: 45 Minuten, ohne Kühlzeit

Insgesamt: E: 51 g, F: 178 g, Kh: 677 g, kJ: 19572, kcal: 4679

1 Für die Füllung Sauerkirschen waschen, in einem Sieb abtropfen lassen, entstielen, entsteinen und mit Zucker vermischt kurze Zeit zum Saft ziehen stehen lassen. Die Kirschen mit dem Saft in einem Topf kurz zum Kochen bringen, in einem Sieb abtropfen lassen. Den Saft auffangen, 250 ml (¹/₄ l) Saft abmessen, evtl. mit Wasser ergänzen.

2 Den Saft in einem kleinen Topf zum Kochen bringen. Speisestärke mit 4 Esslöffeln Saft verrühren und in die kochende, von der Kochstelle genommene Flüssigkeit einrühren. Nochmals kurz aufkochen lassen. Kirschen unterrühren. Masse kalt stellen, evtl. mit Zucker abschmecken.

3 Für den Knetteig Mehl mit Backpulver mischen, in eine Rührschüssel sieben. Zucker, Vanillin-Zucker, Salz, Ei und Butter oder Margarine hinzufügen. Die Zutaten mit Handrührgerät mit Knethaken zunächst kurz auf niedrigster, dann auf höchster Stufe gut durcharbeiten.

4 Anschließend auf einer bemehlten Arbeitsfläche zu einem glatten Teig verkneten, in Folie gewickelt etwa 30 Minuten kalt stellen. Zwei Drittel des Teiges auf dem Boden einer Springform (Ø 28 cm, gefettet) ausrollen, mehrmals mit einer Gabel einstechen, Springformrand darumlegen. Form auf dem Rost in den Backofen schieben und den Boden vorbacken.

Ober-/Unterhitze: etwa 200 °C (vorgeheizt)
Heißluft: etwa 180 °C (vorgeheizt)
Gas: Stufe 3 – 4 (vorgeheizt)
Backzeit: etwa 12 Minuten

5 Den Gebäckboden in der Form erkalten lassen. Restlichen Teig mit 1 Esslöffel Mehl verkneten und zu einer Rolle formen, sie als Rand auf den vorgebackenen Boden legen und so an die Form drücken, dass ein etwa 2 cm hoher Rand entsteht. Die Kirschfüllung auf dem Gebäckboden verteilen.

6 Für die Streusel Mehl in eine Rührschüssel sieben. Restliche Zutaten hinzufügen mit Handrührgerät mit Knethaken zu Streuseln von gewünschter Größe verarbeiten, gleichmäßig auf die Füllung streuen. Die Form auf dem Rost in den Backofen schieben und den Kuchen fertig backen.

Ober-/Unterhitze: etwa 200 °C (vorgeheizt)
Heißluft: etwa 180 °C (nicht vorgeheizt)
Gas: Stufe 3 – 4 (nicht vorgeheizt)
Backzeit: etwa 40 Minuten

7 Form auf einen Kuchenrost stellen. Kuchen aus der Form lösen und auf einem Kuchenrost erkalten lassen.

Kirsch-Streusel-Kuchen

Kirschstrudel | 🗑 🗑 🍾 ❄

Dauert länger

Für den Strudelteig:
400 g Weizenmehl
1 Prise Salz
100 ml Wasser
1 Ei (Größe M)
80 ml Speiseöl

Für die Füllung:
1 kg entsteinte Sauerkirschen
100 g Semmelbrösel oder Biskuitreste
150 g Zucker
100 g abgezogene, gehackte Mandeln
2 EL Kirschwasser

Zum Bestreichen:
30 g flüssige Butter

Zum Bestäuben:
Puderzucker

Zubereitungszeit: 50 Minuten, ohne
Ruhezeit

Insgesamt: E: 64 g, F: 183 g, Kh: 557 g,
kJ: 17999, kcal: 4295

1 Für den Teig Mehl in eine Rührschüssel
sieben, Salz, Wasser, Ei und Öl hinzufügen.
Die Zutaten mit Handrührgerät mit Knethaken
zunächst kurz auf niedrigster, dann auf höchster Stufe gut durcharbeiten.

2 Anschließend auf der Arbeitsfläche zu einem glatten Teig verkneten, ihn auf Backpapier in einen heißen, trockenen Kochtopf (vorher Wasser darin kochen) legen, mit einem
Deckel verschließen und etwa 30 Minuten
ruhen lassen.

3 Für die Füllung Kirschen in eine Schüssel
geben. Semmelbrösel oder Biskuitreste, Zucker, Mandeln und Kirschwasser hinzufügen.
Die Zutaten miteinander vermischen.

4 Den Teig auf einem großen bemehlten
Geschirrtuch ausrollen, dünn mit etwas von
der Butter bestreichen, ihn dann mit den
Händen zu einem Rechteck (70 x 50 cm) aus-

ziehen. Die Ränder, wenn sie dicker sind
abschneiden.

5 Zwei Drittel der Teigplatte mit Butter
bestreichen. Die Kirschmasse gleichmäßig
darauf verteilen. Den Teig mit Hilfe des Tuches von der längeren Seite her, mit der
Füllung beginnend, aufrollen. An den Enden gut zusammendrücken.

6 Strudel vorsichtig auf ein Backblech (mit
Backpapier belegt) legen. Backblech in den
Backofen schieben.

Ober-/Unterhitze: etwa 200 °C (vorgeheizt)
Heißluft: etwa 180 °C (nicht vorgeheizt)
Gas: Stufe 3 – 4 (nicht vorgeheizt)
Backzeit: 30 – 40 Minuten

7 Strudel vom Backblech lösen und auf
einem Kuchenrost erkalten lassen.

8 Den Strudel vor dem Servieren mit
Puderzucker bestäuben.

Kirschstrudel

Kiwi-Stachelbeer-Kuchen

Kiwi-Stachelbeer-Kuchen |

Raffiniert

Für den Boden:
¹/₂ Pck. (225 g) TK-Blätterteig
2 EL Rum oder Weinbrand

Für den Belag:
1 Glas Stachelbeeren
(Abtropfgewicht 390 g)

Für den All-in-Teig:
150 g Weizenmehl
2 gestr. TL Backpulver
150 g Zucker
1 Pck. Vanillin-Zucker
4 Eier (Größe M)
150 g Butter oder Margarine
50 g frisch gemahlener Mohn

Für die Creme:
3 feste Kiwis
400 ml Stachelbeersaft
1 Pck. Galetta Cremepudding Vanille-
Geschmack (ohne Kochen)

Puderzucker zum Bestäuben

Zubereitungszeit: 50 Minuten, ohne
Auftau- und Kühlzeit

Insgesamt: E: 75 g, F: 239 g, Kh: 538 g,
kJ: 22069, kcal: 5274

1 Für den Boden Blätterteigplatten zugedeckt
bei Zimmertemperatur nach Packungsanleitung auftauen lassen.

2 Blätterteigplatten übereinander legen und
auf einem Backblech (30 x 40 cm, gefettet)
ausrollen. Teig mehrmals mit einer Gabel einstechen und etwa 20 Minuten kalt stellen.
Das Backblech in den Backofen schieben und
den Boden vorbacken.

Ober-/Unterhitze: etwa 220 °C (vorgeheizt)
Heißluft: etwa 200 °C (vorgeheizt)
Gas: Stufe 4 – 5 (vorgeheizt)
Backzeit: etwa 10 Minuten

3 Backblech auf einen Kuchenrost stellen.
Boden abkühlen lassen, mit Rum oder Weinbrand beträufeln.

4 Für den Belag Stachelbeeren in einem
Sieb abtropfen lassen, Saft auffangen.

5 Für den All-in-Teig Mehl mit Backpulver
mischen und in eine Rührschüssel sieben.
Zucker, Vanillin-Zucker, Eier, Butter oder Mar-

garine und Mohn hinzufügen. Die Zutaten in
2 Minuten mit Handrührgerät mit Rührbesen
auf höchster Stufe zu einem glatten Teig verarbeiten. Den Teig auf den vorgebackenen
Blätterteigboden streichen. Die Stachelbeeren
auf dem Teig verteilen. Backblech wieder in
den Backofen schieben.

Ober-/Unterhitze: etwa 180 °C (vorgeheizt)
Heißluft: etwa 160 °C (vorgeheizt)
Gas: Stufe 2 – 3 (vorgeheizt)
Backzeit: etwa 30 Minuten

6 Backblech auf einen Kuchenrost stellen.
Kuchen erkalten lassen.

7 Für die Creme Kiwis schälen, in Scheiben
schneiden, kurz in kochendem Wasser blan-
chieren, in einem Sieb abtropfen lassen
(Blanchierwasser auffangen), Kiwischeiben
erkalten lassen und pürieren.

8 Stachelbeersaft mit Blanchierwasser auf
400 ml auffüllen. Kiwipüree und Pudding-
pulver hinzufügen und nach Packungsanleitung zubereiten.

9 Creme mit einem Esslöffel als Kleckse
auf dem Kuchen verteilen. Mit Puderzucker
bestäuben.

Knetteig (Grundrezept) |

Klassisch

Für den Teig:
150 – 200 g Weizenmehl
$^1/_2$ – 1 gestr. TL Backpulver
75 – 125 g Zucker
1 Pck. Vanillin-Zucker
1 Prise Salz, 1 Ei (Größe M)
75 – 125 g Butter oder Margarine

Zubereitungszeit: 20 Minuten

Insgesamt: E: 27 g, F: 90 g, Kh: 238 g,
kJ: 8099, kcal: 1935

1 Für den Teig Mehl mit Backpulver mischen, in eine Rührschüssel sieben. Zucker, Vanillin-Zucker, Salz, Ei und Butter oder Margarine hinzufügen. Die Zutaten mit Handrührgerät mit Knethaken zunächst kurz auf niedrigster, dann auf höchster Stufe gut durcharbeiten.

2 Anschließend auf der bemehlten Arbeitsfläche zu einem glatten Teig verkneten.

3 Eine Rolle formen, Teig lässt sich so besser ausrollen. Sollte er kleben, ihn in Folie gewickelt eine Zeit lang kalt stellen.

4 Teig auf der sorgfältig von Teigresten befreiten bemehlten Arbeitsfläche ausrollen. Ab und zu mit einer Palette oder einem großen Messer vorsichtig von der Unterfläche lösen, um ein Ankleben oder Reißen zu verhindern.

5 Laut Rezeptanleitung weiter verarbeiten und backen.

Tipp: Knetteig ist roh und gebacken zum Tiefgefrieren geeignet.

Knöpfchen |

Für Kinder – einfach

Für den Knetteig:
250 g Weizenmehl
1 gestr. TL Backpulver
80 g Zucker
1 Pck. Vanillin-Zucker
3 Tropfen Bittermandel-Aroma
2 EL Milch oder Wasser
125 g Butter oder Margarine

Für den Guss:
100 g Halbbitter-Kuvertüre
1 TL Speiseöl

Zum Garnieren:
bunte Zuckerstreusel

Zubereitungszeit: 75 Minuten, ohne Abkühlzeit

Insgesamt: E: 31 g, F: 124 g, Kh: 320 g,
kJ: 10888, kcal: 2600

1 Für den Teig Mehl und Backpulver mischen, in eine Rührschüssel sieben. Zucker, Vanillin-Zucker, Aroma, Milch oder Wasser und Butter oder Margarine hinzufügen. Die Zutaten mit Handrührgerät mit Knethaken zunächst kurz auf niedrigster, dann auf höchster Stufe gut durcharbeiten.

2 Anschließend auf der Arbeitsfläche zu einem glatten Teig verkneten. Sollte er kleben, ihn in Folie gewickelt eine Zeit lang kalt stellen.

3 Aus dem Teig etwa 1$^1/_2$ cm dicke Rollen formen, etwa $^1/_2$ cm dicke Scheiben davon abschneiden, auf ein Backblech (mit Backpapier belegt) legen, etwas rund formen und mit dem Stiel eines Rührlöffels je Plätzchen 2 Löcher eindrücken. Das Backblech in den Backofen schieben.

Ober-/Unterhitze: 200 – 220 °C (vorgeheizt)
Heißluft: 180 – 200 °C (vorgeheizt)
Gas: etwa Stufe 4 (vorgeheizt)
Backzeit: etwa 10 Minuten

4 Die Plätzchen mit dem Backpapier vom Backblech ziehen und auf einem Kuchenrost erkalten lassen.

5 Für den Guss Kuvertüre in kleine Stücke hacken, mit dem Öl in einem kleinen Topf im Wasserbad bei schwacher Hitze zu einer geschmeidigen Masse verrühren. Von einem Teil der Plätzchen den Rand mit Kuvertüre bestreichen und mit Zuckerstreuseln bestreuen. Kuvertüre fest werden lassen.

Knöpfchen

Kokoskuchen aus Thüringen

Kokoskuchen aus Thüringen |

Klassisch – für Gäste

Für den Hefeteig:
375 g Weizenmehl
1 Pck. Trockenhefe
50 g Zucker, 1 Prise Salz
1 Pck. Vanillin-Zucker
1 Ei (Größe M)
200 ml lauwarme Milch
50 g zerlassene lauwarme Butter
oder Margarine

Für den Belag:
200 g Butter
150 g Zucker
1 Pck. Vanillin-Zucker
200 g Kokosraspel
3 Eier (Größe M)

Zum Bestreichen:
20 g zerlassene Butter
150 ml heiße Milch

Zum Verzieren:
50 g aufgelöste Zartbitterschokolade

Zubereitungszeit: 35 Minuten, ohne Teiggeh- und Abkühlzeit

Insgesamt: E: 103 g, F: 405 g, Kh: 549 g, kJ: 26894, kcal: 6425

1 Für den Hefeteig Mehl in eine Rührschüssel sieben, mit Trockenhefe sorgfältig vermischen. Zucker, Salz, Vanillin-Zucker, Ei, Milch und Butter oder Margarine hinzufügen.

2 Die Zutaten mit Handrührgerät mit Knethaken zunächst auf niedrigster, dann auf höchster Stufe in etwa 5 Minuten zu einem Teig verarbeiten. Den Teig zugedeckt so lange an einem warmen Ort stehen lassen, bis er sich sichtbar vergrößert hat.

3 Für den Belag Butter in einem Topf zerlassen. Zucker und Vanillin-Zucker hinzufügen, unter Rühren schmelzen lassen. Die Kokosraspel hinzufügen, unter Rühren leicht bräunen. Die Masse erkalten lassen. Eier unterrühren.

4 Den Teig leicht mit Mehl bestäuben, aus der Schüssel nehmen und auf einer bemehlten Arbeitsfläche kurz durchkneten.

5 Teig auf einem Backblech (30 x 40 cm, gefettet) ausrollen, mit der zerlassenen Butter bestreichen. Vor den Teig ein mehrfach geknickten Streifen Alufolie legen. Den Belag auf den Teig streichen. Das Backblech in den Backofen schieben.

Ober-/Unterhitze: 200 – 220 °C (vorgeheizt)
Heißluft: 180 – 200 °C (vorgeheizt)
Gas: etwa Stufe 4 (vorgeheizt)
Backzeit: etwa 25 Minuten

6 Das Backblech auf einen Kuchenrost stellen. Den Kuchen sofort mit Milch bestreichen, erkalten lassen.

7 Zum Verzieren den Kuchen mit der Schokolade besprenkeln.

Kokos-Marzipan-Ecken |

Für Gäste

Für den Knetteig:
150 g Weizenmehl
¹/₂ gestr. TL Backpulver
65 g Zucker
1 Pck. Vanillin-Zucker
1 Ei (Größe M)
65 g Butter oder Margarine

Für den Belag:
200 g Marzipan-Rohmasse
3 EL Aprikosenkonfitüre
2 EL Apricot-Brandy
75 g Kokosraspel

Zubereitungszeit: 30 Minuten, ohne Abkühlzeit

Insgesamt: E: 54 g, F: 178 g, Kh: 317 g, kJ: 13515, kcal: 3228

1 Für den Teig Mehl mit Backpulver mischen, in eine Rührschüssel sieben. Zucker, Vanillin-Zucker, Ei und Butter oder Margarine hinzufügen. Die Zutaten mit Handrührgerät mit Knethaken zunächst kurz auf niedrigster, dann auf höchster Stufe gut durcharbeiten.

2 Anschließend auf einer bemehlten Arbeitsfläche zu einem glatten Teig verkneten. Sollte er kleben, ihn in Folie gewickelt eine Zeit lang kalt stellen.

3 Den Teig auf einem Backblech (gefettet) zu einem Rechteck von etwa 20 x 40 cm ausrollen. Vor den Teig einen mehrfach geknickten

Kokos-Marzipan-Ecken

Streifen Alufolie legen oder einen Backrahmen darumstellen.

4 Für den Belag Marzipan-Rohmasse mit der Konfitüre und dem Brandy zu einer geschmeidigen Masse verrühren. Die Masse gleichmäßig auf den Teig streichen und mit Kokosraspeln bestreuen (leicht andrücken). Das Backblech in den Backofen schieben.

Ober-/Unterhitze: 180 – 200 °C (vorgeheizt)
Heißluft: 160 – 180 °C (vorgeheizt)
Gas: etwa Stufe 3 (vorgeheizt)
Backzeit: etwa 20 Minuten

5 Das Backblech auf einen Kuchenrost stellen. Gebäck erkalten lassen.

6 Gebäck in Vierecke schneiden und diese nochmals halbieren, sodass Dreiecke entstehen.

Tipp: Statt Kokosraspel können auch 100 g gemahlene Haselnusskerne verwendet werden. Die Kokos-Marzipan-Ecken zusätzlich mit aufgelöster Schokolade besprenkeln oder die Ecken mit aufgelöster Schokolade bestreichen.

Kokos-Quark-Makronen |

Einfach

Für den Teig:
4 Eiweiß (Größe M)
150 g Zucker
1 Pck. Vanillin-Zucker
4 Tropfen Bittermandel-Aroma
65 g Magerquark
200 g Kokosraspel

Zubereitungszeit: 40 Minuten

Insgesamt: E: 35 g, F: 124 g, Kh: 172 g, kJ: 8174, kcal: 1952

1 Für den Teig Eiweiß mit Handrührgerät mit Rührbesen auf höchster Stufe steif schlagen, der Schnee muss so fest sein, dass ein Messerschnitt sichtbar bleibt, nach und nach Zucker, Vanillin-Zucker und Aroma unterschlagen. Quark vorsichtig unterrühren, Kokosraspel unterheben.

2 Von der Masse mit 2 Teelöffeln walnussgroße Häufchen auf Backbleche (mit Backpapier belegt) setzen. Die Backbleche nacheinander (bei Heißluft zusammen) in den Backofen schieben.

Ober-/Unterhitze: etwa 160 °C (vorgeheizt)
Heißluft: etwa 140 °C (vorgeheizt)
Gas: Stufe 1 – 2 (vorgeheizt)
Backzeit: 15 – 20 Minuten pro Backblech

3 Makronen mit dem Backpapier vom Backblech ziehen (sie sollten sich noch etwas feucht anfühlen, da sie noch nachtrocknen) und auf einem Kuchenrost erkalten lassen. Sofort in gut schließende Dosen verpacken.

Tipp: Die Makronen nach Belieben mit aufgelöster Halbbitter-Kuvertüre besprenkeln oder die Unterseite damit bestreichen.

Konfettirolle |

Raffiniert

Für den Biskuitteig:
3 Eier (Größe M)
4 – 5 EL heißes Wasser
150 g Zucker, 1 Pck. Vanillin-Zucker
100 g Weizenmehl, 50 g Speisestärke
1 gestr. TL Backpulver

Für die Füllung:
200 g Marzipan-Rohmasse
Speisefarbe (rot, gelb, grün)
4 Blatt weiße Gelatine
500 ml (¹/₂ l) Schlagsahne
2 EL Orangensaft
4 EL rotes Johannisbeergelee

Zubereitungszeit: 45 Minuten, ohne Kühlzeit

Insgesamt: E: 75 g, F: 247 g, Kh: 425 g, kJ: 18199, kcal: 4349

1 Für den Teig Eier und Wasser mit Handrührgerät mit Rührbesen auf höchster Stufe in 1 Minute schaumig schlagen. Zucker und Vanillin-Zucker mischen, in 1 Minute einstreuen, dann noch etwa 2 Minuten schlagen.

2 Mehl mit Speisestärke und Backpulver mischen, die Hälfte davon auf die Eiercreme sieben, kurz auf niedrigster Stufe unterrühren, den Rest des Mehlgemisches auf die gleiche Art unterarbeiten.

3 Den Teig auf ein Backblech (30 x 40 cm, gefettet, mit Backpapier belegt) streichen, an der offenen Seite des Backblechs das Papier unmittelbar vor dem Teig so zur Falte knicken, dass ein Rand entsteht. Das Backblech in den Backofen schieben und sofort backen.

Ober-/Unterhitze: 200 – 220 °C (vorgeheizt)
Heißluft: 180 – 200 °C (vorgeheizt)
Gas: etwa Stufe 4 (vorgeheizt)
Backzeit: 10 – 15 Minuten

4 Die Gebäckplatte sofort nach dem Backen auf ein mit Zucker bestreutes Stück Backpapier stürzen, mitgebackenes Backpapier mit kaltem Wasser bestreichen, vorsichtig, aber schnell abziehen. Gebäckplatte mit dem Backpapier aufrollen und erkalten lassen.

5 Für die Füllung Marzipan-Rohmasse in 3 gleiche Stücke teilen, jedes Stück mit etwas Speisefarbe einfärben, bleistiftdicke Rollen

(40 – 45 cm lang) formen und mit Klarsichtfolie abdecken.

6 Gelatine nach Packungsanleitung einweichen, leicht ausdrücken. Sahne steif schlagen. Die leicht ausgedrückte Gelatine in einem kleinen Topf mit dem Orangensaft unter Rühren erwärmen (nicht kochen), bis sie völlig gelöst ist. Von der Sahne 3 Esslöffel abnehmen und mit dem Orangensaft-Gelatine-Gemisch verrühren. Dann Gelatinemasse zügig unter die restliche Sahne rühren.

7 Die Biskuitrolle vorsichtig auseinander rollen, mit Johannisbeergelee bestreichen und zwei Drittel der Sahne darauf streichen. Marzipanrollen auf die Länge der Rolle schneiden, in wechselnden Farben in Abständen von etwa 5 cm in die Sahne legen und etwas eindrücken.

8 Die Biskuitplatte von der längeren Seite her aufrollen, mit der restlichen Sahne bestreichen und mit Hilfe eines Tortengarnierkammes verzieren. Die restlichen Marzipanstücke in dünne Scheiben (Konfetti) schneiden, die Rolle damit garnieren und 1 – 2 Stunden kalt stellen.

Konfettirolle

![Konfettitaler]

Konfettitaler

Konfettitaler |

Einfach – gut vorzubereiten

Für den Rühr-Knetteig:
175 g Butter oder Margarine
125 g Zucker
1 Pck. Vanillin-Zucker
1/2 Fläschchen Rum-Aroma
250 g Weizenmehl
2 gestr. TL Backpulver

Zum Garnieren:
75 g Hagelzucker
50 g rote kandierte Kirschen

Zubereitungszeit: 65 Minuten

Insgesamt: E: 28 g, F: 146 g, Kh: 393 g,
kJ: 13202, kcal: 3154

1 Für den Teig Butter oder Margarine mit Handrührgerät mit Rührbesen auf höchster Stufe geschmeidig rühren. Nach und nach Zucker, Vanillin-Zucker und Aroma hinzufügen. So lange rühren, bis eine gebundene Masse entstanden ist.

2 Mehl mit Backpulver mischen, sieben und zwei Drittel des Mehlgemisches portionsweise auf mittlerer Stufe unterrühren. Restliches Mehlgemisch auf einer bemehlten Arbeitsfläche unterkneten.

3 Aus dem Teig kirschgroße Kugeln formen, bis zur Hälfte in den Hagelzucker drücken, mit der Teighälfte nach unten nicht zu dicht nebeneinander auf ein Backblech (mit Backpapier belegt) legen. Teigtaler mit in Scheiben ge-

schnittenen Kirschen garnieren. Das Backblech in den Backofen schieben.

Ober-/Unterhitze: 180 – 200 °C (vorgeheizt)
Heißluft: 160 – 180 °C (vorgeheizt)
Gas: etwa Stufe 3 (vorgeheizt)
Backzeit: 10 – 15 Minuten

4 Das Gebäck mit dem Backpapier vom Backblech ziehen und auf einem Kuchenrost erkalten lassen.

Tipp: Teigtaler mit Kirschen mit Stiel oder mit in Stifte geschnittenem Zitronat garnieren.

Kranzkuchen mit Mohn | ❄

Raffiniert – für Gäste

Zum Vorbereiten:
250 g Butter
1 Dose Aprikosenhälften
(Abtropfgewicht 240 g)
50 g rote Belegkirschen

Für den Rührteig:
200 g Zucker, 1 Prise Salz
5 Eier (Größe M), 500 g Weizenmehl
1 Pck. Backpulver, 10 EL Milch
1 geh. EL Speisestärke
1 Pck. (250 g) Mohnback

Zubereitungszeit: etwa 50 Minuten, ohne Abkühlzeit

Insgesamt: E: 122 g, F: 286 g, Kh: 745 g, kJ: 25757, kcal: 6153

1 Zum Vorbereiten Butter in einem Topf zerlassen, bräunen, in eine Rührschüssel geben und abkühlen lassen. Aprikosenhälften in ei-

Kranzkuchen mit Mohn

nem Sieb abtropfen lassen und würfeln. Belegkirschen ebenfalls in Würfel schneiden.

2 Für den Teig die wieder fest gewordene Butter mit Handrührgerät mit Rührbesen auf höchster Stufe geschmeidig rühren. Nach und nach Zucker und Salz unterrühren. So lange rühren, bis eine gebundene Masse entstanden ist.

3 Eier nach und nach unterrühren (jedes Ei etwa 1/2 Minute). Mehl mit Backpulver mischen, sieben, portionsweise abwechselnd mit der Milch auf mittlerer Stufe unterrühren.

4 Drei Viertel des Teiges in eine Springform mit Rohrboden (Ø 26 cm, gefettet) füllen. Speisestärke, Mohnback, Aprikosen- und Kirschenwürfel unter den Rest des Teiges rühren. Den Mohnteig auf dem Teig in der Form verteilen, eine Gabel spiralförmig durch die Teigschichten ziehen. Die Form auf dem Rost in den Backofen schieben.

Ober-/Unterhitze: etwa 180 °C (vorgeheizt)
Heißluft: etwa 160 °C (nicht vorgeheizt)
Gas: Stufe 2 – 3 (nicht vorgeheizt)
Backzeit: etwa 60 Minuten

5 Den Kuchen 10 Minuten in der Form stehen lassen, dann auf einen mit Backpapier belegten Kuchenrost stürzen und erkalten lassen.

Tipp: Gebräunte Butter kann durch die gleiche Menge nicht zerlassener ungebräunter Butter oder Margarine ersetzt werden. Durch gebräunte Butter schmeckt der Kuchen intensiver nach Butter.

Kräuterbrötchen | ❄

Gut vorzubereiten – pikant

Für den Hefeteig:
250 g Weizenmehl (Type 550)
250 g Weizenmehl (Type 1050)
1 Pck. Trockenhefe, 1 TL Zucker
knapp 2 TL Salz, frisch gemahlener
Pfeffer, 3 EL Speiseöl, 250 ml (1/4 l) lauwarmes Wasser, 2 EL gehackte Petersilie, 2 EL fein geschnittener Schnittlauch, 1 EL gehackter Dill

Zum Bestreichen:
1 Eigelb, 1 EL Wasser

Zubereitungszeit: 35 Minuten, ohne Teiggehzeit

Insgesamt: E: 63 g, F: 43 g, Kh: 355 g, kJ: 9096, kcal: 2173

1 Für den Teig Mehl in eine Rührschüssel sieben. Mit der Trockenhefe sorgfältig vermischen. Zucker, Salz, Pfeffer, Speiseöl und Wasser hinzufügen.

2 Die Zutaten mit Handrührgerät mit Knethaken zunächst auf niedrigster, dann auf höchster Stufe in etwa 5 Minuten zu einem glatten Teig verarbeiten. Zuletzt Petersilie, Schnittlauch und Dill unterkneten. Den Teig an einem warmen Ort so lange stehen lassen, bis er sich sichtbar vergrößert hat.

3 Teig aus der Schüssel nehmen, auf einer bemehlten Arbeitsfläche nochmals kurz durchkneten.

4 Den Teig in 12 gleich große Stücke teilen, zu Brötchen formen, auf ein Backblech (mit Backpapier belegt) legen. Die Teigbrötchen nochmals

so lange an einem warmen Ort gehen lassen, bis sie sich sichtbar vergrößert haben.

5 Die Oberfläche der Brötchen kreuzweise etwa 1 cm tief einschneiden (nicht drücken).

6 Zum Bestreichen Eigelb mit Wasser verschlagen, die Brötchen damit bestreichen. Das Backblech in den Backofen schieben.

Ober-/Unterhitze: 180 – 200 °C (vorgeheizt)
Heißluft: 160 – 180 °C (vorgeheizt)
Gas: etwa Stufe 3 (vorgeheizt)
Backzeit: etwa 25 Minuten

7 Die Brötchen vom Backpapier lösen und auf einem Kuchenrost erkalten lassen.

Krokant (Grundrezept)

Schnell

Für den Krokant:
2 Msp. Butter
100 g abgezogene, gehackte Mandeln
100 g gehackte Haselnusskerne
125 g Zucker

Zubereitungszeit: 20 Minuten, ohne Abkühlzeit

Insgesamt: E: 34 g, F: 119 g, Kh: 140 g, kJ: 7749, kcal: 1850

1 Für den Krokant Butter, Mandeln, Haselnusskerne und Zucker unter Rühren so lange erhitzen, bis der Krokant genügend gebräunt ist. Den Krokant auf ein Stück Backpapier legen und erkalten lassen.

Tipp: Krokant mit 100 g aufgelöster Schokolade mischen, mit 2 Esslöffeln kleine Häufchen auf ein Stück Backpapier setzen, fest werden lassen.

Krokantbissen

Gut vorzubereiten – einfach

Für die Krokantmasse:
20 g Butter
60 g Zucker
125 g abgezogene, gehackte Mandeln
100 g Zartbitterschokolade
5 EL Schlagsahne

Zubereitungszeit: 20 Minuten, ohne Kühlzeit

Insgesamt: E: 34 g, F: 139 g, Kh: 117 g, kJ: 8197, kcal: 1958

1 Für die Krokantmasse Butter und Zucker in einer Pfanne so lange erhitzen, bis die Masse leicht gebräunt und der Zucker gelöst ist. Mandeln hinzufügen, unter Rühren erhitzen, bis der Krokant genug gebräunt ist. Auf ein Backblech (30 x 40 cm, gefettet, mit Backpapier belegt) geben und kalt stellen.

2 Die Krokantmasse in kleine Stücke zerstoßen. Schokolade in kleine Stücke brechen, mit Sahne in einem kleinen Topf im heißen Wasserbad glatt rühren, etwas abkühlen lassen und den Krokant unterrühren.

3 Von der Masse mit einem Esslöffel Häufchen abstechen, auf Alufolie setzen und im Kühlschrank fest werden lassen. Die Krokantbissen in Zellophantüten verpacken oder in verschlossenen Glas- oder Porzellangefäßen kühl aufbewahren.

Tipp: Zum Verfeinern des Krokantes zusätzlich 2 Esslöffel Aprikot-Brandy mit der Sahne verrühren und unter die Krokantmasse rühren.

Krokantbissen schmecken gut gekühlt am besten.

Krokantbissen

Krokantplätzchen |

Beliebt – einfach

Für den Knetteig:
300 g Weizenmehl
1 gestr. TL Backpulver, 100 g Zucker
1 Pck. Vanillin-Zucker, 1 Ei (Größe M)
150 g Butter oder Margarine

Zum Bestreichen:
etwas Schlagsahne

Zum Wälzen:
100 g Haselnuss-Krokant

Zum Verzieren:
helle Kuchenglasur

Zum Garnieren:
etwa 100 g abgezogene,
halbierte Mandeln

Zubereitungszeit: 80 Minuten, ohne Abkühlzeit

Insgesamt: E: 65 g, F: 201 g, Kh: 429 g, kJ: 16886, kcal: 4033

1 Für den Teig Mehl und Backpulver mischen, in eine Rührschüssel sieben. Zucker, Vanillin-Zucker, Ei und Butter oder Margarine hinzufügen. Die Zutaten mit Handrührgerät mit Knethaken zunächst kurz auf niedrigster, dann auf höchster Stufe gut durcharbeiten.

2 Anschließend auf einer Arbeitsfläche zu einem glatten Teig verkneten. Sollte er kleben, ihn in Folie gewickelt eine Zeit lang kalt stellen.

3 Aus dem Teig etwa 3 cm dicke Rollen formen, mit Sahne bestreichen, in dem Krokant wälzen und kalt stellen, bis der Teig fest geworden ist. Die Rollen in Scheiben schneiden, auf ein Backblech (mit Backpapier belegt) legen. Das Backblech in den Backofen schieben.

Ober-/Unterhitze: 200 – 220 °C (vorgeheizt)
Heißluft: 180 – 200 °C (vorgeheizt)
Gas: etwa Stufe 4 (vorgeheizt)
Backzeit: 8 – 10 Minuten

4 Die Plätzchen mit dem Backpapier vom Backblech ziehen und auf einem Kuchenrost erkalten lassen.

5 Zum Verzieren die Kuchenglasur nach Packungsanleitung auflösen. Etwas davon in die Mitte jedes Plätzchens geben und mit je einer Mandelhälfte belegen.

Krokantplätzchen

Krokanttorte aus Nussmischung | 🥛 🥛 🍾

Dauert länger

Für den Krokant:
100 g geschälte Haselnusskerne
100 g Walnusskerne
250 g gesiebter Puderzucker

Für den Biskuitteig:
3 Eigelb (Größe M)
1 EL heißes Wasser
50 g Zucker
1 Pck. Bourbon-Vanille-Zucker
100 g Zwieback, 4 Eiweiß (Größe M)

Für die Füllung:
400 g frische verlesene Himbeeren
200 g Johannisbeergelee
1 EL Himbeergeist
500 ml (¹/₂ l) Schlagsahne
1 Pck. Sahnesteif

Zum Garnieren:
100 g Halbbitter-Kuvertüre
100 g Himbeeren

Zubereitungszeit: 65 Minuten,
ohne Kühlzeit

Insgesamt: E: 86 g, F: 297 g, Kh: 624 g,
kJ: 23912, kcal: 5710

1 Für den Krokant Nusskerne grob hacken. Ein Backblech mit Öl bestreichen. Puderzucker in einem Topf bei schwacher Hitze zum Schmelzen bringen (erst wenn er zu schmelzen beginnt umrühren). So lange rühren, bis goldbrauner Karamell entstanden ist. Topf auf ein feuchtes kaltes Tuch stellen, Nusskerne unterrühren. Masse auf das Backblech streichen und erkalten lassen.

2 Krokantmasse mit einer Teigrolle zerstoßen, bis ein nicht zu feiner Krokant entsteht. Zwei Stück Backpapier in der Größe eines Backblechs ausschneiden. Auf jedem Bogen mit dem Springformrand einen Kreis (Ø 26 cm) markieren.

3 Für den Teig Eigelb mit Wasser mit Handrührgerät mit Rührbesen auf höchster Stufe in

1 Minute schaumig schlagen. Zucker und Vanille-Zucker mischen, in einer Minute einstreuen, dann noch etwa 2 Minuten schlagen.

4 Zwieback in einen Gefrierbeutel füllen, den Beutel verschließen, mit der Teigrolle fein zerbröseln. Zwiebackbrösel mit der Hälfte des Krokants mischen (2 Esslöffel zum Garnieren beiseite stellen).

5 Eiweiß steif schlagen, die Hälfte davon unter die Eigelbmasse ziehen, erst die Krokant-Zwieback-Mischung, dann restlichen Eischnee unterheben. Den Teig auf die 2 Kreise streichen (Ränder gleichmäßig). Jeden Bogen auf je ein Backblech ziehen. Die Backbleche nacheinander (bei Heißluft zusammen) in den Backofen schieben.

Ober-/Unterhitze: etwa 220 °C (vorgeheizt)
Heißluft: etwa 200 °C (vorgeheizt)
Gas: Stufe 4 – 5 (vorgeheizt)
Backzeit: 8 – 10 Minuten pro Backblech

6 Die Böden vom Backpapier lösen und einzeln auf einem Kuchenrost erkalten lassen. Einen Gebäckboden auf eine Tortenplatte legen und mit den Himbeeren belegen. Johannisbeergelee mit dem Himbeergeist in einem kleinen Topf unter Rühren aufkochen. Die Himbeeren damit bestreichen.

7 Sahne mit Sahnesteif steif schlagen. Zwei Drittel der Sahne auf den Himbeerboden streichen. Zweiten Boden darauf legen. Tortenoberfläche und -rand mit der restlichen Sahne bestreichen. Torte kalt stellen.

8 Zum Garnieren Kuvertüre in kleine Stücke hacken, in einem kleinen Topf im Wasserbad bei schwacher Hitze zu einer geschmeidigen Masse verrühren und auf Backpapier 1 – 2 mm dick verstreichen. Kuvertüre fest werden lassen. Anschließend in große Stücke brechen. Den Tortenrand damit belegen.

9 Die Mitte der Tortenoberfläche mit Himbeeren belegen und mit Krokant bestreuen.

Krokanttorte aus Nussmischung

Kürbisbrot

Kürbisbrot | ❄

Preiswert

Zum Vorbereiten:
300 g Kürbisfruchtfleisch
3 – 4 EL Wasser

Für den Hefeteig:
500 g Weizenmehl (Type 550)
1 Pck. Trockenhefe
2 EL flüssiger Honig
3 EL lauwarme Milch
100 ml Speiseöl
1 gestr. TL Salz

Zubereitungszeit: 55 Minuten, ohne Abkühl- und Teiggehzeit

Insgesamt: E: 61 g, F: 107 g, Kh: 405 g, kJ: 12387, kcal: 2960

1 Zum Vorbereiten Kürbisfruchtfleisch klein schneiden, mit Wasser unter Rühren 2 – 3 Minuten andünsten, das Kürbisfleisch pürieren und erkalten lassen.

2 Für den Teig Mehl in eine Rührschüssel sieben, mit Trockenhefe sorgfältig vermischen. Honig, Milch, Öl, Salz und Kürbispüree hinzufügen.

3 Die Zutaten mit Handrührgerät mit Knethaken zunächst auf niedrigster, dann auf höchster Stufe in etwa 5 Minuten zu einem Teig verarbeiten. Den Teig zugedeckt so lange an einem warmen Ort stehen lassen, bis er sich sichtbar vergrößert hat.

4 Teig aus der Schüssel nehmen, auf einer bemehlten Arbeitsfläche nochmals kurz durchkneten, zu einem länglichen Laib formen und in eine Kasten- oder Brotbackform (30 x 11 cm, gefettet) legen. Den Teig nochmals so lange an einem warmen Ort gehen lassen, bis er sich sichtbar vergrößert hat.

5 Brot der Länge nach etwa 1 cm tief einschneiden. Die Form auf dem Rost in den Backofen schieben.

Ober-/Unterhitze: etwa 200 °C (vorgeheizt)
Heißluft: etwa 180 °C (vorgeheizt)
Gas: Stufe 3 – 4 (vorgeheizt)
Backzeit: 25 – 30 Minuten

6 Brot aus der Form lösen, auf einen Kuchenrost legen und erkalten lassen.

Tipp: Zusätzlich die Form mit Kürbiskernen ausstreuen.

Kürbis-Frischkäse-Torte |

Preiswert

Für den Knetteig:
175 g Weizenmehl
$^1/_2$ gestr. TL Backpulver
75 g Zucker
1 Pck. Vanillin-Zucker
1 Prise Salz
1 Ei (Größe M)
75 g Butter oder Margarine

Für die Füllung:
200 g Doppelrahm-Frischkäse
50 g Zucker
2 Eier (Größe M)
20 g Speisestärke
500 g gewürfeltes frisches
Kürbisfruchtfleisch
50 g geröstete, gesalzene
Erdnusskerne

Zubereitungszeit: 45 Minuten, ohne Abkühlzeit

Insgesamt: E: 83 g, F: 172 g, Kh: 308 g, kJ: 13521, kcal: 3228

1 Für den Teig Mehl mit Backpulver mischen, in eine Rührschüssel sieben. Zucker, Vanillin-Zucker, Salz, Ei und Butter oder Margarine hinzufügen. Die Zutaten mit Handrührgerät mit Knethaken zunächst kurz auf niedrigster, dann auf höchster Stufe gut durcharbeiten.

2 Anschließend auf einer bemehlten Arbeits-fläche zu einem glatten Teig verkneten. Sollte er kleben, ihn in Folie gewickelt eine Zeit lang kalt stellen und den Boden vorbacken.

3 Zwei Drittel des Teiges auf dem Boden einer Springform (Ø 26 cm, gefettet) aus-rollen. Den Springformrand darumstellen. Die Form auf dem Rost in den Backofen schieben und den Boden vorbacken.

Ober-/Unterhitze: etwa 180 °C (vorgeheizt)
Heißluft: etwa 160 °C (vorgeheizt)
Gas: Stufe 2 – 3 (vorgeheizt)
Backzeit: etwa 10 Minuten

4 Die Form auf einen Kuchenrost stellen, Boden etwas abkühlen lassen.

5 Aus dem restlichen Teig eine Rolle formen, sie als Rand auf den Boden legen und so an die Form drücken, dass ein etwa 2 cm hoher Rand entsteht.

6 Für die Füllung Frischkäse, Zucker, Eier, Speisestärke, Kürbiswürfel und Erdnusskerne in einer Schüssel verrühren. Die Masse auf dem vorgebackenen Boden verteilen. Die

Form wieder auf dem Rost in den Backofen schieben und die Torte fertigbacken.

Ober-/Unterhitze: etwa 180 °C (vorgeheizt)
Heißluft: etwa 160 °C (nicht vorgeheizt)
Gas: Stufe 2 – 3 (nicht vorgeheizt)
Backzeit: etwa 55 Minuten

7 Die Form auf einen Kuchenrost stellen, Torte aus der Form lösen und auf dem Kuchenrost erkalten lassen.

Kürbis-Frischkäse-Torte

Lachstarte

Lachstarte |

Für Gäste

Für den Knetteig:
200 g Weizenmehl (Type 550)
1 gestr. TL Salz
2 – 3 EL kaltes Wasser
150 g Butter oder Margarine

Für den Belag:
1 Glas Kapern (Abtropfgewicht 60 g)
2 Becher (je 150 g) Crème fraîche
1 Ei (Größe M), 1 Prise Salz
Cayennepfeffer

Zum Garnieren:
1/2 Bund Dill
200 g gebeizter Lachs
(in dünnen Scheiben)

Zubereitungszeit: 55 Minuten, ohne Kühlzeit.

Insgesamt: E: 76 g, F: 225 g, Kh: 158 g, kJ: 13904, kcal: 3325

1 Für den Teig Mehl in eine Rührschüssel sieben. Salz, Wasser und Butter oder Margarine hinzufügen. Die Zutaten mit Handrührgerät mit Knethaken zunächst kurz auf niedrigster, dann auf höchster Stufe gut durcharbeiten.

2 Anschließend auf einer bemehlten Arbeitsfläche zu einem glatten Teig verkneten. Teig in Folie gewickelt 1 Stunde kalt stellen.

3 Für den Belag Kapern in einem Sieb gut abtropfen lassen. Crème fraîche, Ei, Salz und Cayennepfeffer verrühren. Masse abschmecken.

4 Teig auf der bemehlten Arbeitsfläche zu einer runden Platte (Ø etwa 32 cm) ausrollen. Teigplatte in eine Tarteform (Ø etwa 28 cm,

gefettet) legen. Teigboden mit einer Gabel mehrfach einstechen und mit Kapern belegen. Crème-fraîche-Masse darauf verteilen. Die Form auf dem Rost in den Backofen schieben.

Ober-/Unterhitze: etwa 200 °C (vorgeheizt)
Heißluft: etwa 180 °C (vorgeheizt)
Gas: Stufe 3 – 4 (vorgeheizt)
Backzeit: etwa 30 Minuten

5 Form auf einen Kuchenrost stellen und etwas abkühlen lassen.

6 Dill abspülen, trocken schütteln und in kleine Zweige zupfen. Lauwarme Tarte mit Lachs und Dill belegen.

Beigabe: Lachstarte mit einem frischen Salat aus Feldsalat und Orangenfilets servieren.

Landbrot

Landbrot |

Gut vorzubereiten – für Gäste

Für den Hefeteig:
250 g Weizenmehl (Type 1050)
250 g Vollkorn-Roggenmehl
1 Pck. Trockenhefe
1 gestr. TL Zucker
2 gestr. TL Salz
frisch gemahlener Pfeffer
4 EL Speiseöl
250 ml (¹/₄ l) lauwarmes Wasser
1 Pck. (125 g) Sauerteig (Reformhaus)
50 g Sonnenblumenkerne

Zubereitungszeit: 25 Minuten, ohne
Teiggehzeit

Insgesamt: E: 87 g, F: 105 g, Kh: 379 g,
kJ: 12364, kcal: 2952

1 Für den Teig Weizen- und Roggenmehl in
eine Rührschüssel geben, mit der Trockenhefe
sorgfältig vermischen. Zucker, Salz, Pfeffer, Öl
und Wasser hinzufügen. Die Zutaten mit Handrührgerät mit Knethaken zunächst auf niedrigster, dann auf höchster Stufe verrühren.

2 Den Sauerteig hinzufügen, alles in etwa
5 Minuten zu einem glatten Teig verarbeiten
und an einem warmen Ort zugedeckt so lange
stehen lassen, bis er sich sichtbar vergrößert
hat.

3 Den Teig aus der Schüssel nehmen, auf
einer bemehlten Arbeitsfläche die Sonnenblumenkerne unterkneten. Den Teig nochmals
kurz durchkneten und ein rundes Brot formen.
Den Brotteig auf ein Backblech (gefettet, mit
Backpapier belegt) legen, nochmals zugedeckt

so lange an einem warmen Ort stehen lassen, bis er sich sichtbar vergrößert hat.

4 Die Teigoberfläche mit einem scharfen
Messer kreuzweise etwa 1 cm tief einschneiden, mit Wasser bestreichen, mit Weizenmehl
bestäuben. Das Backblech in den Backofen
schieben.

Ober-/Unterhitze: etwa 200 °C (vorgeheizt)
Heißluft: etwa 180 °C (nicht vorgeheizt)
Gas: Stufe 3 – 4 (nicht vorgeheizt)
Backzeit: etwa 50 Minuten

Tipp: Das Brot bleibt in Folie verpackt etwa
3 Tage frisch.
Das Landbrot kann auch ohne Sauerteig
zubereitet werden, dann jedoch 2 Päckchen
Trockenhefe verwenden.

135

Lebkuchenwaffeln

Lebkuchenwaffeln

(12 Stück)

Schnell – raffiniert

Für den Rührteig:
150 g Butter oder Margarine
50 g flüssiger Honig
150 g Zucker
1 Pck. Vanillin-Zucker
3 gestr. TL Lebkuchengewürz
1 Prise Salz
4 Eier (Größe M)
350 g Weizenmehl
4 gestr. TL Backpulver
250 ml (¹/₄ l) Milch

Zum Bestäuben:
Puderzucker

Zubereitungszeit: 15 Minuten

Insgesamt: E: 78 g, F: 162 g,Kh: 492 g,
kJ: 16173, kcal: 3863

1 Für den Teig Butter oder Margarine mit
Handrührgerät mit Rührbesen auf höchster
Stufe geschmeidig rühren. Nach und nach
Honig, Zucker, Vanillin-Zucker, Lebkuchen-
gewürz und Salz unterrühren. Eier nach und
nach unterrühren (jedes Ei etwa ¹/₂ Minute).

2 Mehl mit Backpulver mischen, sieben, portionsweise abwechselnd mit der Milch auf

mittlerer Stufe unterrühren. Den Teig in nicht
zu großen Portionen in ein gut erhitztes,
gefettetes Waffeleisen füllen. Die Waffeln
goldbraun backen, einzeln auf einen Kuchenrost legen. Waffeln mit Puderzucker bestäubt
servieren.

Tipp: Die noch warmen Waffeln mit einer
Kugel Walnusseis und warmen Zimtpflaumen
servieren.

Abwandlung: Zusätzlich 1 Päckchen Finesse Orangenschalen-Aroma und 25 g
gesiebtes Kakaopulver unter den Teig rühren.
Dann die Waffeln mit Orangenfilets und steif
geschlagener Sahne servieren.

Leinsamen-Sesam-Brot |

Vollwertig – gut vorzubereiten

Zum Vorbereiten:
50 g Leinsamen
50 g Sesamsamen

Für den Hefeteig:
300 g Weizenkörner
150 g Dinkelkörner
1 TL Anissamen
25 g Weizenkeime
25 g Weizenkleie
2 Pck. Trockenhefe, 1 TL Meersalz
1 TL flüssiger Honig
etwa 375 ml (³/₈ l) lauwarmes Wasser

Zubereitungszeit: 50 Minuten, ohne Abkühl- und Teiggehzeit

Insgesamt: E: 89 g, F: 53 g, Kh: 308 g, kJ: 9166, kcal: 2191

1 Zum Vorbereiten Leinsamen und Sesamsamen in einer Pfanne ohne Fett leicht rösten, abkühlen lassen.

2 Für den Hefeteig Weizen, Dinkel und Anis fein mahlen. Weizenkeime, -kleie und Trockenhefe hinzufügen. Die Zutaten gut vermischen. Salz, Honig und Wasser hinzufügen.

3 Alle Zutaten mit Handrührgerät mit Knethaken zunächst auf niedrigster, dann auf höchster Stufe in etwa 5 Minuten zu einem glatten Teig verarbeiten. Die Leinsamen-Sesam-Mischung (2 Esslöffel zum Bestreuen zurücklassen) unterkneten.

4 Den Teig zugedeckt an einem warmen Ort so lange stehen lassen, bis er sich sichtbar vergrößert hat. Ihn dann auf einer bemehlten Arbeitsfläche nochmals kurz durchkneten und zu einer Rolle formen.

5 Die Teigrolle mit Wasser bestreichen, mit der zurückgelassenen Leinsamen-Sesam-Mischung bestreuen.

6 Brotteig in eine Kastenform (30 x 11 cm, gefettet) legen, etwas andrücken. Den Brotteig in der Form zugedeckt nochmals so lange gehen lassen, bis er sich sichtbar vergrößert hat.

7 Die Oberfläche mit einem scharfen Messer längs etwa 1 cm tief einschneiden (nicht drücken!). Die Form auf dem Rost in den Backofen schieben.

Ober-/Unterhitze: etwa 200 °C (vorgeheizt)
Heißluft: etwa 180 °C (nicht vorgeheizt)
Gas: Stufe 3 – 4 (nicht vorgeheizt)
Backzeit: etwa 50 Minuten

Tipp: Während des Backens eine Schale mit heißem Wasser auf den Boden des Backofens stellen, damit die Kruste schön kross wird.

Leipziger Lerchen, einfach |

Leipziger Lerchen, einfach

Schnell

Für den Teig:
100 g Yufka-Teigblätter

Für die Füllung:
2 EL Aprikosenkonfitüre
120 g Marzipan-Rohmasse
50 g abgezogene, gemahlene Mandeln
50 g Zucker
1 Eiweiß (Größe M)

evtl. Puderzucker

Zubereitungszeit: 20 Minuten

Insgesamt: E: 35 g, F: 70 g, Kh: 179 g, kJ: 6474, kcal: 1546

1 Aus den Teigblättern Kreise (Ø 10 cm) schneiden, in gefettete Förmchen (Ø 8 cm) legen.

2 Für die Füllung knapp ¹/₂ Teelöffel Konfitüre auf den Teig in jedes Förmchen geben.

3 Marzipan klein schneiden, in eine Rührschüssel geben, mit Mandeln, Zucker und Eiweiß mit Handrührgerät mit Rührbesen verrühren. Die Masse mit Hilfe eines Spritzbeutels mit großer Lochtülle in die Förmchen spritzen. Die Förmchen auf dem Rost in den Backofen schieben.

Ober-/Unterhitze: 180 – 200 °C (vorgeheizt)
Heißluft: 160 – 180 °C (vorgeheizt)
Gas: etwa Stufe 3 (vorgeheizt)
Backzeit: etwa 25 Minuten

4 Das Gebäck noch etwa 5 Minuten in den Förmchen stehen lassen, dann lösen und auf einem Kuchenrost erkalten lassen. Nach Belieben mit Puderzucker bestäuben.

Lemon-Tarte |

Raffiniert – gut vorzubereiten – exotisch

Für den Knetteig:
150 g Weizenmehl
1 Msp. Backpulver
1 Prise Salz
25 g Zucker
1 Ei (Größe M)
100 g Butter oder Margarine
50 g geröstete Kokosraspel

Für den Belag:
4 Eigelb (Größe M)
2 Eier (Größe M)
20 g Speisestärke
150 ml Zitronensaft
100 ml Limettensirup
50 ml Wasser
abgeriebene Schale und Saft
von 1 Bio-Limette
(unbehandelt, ungewachst)
100 g Zucker
1 Pck. Vanillin-Zucker
150 g Butter

Nach Belieben:
grüne Speisefarbe

Zum Bestreuen:
25 g geröstete Kokosraspel

Lemon-Tarte

Zubereitungszeit: 50 Minuten, ohne Kühlzeit

Insgesamt: E: 58 g, F: 295 g, Kh: 355 g, kJ: 18592, kcal: 4442

1 Für den Teig Mehl mit Backpulver mischen, in eine Rührschüssel sieben. Salz, Zucker, Ei und Butter oder Margarine hinzufügen. Die Zutaten mit Handrührgerät mit Knethaken zunächst kurz auf niedrigster, dann auf höchster Stufe gut durcharbeiten, Kokosraspel unterkneten.

2 Anschließend auf einer bemehlten Arbeitsfläche zu einem glatten Teig verkneten. Sollte er kleben, ihn in Folie gewickelt eine Zeit lang kalt stellen.

3 Zwei Drittel des Teiges zu einer runden Platte ausrollen und den Boden einer Tarteform (Ø 30 cm, gefettet) damit auslegen. Restlichen Teig zu einer Rolle formen, als Rand auf den Boden legen und so an die Form drücken, dass ein etwa 1½ cm hoher Rand entsteht. Boden mehrmals mit einer Gabel einstechen. Die Form auf dem Rost in den Backofen schieben.

Ober-/Unterhitze: etwa 200 °C (vorgeheizt)
Heißluft: etwa 180 °C (vorgeheizt)
Gas: Stufe 3 – 4 (vorgeheizt)
Backzeit: etwa 20 Minuten

4 Die Form auf einen Kuchenrost stellen. Das Gebäck in der Form erkalten lassen.

5 Für den Belag Eigelb und Eier verquirlen. Speisestärke mit Zitronensaft glatt rühren, mit Limettensirup, Wasser, Limettenschale und -saft, Zucker und Vanillin-Zucker zu der Eiermasse geben. Die Masse mit Butter in einen Topf geben, unter ständigem Schlagen aufkochen lassen, nach Belieben mit Speisefarbe einfärben.

6 Den Belag auf den vorgebackenen Boden streichen. Die Tarte etwa 2 Stunden kalt stellen.

7 Die Tarte vor dem Servieren mit Kokosraspeln bestreuen.

Liegnitzer Bomben |

Klassisch – für das Weihnachtsfest

Für den Teig:
200 g flüssiger Honig oder Sirup
125 g Zucker, 1 Prise Salz
65 g Butter oder Margarine
2 EL Milch, 2 Eier (Größe M)
1/4 Fläschchen Zitronen-Aroma
etwas gemahlener Kardamom
1/2 gestr. TL gemahlene Nelken
1 schwach geh. TL gemahlener Zimt
250 g Weizenmehl
25 g Kakaopulver
3 gestr. TL Backpulver
65 g Korinthen
65 g abgezogene, gehackte Mandeln
65 g gewürfeltes Zitronat (Sukkade)

Zum Aprikotieren:
175 g Aprikosenkonfitüre
2 EL Wasser

Für den Guss:
etwa 200 g Halbbitter-Kuvertüre

Zubereitungszeit: 60 Minuten, ohne Kühlzeit

Insgesamt: E: 82 g, F: 122 g, Kh: 834 g, kJ: 20556, kcal: 4911

1 Für den Teig Honig oder Sirup mit Zucker, Salz, Butter oder Margarine und Milch in einem Topf langsam erwärmen, zerlassen, in eine Rührschüssel geben, kalt stellen.

2 Unter die fast erkaltete Masse mit Handrührgerät mit Rührbesen auf höchster Stufe Eier, Aroma, Kardamom, Nelken und Zimt rühren. Mehl mit Kakao und Backpulver mischen, sieben, portionsweise auf mittlerer Stufe unterrühren. Korinthen, Mandeln und Zitronat auf mittlerer Stufe unterrühren.

3 Die Backringe auf ein Backblech (gefettet) stellen. Den Teig in die Ringe einfüllen. Das Backblech in den Backofen schieben.

Ober-/Unterhitze: 180 – 200 °C (vorgeheizt)
Heißluft: 160 – 180 °C (vorgeheizt)
Gas: Stufe 3 – 4 (vorgeheizt)
Backzeit: 10 – 15 Minuten

4 Das Gebäck sofort nach dem Backen aus den Ringen lösen und auf einem Kuchenrost erkalten lassen.

5 Zum Aprikotieren Konfitüre durch ein Sieb streichen, mit Wasser in einem kleinen Topf unter Rühren aufkochen. Das erkaltete Gebäck dünn damit bestreichen.

6 Für den Guss Kuvertüre in kleine Stücke hacken, in einem kleinen Topf im Wasserbad bei schwacher Hitze zu einer geschmeidigen Masse verrühren, das Gebäck damit überziehen. Guss fest werden lassen.

Tipp: Falls keine Backringe vorhanden sind, lassen sich Backförmchen für Liegnitzer Bomben auf einfache Weise herstellen: Alufolie so legen, dass 12-mal ein 15 cm langes Stück Folie aufeinander liegt, auf das oberste Stück Folie 2 Kreise von jeweils 15 cm Durchmesser nebeneinander aufzeichnen, so ausschneiden, dass 24 runde Folienblätter entstehen. Diese Folienblätter einzeln mit der blanken Seite auf den Boden eines umgedrehten Bechers (z. B. Joghurtbecher) legen. Die überstehende Folie fest andrücken, sodass Förmchen mit einem gleichmäßig hohen Rand entstehen, Förmchen auf ein Backblech stellen.

Liegnitzer Bomben

Linzer Torte |  ❄

Klassisch

Für den Knetteig:
200 g Weizenmehl
1 gestr. TL Backpulver
125 g Zucker
1 Pck. Vanillin-Zucker
2 Tropfen Bittermandel-Aroma
1 Msp. gemahlene Nelken
1 gestr. TL gemahlener Zimt
1 Prise Salz
$^1/_2$ Eigelb (Größe M)
1 Eiweiß (Größe M)
125 g Butter oder Margarine
125 g unabgezogene, gemahlene Mandeln

100 g Himbeerkonfitüre
$^1/_2$ Eigelb
1 TL Milch

Zubereitungszeit: 45 Minuten

Insgesamt: E: 55 g, F: 177 g, Kh: 350 g, kJ: 14117, kcal: 3372

1 Für den Teig Mehl mit Backpulver mischen, in eine Rührschüssel sieben. Zucker, Vanillin-Zucker, Aroma, Nelken, Zimt, Salz, Eigelb, Eiweiß, Butter oder Margarine und Mandeln hinzufügen. Die Zutaten mit Handrührgerät mit Knethaken zunächst kurz auf niedrigster, dann auf höchster Stufe gut durcharbeiten.

2 Anschließend auf einer bemehlten Arbeitsfläche zu einem glatten Teig verkneten. Sollte er kleben, ihn in Folie gewickelt eine Zeit lang kalt stellen.

3 Knapp die Hälfte des Teiges zu einer Platte in der Größe einer Springform (Ø 28 cm) ausrollen und 16 – 20 Streifen daraus rädern.

4 Den restlichen Teig auf dem Boden der Springform (Ø 26 cm, Boden gefettet) ausrol-

len, mit Himbeerkonfitüre bestreichen, dabei am Rand etwa 1 cm Teig frei lassen. Die Teigstreifen gitterförmig über die Konfitüre legen, auch den Rand belegen.

5 Eigelb mit Milch verschlagen, die Teigstreifen damit bestreichen. Die Form auf dem Rost in den Backofen schieben.

Ober-/Unterhitze: 180 – 200 °C (vorgeheizt)
Heißluft: 160 – 180 °C (vorgeheizt)
Gas: etwa Stufe 3 (vorgeheizt)
Backzeit: 25 – 30 Minuten

6 Kuchen aus der Form lösen und auf einem Kuchenrost erkalten lassen.

Tipp: Dieses Rezept kann auch auf einem Backblech zubereitet werden, dafür jedoch die Zutaten verdoppeln. Nach dem Backen das Gebäck in kleine Stücke schneiden. In Alufolie verpackt bleibt das Gebäck etwa 5 Tage frisch.

Linzer Torte

Lüneburger Buchweizentorte | ❄

Für Gäste – einfach

Für den Biskuitteig:
6 Eier (Größe M)
100 g Zucker
1 Pck. Vanillin-Zucker
100 g Buchweizenmehl
100 g Speisestärke
3 gestr. TL Backpulver

Zum Bestreichen:
300 g Preiselbeerkonfitüre
500 ml (¹/₂ l) Schlagsahne
2 Pck. Sahnesteif

Zum Garnieren:
eingelegte Preiselbeeren

Zubereitungszeit: 75 Minuten, ohne Abkühlzeit

Insgesamt: E: 68 g, F: 198 g, Kh: 375 g, kJ: 15483, kcal: 3700

1 Für den Teig Eier mit Handrührgerät mit Rührbesen auf höchster Stufe in 1 Minute schaumig schlagen. Zucker und Vanillin-Zucker mischen und in 1 Minute einstreuen, dann noch etwa 2 Minuten schlagen.

2 Mehl, Speisestärke und Backpulver mischen. Die Hälfte davon auf die Eiercreme sieben und kurz auf niedrigster Stufe unterrühren. Den Rest des Mehlgemisches auf die gleiche Weise unterarbeiten.

3 Den Teig in eine Springform (Ø 28 cm, Boden gefettet, mit Backpapier belegt) füllen. Form auf dem Rost in den Backofen schieben.

Ober-/Unterhitze: 180 – 200 °C (vorgeheizt)
Heißluft: 160 – 180 °C (nicht vorgeheizt)

Gas: etwa Stufe 3 (nicht vorgeheizt)
Backzeit: 30 – 35 Minuten

4 Den Biskuitboden aus der Form lösen, auf einen Kuchenrost stürzen, mitgebackenes Backpapier abziehen, Boden erkalten lassen, zweimal waagerecht durchschneiden. Die Böden mit Preiselbeerkonfitüre bestreichen und zu einer Torte zusammensetzen.

5 Die Sahne mit Sahnesteif steif schlagen. Den Tortenrand und die -oberfläche mit Sahne bestreichen. Mit einem Löffel Verzierungen eindrücken. Die Tortenmitte mit Preiselbeeren garnieren, evtl. mit Tortenguss andicken.

Tipp: Anstelle der Preiselbeerkonfitüre kann auch Pflaumenmus genommen werden. Sahnetuffs auf die Tortenoberfläche spritzen und mit je 1 Preiselbeere garnieren.

Lüneburger Buchweizentorte

Macadamia–Ananas–Kuchen | ❄

Einfach – gut vorzubereiten

Zum Vorbereiten:
*1 Dose Ananasstücke
(Abtropfgewicht 265 g)
125 g geröstete, ungesalzene
Macadamianusskerne*

Für den Teig:
*2 Eier (Größe M), 3 EL Ananassaft
100 g Zucker, 150 g Weizenmehl*

*2 TL Backpulver
100 g Kokosraspel*

Zubereitungszeit: 30 Minuten

Insgesamt: E: 57 g, F: 101 g, Kh: 272 g,
kJ: 9616, kcal: 2296

1 Zum Vorbereiten Ananasstücke in einem Sieb gut abtropfen lassen, evtl. etwas klein schneiden. Nusskerne grob hacken.

2 Für den Teig Eier und Saft mit Handrührgerät mit Rührbesen auf höchster Stufe 1 Minute schaumig schlagen. Zucker nach und nach einstreuen, Eimasse weitere 2 Minuten schlagen.

3 Mehl, Backpulver, Kokosrapsel, Ananasstücke und Nusskerne mischen, portionsweise unterrühren. Teig in eine Kastenform (11 x 20 cm, gefettet, mit Backpapier ausgelegt) füllen. Die Form auf dem Rost in den Backofen schieben.

Ober-/Unterhitze: etwa 180 °C (vorgeheizt)
Heißluft: etwa 160 °C (nicht vorgeheizt)
Gas: Stufe 2 – 3 (nicht vorgeheizt)
Backzeit: etwa 45 Minuten

4 Kuchen 10 Minuten in der Form stehen lassen, dann auf einen mit Backpapier belegten Kuchenrost legen, mitgebackenes Backpapier abziehen. Kuchen erkalten lassen.

Macadamia-Ananas-Kuchen

Macadamiaplätzchen, gefüllt |

Für Gäste – einfach

Zum Vorbereiten:
150 g Macadamianüsse (ohne Salz)

Für den Knetteig:
*300 g Weizenmehl
100 g Zucker, 1 Prise Salz
1 geh. TL gemahlener Zimt
6 Tropfen Bittermandel-Aroma
1 Eigelb (Größe M), 200 g Butter*

Zum Bestreichen:
*¹/₂ Eiweiß
1 – 2 EL Hagebuttenmark*

Zum Bestäuben:
2 – 3 EL Puderzucker

Zubereitungszeit: 100 Minuten,
ohne Kühlzeit

Insgesamt: E: 58 g, F: 271 g, Kh: 358 g,
kJ: 17779, kcal: 4248

1 Zum Vorbereiten Macadamianüsse mit einem Küchentuch leicht abtupfen, um evtl. restliche Schalen zu entfernen. 50 g fein hacken, den Rest halbieren und beiseite stellen.

2 Für den Teig Mehl in eine Rührschüssel sieben. Zucker, Salz, Zimt, Aroma, Eigelb, Butter und gehackte Macadamianüsse hinzufügen. Die Zutaten mit Handrührgerät mit Knethaken zunächst kurz auf niedrigster, dann auf höchster Stufe gut durcharbeiten.

3 Anschließend auf einer bemehlten Arbeitsfläche zu einem glatten Teig verkneten. Den Teig in Folie gewickelt 30 Minuten kalt stellen.

4 Den Teig portionsweise auf der bemehlten Arbeitsfläche etwa ¹/₂ cm dick ausrollen.

Plätzchen ausstechen und vorsichtig auf ein Backblech (mit Backpapier belegt) legen. Eiweiß verschlagen. Die Hälfte der Teigplätzchen mit Eiweiß bestreichen und mit je drei Macadamianusshälften belegen. Das Backblech in den Backofen schieben.

Ober-/Unterhitze: etwa 200 °C (vorgeheizt)
Heißluft: etwa 180 °C (vorgeheizt)
Gas: Stufe 3 – 4 (vorgeheizt)
Backzeit: etwa 10 Minuten

5 Plätzchen mit dem Backpapier vom Backblech ziehen und auf einem Kuchenrost erkalten lassen.

6 Die Plätzchen ohne Macadamianusshälften mit Hagebuttenmark bestreichen. Je ein mit Macadamianüssen belegtes Plätzchen darauf legen. Plätzchen mit Puderzucker bestäuben.

Madeleines | 🧁

Klassisch – für Kinder

Für den Rührteig:
250 g Butter oder Margarine
250 g Zucker, 1 Prise Salz
1 Pck. Finesse Orangenschalen-Aroma
5 Eier (Größe M), 250 g Weizenmehl
1 Msp. Backpulver

30 g zerlassene Butter

Nach Belieben:
50 g aufgelöste Zartbitterschokolade
etwas Puderzucker

Zubereitungszeit: 35 Minuten,
ohne Abkühlzeit

Insgesamt: E: 46 g, F: 280 g, Kh: 280 g,
kJ: 16396, kcal: 3917

1 Für den Teig Butter oder Margarine mit
Handrührgerät mit Rührbesen auf höchster
Stufe geschmeidig rühren, nach und nach
Zucker, Salz und Aroma unterrühren. So lange
rühren, bis eine gebundene Masse entstanden ist. Eier nach und nach unterrühren
(jedes Ei etwa 1/2 Minute). Mehl mit
Backpulver mischen, sieben, portionsweise
auf mittlerer Stufe unterrühren.

2 Madeleine-Förmchen mit zerlassener Butter sehr gut fetten, den Teig in die Förmchen
füllen (dürfen nur zu drei Viertel gefüllt sein).
Die Förmchen auf ein Backblech setzen. Das
Backblech in den Backofen schieben.

Ober-/Unterhitze: 180 – 200 °C (vorgeheizt)
Heißluft: 160 – 180 °C (vorgeheizt)
Gas: etwa Stufe 3 (vorgeheizt)
Backzeit: etwa 15 Minuten

3 Das Gebäck aus den Förmchen lösen und
auf einem Kuchenrost erkalten lassen.

4 Nach Belieben die Enden der Madeleines
in aufgelöste Schokolade tauchen oder mit
Puderzucker bestäuben.

Tipp: Sie können den Teig auch in kleinen
Papierbackförmchen backen, ergibt etwa
25 Stück. Backzeit etwa 25 Minuten bei
gleicher Temperatur.

Madeleines

Maisbrot mit Pfefferschoten und Erdnüssen | 🧁 ❄

Gut vorzubereiten – für Gäste

250 g Maisgrieß
125 g Weizenmehl
1 Pck. Backpulver
1 TL Salz, 1 EL brauner Zucker
1 gestr. TL gemahlener Zimt
1 gestr. TL gemahlener Pfeffer
1/2 gestr. TL gerebelter Thymian
1/2 gestr. TL geriebene Muskatnuss
5 Eier (Größe M)
*1 gestr. EL grüne entkerne
Peperonistreifen*
100 g geraspelter Cheddar-Käse

80 g zerlassene Butter
50 g gehackte, gesalzene Erdnusskerne

Zubereitungszeit: 30 Minuten

Insgesamt: E: 116 g, F: 158 g, Kh: 321 g,
kJ: 13751, kcal: 3288

1 Maisgrieß, Mehl und Backpulver in einer
Rührschüssel mischen. Salz, Zucker und Ge-
würze hinzufügen. Eier mit Handrührgerät mit
Rührbesen unterrühren. Peperonistreifen, Käse,
Butter und Erdnusskerne unterrühren.

2 Einen Backrahmen (25 x 25 cm) auf ein
Backblech (gefettet, mit Backpapier belegt)
stellen. Den Teig hineinfüllen und glatt streichen. Das Backblech in den Backofen schieben.

Ober-/Unterhitze: etwa 180 °C (vorgeheizt)
Heißluft: etwa 160 °C (nicht vorgeheizt)
Gas: Stufe 2 – 3 (nicht vorgeheizt)
Backzeit: etwa 35 Minuten

3 Den Backrahmen vorsichtig mit einem
Messer lösen und entfernen. Das Maisbrot
auf einen Kuchenrost legen und erkalten lassen, anschließend in Scheiben schneiden.

143

Makronentorte auf Knetteigboden |

Einfach

Für den Knetteig:
125 g Weizenmehl
1 EL Zucker, 1 Pck. Vanillin-Zucker
1 Prise Salz, 2 Eigelb (Größe M)
75 g Butter oder Margarine

Für den Belag:
1 Glas Mirabellen (Abtropfgewicht 350 g)

Für die Makronenmasse:
3 Eiweiß (Größe M)
150 g Zucker
1 Pck. Amaretto-Bittermandel-Aroma
1 EL Speisestärke
250 g abgezogene, gemahlene Mandeln

Zum Verzieren:
1 EL Johannisbeer- oder Himbeergelee

Zubereitungszeit: 35 Minuten

Insgesamt: E: 82 g, F: 207 g, Kh: 334 g, kJ: 15761, kcal: 3764

1 Für den Teig Mehl in eine Rührschüssel sieben. Zucker, Vanillin-Zucker, Salz, Eigelb und Butter oder Margarine hinzufügen. Die Zutaten mit Handrührgerät mit Knethaken zunächst kurz auf niedrigster, dann auf höchster Stufe gut durcharbeiten.

2 Anschließend auf einer bemehlten Arbeitsfläche zu einem glatten Teig verkneten. Sollte er kleben, ihn in Folie gewickelt eine Zeit lang kalt stellen.

3 Teig auf dem Boden einer Springform (Ø 26 cm, Boden gefettet) ausrollen und mehrmals mit einer Gabel einstechen. Einen Springformrand darumlegen.

4 Für den Belag Mirabellen in einem Sieb gut abtropfen lassen und entsteinen.

5 Für die Makronenmasse Eiweiß sehr steif schlagen, Zucker nach und nach unterschlagen, Aroma und die mit Speisestärke gemischten Mandeln vorsichtig unterrühren. Die Makronenmasse auf den Teigboden geben und glatt streichen. Mirabellen darauf legen.

6 Zum Verzieren Gelee in ein Pergamentpapiertütchen füllen, eine kleine Spitze abschneiden und dekorativ auf die Torte spritzen. Die Form auf dem Rost in den Backofen schieben.

Ober-/Unterhitze: 160 – 180 °C (vorgeheizt)
Heißluft: 140 – 160 °C (nicht vorgeheizt)
Gas: etwa Stufe 2 (nicht vorgeheizt)
Backzeit: 40 – 50 Minuten

7 Torte nach dem Backen aus der Form lösen und auf einem Kuchenrost erkalten lassen.

Makronentorte auf Knetteigboden

Malakoff-Torte |

Gut vorzubereiten – für Gäste

Für die Creme:
150 g Butter oder Margarine
125 g feinkörniger Zucker
1 Pck. Vanillin-Zucker, 3 Eigelb (Größe M)
150 g abgezogene, gemahlene Mandeln
125 ml (¹/₈ l) Schlagsahne

Für den Boden:
250 ml (¹/₄ l) Milch, 1 Pck. Vanillin-Zucker
3 – 4 EL Rum, 250 g Löffelbiskuits

Zum Bestreichen:
500 ml (¹/₂ l) Schlagsahne
2 TL Zucker, 2 Pck. Sahnesteif

Zum Garnieren:
einige kandierte Veilchen

Zubereitungszeit: 40 Minuten,
ohne Kühlzeit

Insgesamt: E: 76 g, F: 357 g, Kh: 324 g,
kJ: 21491, kcal: 5133

1 Für die Creme Butter oder Margarine mit
Handrührgerät mit Rührbesen auf höchster Stufe
geschmeidig rühren. Nach und nach Zucker
und Vanillin-Zucker hinzufügen. So lange rühren, bis eine gebundene Masse entstanden ist.
Eigelb nach und nach unterrühren (jedes
Eigelb knapp ¹/₂ Minute). Mandeln und Sahne
auf mittlerer Stufe unterrühren.

2 Für den Boden Milch mit Vanillin-Zucker
und Rum verrühren. Die Löffelbiskuits kurz in
der Milchmischung wenden.

3 Einen Springformrand (Ø 26 cm) auf eine
Tortenplatte setzen. Die Hälfte der Löffelbiskuits hineinlegen, die Hälfte der Creme darauf
streichen. Die restlichen Löffelbiskuits und die
restliche Creme darauf geben, glatt streichen.
Torte 3 – 4 Stunden kalt stellen.

4 Zum Bestreichen Sahne mit Zucker und
Sahnesteif steif schlagen. Springformrand
lösen und entfernen.

5 Tortenoberfläche und -rand mit der Sahne
bestreichen. In die Tortenoberfläche mit einem Teelöffel kleine „Krater" eindrücken. Mit
Veilchen garnieren.

Malakoff-Torte

Malzkräcker |

Preiswert – für Gäste – gut vorzubereiten

Für den Knetteig:
200 g Roggenmehl (Type 1150)
200 g Weizenmehl (Type 550)
1 Pck. Sauerteig-Extrakt
(15 g, Reformhaus)
¹/₂ gestr. TL gemahlener Koriander
1 gestr. TL Salz
200 ml lauwarmes Wasser
2 EL Obstessig
50 g Gerstenmalz
(Reformhaus)

Zubereitungszeit: 2 Stunden,
ohne Kühlzeit

Insgesamt: E: 45 g, F: 7 g, Kh: 308 g,
kJ: 6567, kcal: 1569

1 Für den Teig Roggen- und Weizenmehl,
Sauerteig-Extrakt, Koriander und Salz in einer
Rührschüssel mischen. Wasser, Essig und
Gerstenmalz hinzufügen. Die Zutaten mit
Handrührgerät mit Knethaken zunächst kurz
auf niedrigster, dann auf höchster Stufe gut
durcharbeiten.

2 Anschließend auf der bemehlten Arbeitsfläche zu einem glatten Teig verkneten. Den
Teig in Folie gewickelt etwa 60 Minuten kalt
stellen.

3 Den Teig auf der bemehlten Arbeitsfläche
nochmals kurz durchkneten und in mehreren
Portionen sehr dünn (etwa 1 mm) ausrollen. Den
Teig mit einem Teigrädchen oder Pizzaschneider
in Rechtecke von etwa 3 x 4 cm schneiden und
auf Backbleche (gefettet, mit Backpapier belegt) legen. Backbleche nacheinander (bei
Heißluft zusammen) in den Backofen schieben.

Ober-/Unterhitze: etwa 180 °C (vorgeheizt)
Heißluft: etwa 160 °C (vorgeheizt)
Gas: Stufe 2 – 3 (vorgeheizt)
Backzeit: 10 – 15 Minuten pro Backblech

4 Gebäck vom Backpapier nehmen und auf
einem Kuchenrost erkalten lassen.

Mandarinenomeletts | 🥧 🥧 🥧

Für Gäste

Für den Teig:
3 Eier (Größe M)
60 g Zucker
1 Pck. Vanillin-Zucker
50 g Weizenmehl
50 g Speisestärke
100 g zerlassene abgekühlte Butter

Zum Bestäuben:
Puderzucker

Für die Füllung:
2 gestr. TL Gelatine, weiß
3 EL kaltes Wasser
1 Dose Mandarinenspalten
(Abtropfgewicht 235 g)
2 EL Zitronensaft
2 EL Mandarinensaft
20 g Zucker
375 ml (³/₈ l) Schlagsahne

Zubereitungszeit: 60 Minuten,
ohne Kühlzeit

Insgesamt: E: 38 g, F: 213 g, Kh: 260 g,
kJ: 13423, kcal: 3209

Als Vorarbeit: 30 cm breite Alufolie so falzen, dass 7 mal ein 15 cm langes Stück aufeinander liegt. Zwei Kreise von jeweils 15 cm Durchmesser nebeneinander aufzeichnen, ausschneiden, sodass 14 runde Folienblätter entstehen, diese über den Boden einer Konservendose (Ø etwa 10 cm) legen, sodass Förmchen mit einem 2 cm hohen Rand entstehen.

1 Für den Teig Eier, Zucker und Vanillin-Zucker in eine Rührschüssel geben, im Wasserbad mit Handrührgerät mit Rührbesen auf höchster Stufe in 1 Minute schaumig schlagen, Schüssel aus dem Wasserbad nehmen, die Masse in etwa 5 Minuten kalt schlagen.

2 Mehl mit Speisestärke mischen, auf die Eiercreme sieben, kurz auf niedrigster Stufe unterrühren, dabei Butter nach und nach hinzufügen.

3 Den Teig auf die gut gefetteten Folienförmchen verteilen, auf ein Backblech stellen, in den Backofen schieben.

Ober-/Unterhitze: 200 – 220 °C (vorgeheizt)
Heißluft: 180 – 200 °C (vorgeheizt)
Gas: etwa Stufe 4 (vorgeheizt)
Backzeit: 10 – 15 Minuten

4 Die Omeletts sofort nach dem Backen aus den Förmchen lösen, zur Hälfte leicht überschlagen (am besten über einen Rühr-löffel), erkalten lassen, leicht mit Puderzucker bestäuben.

5 Für die Füllung Gelatine nach Packungsanleitung quellen lassen und auflösen. Mandarinen abtropfen lassen, Saft auffangen, 2 Esslöffel abmessen. Zitronen- und Mandarinensaft und Zucker unter Rühren auflösen, Gelatine unterrühren. Sahne fast steif schlagen, in einen Spritzbeutel geben und in die Omeletts spritzen. Mit Mandarinenspalten garnieren.

Mandarinenomeletts

Mandelbögen |

Für die Weihnachtsbäckerei

Für den Teig:
160 g abgezogene, gemahlene Mandeln
1 ¹/₂ geh. EL Weizenmehl
3 Eiweiß (Größe M)
1 Prise Salz, 150 g feiner Zucker
1 Pck. Vanillin-Zucker
1 Msp. gemahlener Zimt
1 Eigelb (Größe M)

Zum Bestreuen:
40 g abgezogene, gehobelte Mandeln
oder 40 g gehackte Pistazienkerne
oder 40 g Hagelzucker

Zubereitungszeit: 45 Minuten

Insgesamt: E: 55 g, F: 112 g, Kh: 184 g,
kJ: 8810, kcal: 2103

1 Für den Teig Mandeln mit Mehl mischen.
Eiweiß mit Salz in einer Rührschüssel mit
Handrührgerät mit Rührbesen sehr steif schlagen. Zucker, Vanillin-Zucker und Zimt nach
und nach unterrühren.

2 Die Mandel-Mehl-Mischung und das Eigelb
hinzufügen. So lange rühren, bis eine gebundene Masse enstanden ist.

3 Die Masse in einen Spritzbeutel mit Lochtülle füllen und auf ein Backblech (gefettet, mit
Backpapier belegt) in großen Abständen walnussgroße Kugeln spritzen, mit Mandeln,
Pistazien oder Hagelzucker bestreuen. Das
Backblech in den Backofen schieben.

Ober-/Unterhitze: etwa 180 °C (vorgeheizt)
Heißluft: etwa 160 °C (vorgeheizt)
Gas: Stufe 2–3 (vorgeheizt)
Backzeit: 8–10 Minuten

4 Das Backblech auf einen Kuchenrost stellen, die Plätzchen einzeln, schnell vom Backpapier lösen, sofort über einer Teigrolle zu
Bögen biegen. Bögen auf einem Kuchenrost
erkalten lassen.

Tipp: Die Mandelbögen mit heller oder dunkler Kuvertüre verzieren.

Mandelbögen

Mandelbrot | ❄

Gut vorzubereiten

Für den Quark-Öl-Teig:
300 g Weizenmehl
1 Pck. Backpulver
125 g Magerquark
3 EL Milch, 5–6 EL Speiseöl
1 Ei (Größe M)
1 Prise Salz
60 g Zucker, 1 Pck. Vanillin-Zucker

Kondensmilch zum Bestreichen

Für die Füllung:
*175 g abgezogene, gemahlene
Mandeln*
100 g gesiebter Puderzucker
1 Ei (Größe M), 1 TL Rosenwasser
2 Tropfen Bittermandel-Aroma

50 g gehackte Haselnusskerne

Zubereitungszeit: 30 Minuten

Insgesamt: E: 107 g, F: 214 g, Kh: 403 g,
kJ: 17592, kcal: 4201

1 Für den Teig Mehl mit Backpulver mischen, in eine Rührschüssel sieben. Restliche
Zutaten hinzufügen, mit Handrührgerät mit
Knethaken auf höchster Stufe in etwa 1 Minute zu einem Teig verarbeiten (nicht zu lange, Teig klebt sonst).

2 Anschließend auf einer bemehlten Arbeitsfläche zu einer Rolle formen und zu einem
Rechteck (etwa 30 x 50 cm) ausrollen (die
kurze Rechteckseite muss der Länge der Kastenform entsprechen), dünn mit Kondensmilch
bestreichen.

3 Für die Füllung Mandeln mit Puderzucker
mischen, Ei, Rosenwasser und Aroma unterrühren. Mandelmasse auf den Teig geben.
Haselnusskerne darüber streuen, etwas
andrücken.

4 Teig von der kürzeren Seite her aufrollen,
in eine Kastenform (30 x 11 cm, gefettet)
legen, mit einem Messer eine Zickzacklinie
etwa ¹/₂ cm tief in die Teigoberfläche einschneiden. Die Form auf dem Rost in den
Backofen schieben.

Ober-/Unterhitze: etwa 180 °C (vorgeheizt)
Heißluft: etwa 160 °C (nicht vorgeheizt)
Gas: Stufe 2–3 (nicht vorgeheizt)
Backzeit: etwa 45 Minuten

5 Das Brot aus der Form lösen, auf einem
Kuchenrost erkalten lassen.

Mandelgusstorte |

Einfach

Für den Teig:
150 g TK-Blätterteig
(2 rechteckige Platten)

1 EL Semmelbrösel zum Bestreuen

Für den Belag:
300 g TK-Himbeeren oder
Johannisbeeren
1 gestr. EL Speisestärke

Für den Guss:
3 Eigelb (Größe M)
100 g Zucker
1/2 Pck. Finesse Geriebene
Zitronenschale
100 g abgezogene, gemahlene Mandeln
3 Eiweiß (Größe M)

Puderzucker zum Bestäuben

Zubereitungszeit: 40 Minuten,
ohne Auftau- und Ruhezeit

Insgesamt: E: 54 g, F: 112 g, Kh: 213 g,
kJ: 9056, kcal: 2164

1 Für den Teig Blätterteig zugedeckt nach Packungsanleitung auftauen lassen. Teigplatten übereinander legen, auf einem Springformboden (Ø 26 cm, gefettet) ausrollen. Teig mehrmals mit einer Gabel einstechen. Teig 20 Minuten ruhen lassen. Einen Springformrand darumstellen. Die Form auf dem Rost in den Backofen schieben und den Teig vorbacken.

Ober-/Unterhitze: etwa 180 °C (vorgeheizt)
Heißluft: etwa 160 °C (vorgeheizt)
Gas: Stufe 2–3 (vorgeheizt)
Backzeit: etwa 10 Minuten

2 Die Form auf einen Kuchenrost stellen. Den Boden mit Semmelbröseln bestreuen.

3 Für den Belag die gefrorenen Himbeeren oder Johannisbeeren so auf dem Boden verteilen, dass am Rand 1 cm frei bleibt. Speisestärke darüber streuen.

4 Für den Guss Eigelb mit Zucker schaumig schlagen. Zitronenschale und Mandeln unterrühren. Das Eiweiß steif schlagen, unter die Eigelbmasse heben. Die Masse auf den Früchten verteilen. Die Form wieder auf dem Rost in den Backofen schieben und die Torte fertig backen.

Ober-/Unterhitze: etwa 180 °C (vorgeheizt)
Heißluft: etwa 160 °C (nicht vorgeheizt)
Gas: Stufe 2–3 (nicht vorgeheizt)
Backzeit: 35–40 Minuten

5 Die Torte aus der Form lösen und auf einem Kuchenrost erkalten lassen. Torte mit Puderzucker bestäuben.

Mandelgusstorte

Mandelkuchen mit Schokolade | ❄

Klassisch – gut vorzubereiten

Für den Rührteig:
250 g Butter oder Margarine
200 g Zucker, 1 Pck. Vanillin-Zucker
1 Prise Salz
3 Tropfen Bittermandel-Aroma
5 Eier (Größe M), 200 g Weizenmehl
50 g Speisestärke
1 gestr. TL Backpulver
150 g Zartbitterschokolade
150 g abgezogene, gemahlene Mandeln

Zubereitungszeit: 35 Minuten

Insgesamt: E: 104 g, F: 365 g, Kh: 492 g, kJ: 24774, kcal: 5919

1 Für den Teig Butter oder Margarine mit Handrührgerät mit Rührbesen auf höchster Stufe geschmeidig rühren. Nach und nach Zucker, Vanillin-Zucker, Salz und Aroma hinzufügen. So lange rühren, bis eine gebundene Masse entstanden ist.

2 Eier nach und nach unterrühren (jedes Ei etwa ½ Minute). Mehl mit Speisestärke und Backpulver mischen, sieben, portionsweise auf mittlerer Stufe unterrühren.

3 Schokolade in kleine Stücke schneiden, mit den Mandeln unter den Teig heben. Teig in eine Kastenform (30 x 11 cm, gefettet, mit Backpapier belegt) füllen. Die Form auf dem Rost in den Backofen schieben.

Ober-/Unterhitze: 160 – 180 °C (vorgeheizt)
Heißluft: 150 – 160 °C (nicht vorgeheizt)
Gas: etwa Stufe 2 (nicht vorgeheizt)
Backzeit: 65 – 75 Minuten

4 Den Kuchen mit dem Backpapier aus der Form nehmen, auf einem Kuchenrost erkalten lassen. Backpapier entfernen.

Mandel-Mokkacreme-Torte |

Raffiniert – Für Gäste

Für den Biskuitteig:
1 EL Instant-Kaffeepulver
75 ml heißes Wasser
3 Eier (Größe M)
100 g Zucker
1 Pck. Bourbon Vanille-Zucker
100 g Semmelbrösel
100 g abgezogene, gemahlene Mandeln
½ gestr. TL Backpulver

Für die Füllung:
6 Blatt weiße Gelatine
325 ml Wasser, 125 g Zucker
2 gehäufte EL Instant-Kaffeepulver
500 ml (½ l) Schlagsahne

Zubereitungszeit: 45 Minuten, ohne Kühlzeit

Insgesamt: E: 73 g, F: 231 g, Kh: 327 g, kJ: 15977, kcal: 3818

1 Für den Teig Instant-Kaffeepulver in heißem Wasser auflösen. Eier in eine Rührschüssel geben und mit dem Kaffee mit Handrührgerät mit Rührbesen auf höchster Stufe in 1 Minute schaumig schlagen. Zucker und Vanille-Zucker mischen, in 1 Minute einstreuen, noch 2 Minuten weiter schlagen.

2 Semmelbrösel mit Mandeln und Backpulver mischen und unter die Eiercreme heben. Den Teig in eine Springform (Ø 26 cm, Boden gefettet, mit Backpapier belegt) füllen, glatt streichen. Die Form auf dem Rost in den Backofen schieben.

Ober-/Unterhitze: etwa 180 °C (vorgeheizt)
Heißluft: etwa 160 °C (vorgeheizt)
Gas: Stufe 2 – 3 (vorgeheizt)
Backzeit: etwa 25 Minuten

3 Boden aus der Form lösen, auf einen mit Backpapier belegten Kuchenrost stürzen, mitgebackenes Backpapier vorsichtig abziehen. Boden erkalten lassen, einmal waagerecht durchschneiden.

4 Für die Füllung Gelatine in kaltem Wasser nach Packungsanleitung einweichen. 100 ml Wasser mit Zucker in einem kleinen Topf zum Kochen bringen und etwa 2 Minuten einkochen. Restliches Wasser (225 ml) erhitzen, Instant-Kaffeepulver unterrühren, auflösen und zu der Zuckerlösung geben. Gelatine ausdrücken und unter Rühren in der Kaffeelösung vollständig auflösen, kalt stellen. Wenn die Masse anfängt dicklich zu werden (3 Teelöffel davon abnehmen, in ein Pergamentpapiertütchen füllen und beiseite legen). Sahne steif schlagen und unterheben.

5 Den unteren Tortenboden auf eine Tortenplatte legen, einen Tortenring darumlegen. Gut die Hälfte der Kaffee-Sahne darauf geben, glatt streichen und mit dem oberen Tortenboden bedecken. Restliche Kaffee-Sahne darauf verteilen. Mit der Kaffeemasse aus dem Pergamentpapiertütchen verzieren.

6 Torte 2 Stunden kalt stellen, Tortenring lösen und entfernen. Nach Belieben den Rand mit Mandeln bestreuen.

Mandel-Mokkacreme-Torte

Mandelringe

Mandelringe |

Preiswert – gut vorzubereiten – für Kinder

Für den Knetteig:
375 g Weizenmehl
2 Pck. Vanillin-Zucker
5 EL Buttermilch
250 g Butter oder Margarine

Zum Bestreichen:
1 Eigelb, 1 EL Milch

Zum Bestreuen:
75 g Zucker
¹/₂ TL gemahlener Zimt
50 g abgezogene, gehackte Mandeln

Zubereitungszeit: 70 Minuten

Insgesamt: E: 57 g, F: 242 g, Kh: 376 g, kJ: 17031, kcal: 4069

1 Für den Teig Mehl in eine Rührschüssel sieben. Vanillin-Zucker, Buttermilch und Butter oder Margarine hinzufügen. Die Zutaten mit Handrührgerät mit Knethaken zunächst kurz auf niedrigster, dann auf höchster Stufe gut durcharbeiten.

2 Anschließend auf der bemehlten Arbeitsfläche zu einem glatten Teig verkneten. Sollte er kleben, ihn in Folie gewickelt eine Zeit lang kalt stellen.

3 Den Teig auf der bemehlten Arbeitsfläche nochmals kurz durchkneten, etwa ¹/₂ cm dick ausrollen und mit einer runden gezackten Form (Ø etwa 7 cm) Plätzchen ausstechen. Die Plätzchen in der Mitte nochmals ausstechen (Ø etwa 3 cm), so dass Ringe entstehen. Die Teigringe auf ein Backblech (gefettet, mit Backpapier belegt) legen. Mit den Teigresten ebenso verfahren.

4 Zum Bestreichen Eigelb und Milch verschlagen. Die Teigringe mit der Eigelbmilch bestreichen.

5 Zum Bestreuen Zucker und Zimt mischen. Die Teigringe mit der Zucker-Zimt-Mischung und den Mandeln bestreuen. Das Backblech in den Backofen schieben.

Ober-/Unterhitze: 180 – 200 °C (vorgeheizt)
Heißluft: 160 – 180 °C (vorgeheizt)
Gas: etwa Stufe 3 (vorgeheizt)
Backzeit: etwa 12 Minuten

6 Die Mandelringe vom Backblech lösen und auf einem Kuchenrost erkalten lassen.

Tipp: Die Buttermilch kann auch durch 100 g Crème fraîche oder saure Sahne ersetzt werden.

Mandelsplittertrüffel |

Gut vorzubereiten

Für die Trüffelmasse:
125 g Butter
2 geh. EL gesiebter Puderzucker
250 g Halbbitter-Kuvertüre
5 EL Mandellikör
75 g geröstete Mandelsplitter

Für den Guss:
150 g Vollmilch-Kuvertüre

30 g weiße Raspelschokolade

Zubereitungszeit: 60 Minuten,
ohne Kühlzeit

Insgesamt: E: 26 g, F: 260 g, Kh: 276 g,
kJ: 15668, kcal: 3744

1 Für die Trüffelmasse Butter und Puderzucker mit Handrührgerät mit Rührbesen auf höchster Stufe geschmeidig rühren.

2 Kuvertüre in Stücke hacken, in einem kleinen Topf im Wasserbad bei schwacher Hitze zu einer geschmeidigen Masse verrühren, etwas abkühlen lassen (die Kuvertüre sollte flüssig, jedoch nicht mehr zu warm sein).

3 Mandellikör mit der Kuvertüre unter die Buttermasse rühren. Die Masse in einen Spritzbeutel mit Lochtülle füllen und auf Pergamentpapier oder in kleine Pralinenförmchen spritzen.

4 Auf jedes Häufchen einige Mandelsplitter drücken und die Trüffel im Kühlschrank erkalten lassen.

5 Für den Guss Vollmilch-Kuvertüre in Stücke hacken, in einem kleinen Topf im Wasserbad bei schwacher Hitze geschmeidig rühren, die Trüffel damit überziehen und mit Raspelschokolade bestreuen.

Tipp: Mandelsplittertrüffel in eine Geschenkdose füllen. Dose in Zellophan verpackt verschenken.

Mandelsplittertrüffel

Mandelstollen |

Zum Verschenken – gut vorzubereiten

Für den Knetteig:
500 g Weizenmehl
3 gestr. TL Backpulver
100 g Zucker, 2 Pck. Vanillin-Zucker
1/2 TL Finesse Geriebene Zitronenschale

1 Prise Salz, 2 Eier (Größe M)
1 Eiweiß (Größe M)
250 ml (1/4 l) Milch
100 g Butter
100 g abgezogene, gemahlene Mandeln

Zum Bestreichen:
1 Eigelb

Zum Bestreuen:
50 g Zucker
50 g abgezogene, gestiftelte Mandeln

Zubereitungszeit: 35 Minuten

Insgesamt: E: 114 g, F: 195 g, Kh: 555 g,
kJ: 19547, kcal: 4669

1 Für den Teig Mehl mit Backpulver mischen, in eine Rührschüssel sieben. Zucker, Vanillin-Zucker, Zitronenschale, Salz, Eier, Eiweiß, Milch und Butter hinzufügen. Die Zutaten mit Handrührgerät mit Knethaken zunächst kurz auf niedrigster, dann auf höchster Stufe gut durcharbeiten.

2 Anschließend mit den Mandeln auf der bemehlten Arbeitsfläche zu einem glatten Teig verkneten. Sollte er kleben, ihn in Folie gewickelt eine Zeit lang kalt stellen.

3 Aus dem Teig 3 kleine Stollen formen. Diese auf ein Backblech (mit Backpapier belegt) legen und mit verschlagenem Eigelb bestreichen. Stollen mit Zucker und Mandeln bestreuen. Das Backblech in den Backofen schieben.

Ober-/Unterhitze: etwa 180 °C (vorgeheizt)
Heißluft: etwa 160 °C (nicht vorgeheizt)
Gas: Stufe 2 – 3 (nicht vorgeheizt)
Backzeit: 30 – 40 Minuten

4 Die Stollen vom Backpapier lösen und auf einem Kuchenrost erkalten lassen.

Tipp: Stollenteig zu Rollen formen, mit einer Teigrolle der Länge nach je eine Vertiefung eindrücken. Die linke Seite zur Hälfte auf die rechte Seite schlagen. Den mittleren Teil mit den Händen nachformen.

Mandelstollen

Mangoldpäckchen | 🛍️ 🛍️ 🛍️

Für Gäste – raffiniert

Für den Knetteig:
250 g Weizenmehl
100 ml lauwarmes Wasser
1 Eigelb (Größe M)
3 EL Speiseöl, 1/2 gestr. TL Salz

Zum Bestreichen:
Speiseöl

Für die Füllung:
350 g Mangold, 200 g Möhren
1 mittelgroße Zwiebel
2 EL Speiseöl, 1 Prise Salz
1 Prise gemahlener Pfeffer
1 Prise Cayennepfeffer
200 g Hähnchenbrustfilet
6 EL Semmelbrösel

Zubereitungszeit: 70 Minuten,
ohne Kühlzeit

Insgesamt: E: 92 g, F: 72 g, Kh: 245 g,
kJ: 8750, kcal: 2092

1 Für den Teig Mehl in eine Rührschüssel
sieben. Wasser, Eigelb, Öl und Salz hinzufügen. Die Zutaten mit Handrührgerät mit Knethaken zunächst kurz auf niedrigster, dann auf
höchster Stufe gut durcharbeiten.

2 Anschließend auf einer bemehlten Arbeitsfläche zu einem glatten Teig verkneten. Den
Teig in Folie gewickelt 1 Stunde kalt stellen.

3 Für die Füllung Mangold putzen, mehrmals
waschen, abtropfen lassen und Stiele herausschneiden. Stiele evtl. abziehen und würfeln.
Blattgrün in schmale Streifen schneiden.
Möhren putzen, schälen, waschen. Zwiebel
abziehen. Möhren und Zwiebel in Würfel
schneiden.

4 Zwiebelwürfel in erhitztem Öl in einer
Pfanne glasig dünsten. Mangoldstiel- und
Möhrenwürfel hinzufügen und 5 Minuten
dünsten. Mangoldgrün hinzufügen und kurz
mit andünsten. Gemüse mit Salz, Pfeffer und
Cayennepfeffer würzen, abkühlen lassen.

5 Hähnchenbrustfilet kalt abspülen, trocken
tupfen, in kleine Würfel schneiden und unter
das Gemüse heben.

6 Teig auf der bemehlten Arbeitsfläche nochmals gut durchkneten. Den Teig halbieren, die
Teighälften jeweils nacheinander auf einem
mit Mehl bestreuten Geschirrtuch zu einem
dünnen Rechteck (etwa 42 x 56 cm) ausrollen
und mit Öl bestreichen.

7 Die Teigrechtecke in Quadrate (etwa
14 x 14 cm) schneiden. In die Mitte jedes
Quadrates Semmelbrösel streuen und etwa
2 Teelöffel der Füllung darauf geben. Teigränder wellenartig über die Füllung legen, sodass
Teigpäckchen entstehen und die Teigränder
leicht andrücken.

8 Päckchen auf zwei Backbleche (gefettet,
mit Backpapier belegt) legen. Backbleche
nacheinander (bei Heißluft zusammen) in den
Backofen schieben.

Ober-/Unterhitze: etwa 200 °C (vorgeheizt)
Heißluft: etwa 180 °C (vorgeheizt)
Gas: Stufe 3 – 4 (vorgeheizt)
Backzeit: etwa 25 Minuten pro Backblech

Tipp: Joghurt dazureichen.

Mangoldpäckchen

Maracujatorte |

Raffiniert – etwas teurer

Für den Knetteig:
100 g Weizenmehl
10 g Kakaopulver
1 Msp. Backpulver
40 g Zucker, 1 Pck. Vanillin-Zucker
80 g Butter oder Margarine

Für den Biskuitteig:
2 Eier (Größe M)
1 EL heißes Wasser
50 g Zucker, 1 Pck. Vanillin-Zucker
40 g Weizenmehl
15 g Speisestärke, 5 g Kakaopulver
1/2 gestr. TL Backpulver

Zum Bestreichen:
2 EL Aprikosenkonfitüre

Für die Füllung:
6 Blatt weiße Gelatine
500 ml (1/2 l) Schlagsahne
2 Becher (je 150 g) Crème fraîche
50 g Zucker
125 ml (1/8 l) Weißwein
300 g Maracuja oder Passionsfrucht
gut 3 EL Orangensaft
2 EL Zucker

Zum Bestreichen:
2 EL Aprikosenkonfitüre

Zum Bestreuen:
3 EL abgezogene, gehobelte, gebräunte Mandeln

Zum Garnieren:
1 Bio-Limette (unbehandelt, ungewachst), in feine Streifen oder Scheiben geschnitten

Zubereitungszeit: 90 Minuten, ohne Quell- und Kühlzeit

Insgesamt: E: 108 g, F: 345 g, Kh: 410 g, kJ: 22709, kcal: 5427

1 Für den Knetteig Mehl, Kakao und Backpulver mischen, in eine Rührschüssel sieben.

Zucker, Vanillin-Zucker und Butter oder Margarine hinzufügen. Die Zutaten mit Handrührgerät mit Knethaken zunächst kurz auf niedrigster, dann auf höchster Stufe gut durcharbeiten.

2 Anschließend auf der bemehlten Arbeitsfläche zu einem glatten Teig verkneten, sollte er kleben, ihn in Folie gewickelt eine Zeit lang kalt stellen.

3 Den Teig auf dem Boden einer Springform (Ø 26 cm, Boden gefettet) ausrollen und mehrmals mit einer Gabel einstechen. Springformrand darumlegen. Form auf dem Rost in den Backofen schieben.

Ober-/Unterhitze: 200 – 220 °C (vorgeheizt)
Heißluft: 180 – 200 °C (vorgeheizt)
Gas: etwa Stufe 4 (vorgeheizt)
Backzeit: etwa 15 Minuten

4 Den Boden sofort nach dem Backen vom Springformboden lösen, aber darauf erkalten lassen.

5 Für den Biskuitteig Eier und Wasser mit Handrührgerät mit Rührbesen auf höchster Stufe in 1 Minute schaumig schlagen. Zucker mit Vanillin-Zucker mischen, in 1 Minute einstreuen, dann noch etwa 2 Minuten schlagen.

6 Mehl mit Speisestärke, Kakao und Backpulver mischen, auf die Eiercreme sieben, kurz auf niedrigster Stufe unterrühren. Den Teig in eine Springform (Ø 26 cm, Boden gefettet, mit Backpapier belegt) füllen. Die Form auf dem Rost in den Backofen schieben.

Ober-/Unterhitze: 180 – 200 °C (vorgeheizt)
Heißluft: 160 – 180 °C (vorgeheizt)
Gas: Stufe 3 – 4 (vorgeheizt)
Backzeit: etwa 20 Minuten

7 Den Biskuitboden aus der Form lösen, auf einen Kuchenrost stürzen, mitgebackenes Backpapier abziehen, Boden erkalten lassen. Den Knetteigboden auf eine Tortenplatte legen, mit Konfitüre bestreichen, mit dem Biskuitboden bedecken, einen Tortenring darumstellen.

Maracujatorte

8 Für die Füllung Gelatine in kaltem Wasser nach Packungsanleitung einweichen. Sahne steif schlagen (etwas Sahne beiseite stellen). Crème fraîche, Zucker und Wein verrühren, unter die Sahne rühren.

9 Eingeweichte Gelatine ausdrücken, unter Rühren erwärmen (nicht kochen), bis sie völlig gelöst ist, leicht abkühlen lassen. Die Hälfte der Gelatine unter die Sahnecreme rühren, in den Tortenring füllen und glatt streichen, 2 Stunden kalt stellen.

10 Maracuja oder Passionsfrucht halbieren, das Fruchtfleisch mit den Kernen herausheben, durch ein feines Sieb streichen, sodass die Kerne zurückbleiben. Orangensaft und Zucker mit der Fruchtmasse verrühren, restliche Gelatinelösung nochmals erwärmen, unter die Maracuja-Orangen-Masse rühren, auf die Sahnecreme geben und fest werden lassen.

11 Den Tortenring mit Hilfe eines Messers lösen und entfernen. Den Gebäckrand zuerst mit Konfitüre, dann mit Sahne bestreichen und mit Mandeln bestreuen. Die Torte mit Limettenstreifen oder -scheiben garnieren.

153

Marsala-Orangen-Kuchen |

Einfach – gut vorzubereiten

Zum Vorbereiten:
1 Bio-Orange
(unbehandelt, ungewachst)

Für den Rührteig:
250 g Butter oder Margarine
250 g Zucker, 1 Pck. Vanillin-Zucker
1 Prise Salz, 4 Eier (Größe M)
200 g Weizenmehl, 100 g Speisestärke
¹/₂ gestr. TL Backpulver

Zum Tränken:
4 EL Marsala (italienischer
Dessertwein)

Für den Guss:
250 g gesiebter Puderzucker

Zubereitungszeit: etwa 45 Minuten,
ohne Abkühlzeit

Insgesamt: E: 56 g, F: 237 g, Kh: 751 g,
kJ: 22909, kcal: 5472

1 Zum Vorbereiten Orange gründlich waschen, trocken tupfen und die Schale mit einem Zestenreißer in schmale Streifen schneiden. Orange halbieren, Saft auspressen. Saft und Orangenschalenstreifen beiseite stellen.

2 Für den Teig Butter oder Margarine mit Handrührgerät mit Rührbesen auf höchster Stufe geschmeidig rühren. Nach und nach Zucker, Vanillin-Zucker und Salz unterrühren. So lange rühren, bis eine gebundene Masse entstanden ist.

3 Eier nach und nach unterrühren (jedes Ei etwa ¹/₂ Minute). Mehl mit Speisestärke und Backpulver mischen, sieben, portionsweise auf mittlerer Stufe unterrühren.

4 Teig in eine Kastenform (30 x 11 cm, gefettet, bemehlt) füllen und glatt streichen. Die Form auf dem Rost in den Backofen schieben.

Ober-/Unterhitze: etwa 180 °C (vorgeheizt)
Heißluft: etwa 160 °C (nicht vorgeheizt)
Gas: Stufe 2 – 3 (nicht vorgeheizt)
Backzeit: etwa 60 Minuten

5 Kuchen 10 Minuten in der Form stehen lassen, dann aus der Form lösen, auf einen mit Backpapier belegten Kuchenrost stürzen, Kuchen wieder umdrehen, etwas abkühlen lassen.

6 Kuchenoberfläche mehrmals mit einem Holzstäbchen einstechen. 4 Esslöffel von dem beiseite gestellten Orangensaft abnehmen. Restlichen Saft und Marsala mischen, auf den Kuchen träufeln. Kuchen erkalten lassen.

7 Für den Guss Puderzucker mit dem abgenommenen Orangensaft glatt rühren. Kuchen mit dem Guss überziehen und fest werden lassen. Mit den Orangenschalenstreifen garnieren.

Marsala-Orangen-Kuchen

Marzipan-Aprikosen-Konfekt |

Für Gäste – einfach

Für die Marzipan-Aprikosen-Stangen:
200 g Marzipan-Rohmasse
100 g getrocknete, gewürfelte,
ungeschwefelte Aprikosen

100 g Zartbitterschokolade
20 g Kokosfett

Zubereitungszeit: 25 Minuten,
ohne Kühlzeit

Insgesamt: E: 37 g, F: 123 g, Kh: 182 g,
kJ: 8660, kcal: 2069

1 Für die Stangen Marzipan-Rohmasse mit Aprikosen auf einer Arbeitsfläche verkneten, zu einer dünnen Rolle formen und in 16 Stücke schneiden, die Stücke zu Stangen formen.

2 Schokolade in Stücke brechen, mit Kokosfett in einem kleinen Topf im Wasserbad bei schwacher Hitze schmelzen, Marzipan-Stangen damit überziehen.

3 Sobald der Guss beginnt fest zu werden, mit einer Gabel ein Muster in die Stangen drücken, kalt stellen.

Marzipan-Espresso-Torte | 🧁 🧁

Für Gäste

Für den Biskuitteig:
2 Eier (Größe M)
40 g Zucker
70 g Weizenmehl
10 g Speisestärke

Für die Füllung:
250 ml (¼ l) Milch
½ Pck. Pudding-Pulver
Schokoladen-Geschmack
3 EL Zucker, 3 TL Espressopulver
125 g weiche Butter

3 EL Aprikosenkonfitüre

Für den Belag:
200 g Marzipan-Rohmasse
50 g gesiebter Puderzucker

Zum Garnieren:
einige Mokkaschokoladentäfelchen
etwas Aprikosenkonfitüre

1 TL Kakaopulver zum Bestäuben

Zubereitungszeit: 50 Minuten,
ohne Abkühlzeit

Insgesamt: E: 61 g, F: 200 g, Kh: 378 g,
kJ: 15304, kcal: 3654

1 Für den Teig Eier mit Handrührgerät mit Rührbesen auf höchster Stufe in 1 Minute schaumig schlagen, Zucker in 1 Minute einstreuen, dann noch etwa 2 Minuten schlagen. Mehl mit Speisestärke mischen, auf die Eiercreme sieben, kurz auf niedrigster Stufe unterrühren.

2 Den Teig in eine Springform (Ø 18 cm, Boden gefettet, mit Backpapier belegt) füllen. Die Form auf dem Rost in den Backofen schieben.

Ober-/Unterhitze: 180 – 200 °C (vorgeheizt)
Heißluft: 160 – 180 °C (vorgeheizt)
Gas: Stufe 3 – 4 (vorgeheizt)
Backzeit: 25 – 30 Minuten

3 Den Tortenboden aus der Form lösen, auf einen Kuchenrost stürzen, mitgebackenes Backpapier abziehen, Boden erkalten lassen, einmal waagerecht durchschneiden.

4 Für die Füllung von der Milch 5 Esslöffel abnehmen, mit Pudding-Pulver und Zucker anrühren. Restliche Milch in einem Topf zum Kochen bringen, von der Kochstelle nehmen, Pudding-Pulver einrühren und nochmals gut aufkochen lassen. Espressopulver unterrühren. Pudding kalt stellen, ab und zu umrühren.

5 Butter geschmeidig rühren, Pudding esslöffelweise darunter geben (darauf achten, dass Butter und Pudding Zimmertemperatur haben, da die Creme sonst gerinnt).

6 Die Creme auf den unteren Tortenboden streichen, den oberen Boden darauf legen und andrücken. Konfitüre erwärmen. Die Tortenoberfläche damit bestreichen.

7 Für den Belag Marzipan-Rohmasse mit Puderzucker verkneten, zwischen Klarsichtfolie ausrollen, als Marzipandecke über die Torte legen. Den Rand vorsichtig andrücken. Überstehendes Marzipan abschneiden.

8 Zum Garnieren Schokoladentäfelchen mit etwas Konfitüre an den Tortenrand setzen. Die Tortenoberfläche mit Kakao bestäuben.

Tipp: Die Torte kann auch in einer Springform (Ø 26 cm) gebacken werden, dafür benötigt man die doppelte Rezeptmenge.

Marzipan-Espresso-Torte

Mehrkornbrot |  ❄

Raffiniert – gut vorzubereiten

Für den Hefeteig:
500 g Vollkorn-Dinkelmehl
1 Pck. (42 g) frische Hefe
1 gestr. TL Zucker
400 ml lauwarmes Wasser
2 gestr. TL Salz
150 g Vollmilchjoghurt
100 g Hirseflocken (Reformhaus)
40 g Leinsamen
1 gestr. TL gemahlener Kümmel

Zubereitungszeit: etwa 50 Minuten,
ohne Teiggehzeit

Insgesamt: E: 92 g, F: 34 g, Kh: 398 g,
kJ: 10068, kcal: 2403

1 Für den Teig Mehl in eine Schüssel geben.
In die Mitte eine Vertiefung drücken. Hefe hineinbröckeln, Zucker und etwas Wasser hinzufügen. Mit einer Gabel vorsichtig verrühren
und etwa 10 Minuten gehen lassen.

2 Salz, Joghurt, Hirseflocken, Leinsamen,
Kümmel und restliches Wasser hinzufügen.
Die Zutaten mit Handrührgerät mit Knethaken
zunächst auf niedrigster, dann auf höchster
Stufe in etwa 5 Minuten zu einem Teig verar-
beiten. Den Teig zugedeckt an einem warmen
Ort so lange stehen lassen, bis er sich sicht-
bar vergrößert hat.

3 Teig aus der Schüssel nehmen, auf einer
bemehlten Arbeitsfläche nochmals kurz durchkneten, zu einer Rolle (etwa 24 cm Länge) formen und in eine Kastenform (25 x 11 cm, ge-

fettet) legen. Teigrolle zugedeckt nochmals so
lange an einem warmen Ort gehen lassen,
bis sie sich sichtbar vergrößert hat.

4 Die Form auf dem Rost in den Backofen
schieben.

Ober-/Unterhitze: etwa 200 °C (vorgeheizt)
Heißluft: etwa 180 °C (nicht vorgeheizt)
Gas: etwa Stufe 3 (nicht vorgeheizt)
Backzeit: etwa 60 Minuten

5 Das Brot aus der Form lösen, auf einen
Kuchenrost stürzen, wieder umdrehen. Brot
auf dem Kuchenrost erkalten lassen.

Tipp: Dinkelmehl kann durch Vollkorn-
Weizenmehl ersetzt werden.

Mehrkornbrot

Mirabellentorte |

Für Gäste – schnell – einfach

Für den Rührteig:
100 g Butter oder Margarine
100 g Zucker, 1 Pck. Vanillin-Zucker
1 Prise Salz, 2 Eier (Größe M)
130 g Weizenmehl
1 gestr. TL Backpulver

Für die Form:
30 g abgezogene, gemahlene Mandeln

Für den Belag:
1 – 2 Gläser Mirabellen
(Abtropfgewicht je 370 g)

Für den Guss:
1 Pck. Tortenguss, klar
250 ml (¹/₄ l) Mirabellensaft
aus den Gläsern

Zum Bestreuen:
50 g abgezogene, gehobelte Mandeln

Zum Garnieren:
100 g Marzipan-Rohmasse
gesiebter Puderzucker
einige Tropfen grüne Speisefarbe
50 g Hagelzucker

Zubereitungszeit: 35 Minuten,
ohne Abkühlzeit

Insgesamt: E: 62 g, F: 176 g, Kh: 498 g,
kJ: 16697, kcal: 3989

1 Für den Teig Butter oder Margarine mit Handrührgerät mit Rührbesen auf höchster Stufe geschmeidig rühren. Nach und nach Zucker, Vanillin-Zucker und Salz unterrühren. So lange rühren, bis eine gebundene Masse entstanden ist.

2 Eier nach und nach unterrühren (jedes Ei etwa ¹/₂ Minute). Mehl mit Backpulver mischen, sieben, portionsweise auf mittlerer Stufe unterrühren.

3 Den Teig in eine Obstbodenform (Ø 26 cm, gefettet, mit Mandeln ausgestreut) füllen und glatt streichen. Die Form auf dem Rost in den Backofen schieben.

Ober-/Unterhitze: etwa 200 °C (vorgeheizt)
Heißluft: etwa 180 °C (vorgeheizt)
Gas: Stufe 3 – 4 (vorgeheizt)
Backzeit: 20 – 25 Minuten

4 Den Tortenboden aus der Form lösen, auf einen Kuchenrost stürzen, erkalten lassen.

5 Für den Belag Mirabellen abtropfen lassen, den Saft dabei auffangen und 250 ml (¹/₄ l) abmessen, evtl. mit Wasser auffüllen. Mirabellen auf dem Tortenboden verteilen.

6 Für den Guss aus Tortengusspulver und Saft nach Packungsanleitung einen Guss zubereiten und auf das Obst geben. Den Tortenrand mit Mandeln bestreuen.

7 Zum Garnieren Marzipan-Rohmasse mit Puderzucker verkneten, mit Speisefarbe grün einfärben. Kleine Blätter formen, die Torte mit Blättern und Hagelzucker garnieren.

Mirabellentorte

Mohnkuchen, gedeckt |  ❄

Für Gäste

Für den Knetteig:
175 g Weizenmehl
1 Msp. Backpulver
65 g Zucker, 1 Pck. Vanillin-Zucker
100 g Butter oder Margarine

1 gestr. EL Weizenmehl für den Rand

Für die Füllung:
150 g ganze Mohnsamen
4 Eigelb (Größe M)
1 EL warmes Wasser
150 g Zucker
5 Tropfen Zitronen-Aroma

1 Prise Salz, 4 Eiweiß (Größe M)
50 g Speisestärke
30 g Rosinen
50 g gewürfeltes Zitronat (Sukkade)

Zubereitungszeit: 80 Minuten

Insgesamt: E: 65 g, F: 149 g, Kh: 418 g,
kJ: 14160, kcal: 3383

1 Für den Teig Mehl mit Backpulver mischen, in eine Rührschüssel sieben. Zucker, Vanillin-Zucker und Butter oder Margarine hinzufügen. Die Zutaten mit Handrührgerät mit Knethaken zunächst kurz auf niedrigster, dann auf höchster Stufe gut durcharbeiten. Anschließend auf der bemehlten Arbeitsfläche zu einem glatten Teig verkneten. Sollte er kleben, ihn in Folie gewickelt eine Zeit lang kalt stellen.

2 Zwei Drittel des Teiges auf dem Boden einer Springform (Ø 26 cm, gefettet) ausrollen. Restlichen Teig auf der Arbeitsfläche mit 1 Esslöffel Mehl verkneten, zu einer Rolle formen, sie als Rand auf den Teigboden legen, so an die Form drücken, dass ein etwa 3 cm hoher Rand entsteht. Den Teigboden mehrmals mit der Gabel einstechen. Die Form auf dem Rost in den Backofen schieben und den Boden vorbacken.

Ober-/Unterhitze: 200 – 220 °C (vorgeheizt)
Heißluft: 180 – 200 °C (vorgeheizt)
Gas: etwa Stufe 4 (vorgeheizt)
Backzeit: etwa 10 Minuten

3 Die Form auf einen Kuchenrost stellen. Für die Füllung Mohn mahlen. Eigelb und Wasser mit Handrührgerät mit Rührbesen auf höchster Stufe schaumig schlagen. Zwei Drittel des Zuckers nach und nach einstreuen. So lange schlagen, bis eine cremige Masse entstanden ist. Aroma und Salz unterrühren.

4 Eiweiß steif schlagen, unter ständigem Schlagen nach und nach den restlichen Zucker hinzugeben. Eischnee auf die Eigelbcreme geben, Speisestärke darüber sieben.

5 Rosinen, Zitronat und den Mohn darauf streuen, alles vorsichtig unter die Eigelbcreme ziehen (nicht rühren).

6 Die Masse auf den vorgebackenen Boden füllen und glatt streichen. Die Form wieder auf dem Rost in den Backofen schieben und den Kuchen fertig backen.

Ober-/Unterhitze: etwa 180 °C (vorgeheizt)
Heißluft: etwa 160 °C (nicht vorgeheizt)
Gas: Stufe 2 – 3 (nicht vorgeheizt)
Backzeit: etwa 45 Minuten

7 Den Kuchen aus der Form lösen und auf einem Kuchenrost erkalten lassen.

Mohnkuchen, gedeckt

Mohnkuchen mit Streuseln |

Klassisch – dauert länger

Für den Hefeteig:
375 g Weizenmehl
1 Pck. Trockenhefe
50 g Zucker, 1 Pck. Vanillin-Zucker
1 Prise Salz, 1 Ei (Größe M)
200 ml lauwarme Milch
50 g zerlassene abgekühlte Butter
oder Margarine

Für den Belag:
500 g frisch gemahlener Mohn
400 ml kochende Milch
125 g Zucker
1 Pck. Vanillin-Zucker
4 Tropfen Zitronen-Aroma
$^{1}/_{2}$ gestr. TL gemahlener Zimt

75 g zerlassene Butter
75 g Rosinen

Für die Streusel:
200 g Weizenmehl
100 g Zucker
1 Pck. Vanillin-Zucker
1 Msp. gemahlener Zimt
100 g Butter (in Flöckchen)

Zubereitungszeit: 90 Minuten,
ohne Teiggeh- und Quellzeit

Insgesamt: E: 189 g, F: 433 g, Kh: 885 g,
kJ: 35620, kcal: 8509

1 Für den Teig Mehl in eine Rührschüssel
sieben, mit Trockenhefe sorgfältig vermischen.

Übrige Zutaten hinzufügen. Die Zutaten mit
Handrührgerät mit Knethaken zunächst auf
niedrigster, dann auf höchster Stufe in etwa
5 Minuten zu einem Teig verarbeiten.

2 Den Teig zugedeckt so lange an einem
warmen Ort gehen lassen, bis er sich sichtbar
vergrößert hat.

3 Für den Belag Mohn mit kochender Milch
übergießen, verrühren, so lange quellen lassen, bis eine geschmeidige Masse entstanden ist.

4 Mohn mit Zucker, Vanillin-Zucker, Aroma
und Zimt verrühren, mit Butter zu einer
streichfähigen Masse verrühren. Rosinen
unterheben, die Masse etwas abkühlen lassen.

5 Den Teig leicht mit Mehl bestäuben, aus
der Schüssel nehmen, auf einer bemehlten
Arbeitsfläche nochmals kurz durchkneten.
Den Teig auf einem Backblech (30 x 40 cm,
gefettet) ausrollen, einen Backrahmen darumstellen (oder in einer Fettfangschale
[30 x 40 cm] ausrollen). Die Mohnmasse
gleichmäßig auf den Teig streichen.

6 Für die Streusel Mehl in eine Rührschüssel sieben, mit Zucker, Vanillin-Zucker und
Zimt mischen. Butter hinzufügen. Alle Zutaten
mit Handrührgerät mit Knethaken zu Streuseln von gewünschter Größe verarbeiten,
gleichmäßig auf der Mohnmasse verteilen.

7 Vor den Teig einen mehrfach geknickten
Streifen Alufolie legen. Den Teig nochmals so
lange an einem warmen Ort gehen lassen,
bis er sich sichtbar vergrößert hat. Das Backblech in den Backofen schieben.

Ober-/Unterhitze: 200 – 220 °C (vorgeheizt)
Heißluft: 180 – 200 °C (nicht vorgeheizt)
Gas: etwa Stufe 4 (nicht vorgeheizt)
Backzeit: etwa 45 Minuten

8 Das Backblech auf einen Kuchenrost stellen, den Kuchen erkalten lassen.

Mohnkuchen mit Streuseln

Mokka-Eierlikör-Eistorte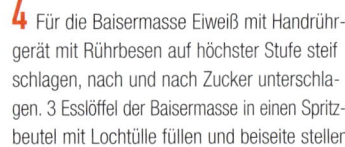

Dauert länger

Für den Knetteig:
150 g Weizenmehl, 1 Msp. Backpulver
50 g Zucker, 1 Pck. Vanillin-Zucker
100 g Butter oder Margarine

Für die Baisermasse:
4 Eiweiß (Größe M)
200 g feinkörniger Zucker

Für das Eis:
1 l Schlagsahne, 3 Pck. Sahnesteif
2 Pck. Vanillin-Zucker
4 EL Eierlikör, 1 EL kaltes Wasser
2 TL Instant-Kaffeepulver

Zum Bestreichen:
3 EL Johannisbeergelee

Kakaopulver zum Bestäuben

Zubereitungszeit: 60 Minuten,
ohne Gefrierzeit

Insgesamt: E: 60 g, F: 397 g, Kh: 501 g,
kJ: 25244, kcal: 6034

1 Für den Teig Mehl mit Backpulver mischen und in eine Rührschüssel sieben. Übrige Zutaten hinzufügen, mit Handrührgerät mit Knethaken zunächst kurz auf niedrigster, dann auf höchster Stufe gut durcharbeiten. Anschließend auf einer bemehlten Arbeitsfläche zu einem glatten Teig verkneten. Sollte er kleben, ihn in Folie gewickelt eine Zeit lang kalt stellen.

2 Teig auf dem Boden einer Springform (Ø 28 cm, gefettet) ausrollen. Den Springformrand darumlegen. Form auf dem Rost in den Backofen schieben.

Ober-/Unterhitze: 200 – 220 °C (vorgeheizt)
Heißluft: 180 – 200 °C (vorgeheizt)
Gas: etwa Stufe 4 (vorgeheizt)
Backzeit: etwa 15 Minuten

3 Den Tortenboden sofort vom Springformboden lösen, aber darauf erkalten lassen.

4 Für die Baisermasse Eiweiß mit Handrührgerät mit Rührbesen auf höchster Stufe steif schlagen, nach und nach Zucker unterschlagen. 3 Esslöffel der Baisermasse in einen Spritzbeutel mit Lochtülle füllen und beiseite stellen.

5 Backpapier auf Backbleche legen, 3 Kreise (Ø 28 cm) vorzeichnen, den inneren Kreis mit einem Ring der Baisermasse ausspritzen, dann die ganze Fläche mit der Baisermasse ausstreichen. Aus der restlichen Baisermasse kleine Motive (z. B. Kreise, Dreiecke oder Herzen) mit auf das Backpapier spritzen. Bleche nacheinander (bei Heißluft zusammen) in den Backofen schieben.

Ober-/Unterhitze: 100 – 120 °C (vorgeheizt)
Heißluft: 80 – 110 °C (vorgeheizt)
Gas: etwa Stufe 1 (vorgeheizt)
Backzeit: etwa 75 Minuten pro Boden

6 Nach 30 Minuten Backzeit Backofen ausschalten, Böden noch etwa 20 Minuten im Backofen stehen lassen (gilt nur für Gas). Baiserböden und -motive vom Backpapier lösen und auf einem Kuchenrost erkalten lassen.

7 Für das Eis Sahne mit Sahnesteif und Vanillin-Zucker in 2 Portionen steif schlagen. Unter ein Viertel der Sahne Eierlikör rühren. Kaffeepulver im Wasser auflösen und unter ein Drittel der restlichen Sahne rühren.

8 Den Knetteigboden mit Gelee bestreichen, mit einem Baiserboden bedecken, mit der Eierlikörsahne bestreichen, mit dem zweiten Baiserboden bedecken, mit der Mokkasahne bestreichen und mit dem dritten Boden bedecken. Diesen mit der Hälfte der restlichen Sahne bestreichen.

9 Die restliche Sahne in einen Spritzbeutel mit Lochtülle füllen, den Tortenrand damit verzieren. Torte im Gefrierfach (am besten über Nacht) gefrieren lassen.

10 Die Torte etwa 1 ½ Stunden vor dem Verzehr aus dem Gefrierfach nehmen, kurz vor dem Verzehr mit den Baisermotiven garnieren und mit Kakao bestäuben.

Mokka-Eierlikör-Eistorte

Mokkatrüffel |

Als Geschenk – gut vorzubereiten

Zum Vorbereiten:
125 g Vollmilch-Kuvertüre
150 g Halbbitter-Kuvertüre
75 g Nuss-Nougat

Für die Trüffelmasse:
125 ml (¹/₈ l) Schlagsahne
4 EL Instant-Kaffeepulver
50 g Butter

Außerdem:
etwa 55 Pralinen-Förmchen

etwa 55 Mokkabohnen

Zubereitungszeit: 60 Minuten,
ohne Kühlzeit

Insgesamt: E: 28 g, F: 196 g, Kh: 197 g,
kJ: 11447, kcal: 2736

Mokkatrüffel

1 Zum Vorbereiten Kuvertüren klein hacken und Nuss-Nougat klein schneiden.

2 Für die Trüffelmasse Sahne in einem Topf zum Kochen bringen, von der Kochstelle nehmen. Kaffeepulver darin auflösen. Kuvertüre-, Nuss-Nougat-Stückchen und Butter hinzufügen.

3 Die Zutaten mit einem Schneebesen so lange rühren, bis eine glänzende einheitliche Masse entstanden ist, etwas abkühlen lassen.

4 Wenn die Masse anfängt fest zu werden, mit Handrührgerät mit Rührbesen hellcremig aufschlagen, sofort in einen Spritzbeutel mit Stern- oder Lochtülle füllen und Tuffs in die Pralinen-Förmchen spritzen. Sollte die Masse zu fest werden, kann sie im Wasserbad geschmeidig gerührt werden.

5 Jeden Tuff mit einer Mokkabohne garnieren. Trüffel kalt stellen. Die Trüffel in gut schließenden Dosen kühl aufbewahren.

Mozartkugeln |

Zum Verschenken – für Gäste

Für die Mozartkugelmasse:
200 g Nuss-Nougat
200 g Marzipan-Rohmasse
2 EL Kirschwasser
10 g fein gehackte Pistazienkerne
125 g gesiebter Puderzucker

Mozartkugeln

Für den Guss:
150 g Halbbitter-Kuvertüre
2 TL Speiseöl

Zubereitungszeit: 40 Minuten,
ohne Kühlzeit

Insgesamt: E: 55 g, F: 149 g, Kh: 432 g,
kJ: 14339, kcal: 3427

1 Für die Mozartkugeln Nougat in kleine Würfel (1¹/₂ x 1¹/₂ cm) schneiden, zu Kugeln formen und kalt stellen.

2 Marzipan-Rohmasse mit Handrührgerät mit Rührbesen geschmeidig rühren, Kirschwasser und Pistazienkerne hinzufügen und verrühren.

3 Die Masse auf einer Arbeitsfläche mit Puderzucker verkneten, zu einer etwa 2 cm dicken Rolle formen und in so viele Stücke schneiden, wie Nougatkugeln vorhanden sind.

4 Die Marzipanstücke auf der mit Puderzucker bestäubten Arbeitsfläche flach auseinander drücken. Die Nougatkugeln darauf legen, die Marzipanmasse darüber zusammenschlagen, an den Rändern gut andrücken und zu Kugeln formen.

5 Für den Guss Kuvertüre in kleine Stücke hacken, mit dem Öl in einem kleinen Topf im Wasserbad bei schwacher Hitze zu einer geschmeidigen Masse verrühren. Die Mozartkugeln mit 2 Gabeln hineintauchen, zum Trocknen auf einen Kuchenrost oder auf Backpapier setzen (bei Verwendung von Backpapier die Mozartkugeln evtl. noch einmal umsetzen, damit sie keine „Füßchen" bekommen).

6 Die Mozartkugeln in Zellophantüten verpacken oder in verschlossenen Glas- oder Porzellangefäßen kühl aufbewahren.

Muttertags-Erdbeertorte |

Raffiniert

Für den All-in-Teig:
65 g Weizenmehl
1 ¹/₂ gestr. TL Backpulver
65 g Zucker, 1 Pck. Vanillin-Zucker
2 Eier (Größe M)
65 g Butter oder Margarine

Zum Tränken:
2 EL Wasser, 1 gut geh. EL Zucker
2 EL Himbeergeist

Für den Belag:
12 Blatt weiße Gelatine
150 g Zucker
6 EL kaltes Wasser
Saft von 1 Zitrone
500 g frische Erdbeeren oder
2 Pck. (je 300 g) TK-Erdbeeren
500 ml (¹/₂ l) Schlagsahne

Zum Bestreichen und Verzieren:
250 ml (¹/₄ l) Schlagsahne
1 Pck. Sahnesteif

Zum Garnieren:
Erdbeeren, Minzeblättchen

Zubereitungszeit: 45 Minuten,
ohne Kühlzeit

Insgesamt: E: 62 g, F: 302 g, Kh: 346 g,
kJ: 18950, kcal: 4532

1 Für den Teig Mehl mit Backpulver mischen und in eine Rührschüssel sieben. Zucker, Vanillin-Zucker, Eier und Butter oder Margarine hinzufügen. Die Zutaten in 2 Minuten mit Handrührgerät mit Rührbesen auf höchster Stufe zu einem glatten Teig verarbeiten.

2 Den Teig in eine Springform (Ø 26 cm, Boden gefettet, mit Backpapier belegt) füllen. Die Form auf dem Rost in den Backofen schieben.

Ober-/Unterhitze: 180 – 200 °C (vorgeheizt)
Heißluft: 160 – 180 °C (vorgeheizt)
Gas: etwa Stufe 3 (vorgeheizt)
Backzeit: 20 – 30 Minuten

3 Boden aus der Form lösen, auf einen Kuchenrost stürzen, mitgebackenes Backpapier abziehen, Boden erkalten lassen. Boden auf eine Tortenplatte legen. Einen Tortenring oder den gesäuberten Springformrand darumstellen.

4 Zum Tränken Wasser mit Zucker in einem kleinen Topf aufkochen lassen. Himbeergeist unterrühren. Den Tortenboden damit tränken.

5 Für den Belag Gelatine in kaltem Wasser nach Packungsanleitung einweichen, leicht ausdrücken. Die ausgedrückte Gelatine unter Rühren erwärmen (nicht kochen), bis sie völlig gelöst ist. Gelatine leicht abkühlen lassen.

6 Erdbeeren waschen, in einem Sieb abtropfen lassen, entstielen, TK-Erdbeeren auftauen lassen. Erdbeeren im Mixer pürieren, Zucker und Zitronensaft unterrühren. Gelatinelösung hinzufügen. Die Erdbeermasse kalt stellen.

7 Sahne steif schlagen. Sobald die Erdbeermasse anfängt dicklich zu werden, Sahne unterrühren. Die Masse auf den Boden geben, glatt streichen. Torte 2 Stunden kalt stellen. Tortenring oder Springformrand vorsichtig mit Hilfe eines Messers lösen.

8 Zum Bestreichen und Verzieren Sahne mit Sahnesteif steif schlagen. Etwas von der Sahne in einen Spritzbeutel mit Sterntülle füllen. Tortenoberfläche und -rand mit der restlichen Sahne bestreichen. Sahnetuffs auf die Torte spritzen. Mit Erdbeeren und Minzeblättchen garnieren.

Muttertags-Erdbeertorte

Muzenmandeln |

Klassisch

Für den Knetteig:
500 g Weizenmehl
2 gestr. TL Backpulver
150 g Zucker, 1 Prise Salz
3–4 Tropfen Bittermandel-Aroma
1/2 Fläschchen Rum-Aroma
3 Eier (Größe M)
150 g Butter oder Margarine

Zum Ausbacken:
1 kg Ausbackfett

Zum Bestreuen:
Zucker oder Zucker und Zimt

Puderzucker zum Bestäuben

Zubereitungszeit: 55 Minuten,
ohne Abkühlzeit

Insgesamt: E: 78 g, F: 448 g, Kh: 552 g,
kJ: 28441, kcal: 6794

1 Für den Teig Mehl mit Backpulver mischen, in eine Rührschüssel sieben. Zucker, Salz, Aromen, Eier und Butter oder Margarine hinzufügen. Die Zutaten mit Handrührgerät mit Knethaken zunächst kurz auf niedrigster, dann auf höchster Stufe gut durcharbeiten.

2 Anschließend auf einer bemehlten Arbeitsfläche zu einem glatten Teig verkneten. Sollte er kleben, ihn in Folie gewickelt eine Zeit lang kalt stellen.

3 Teig auf der bemehlten Arbeitsfläche etwa 1 cm dick ausrollen. Muzenmandeln mit einer Muzenmandelform ausstechen oder mit zwei Teelöffeln formen.

4 Zum Ausbacken Fett in einem Topf erhitzen, den Teig schwimmend in dem siedenden Fett goldgelb backen. Muzenmandeln mit einer Schaumkelle herausnehmen.

5 Muzenmandeln auf einem Kuchenrost gut abtropfen lassen, noch heiß in Zucker oder in einer Zucker-Zimt-Mischung wenden, erkalten lassen. Muzenmandeln mit Puderzucker bestäuben.

Muzenmandeln

Muzen, Rheinische |

Klassisch

Für den Teig:
50 g Butterschmalz
40 g Zucker
1 TL Vanillin-Zucker
1 Prise Salz
1 Ei (Größe M)
2 EL Rum, 250 g Weizenmehl

Zum Ausbacken:
1 kg Butterschmalz

2 EL Puderzucker zum Bestäuben

Zubereitungszeit: 45 Minuten,
ohne Abkühlzeit

Insgesamt: E: 35 g, F: 207 g, Kh: 251 g,
kJ: 13287, kcal: 3174

1 Für den Teig Butterschmalz zerlassen, in eine Rührschüssel geben, lauwarm abkühlen lassen. Schmalz mit Handrührgerät mit Rührbesen auf höchster Stufe geschmeidig rühren.

2 Nach und nach Zucker, Vanillin-Zucker und Salz unterrühren. So lange rühren, bis eine gebundene Masse entstanden ist. Ei und Rum unterrühren. Mehl sieben, die Hälfte des Mehls unterrühren. Restliches Mehl unterkneten.

3 Den Teig auf einer bemehlten Arbeitsfläche etwa 3 mm dick ausrollen und in 7 cm große Rauten schneiden.

4 Zum Ausbacken Butterschmalz in einem Topf erhitzen, die Muzen portionsweise von beiden Seiten in 1–2 Minuten goldbraun ausbacken. Muzen auf Küchenpapier abtropfen lassen. Noch warm mit Puderzucker bestäuben.

Tipp: Statt in Butterschmalz in Kokosfett ausbacken.

Muzen, Rheinische

Napfkuchen, fein |

Für Kinder

Für den Rührteig:
350 g Butter oder Margarine
300 g Zucker, 1 Pck. Vanillin-Zucker
4 Eier (Größe M)
350 g Weizenmehl
50 g Speisestärke
2 gestr. TL Backpulver

Für den Guss:
100 g Zartbitterschokolade
1 EL Speiseöl

Zubereitungszeit: 30 Minuten,
ohne Abkühlzeit

Insgesamt: E: 78 g, F: 362 g, Kh: 658 g,
kJ: 26734, kcal: 6387

1 Für den Teig Butter oder Margarine mit Handrührgerät mit Rührbesen auf höchster Stufe geschmeidig rühren. Nach und nach Zucker und Vanillin-Zucker unterrühren. So lange rühren, bis eine gebundene Masse entstanden ist.

2 Eier nach und nach unterrühren (jedes Ei etwa ½ Minute). Mehl mit Speisestärke und Backpulver mischen, sieben, portionsweise auf mittlerer Stufe unterrühren.

3 Den Teig in eine Napfkuchenform (Ø 24 cm, gefettet) füllen, glatt streichen.

4 Die Form auf dem Rost in den Backofen schieben.

Ober-/Unterhitze: 180 – 200 °C (vorgeheizt)
Heißluft: 160 – 180 °C (nicht vorgeheizt)
Gas: etwa Stufe 3 (nicht vorgeheizt)
Backzeit: etwa 60 Minuten

5 Den Kuchen 10 Minuten in der Form stehen lassen, aus der Form lösen und auf einen Kuchenrost stürzen. Kuchen erkalten lassen.

6 Für den Guss Schokolade in kleine Stücke brechen, mit Öl in einem kleinen Topf im Wasserbad bei schwacher Hitze zu einer geschmeidigen Masse verrühren. Den Kuchen damit überziehen. Guss fest werden lassen.

Tipp: Der Kuchen kann mit dem Guss eingefroren werden, dann eingepackt auftauen lassen, uneingepackt schwitzt die Schokolade und wird grau.

Napfkuchen, fein

Napfkuchen, gefüllt |

Zum Verschenken

Für den Rührteig:
300 g Butter oder Margarine
250 g Zucker
1 Pck. Vanillin-Zucker
5 Eier (Größe M)
250 g Weizenmehl
125 g Speisestärke
2 gestr. TL Backpulver

Für die Füllung:
250 g gemahlene, leicht geröstete
Haselnusskerne
75 g Zucker
1 Ei (Größe M)
3 EL Rum, 4 EL Wasser

Für den Guss:
100 g Zartbitterschokolade
etwas Kokosfett

Zum Verzieren:
30 g gesiebter Puderzucker
etwas Wasser

Zum Garnieren:
Liebesperlen

Zubereitungszeit: 60 Minuten,
ohne Abkühlzeit

Insgesamt: E: 118 g, F: 486 g, Kh: 709 g,
kJ: 33559, kcal: 8016

1 Für den Teig Butter oder Margarine mit Handrührgerät mit Rührbesen auf höchster Stufe geschmeidig rühren. Nach und nach Zucker und Vanillin-Zucker unterrühren. So lange rühren, bis eine gebundene Masse entstanden ist.

2 Eier nach und nach unterrühren (jedes Ei etwa ½ Minute). Mehl mit Speisestärke und Backpulver mischen, sieben, portionsweise auf mittlerer Stufe unterrühren. Den Teig in eine Napfkuchenform (Ø 22 cm, gefettet) füllen.

3 Für die Füllung Haselnusskerne mit Zucker, Ei, Rum und Wasser verrühren, auf den Teig geben, mit einer Gabel spiralförmig durch den Teig ziehen, damit ein Marmormuster entsteht.

4 Die Form auf dem Rost in den Backofen schieben.

Ober-/Unterhitze: 180 – 200 °C (vorgeheizt)
Heißluft: 160 – 180 °C (nicht vorgeheizt)
Gas: etwa Stufe 3 (nicht vorgeheizt)
Backzeit: 70 – 80 Minuten

5 Den Kuchen 10 Minuten in der Form stehen lassen, dann aus der Form lösen und auf einen Kuchenrost stürzen. Kuchen erkalten lassen.

6 Für den Guss Schokolade in kleine Stücke brechen, mit Kokosfett in einem kleinen Topf im Wasserbad bei schwacher Hitze zu einer geschmeidigen Masse verrühren. Den Kuchen damit überziehen, fest werden lassen.

7 Zum Verzieren Puderzucker mit Wasser zu einer dickflüssigen Masse verrühren. Den Kuchen mit dem Guss verzieren und mit Liebesperlen garnieren. Guss trocknen lassen.

Tipp: Für Kinder den Kuchen ohne Rum zubereiten. Anstelle des Rums zusätzlich 3 Esslöffel Wasser oder 3 Esslöffel Apfelsaft verwenden.

Napfkuchen, gefüllt

Napfkuchen mit Kirschen und Schokolade |

Einfach

Für den Rührteig:
1 Glas Sauerkirschen
(Abtropfgewicht 360 g)
225 g Butter oder Margarine
225 g Zucker
1 Pck. Vanillin-Zucker
1 Prise Salz
$^1/_2$ Fläschchen Zitronen-Aroma
5 Eier (Größe M)
375 g Weizenmehl
3 gestr. TL Backpulver
150 g Raspelschokolade

Zum Bestäuben:
etwas Puderzucker

Zubereitungszeit: 30 Minuten

Insgesamt: E: 92 g, F: 265 g, Kh: 671 g, kJ: 22802, kcal: 5444

1 Für den Teig Kirschen in einem Sieb gut abtropfen lassen. Butter oder Margarine mit Handrührgerät mit Rührbesen auf höchster Stufe geschmeidig rühren. Nach und nach Zucker, Vanillin-Zucker, Salz und Aroma unterrühren. So lange rühren, bis eine gebundene Masse entstanden ist.

2 Eier nach und nach unterrühren (jedes Ei etwa $^1/_2$ Minute). Mehl mit Backpulver mischen, sieben und in 2 Portionen kurz auf mittlerer Stufe unterrühren.

3 Ein Drittel des Teiges in eine Napfkuchenform (Ø 24 cm, gefettet, gemehlt) geben und glatt streichen. Sauerkirschen mit Küchenpapier trockentupfen, mit etwas Mehl bestäuben, unter die Hälfte des restlichen Teiges heben und auf dem Teig in der Form verstreichen. Raspelschokolade kurz unter den restlichen Teig rühren, auf den Kirschteig geben und glatt streichen. Die Form auf dem Rost in den Backofen schieben.

Ober-/Unterhitze: etwa 180 °C (vorgeheizt)
Heißluft: etwa 160 °C (nicht vorgeheizt)
Gas: Stufe 2 – 3 (nicht vorgeheizt)
Backzeit: etwa 60 Minuten

4 Den Kuchen etwa 10 Minuten in der Form stehen lassen, dann auf einen mit Backpapier belegten Kuchenrost stürzen. Kuchen erkalten lassen und mit Puderzucker bestäuben.

Nikolausstiefel

Nikolausstiefel |

Zum Weihnachtsfest – für Kinder

Für den Teig:
125 g flüssiger Honig
50 g Zucker
1 Pck. Vanillin-Zucker
60 g Butter oder Margarine
1 Eigelb (Größe M)
1 Msp. gemahlener Zimt
1 Msp. gemahlene Nelken
250 g Weizenmehl
2 gestr. TL Backpulver
1 gestr. TL Kakaopulver

Für den Guss:
100 g gesiebter Puderzucker
etwas Wasser

Zum Garnieren:
Gebäckschmuck
Belegkirschen
abgezogene, halbierte Mandeln

Zubereitungszeit: 50 Minuten,
ohne Kühlzeit

Insgesamt: E: 35 g, F: 68 g, Kh: 449 g,
kJ: 10920, kcal: 2609

1 Für den Teig Honig mit Zucker, Vanillin-Zucker und Butter oder Margarine in einem Topf langsam erwärmen, zerlassen, in eine Rührschüssel geben, kalt stellen. Unter die fast erkaltete Masse mit Handrührgerät mit Rührbesen auf höchster Stufe Eigelb, Zimt und Nelken rühren.

2 Mehl mit Backpulver und Kakao mischen, sieben. Zwei Drittel davon auf mittlerer Stufe unterrühren. Den Teigbrei mit restlichem Mehlgemisch auf der bemehlten Arbeitsfläche zu einem glatten Teig verkneten.

3 Den Teig etwa 1/2 cm dick ausrollen. Stiefel von gewünschter Größe (am besten nach Papierschablone) ausschneiden. Aus dem restlichen Teig Plätzchen ausstechen. Teigstücke auf ein Backblech (gefettet, mit Backpapier belegt) legen. Das Backblech in den Backofen schieben.

Ober-/Unterhitze: 180 – 200 °C (vorgeheizt)
Heißluft: 160 – 180 °C (vorgeheizt)
Gas: etwa Stufe 3 (vorgeheizt)
Backzeit: 10 – 15 Minuten, je nach Größe

4 Stiefel und Plätzchen sofort mit dem Backpapier vom Backblech ziehen und auf einem Kuchenrost erkalten lassen.

5 Für den Guss Puderzucker mit Wasser zu einer spritzfähigen Masse verrühren. Die Stiefel und die Plätzchen mit dem Guss verzieren. Mit Gebäckschmuck, Belegkirschen und Mandeln garnieren.

Abwandlung: Anstelle eines Honigteiges kann auch ein Nussteig zubereitet werden. Dafür 300 g Weizenmehl, 1 gestrichenen Teelöffel Backpulver, 150 g Zucker, 1 Päckchen Vanillin-Zucker, 2 Esslöffel Milch, 150 g Butter oder Margarine und 200 g gemahlene Haselnusskerne oder abgezogene, gemahlene Mandeln in eine Rührschüssel geben. Die Zutaten mit Handrührgerät mit Knethaken zunächst kurz auf niedrigster, dann auf höchster Stufe gut durcharbeiten. Anschließend auf einer bemehlten Arbeitsfläche zu einem glatten Teig verkneten. Den Teig wie ab Punkt 3 beschrieben, weiter verarbeiten.

Tipp: Das Gebäck ist in gut schließenden Dosen 2 – 3 Wochen haltbar.

Nougatkaros

Für Gäste – dauert länger

Für den Knetteig:
250 g Weizenmehl
¹/₂ gestr. TL Backpulver
75 g Zucker
1 Pck. Vanillin-Zucker
1 Ei (Größe M)
200 g Butter oder Margarine
*150 g gemahlene, leicht geröstete
Haselnusskerne*

Für die Füllung:
200 g Nuss-Nougat

Für den Guss:
50 – 75 g Halbbitter-Kuvertüre

Zubereitungszeit: 30 Minuten,
ohne Abkühlzeit

Insgesamt: E: 78 g, F: 325 g, Kh: 446 g,
kJ: 21672, kcal: 5179

1 Für den Teig Mehl mit Backpulver mischen, in eine Rührschüssel sieben. Zucker, Vanillin-Zucker, Ei und Butter oder Margarine hinzufügen. Die Zutaten mit Handrührgerät mit Knethaken zunächst kurz auf niedrigster, dann auf höchster Stufe gut durcharbeiten.

2 Anschließend auf einer bemehlten Arbeitsfläche mit den Haselnusskernen zu einem glatten Teig verkneten. Sollte er kleben, ihn in Folie gewickelt eine Zeit lang kalt stellen.

3 Teig portionsweise auf der bemehlten Arbeitsfläche dünn ausrollen, in Quadrate von etwa 3 x 3 cm schneiden. Teigstücke auf Backbleche (gefettet, mit Backpapier belegt) legen. Backbleche nacheinander (bei Heißluft zusammen) in den Backofen schieben.

Ober-/Unterhitze: etwa 180 °C (vorgeheizt)
Heißluft: etwa 160 °C (vorgeheizt)
Gas: Stufe 2 – 3 (vorgeheizt)
Backzeit: 8 – 10 Minuten pro Backblech

4 Die Plätzchen vom Backpapier lösen und auf einem Kuchenrost erkalten lassen.

5 Für die Füllung Nuss-Nougat nach Packungsanleitung auflösen. Die Hälfte der Plätzchen auf der Unterseite damit bestreichen. Die übrigen Plätzchen mit der Unterseite darauf legen.

6 Für den Guss Kuvertüre in kleine Stücke hacken, in einem kleinen Topf im Wasserbad bei schwacher Hitze zu einer geschmeidigen Masse verrühren. Die Plätzchen jeweils mit einer Ecke hineintauchen. Kuvertüre fest werden lassen.

Nougatpralinen

Zum Verschenken – für Gäste

Für die Pralinenmasse:
125 ml (¹/₈ l) Schlagsahne
250 g Halbbitter-Kuvertüre
150 g Nuss-Nougat
30 g Butter
2 EL Erdnussbutter

Außerdem:
Papier-Pralinen-Förmchen

Zum Bestreuen:
2 EL gehackte Pistazienkerne

Zubereitungszeit: 40 Minuten,
ohne Kühlzeit

Insgesamt: E: 50 g, F: 151 g, Kh: 283 g,
kJ: 11631, kcal: 2781

1 Für die Pralinenmasse Sahne in einem kleinen Topf aufkochen lassen, Kuvertüre hacken, unter Rühren darin auflösen. Den Topf von der Kochstelle nehmen. Die Masse in eine Rührschüssel geben. Nuss-Nougat, Butter und Erdnussbutter unterrühren.

2 Den Topf in eine Schüssel mit Eiswasser stellen. Die Masse mit Handrührgerät mit Rührbesen so lange schlagen, bis sie schaumig und kalt ist.

3 Die Masse in einen Spritzbeutel mit Sterntülle füllen, in Papier-Pralinen-Förmchen spritzen. Mit Pistazienkernen bestreuen. Pralinen fest werden lassen. Gut gekühlt servieren.

Tipp: Nach Belieben zusätzlich 1 – 2 Esslöffel Weinbrand oder Sherry unter die Pralinenmasse rühren. Nougatpralinen sind gekühlt etwa 3 Wochen haltbar.

Nougatpralinen

Nusskuchen |

Klassisch – einfach

Für den Rührteig:
150 g Butter oder Margarine
100 g Zucker, 1 Pck. Vanillin-Zucker
1 Prise Salz
1 Tropfen Bittermandel-Aroma
2 Eier (Größe M), 125 g Weizenmehl
$1/2$ gestr. TL Backpulver
2 EL Rum
50 g gemahlene Haselnusskerne

Zum Bestäuben:
Puderzucker

Zubereitungszeit: 20 Minuten,
ohne Abkühlzeit

Insgesamt: E: 50 g, F: 230 g, Kh: 327 g,
kJ: 15610, kcal: 3730

1 Für den Teig Butter oder Margarine mit
Handrührgerät mit Rührbesen auf höchster
Stufe geschmeidig rühren. Nach und nach
Zucker, Vanillin-Zucker, Salz und Aroma unterrühren. So lange rühren, bis eine gebundene Masse entstanden ist. Eier nach und
nach unterrühren (jedes Ei etwa $1/2$ Minute).

2 Mehl mit Backpulver mischen, sieben, abwechselnd portionsweise mit dem Rum auf
mittlerer Stufe unterrühren. Haselnusskerne
unterheben.

3 Den Teig in eine Gugelhupfform (Ø 16 cm,
gefettet) füllen, glatt streichen. Die Form auf
dem Rost in den Backofen schieben.

Ober-/Unterhitze: etwa 160 °C (vorgeheizt)
Heißluft: etwa 140 °C (nicht vorgeheizt)
Gas: Stufe 1 – 2 (nicht vorgeheizt)
Backzeit: etwa 60 Minuten

4 Den Kuchen 10 Minuten in der Form stehen lassen, dann aus der Form lösen und auf
einen Kuchenrost stürzen. Kuchen erkalten
lassen. Mit Puderzucker bestäuben.

Tipp: Der Nusskuchen kann auch in einer
größeren Gugelhupfform (Ø 24 cm) gebacken
werden. Dafür die Zutaten verdoppeln. Den
Kuchen mit einem Schokoladenguss überziehen. Dafür 150 g Vollmilch-Kuvertüre in kleine Stücke hacken, mit 1 Teelöffel Speiseöl in
einem kleinen Topf im Wasserbad bei schwacher Hitze zu einer geschmeidigen Masse
verrühren. Den Kuchen damit überziehen.
Zusätzlich mit 50 g aufgelöster Halbbitter-
Kuvertüre besprenkeln. Guss fest werden
lassen.

Nusskuchen

Nusskuchen, einmal anders |

Hält sich länger – interessant

Zum Vorbereiten:
100 g Pekannusskerne
150 g gemahlene Haselnusskerne

Für den Biskuitteig:
4 Eiweiß (Größe M)
175 g Zucker, 4 Eigelb (Größe M)
1 Pck. Vanillin-Zucker
250 ml (¼ l) Nussöl,
z. B. Haselnussöl, Walnussöl
200 g Weizenmehl
1 Pck. Backpulver

1 EL Kakaopulver

Zum Aprikotieren:
200 g Sauerkirsch- oder
Aprikosenkonfitüre, 1 EL Wasser

Für den Guss:
200 g Halbbitter-Kuvertüre
1 EL Speiseöl

Zum Garnieren:
50 g Pekannusskerne

Zubereitungszeit: 25 Minuten,
ohne Abkühlzeit

Insgesamt: E: 111 g, F: 483 g, Kh: 645 g,
kJ: 31947, kcal: 7630

1 Zum Vorbereiten die Pekannusskerne fein hacken. Haselnusskerne in einer Pfanne ohne Fett leicht rösten.

2 Für den Teig Eiweiß mit der Hälfte des Zuckers steif schlagen. Eigelb mit dem restlichen Zucker und Vanillin-Zucker mit Handrührgerät mit Rührbesen auf höchster Stufe in etwa 5 Minuten schaumig schlagen. Eischnee zusammen mit den Nusskernen auf die Eigelbcreme geben und vorsichtig unterheben. Nussöl hinzufügen und unterrühren.

Nusskuchen, einmal anders

3 Mehl mit Backpulver mischen, auf die Eiermasse sieben und vorsichtig unterheben. Unter die Hälfte des Teiges Kakao rühren.

4 Den Teig mit einem Esslöffel abwechselnd in Klecksen in eine Kastenform (25 x 11 cm, gefettet, gemehlt) füllen. Die Form auf dem Rost in den Backofen schieben.

Ober-/Unterhitze: etwa 180 °C (vorgeheizt)
Heißluft: etwa 160 °C (nicht vorgeheizt)
Gas: Stufe 2 – 3 (nicht vorgeheizt)
Backzeit: 60 – 70 Minuten

5 Kuchen 10 Minuten in der Form stehen lassen, dann auf einen Kuchenrost stürzen.

6 Zum Aprikotieren Konfitüre durch ein Sieb streichen, in einem kleinen Topf mit dem Wasser aufkochen. Den heißen Kuchen damit bestreichen. Kuchen erkalten lassen.

7 Für den Guss Kuvertüre in kleine Stücke hacken, mit dem Öl in einem kleinen Topf im Wasserbad bei schwacher Hitze zu einer geschmeidigen Masse verrühren. Den Kuchen mit dem Guss überziehen und mit Pekannusskernen garnieren.

Nussmarzipan | 🍶

Einfach

Für die Masse:
200 g Marzipan-Rohmasse
1 geh. EL gesiebter Puderzucker
1 TL Nusslikör, 40 g gemahlene
geröstete Haselnusskerne

Zum Bestreichen:
75 g Vollmilch-Kuvertüre
75 g Halbbitter-Kuvertüre

Zum Garnieren:
Haselnusskerne

Zubereitungszeit: 35 Minuten

Insgesamt: E: 34 g, F: 100 g, Kh: 168 g,
kJ: 7406, kcal: 1770

1 Für die Masse Marzipan-Rohmasse mit Puderzucker, Likör und Haselnusskernen gut verkneten. Die Masse auf einer mit Puderzucker bestäubten Arbeitsfläche etwa 1 cm dick ausrollen und in kleine Rechtecke schneiden.

2 Zum Bestreichen Kuvertüre in kleine Stücke hacken, getrennt in einem kleinen Topf im Wasserbad bei schwacher Hitze zu einer

geschmeidigen Masse verrühren. Die Hälfte des Nussmarzipans mit Vollmilch-, die andere Hälfte mit Halbbitter-Kuvertüre bestreichen.

3 Zum Garnieren je einen Haselnusskern in Halbbitter-Kuvertüre tauchen, auf die Mitte einer hellen Praline in die noch feuchte Kuvertüre stecken. Mit der restlichen Vollmilch-Kuvertüre die dunklen Pralinen verzieren.

Tipp: Für Kinder Nussmarzipan ohne Nusslikör zubereiten.

Nuss-Marzipan-Törtchen |

Für Gäste

Für den Rührteig:
100 g Butter oder Margarine
100 g Marzipan-Rohmasse
75 g Zucker
1 Pck. Bourbon-Vanille-Zucker
^{1}/$_2$ Fl. Rum-Aroma
4 Eier (Größe M)
100 g Weizenmehl

1 TL Backpulver
50 g gehackte Haselnusskerne
100 g gemahlene Haselnusskerne

Außerdem:
etwa 40 Papier-Backförmchen

Zum Garnieren:
100 g Marzipan-Rohmasse
150 g gesiebter Puderzucker

rote, gelbe und grüne Speisefarben

^{1}/$_2$ TL gemahlener Zimt
1 TL Wasser

Zubereitungszeit: 35 Minuten,
ohne Abkühlzeit

Insgesamt: E: 88 g, F: 273 g, Kh: 406 g,
kJ: 19132, kcal: 4569

1 Für den Teig Butter oder Margarine und Marzipan-Rohmasse in einer Rührschüssel mit Handrührgerät mit Rührbesen auf höchster Stufe geschmeidig rühren. Nach und nach Zucker und Vanille-Zucker unterrühren. So lange rühren, bis eine gebundene Masse entstanden ist. Rum-Aroma unterrühren.

2 Eier nach und nach unterrühren (jedes Ei etwa ^{1}/$_2$ Minute). Mehl und Backpulver mischen, sieben, portionsweise abwechselnd mit den gehackten und gemahlenen Haselnusskernen auf mittlerer Stufe unterrühren. Den Teig in dreifach ineinander gestellte Papier-Backförmchen füllen und auf ein Backblech setzen. Das Backblech in den Backofen schieben.

Ober-/Unterhitze: etwa 180 °C (vorgeheizt)
Heißluft: 160 °C (vorgeheizt)
Gas: Stufe 2 – 3 (vorgeheizt)
Backzeit: etwa 25 Minuten

3 Die Förmchen vom Backblech nehmen und auf einem Kuchenrost erkalten lassen.

4 Zum Garnieren Marzipan-Rohmasse mit 50 g Puderzucker verkneten. Die Masse dritteln und mit Speisefarbe unterschiedlich einfärben. Die eingefärbte Marzipanmasse nebeneinander auf eine mit Puderzucker bestäubte Arbeitsfläche legen und etwa 3 mm dick ausrollen. Mit einem Teigrädchen Streifen ausschneiden.

5 Restlichen Puderzucker mit Zimt und Wasser zu einer streichfähigen Masse verrühren. Die Törtchen damit bestreichen, mit den Marzipanstreifen belegen. Guss fest werden lassen.

Nuss-Marzipan-Törtchen

Nussmöppchen |

Preiswert

Für den Rühr-Knetteig:
150 g Butter oder Margarine
175 g Zucker
1 Pck. Vanillin-Zucker
1/2 Fläschchen Rum-Aroma
1 Ei (Größe M)
250 g Weizenmehl
2 gestr. TL Backpulver
150 g Weizengrieß
100 g gemahlene Haselnusskerne

Zum Belegen:
100 g Haselnusskerne

Für den Guss:
50 g Zartbitterschokolade
etwas Speiseöl

Zubereitungszeit: 60 Minuten,
ohne Abkühlzeit

Insgesamt: E: 82 g, F: 294 g, Kh: 520 g,
kJ: 21912, kcal: 5233

1 Für den Teig Butter oder Margarine mit
Handrührgerät mit Rührbesen auf höchster
Stufe geschmeidig rühren. Nach und nach
Zucker, Vanillin-Zucker und Aroma unterrüh-
ren. So lange rühren, bis eine gebundene
Masse entstanden ist.

2 Ei unterrühren (etwa 1/2 Minute). Mehl mit
Backpulver mischen, sieben. Zwei Drittel des
Mehlgemisches portionsweise auf mittlerer
Stufe unterrühren.

3 Den Teigbrei auf einer bemehlten Arbeitsfläche mit dem restlichen Mehlgemisch, Grieß
und Haselnusskernen verkneten. Sollte er kleben, ihn in Folie gewickelt eine Zeit lang kalt
stellen.

4 Teig in kleinen Portionen zu Rollen
(Ø 2 cm) formen, in etwa 1/2 cm dicke Scheiben schneiden. Diese zu Kugeln formen und
auf ein Backblech (mit Backpapier belegt)
legen. In jede Kugel einen Haselnusskern
leicht eindrücken. Das Backblech in den
Backofen schieben.

Ober-/Unterhitze: etwa 180 °C (vorgeheizt)
Heißluft: etwa 160 °C (vorgeheizt)
Gas: Stufe 2 – 3 (vorgeheizt)
Backzeit: etwa 15 Minuten

5 Die Nussmöppchen mit dem Backpapier
vom Backblech ziehen und auf einem Kuchenrost erkalten lassen.

6 Für den Guss Schokolade in kleine Stücke
brechen, mit dem Öl in einem kleinen Topf im
Wasserbad bei schwacher Hitze zu einer geschmeidigen Masse verrühren. Die Nussmöppchen damit besprenkeln, fest werden lassen.

Nussmöppchen

Nuss-Nougat-Kranz |

Für Geübte

Für den Biskuitteig:
5 Eier (Größe M)
3 EL heißes Wasser
125 g Zucker
1 Pck. Bourbon-Vanille-Zucker
125 g Weizenmehl
1 Msp. Backpulver

Zum Bestreichen:
100 g Aprikosenkonfitüre
3 EL Wasser

Für die Füllung:
700 ml Schlagsahne
1 Pck. Sahnesteif
150 g weiches Nuss-Nougat
1 Pck. Finesse Orangenschalen-Aroma

Zum Garnieren und Verzieren:
150 g weiße Kuvertüre
50 g Zartbitterschokolade

Zubereitungszeit: 60 Minuten,
ohne Kühlzeit

Insgesamt: E: 101 g, F: 364 g, Kh: 524 g,
kJ: 24811, kcal: 5931

1 Für den Teig Eier und Wasser mit Handrührgerät mit Rührbesen auf höchster Stufe in
1 Minute schaumig schlagen. Zucker und Vanille-Zucker mischen, in 1 Minute einstreuen,
dann noch etwa 2 Minuten schlagen.

2 Mehl mit Backpulver mischen, die Hälfte
davon auf die Eiercreme sieben, kurz auf niedrigster Stufe unterrühren. Den Rest des Mehlgemisches auf die gleiche Weise unterarbeiten. Den Teig in eine Kranzform (Ø 26 cm,
gefettet, gemehlt) füllen. Die Form auf dem
Rost in den Backofen schieben.

Ober-/Unterhitze: etwa 180 °C (vorgeheizt)
Heißluft: etwa 160 °C (vorgeheizt)
Gas: Stufe 2 – 3 (vorgeheizt)
Backzeit: etwa 30 Minuten

3 Den Kranz 10 Minuten in der Form stehen
lassen, aus der Form lösen, auf ein mit Zucker bestreutes Stück Backpapier stürzen,
auf einem Kuchenrost erkalten lassen. Kranz
zweimal waagerecht durchschneiden.

4 Zum Bestreichen Konfitüre mit Wasser in
einem kleinen Topf unter Rühren aufkochen,
den mittleren Kranzboden damit bestreichen.

5 Für die Füllung Sahne mit Sahnesteif steif
schlagen. Nuss-Nougat und Aroma unterrühren.

6 Den unteren und mittleren Kranzboden mit
der Hälfte der Sahne-Nougat-Creme bestreichen. Oberen Kranzboden darauf legen. Kranz
ganz mit der restlichen Sahne-Nougat-Creme
bestreichen, kalt stellen.

7 Zum Garnieren und Verzieren Kuvertüre
mit einem Sparschäler hobeln. Den Kranz
damit garnieren. Schokolade in kleine Stücke
brechen, in einem kleinen Topf im Wasserbad
bei schwacher Hitze zu einer geschmeidigen
Masse verrühren. Den Kranz damit besprenkeln, fest werden lassen.

Nuss-Nougat-Kranz

Nuss- oder Mandelkranz |  🍰 🍰 ❄

Gut vorzubereiten

Für den Quark-Öl-Teig:
300 g Weizenmehl
1 Pck. Backpulver
150 g Magerquark
6 EL Milch
6 EL Speiseöl
75 g Zucker
1 Pck. Vanillin-Zucker
1 Prise Salz

Für die Füllung:
200 g gemahlene Haselnusskerne oder
abgezogene, gemahlene Mandeln
100 g Zucker
4 – 5 Tropfen Bittermandel-Aroma
1 Eiweiß (Größe M)
$^1/_2$ Eigelb (Größe M)
3 – 4 EL Wasser

Zum Bestreichen:
$^1/_2$ Eigelb
1 EL Milch

Zubereitungszeit: 40 Minuten

Insgesamt: E: 89 g, F: 208 g, Kh: 434 g,
kJ: 17185, kcal: 4103

1 Für den Teig Mehl mit Backpulver mischen, in eine Rührschüssel sieben. Quark, Milch, Öl, Zucker, Vanillin-Zucker und Salz hinzufügen. Die Zutaten mit Handrührgerät mit Knethaken auf höchster Stufe in etwa 1 Minute zu einem Teig verarbeiten (nicht zu lange, Teig klebt sonst).

2 Anschließend auf einer bemehlten Arbeitsfläche zu einer Rolle formen, diese zu einem Rechteck von etwa 35 x 45 cm ausrollen.

3 Für die Füllung Haselnusskerne oder Mandeln, Zucker, Aroma, Eiweiß, Eigelb und Wasser mit Handrührgerät mit Rührbesen zu einer geschmeidigen Masse verrühren. Die Masse auf das Teigrechteck streichen. Von der längeren Seite her aufrollen und als Kranz auf ein Backblech (gefettet, mit Backpapier belegt) legen.

4 Zum Bestreichen Eigelb und Milch verschlagen. Den Teigkranz damit bestreichen, etwa $^1/_2$ cm tief sternförmig einschneiden. Das Backblech in den Backofen schieben.

Ober-/Unterhitze: 180 – 200 °C (vorgeheizt)
Heißluft: 160 – 180 °C (nicht vorgeheizt)
Gas: etwa Stufe 3 (nicht vorgeheizt)
Backzeit: 30 – 40 Minuten

5 Den Kranz mit dem Backpapier vom Backblech ziehen und auf einem Kuchenrost erkalten lassen.

Back-Tipp: Wenn Quark-Öl-Teig zu weich wird, liegt es daran, dass der Quark zu feucht ist. Der im Handel angebotene Quark hat eine unterschiedliche Feuchtigkeit. Deshalb sollte der Quark vor der Teigzubereitung einige Zeit in einem Sieb abtropfen oder in einem Mulltuch ausgepresst werden, damit er möglichst trocken wird. Auf keinen Fall sollte noch Mehl in den Teig gegeben werden, da das Gebäck dann nicht genügend aufgeht. Quark-Öl-Teig-Gebäck sollte nicht zu lange backen, weil es dadurch trocken wird. Wie Hefeteig-Gebäck schmeckt es frisch am besten.

Nuss- oder Mandelkranz

Nuss-Pudding-Torte |

Für Gäste – gut vorzubereiten

Für den Schüttelteig:
200 g Butter
100 g Marzipan-Rohmasse
200 g Weizenmehl
1 Pck. Pudding-Pulver
Vanille-Geschmack
3 gestr. TL Backpulver
200 g Zucker
1 Pck. Vanillin-Zucker
4 Eier (Größe M)
5 Tropfen Rum-Aroma
100 ml Schlagsahne
150 g geröstete Haselnusskerne

Für die Puddingcreme:
1 ¹/₂ Pck. Pudding-Pulver
Vanille-Geschmack, 75 g Zucker
750 ml (³/₄ l) Milch
50 g weiche Butter

Zum Bestreichen:
400 ml Schlagsahne
2 Pck. Sahnesteif

Zum Besprenkeln:
100 g zerlassene Zartbitterschokolade

Zum Garnieren:
12 Schoko-Meeresfrüchte

Zubereitungszeit: 45 Minuten,
ohne Abkühlzeit

Insgesamt: E: 134 g, F: 595 g, Kh: 691 g,
kJ: 37299, kcal: 8909

1 Für den Teig Butter mit Marzipan-Rohmasse in einem kleinen Topf zerlassen. Mehl mit Pudding-Pulver und Backpulver mischen, in eine verschließbare Schüssel (3-Liter-Inhalt) sieben, mit Zucker und Vanillin-Zucker mischen. Eier, Rum, Sahne und Butter-Marzipan-Mischung hinzufügen, den Deckel fest verschließen.

2 Mehrmals (insgesamt 15 – 30 Sekunden) kräftig schütteln, sodass alle Zutaten gut vermischt sind, Haselnusskerne hinzugeben.

Alles mit einem Schneebesen oder Rührlöffel nochmals sorgfältig durchrühren, damit vor allem trockene Zutaten vom Rand mit untergerührt werden.

3 Teig in eine Springform (Ø 26 cm, Boden gefettet, mit Backpapier belegt) füllen und glatt streichen. Form auf dem Rost in den Backofen schieben.

Ober-/Unterhitze: etwa 180 °C (vorgeheizt)
Heißluft: etwa 160 °C (nicht vorgeheizt)
Gas: Stufe 2 – 3 (nicht vorgeheizt)
Backzeit: etwa 45 Minuten

4 Form 10 Minuten auf einen Kuchenrost stellen, Gebäckboden aus der Form lösen und auf dem Kuchenrost erkalten lassen, zweimal waagerecht durchschneiden.

5 Für die Puddingcreme aus Pudding-Pulver, Zucker und Milch nach Packungsanleitung einen Pudding zubereiten, Butter unter den heißen Pudding rühren.

6 Den unteren Gebäckboden auf eine Platte legen. Die Hälfte der Puddingcreme darauf streichen. Den mittleren Gebäckboden darauf legen und mit der restlichen Puddingcreme bestreichen. Mit dem oberen Gebäckboden bedecken. Torte erkalten lassen.

7 Zum Bestreichen Sahne mit Sahnesteif steif schlagen, Tortenoberfläche und -rand damit bestreichen. Torte mit der Schokolade besprenkeln, fest werden lassen. Mit den Schoko-Meeresfrüchten garnieren.

Nuss-Pudding-Torte

Nussringe |

Vollwertig – einfach

Für den Knetteig:
280 g Weizenvollkornmehl
110 g gemahlene Haselnusskerne
1 Msp. Bourbon-Vanille-Zucker
1 Ei (Größe M)
150 g flüssiger Honig
150 g Butter oder Margarine

Zum Bestreichen:
1 Eigelb, 1 EL Milch

Zubereitungszeit: 75 Minuten

Insgesamt: E: 57 g, F: 206 g, Kh: 347 g,
kJ: 14992, kcal: 3582

1 Für den Teig Mehl mit Haselnusskernen mischen, in eine Rührschüssel geben. Vanille-Zucker, Ei, Honig und Butter oder Margarine hinzufügen. Die Zutaten mit Handrührgerät mit Knethaken zunächst kurz auf niedrigster, dann auf höchster Stufe gut durcharbeiten.

2 Anschließend auf einer bemehlten Arbeitsfläche zu einem glatten Teig verkneten. Sollte er kleben, ihn in Folie gewickelt eine Zeit lang kalt stellen.

3 Den Teig auf einer bemehlten Arbeitsfläche etwa ½ cm dick ausrollen, mit einem Plätzchenausstecher Ringe ausstechen. Teigringe auf Backbleche (gefettet, mit Backpapier belegt) legen.

4 Zum Bestreichen Eigelb mit Milch verschlagen, Teigringe damit bestreichen. Backbleche nacheinander (bei Heißluft zusammen) in den Backofen schieben.

Ober-/Unterhitze: 180 – 200 °C (vorgeheizt)
Heißluft: 160 – 180 °C (vorgeheizt)
Gas: etwa Stufe 3 (vorgeheizt)
Backzeit: etwa 10 Minuten pro Backblech

5 Das Gebäck mit dem Backpapier vom Backblech ziehen und auf einem Kuchenrost erkalten lassen.

Tipp: Für Kinder die Nussringe nach dem Erkalten mit einem Puderzuckerguss bestreichen und mit Liebesperlen bestreuen.

Nussrosetten |

Vollwertig

Für den Hefeteig:
50 g zerlassene abgekühlte Butter
oder Margarine, 130 g flüssiger Honig
60 g gemahlene Haselnusskerne
4 EL Cointreau (Orangenlikör)
abgeriebene Schale von 1 Bio-Zitrone
(unbehandelt, ungewachst)
1 Pck. Bourbon-Vanille-Zucker
1 Prise Meersalz, 2 Eier (Größe M)
130 g Weizen-Vollkornmehl
1 Pck. Trockenhefe
etwa 2 EL lauwarme Milch

Zum Bestreichen:
50 g aufgelöste Halbbitter-Kuvertüre

Zubereitungszeit: 85 Minuten,
ohne Kühl- und Teiggehzeit

Insgesamt: E: 45 g, F: 96 g, Kh: 215 g,
kJ: 8660, kcal: 2069

1 Für den Teig Butter oder Margarine und Honig mit Handrührgerät mit Rührbesen auf höchster Stufe gut verrühren.

2 Haselnusskerne, Orangenlikör, Zitronenschale, Vanille-Zucker, Meersalz und Eier hinzufügen.

3 Mehl mit Trockenhefe sorgfältig mischen, zusammen mit Milch zu der Fett-Honig-Mischung geben. Die Zutaten mit Handrührgerät mit Knethaken auf höchster Stufe in etwa 5 Minuten zu einem Teig verarbeiten und zugedeckt im Kühlschrank durchkühlen lassen.

Nussrosetten

4 Teig portionsweise in eine Gebäckpresse geben. Auf ein Backblech (gefettet, mit Backpapier belegt) Rosetten spritzen, die Rosetten etwa 15 Minuten an einem warmen Ort gehen lassen. Das Backblech in den Backofen schieben.

Ober-/Unterhitze: 200 – 220 °C (vorgeheizt)
Heißluft: 180 – 200 °C (vorgeheizt)
Gas: etwa Stufe 4 (vorgeheizt)
Backzeit: etwa 25 Minuten

5 Die Rosetten mit dem Backpapier vom Backblech auf einen Kuchenrost ziehen, erkalten lassen.

6 Die Unterseite der Rosetten mit Kuvertüre bestreichen, fest werden lassen.

Tipp: Den Teig durch den Fleischwolf mit Spezialvorsatz drehen, als S-Formen, Stangen oder Kränze auf ein Backblech (gefettet, mit Backpapier belegt) legen und die Enden der gebackenen Plätzchen in aufgelöste Schokolade tauchen.

175

Nuss-Schnitten

Nuss–Schnitten | 🗑 🗑 ❄

Klassisch

Für den Biskuitteig:
6 Eier (Größe M)
150 g Zucker
1 Pck. Vanillin-Zucker
1 Prise Salz
$^1/_2$ TL gemahlener Zimt
1 geh. EL gesiebtes Weizenmehl
1 gestr. TL Backpulver
250 g gemahlene Haselnusskerne

Für die Füllung:
750 ml ($^3/_4$ l) Schlagsahne
1 TL Zucker
1 Pck. Vanillin-Zucker
3 Pck. Sahnesteif
100 g Zartbitterschokolade

Borkenschokolade
Haselnusskerne oder
Walnusskernhälften

Zubereitungszeit: 50 Minuten,
ohne Kühlzeit

Insgesamt: E: 111 g, F: 476 g, Kh: 324 g,
kJ: 26039, kcal: 6222

1 Für den Teig Eier mit Handrührgerät mit
Rührbesen auf höchster Stufe in 1 Minute
schaumig schlagen. Zucker, Vanillin-Zucker,
Salz und Zimt mischen, in 1 Minute einstreu-
en, dann noch etwa 2 Minuten schlagen.

2 Mehl mit Backpulver und Haselnusskernen
mischen, die Hälfte davon auf die Eiercreme
geben, kurz auf niedrigster Stufe unterrühren.
Den Rest des Mehl-Haselnuss-Gemisches auf
die gleiche Weise unterarbeiten. Den Teig auf
ein Backblech (30 x 40 cm, gefettet, mit Backpapier belegt) streichen. An der offenen Seite
des Backbleches das Papier unmittelbar vor
dem Teig zur Falte knicken, sodass ein Rand
entsteht. Das Backblech in den Backofen
schieben.

Ober-/Unterhitze: etwa 200 °C (vorgeheizt)
Heißluft: etwa 180 °C (vorgeheizt)
Gas: Stufe 3 – 4 (vorgeheizt)
Backzeit: 12 – 15 Minuten

3 Die Gebäckplatte sofort auf ein mit Zucker bestreutes Stück Backpapier stürzen.
Mitgebackenes Backpapier mit kaltem
Wasser bestreichen, vorsichtig, aber schnell
abziehen. Die Gebäckplatte erkalten lassen,
halbieren.

4 Für die Füllung Sahne mit Zucker, Vanillin-
Zucker und Sahnesteif steif schlagen. Schokolade sehr fein schneiden und unter gut die
Hälfte der Sahne heben. Schokoladensahne
auf eine Gebäckplatte streichen. Mit der zweiten Gebäckplatte bedecken.

5 Die Hälfte der restlichen Sahne in einen
Spritzbeutel mit Sterntülle füllen. Die Gebäck-
oberfläche mit der restlichen Sahne bestrei-
chen. Mit einem Messer gleich große Stücke
markieren. Die markierten Stücke mit der
Sahne aus dem Spritzbeutel verzieren. Mit
Borkenschokolade und Haselnuss- oder
Walnusskernen garnieren. Gebäck 2 Stunden
kalt stellen, erst dann die markierten Nuss-
Schnitten schneiden.

Nuss-Stäbchen |

Einfach

Für den Rühr-Knetteig:
250 g Butter oder Margarine
150 g gesiebter Puderzucker
1 Pck. Vanillin-Zucker
1 Ei (Größe M)
¹/₂ TL gemahlener Zimt
1 Pck. Finesse Geriebene
Zitronenschale
250 g gemahlene, geröstete
Haselnusskerne
250 g Weizenmehl

Zum Besprenkeln:
75 g Speisefettglasur oder
Halbbitter-Kuvertüre

Zubereitungszeit: 90 Minuten,
ohne Abkühlzeit

Insgesamt: E: 74 g, F: 396 g, Kh: 408 g,
kJ: 23750, kcal: 5673

1 Für den Teig Butter oder Margarine mit
Handrührgerät mit Rührbesen auf höchster
Stufe geschmeidig rühren. Nach und nach

Puderzucker und Vanillin-Zucker unterrühren.
So lange rühren, bis eine gebundene Masse
entstanden ist. Ei etwa ¹/₂ Minute unterrühren. Zimt, Zitronenschale, Haselnusskerne
und etwa die Hälfte des gesiebten Mehls
unterrühren.

2 Teigbrei mit dem restlichen gesiebten
Mehl auf einer bemehlten Arbeitsfläche zu
einem glatten Teig verkneten. Sollte er kleben, ihn in Folie gewickelt eine Zeit lang kalt
stellen. Aus dem Teig gut bleistiftdicke Rollen
formen und in etwa 5 cm lange Stücke
schneiden. Die Teigrollen auf Backbleche
(gefettet, mit Backpapier belegt) legen.

3 Die Backbleche nacheinander (bei Heißluft
zusammen) in den Backofen schieben.

Ober-/Unterhitze: etwa 200 °C (vorgeheizt)
Heißluft: etwa 180 °C (vorgeheizt)
Gas: Stufe 3 – 4 (vorgeheizt)
Backzeit: 10 – 15 Minuten pro Backblech

4 Das Gebäck mit dem Backpapier von den
Backblechen ziehen und auf Kuchenrosten
erkalten lassen.

5 Zum Besprenkeln Speisefettglasur nach
Packungsanleitung auflösen oder Kuvertüre in
kleine Stücke hacken, in einem kleinen Topf
im Wasserbad bei schwacher Hitze zu einer
geschmeidigen Masse verrühren. Das Gebäck
damit besprenkeln, fest werden lassen.

Tipp: Nach Belieben den Teig portionsweise
durch einen Fleischwolf mit Gebäckvorsatz in
Sternform drehen und in 5 cm lange Stücke
schneiden. Dafür den Teig vorher kurz kalt
stellen. Das fertige Spritzgebäck mit den Enden in aufgelöste Kuvertüre tauchen. Das Gebäck ist 3 – 4 Wochen haltbar.

Nuss-Stäbchen

Nusstorte, gefüllt |

Für Gäste – schnell

Für den Biskuitteig:
4 Eier (Größe M)
2 EL Orangensaft
200 g Zucker
1 Pck. Vanillin-Zucker
150 g Weizenmehl
$^1\!/_2$ gestr. TL Backpulver

Für die Füllung:
125 g weiche Butter
125 g gesiebter Puderzucker
1 Pck. Bourbon-Vanille-Zucker
200 g fein gehackte Walnusskerne

Zum Bestreichen:
3 – 4 EL Aprikosenkonfitüre

Für den Guss:
2 EL Orangensaft
120 g gesiebter Puderzucker
1 Pck. Bourbon-Vanille-Zucker

Nach Belieben zum Garnieren und Verzieren:
Walnusskerne
in Streifen geschnittene Orangenschale
aufgelöste Zartbitterschokolade

Zubereitungszeit: 45 Minuten,
ohne Abkühlzeit

Insgesamt: E: 60 g, F: 64 g, Kh: 413 g,
kJ: 10516, kcal: 2510

1 Für den Teig Eier und Orangensaft mit Handrührgerät mit Rührbesen auf höchster Stufe in 1 Minute schaumig schlagen. Zucker und Vanillin-Zucker mischen, in 1 Minute einstreuen, dann noch etwa 2 Minuten schlagen.

2 Mehl mit Backpulver mischen, die Hälfte davon auf die Eiercreme sieben, kurz auf niedrigster Stufe unterrühren, restliches Mehlgemisch auf die gleiche Weise unterarbeiten. Den Teig in eine Springform (Ø 26 cm, Boden gefettet, mit Backpapier belegt) füllen und glatt streichen. Die Form auf dem Rost in den Backofen schieben.

Ober-/Unterhitze: etwa 180 °C (vorgeheizt)
Heißluft: etwa 160 °C (vorgeheizt)
Gas: Stufe 2 – 3 (vorgeheizt)
Backzeit: etwa 30 Minuten

3 Den Biskuitboden nach dem Backen auf einen mit Backpapier belegten Kuchenrost stürzen, mitgebackenes Backpapier vorsichtig abziehen. Biskuitboden erkalten lassen, zweimal waagerecht durchschneiden.

4 Für die Füllung Butter schaumig rühren. Nach und nach Puderzucker und Vanille-Zucker unterrühren. Zuletzt Walnusskerne unterrühren.

5 Den unteren Boden auf eine Platte legen, die Hälfte der Walnusscreme darauf streichen, den mittleren Boden darauf legen, restliche Walnusscreme darauf streichen, mit dem oberen Boden bedecken und gut andrücken.

6 Zum Bestreichen Konfitüre durch ein Sieb streichen. Tortenoberfläche und -rand damit bestreichen.

7 Für den Guss Orangensaft mit Puderzucker und Vanille-Zucker zu einer dickflüssigen Masse verrühren, die Torte damit überziehen.

8 Nach Belieben mit Walnusskernen und Orangenschale garnieren. Mit aufgelöster Zartbitterschokolade besprenkeln, fest werden lassen.

Nusstorte, gefüllt

Nusswaffeln |

Vollwertig

Für den Teig:

125 g Weizen, fein gemahlen
1 gestr. TL Backpulver
125 g gemahlene Haselnusskerne
75 g Birnen-Dattel-Kraut (Reformhaus)
1 Prise Salz
3 Eier (Größe M)
150 g saure Sahne
75 g zerlassene abgekühlte Butter
1 säuerlicher Apfel

Zubereitungszeit: 60 Minuten

Insgesamt: E: 61 g, F: 177 g, Kh: 159 g,
kJ: 10808, kcal: 2582

1 Für den Teig Weizen mit Backpulver mischen, in eine Rührschüssel geben. Haselnusskerne, Birnen-Dattel-Kraut, Salz, Eier, saure Sahne und Butter hinzufügen. Die Zutaten mit Handrührgerät mit Knethaken zunächst kurz auf niedrigster, dann auf höchster Stufe gut durcharbeiten.

2 Apfel schälen, vierteln, entkernen, grob raspeln, unter den Teig rühren. Den Teig in nicht zu großen Mengen in ein gut erhitztes, gefettetes Waffeleisen füllen, goldbraun backen. Waffeln einzeln auf einem Kuchenrost erkalten lassen.

Beigabe: Mit Honig oder Ahornsirup gesüßte, geschlagene Schlagsahne.

Nusswaffeln

Obsttarte

Für Gäste

Für den Knetteig:
200 g Weizenmehl
1 Pck. Vanillin-Zucker
1 Prise Salz, 1 Ei (Größe M)
100 g Butter oder Margarine

Zum Blindbacken:
Hülsenfrüchte, z. B. Erbsen

Für die Mandelmasse:
4 Eier (Größe M), 100 g Zucker
2 gestr. EL Speisestärke
6 Tropfen Zitronen-Aroma
60 g abgezogene, gemahlene Mandeln

Für den Belag:
250 g Aprikosen, 2 Birnen
100 g grüne Weintrauben

Zum Bestreichen:
2 – 3 EL Aprikosenkonfitüre

Zubereitungszeit: 65 Minuten,
ohne Abkühlzeit

Insgesamt: E: 77 g, F: 151 g, Kh: 381 g,
kJ: 14059, kcal: 3360

Obsttarte

1 Für den Teig Mehl in eine Rührschüssel sieben. Vanillin-Zucker, Salz, Ei und Butter oder Margarine hinzufügen. Die Zutaten mit Handrührgerät mit Knethaken zunächst kurz auf niedrigster, dann auf höchster Stufe gut durcharbeiten.

2 Anschließend auf der bemehlten Arbeitsfläche zu einem glatten Teig verkneten. Sollte er kleben, ihn in Folie gewickelt eine Zeit lang kalt stellen.

3 Den Teig auf der bemehlten Arbeitsfläche zu einer Platte ausrollen (Ø 30 cm) und in eine Tarteform (Ø 26 cm, gefettet) legen, am Rand etwa 2 cm hochziehen. Teigboden mehrmals mit einer Gabel einstechen, mit Backpapier belegen, mit Hülsenfrüchten füllen. Die Form auf dem Rost in den Backofen schieben und den Teig goldgelb vorbacken.

Ober-/Unterhitze: 180 – 200 °C (vorgeheizt)
Heißluft: 160 – 180 °C (vorgeheizt)
Gas: etwa Stufe 3 (vorgeheizt)
Backzeit: etwa 15 Minuten

4 Die Form auf einen Kuchenrost stellen. Hülsenfrüchte und Backpapier entfernen. Den Boden abkühlen lassen.

5 Für die Mandelmasse Eier mit Zucker verschlagen. Speisestärke, Aroma und Mandeln unterrühren. Die Masse auf den vorgebackenen Boden streichen.

6 Für den Belag Aprikosen waschen, abtrocknen, halbieren, entsteinen. Birnen schälen, vierteln, entkernen, in Spalten schneiden. Weintrauben waschen, trocken tupfen, entstie-

len, halbieren, entkernen. Das Obst auf der Mandelmasse verteilen. Die Form wieder auf dem Rost in den Backofen schieben und die Tarte fertig backen.

Ober-/Unterhitze: 180 – 200 °C (vorgeheizt)
Heißluft: 160 – 180 °C (vorgeheizt)
Gas: etwa Stufe 3 (vorgeheizt)
Backzeit: 15 – 20 Minuten

7 Die Form auf einen Kuchenrost stellen.

8 Zum Bestreichen Konfitüre in einem kleinen Topf unter Rühren aufkochen. Die Tarte sofort damit bestreichen.

Tipp: Mit angeschlagener Sahne servieren.

Obsttörtchen |

Klassisch

Für den Rührteig:
150 g Butter oder Margarine
150 g Zucker, 1 Pck. Vanillin-Zucker
1 Prise Salz
4 Eier (Größe M)
200 g Weizenmehl
1 gestr. TL Backpulver

Zum Bestreuen:
1 Pck. Sahnesteif

Für den Belag:
750 g vorbereitetes Obst, z. B. Erd-
beeren, Himbeeren, Heidelbeeren,
Weintrauben und Brombeeren, Zucker
oder Obst aus dem Glas oder aus der
Dose, z. B. Aprikosen, Pfirsiche,
Sauerkirschen, Stachelbeeren und
Mandarinen

Für den Guss:
1 Pck. Tortenguss
30 g Zucker
250 ml ($^1/_4$ l) Wasser oder Fruchtsaft

Nach Belieben zum Verzieren und Garnieren:
200 ml Schlagsahne
1 Pck. Sahnesteif
einige Johannisbeerrispen

Zubereitungszeit: 65 Minuten,
ohne Abkühlzeit

Insgesamt: E: 63 g, F: 216 g, Kh: 473 g,
kJ: 18632, kcal: 4453

1 Für den Teig Butter oder Margarine mit Handrührgerät mit Rührbesen auf höchster Stufe geschmeidig rühren. Nach und nach Zucker, Vanillin-Zucker und Salz unterrühren. So lange rühren, bis eine gebundene Masse entstanden ist.

2 Eier nach und nach unterrühren (jedes Ei etwa $^1/_2$ Minute). Mehl mit Backpulver mischen, sieben, portionsweise auf mittlerer Stufe unterrühren.

3 Den Teig in Tortelett-Förmchen (Ø etwa 10 cm, gut gefettet) füllen, glatt streichen. Die Förmchen auf dem Rost in den Backofen schieben.

Ober-/Unterhitze: etwa 180 °C (vorgeheizt)
Heißluft: etwa 160 °C (vorgeheizt)
Gas: Stufe 2 – 3 (vorgeheizt)
Backzeit: 10 – 15 Minuten

4 Törtchen sofort aus den Förmchen lösen, auf einem Kuchenrost erkalten lassen. Törtchen gleichmäßig mit Sahnesteif bestreuen, damit sie nicht durchweichen.

5 Für den Belag vorbereitetes Obst mit Zucker bestreuen und kurze Zeit stehen lassen.

Obst aus dem Glas oder aus der Dose in einem Sieb gut abtropfen lassen, Saft auffangen und 250 ml ($^1/_4$ l) abmessen. Das Obst auf die Törtchen legen.

6 Für den Guss Tortengusspulver mit Zucker, Wasser oder Fruchtsaft nach Packungsanleitung zubereiten, etwas abkühlen lassen und über das Obst verteilen. Guss fest werden lassen.

7 Nach Belieben vor dem Servieren Sahne mit Sahnesteif steif schlagen. Törtchen auf je einen Dessertteller legen. Den Tellerrand mit Sahne verzieren und mit Johannisbeerrispen garnieren. Restliche Sahne dazureichen.

Obsttörtchen

Orangen-Buttercreme-Torte |

Für Gäste – fruchtig

Für den Rührteig:
100 g Butter oder Margarine
150 g Zucker, 1 Pck. Vanillin-Zucker
3 Eier (Größe M)
150 g Weizenmehl
3 gestr. TL Backpulver
50 g Kokosraspel

Für die Buttercreme:
1 Pck. Pudding-Pulver
Vanille-Geschmack
40 g Zucker
500 ml (1/2 l) Milch
250 g weiche Butter
2 EL Orangenlikör

Zum Bestreichen:
225 g Orangenmarmelade

Für den Belag:
5 – 6 Orangen

Für den Guss:
1 Pck. Gezuckerter Tortenguss, klar
125 ml (1/8 l) Wasser
125 ml (1/8 l) Orangensaft

Zubereitungszeit: 65 Minuten,
ohne Kühlzeit

Insgesamt: E: 64 g, F: 563 g, Kh: 410 g,
kJ: 30150, kcal: 7203

1 Für den Teig Butter oder Margarine mit Handrührgerät mit Rührbesen auf höchster Stufe geschmeidig rühren. Nach und nach Zucker und Vanillin-Zucker unterrühren. So lange rühren, bis eine gebundene Masse entstanden ist.

2 Eier nach und nach unterrühren (jedes Ei etwa 1/2 Minute). Mehl mit Backpulver mischen, sieben, portionsweise mit Kokosraspeln auf mittlerer Stufe unterrühren. Den Teig in eine Springform (Ø 26 cm, Boden gefettet, mit Backpapier belegt) füllen, glatt streichen. Die Form auf dem Rost in den Backofen schieben.

Ober-/Unterhitze: etwa 180 °C (vorgeheizt)
Heißluft: etwa 160 °C (vorgeheizt)
Gas: Stufe 2 – 3 (vorgeheizt)
Backzeit: etwa 25 Minuten

3 Gebäckboden aus der Form lösen, auf einen mit Backpapier belegten Kuchenrost stürzen, mitgebackenes Backpapier abziehen. Gebäckboden erkalten lassen, einmal waagerecht durchschneiden.

4 Für die Buttercreme aus Pudding-Pulver, Zucker und Milch nach Packungsanleitung einen Pudding zubereiten, sofort mit Klarsichtfolie zudecken und bei Zimmertemperatur erkalten lassen.

5 Butter geschmeidig rühren, den Pudding esslöffelweise unterrühren (darauf achten, dass Butter und Pudding Zimmertemperatur haben, da die Creme sonst gerinnt). Zuletzt Likör unterrühren (etwas von der Buttercreme in einen Spritzbeutel mit kleiner Lochtülle füllen).

6 Unteren Gebäckboden auf eine Platte legen und mit der Hälfte der Marmelade bestreichen. Die Hälfte der Buttercreme darauf streichen. Gebäckboden etwa 30 Minuten kalt stellen, dann restliche Marmelade gleichmäßig darauf verteilen. Den oberen Gebäckboden darauf legen, leicht andrücken. Tortenoberfläche und -rand mit der restlichen Buttercreme bestreichen. Torte 2 Stunden kalt stellen.

7 Für den Belag Orangen schälen, dabei die weiße Haut mit entfernen. Fruchtfilets herausschneiden und auf Küchenpapier abtropfen lassen. Torte dekorativ damit belegen.

8 Für den Guss Tortengusspulver, Wasser und Orangensaft nach Packungsanleitung zubereiten. Orangenfilets vorsichtig damit überziehen.

9 Mit der Buttercreme aus dem Spritzbeutel kleine Punkte (Blüten) auf den Guss spritzen.

Orangen-Buttercreme-Torte

Orangencharlotte | 🍰 🍰 🍰

Festlich

Für den Biskuitteig:
3 Eier (Größe M)
5–6 EL heißes Wasser
150 g Zucker, 1 Pck. Vanillin-Zucker
100 g Weizenmehl, 50 g Speisestärke
1 gestr. TL Backpulver

Zum Bestreichen:
250 g Himbeerkonfitüre

Für die Füllung:
6 Blatt weiße Gelatine
3 Eigelb (Größe M), 75 g Zucker
150 ml frisch gepresster Orangensaft
400 ml Schlagsahne
Orangenfilets von 4 Orangen

Für den Knetteig:
125 g Weizenmehl, 40 g Zucker
75 g Butter oder Margarine

Zum Verzieren:
125 ml (¹/₈ l) Schlagsahne

Zubereitungszeit: 80 Minuten,
ohne Kühlzeit

Insgesamt: E: 82 g, F: 265 g, Kh: 698 g,
kJ: 23749, kcal: 5677

1 Für den Biskuitteig Eier und Wasser mit Handrührgerät mit Rührbesen auf höchster Stufe in 1 Minute schaumig schlagen. Zucker und Vanillin-Zucker mischen, in 1 Minute einstreuen, dann noch etwa 2 Minuten schlagen.

2 Mehl mit Speisestärke und Backpulver mischen, die Hälfte davon auf die Eiercreme sieben, kurz auf niedrigster Stufe unterrühren, den Rest des Mehlgemisches auf die gleiche Weise unterarbeiten.

3 Den Teig auf ein Backblech (30 x 40 cm, gefettet, mit Backpapier belegt) streichen. An der offenen Seite des Bleches das Papier unmittelbar vor dem Teig zur Falte knicken, so dass ein Rand entsteht. Das Backblech in den Backofen schieben.

Ober-/Unterhitze: 200 – 220 °C (vorgeheizt)
Heißluft: 180 – 200 °C (vorgeheizt)
Gas: etwa Stufe 4 (vorgeheizt)
Backzeit: 10 – 15 Minuten

4 Biskuitplatte sofort nach dem Backen auf ein mit Zucker bestreutes Backpapier stürzen, mitgebackenes Backpapier abziehen. Biskuitplatte sofort mit Himbeerkonfitüre bestreichen und von der längeren Seite aufrollen, erkalten lassen.

5 Biskuitrolle in 1 cm breite Stücke schneiden. Eine Kuppelform (Ø 24 cm) oder Schüssel damit auslegen.

6 Für die Füllung Gelatine in kaltem Wasser nach Packungsanleitung einweichen, leicht ausdrücken. Gelatine unter Rühren erwärmen (nicht kochen), bis sie völlig gelöst ist.

7 Eigelb und Zucker im heißen Wasserbad mit Handrührgerät mit Rührbesen in etwa 5 Minuten schaumig rühren. Gelatine und Orangensaft unterrühren.

8 Sahne steif schlagen. Wenn die Gelatine-Orangenflüssigkeit anfängt dicklich zu werden, Sahne und Orangenfilets unterheben.

9 Die Creme in die Kuppelform füllen. Etwa 3 Stunden fest werden lassen.

10 Für den Knetteig Mehl in eine Rührschüssel sieben. Restliche Zutaten hinzufügen und mit Handrührgerät mit Knethaken zunächst kurz auf niedrigster, dann auf höchster Stufe gut durcharbeiten. Anschließend auf der bemehlten Arbeitsfläche zu einem glatten Teig verkneten, in Folie gewickelt eine Zeit lang kalt stellen.

11 Teig auf dem Boden einer Springform (Ø 24 cm, Boden gefettet) ausrollen. Springformrand darumlegen. Die Form auf dem Rost in den Backofen schieben.

Ober-/Unterhitze: etwa 200 °C (vorgeheizt)
Heißluft: etwa 180 °C (vorgeheizt)
Gas: Stufe 3 – 4 (vorgeheizt)
Backzeit: etwa 12 Minuten

12 Den Gebäckboden sofort vom Springformboden lösen, aber darauf erkalten lassen.

13 Den Gebäckboden auf eine Tortenplatte legen. Die Orangencharlotte darauf stürzen. Sahne steif schlagen. Die Charlotte damit verzieren.

Orangencharlotte

Orangen-Kokos-Torte

Orangen-Kokos-Torte |

Einfach

Für den Rührteig:
125 g Butter oder Margarine
125 g Zucker
1 Prise Salz
4 Tropfen Zitronen-Aroma
3 Eier (Größe M)
200 g Weizenmehl
2 gestr. TL Backpulver

Für den Belag:
4 Orangen
50 g gesiebter Puderzucker
$1/2$ gestr. TL gemahlener Zimt
50 g Kokosraspel

Puderzucker zum Bestäuben

Zubereitungszeit: 35 Minuten,
ohne Abkühlzeit

Insgesamt: E: 54 g, F: 157 g, Kh: 391 g,
kJ: 13813, kcal: 3299

1 Für den Teig Butter oder Margarine mit
Handrührgerät mit Rührbesen auf höchster
Stufe geschmeidig rühren. Nach und nach
Zucker, Salz und Aroma unterrühren. So lan-
ge rühren, bis eine gebundene Masse ent-
standen ist.

2 Eier nach und nach unterrühren (jedes
Ei etwa $1/2$ Minute). Mehl mit Backpulver mischen, sieben, portionsweise auf mittlerer
Stufe unterrühren. Den Teig in eine Springform (Ø 26 cm, Boden gefettet) füllen, glatt
streichen.

3 Für den Belag Orangen so schälen, dass
die weiße Haut mit entfernt wird. Orangen in
dünne Scheiben schneiden. Orangenscheiben
auf den Teig legen (1 cm am Rand frei lassen).

Puderzucker mit Zimt und Kokosraspeln mischen, gleichmäßig auf den Orangenscheiben
verteilen. Die Form auf dem Rost in den
Backofen schieben.

Ober-/Unterhitze: 160 – 180 °C (vorgeheizt)
Heißluft: 140 – 160 °C (nicht vorgeheizt)
Gas: etwa Stufe 2 (nicht vorgeheizt)
Backzeit: etwa 45 Minuten

4 Den Kuchen aus der Form lösen und auf
einem Kuchenrost erkalten lassen. Mit Puderzucker bestäuben.

Tipp: Für den Belag anstelle der Orangenscheiben Orangenfilets verwenden. Dafür
Orangen schälen, die weiße Haut entfernen,
mit einem scharfen Messer zwischen den
Trennhäuten die Filets herausschneiden.
Der Kuchen kann auch in einer Kastenform
(11 x 25 cm) gebacken werden.

Orangenkuchen, getränkt | 🗑 ❄

Gut vorzubereiten – einfach

Für den Rührteig:
150 g Butter oder Margarine
150 g Zucker
1 Pck. Vanillin-Zucker
1 Prise Salz
abgeriebene Schale von 1 Bio-Orange
(unbehandelt, ungewachst)
3 Eier (Größe M)
150 g Weizenmehl
1 gestr. TL Backpulver

Zum Tränken:
125 ml (¹/₈ l) frisch gepresster
Orangensaft
etwas abgeriebene Orangen- und
Zitronenschale (von Bio-Früchten,
unbehandelt, ungewachst)
75 g Zucker

etwas Puderzucker zum Bestäuben

Zubereitungszeit: 40 Minuten,
ohne Abkühlzeit

Insgesamt: E: 42 g, F: 145 g, Kh: 374 g,
kJ: 12749, kcal: 3046

1 Für den Teig Butter oder Margarine mit
Handrührgerät mit Rührbesen auf höchster
Stufe geschmeidig rühren. Nach und nach
Zucker, Vanillin-Zucker, Salz und Orangen-
schale unterrühren. So lange rühren, bis eine
gebundene Masse entstanden ist.

2 Eier nach und nach unterrühren (jedes Ei
etwa ¹/₂ Minute). Mehl mit Backpulver mischen, sieben, portionsweise auf mittlerer
Stufe unterrühren.

3 Den Teig in eine Rehrückenform
(30 x 11 cm, gefettet) füllen. Die Form
auf dem Rost in den Backofen schieben.

Ober-/Unterhitze: 180 – 200 °C (vorgeheizt)
Heißluft: 160 – 180 °C (nicht vorgeheizt)
Gas: etwa Stufe 3 (nicht vorgeheizt)
Backzeit: etwa 45 Minuten

4 Den Kuchen aus der Form lösen und auf
einen Kuchenrost stürzen, dann wieder in die
Form geben. Kuchen erkalten lassen.

5 Zum Tränken Orangensaft mit Orangen-
und Zitronenschale und Zucker verrühren. Die
flache Seite des Kuchens mit einem Holzstäbchen mehrmals einstechen. Mit der Hälfte
des Orangensaftes beträufeln (am besten mit
einem Pinsel), kurz einziehen lassen.

6 Den Kuchen wieder stürzen, die gewölbte
Seite mit einem Holzstäbchen einstechen. Mit
dem restlichen Orangensaft beträufeln. Den
Kuchen vor dem Servieren mit Puderzucker
bestäuben.

Tipp: Der Kuchen kann auch in einer Kastenform (11 x 25 cm) gebacken werden.

Orangenkuchen, getränkt

Orangen-Marzipan-Kartoffeln | 🗑

Zum Weihnachtsfest – für Gäste

Für die Marzipan-Kartoffeln:
150 g Marzipan-Rohmasse
(mit Honig gesüßt, Reformhaus)
40 g fein gehacktes Orangeat

Außerdem:
Puderzucker
Kakaopulver

Zubereitungszeit: 25 Minuten

Insgesamt: E: 21 g, F: 54 g, Kh: 113 g,
kJ: 4394, kcal: 1049

1 Für die Kartoffeln Marzipan-Rohmasse mit
Orangeat auf einer mit Puderzucker bestäubten Arbeitsfläche verkneten, eine Stange daraus formen. Diese in 20 Stücke schneiden
und zu runden Kartoffeln formen.

2 Marzipan-Kartoffeln in Puderzucker oder
Kakao wälzen und in Pralinenförmchen legen.

Tipp: Anstelle der mit Honig gesüßten Marzipan-Rohmasse kann auch 100 g Marzipan-
Rohmasse und 50 g Puderzucker verwendet
werden. Raffinierter wird es, wenn 3 Esslöffel
Orangenlikör untergerührt werden. Die Kartoffeln können auch in aufgelöste Kuvertüre
getaucht werden.

Orangen-Schichttorte | 🍮 🍮 🍮

Raffiniert – für Gäste

Für den Rührteig:
175 g Butter oder Margarine
175 g Zucker
1 Pck. Vanillin-Zucker
1 Prise Salz
3 Eier (Größe M)
150 g Weizenmehl
30 g Speisestärke
1 gestr. TL Backpulver

Für den Guss:
150 g Halbbitter-Kuvertüre
20 g Kokosfett

Für die Füllung:
2 Pck. Pudding-Pulver
Vanille-Geschmack (ohne Kochen)
300 ml Orangensaft
750 ml (³/₄ l) Schlagsahne

Zum Garnieren:
Orangenfilets

Zum Bestreuen:
Pistazienkerne

Zubereitungszeit: 80 Minuten,
ohne Abkühlzeit

Insgesamt: E: 70 g, F: 471 g, Kh: 546 g,
kJ: 28783, kcal: 6881

1 Für den Teig Butter oder Margarine mit
Handrührgerät mit Rührbesen auf höchster
Stufe geschmeidig rühren. Nach und nach
Zucker und Vanillin-Zucker hinzufügen. So
lange rühren, bis eine gebundene Masse entstanden ist. Eier nach und nach unterrühren
(jedes Ei etwa ¹/₂ Minute).

2 Mehl mit Speisestärke und Backpulver mischen, sieben, portionsweise auf mittlerer Stufe unterrühren. Aus dem Teig 4 Böden backen,
dazu jeweils ¹/₄ des Teiges auf je einen Springformboden (Ø 26 cm, gefettet) streichen.
Jeden Boden ohne Springformrand backen.
Die Formen nacheinander (bei Heißluft zusammen) auf dem Rost in den Backofen schieben.

Ober-/Unterhitze: 180 – 200 °C (vorgeheizt)
Heißluft: 160 – 180 °C (vorgeheizt)
Gas: etwa Stufe 3 (vorgeheizt)
Backzeit: etwa 10 Minuten pro Boden

3 Die Gebäckböden sofort nach dem Backen
vom Springformboden lösen, einzeln auf einem Kuchenrost erkalten lassen.

4 Für den Guss Kuvertüre in kleine Stücke
hacken, zusammen mit Kokosfett in einem
kleinen Topf im Wasserbad bei schwacher
Hitze zu einer geschmeidigen Masse verrühren. Die Oberfläche der Gebäckböden damit
bestreichen. Einen der Gebäckböden in
16 Tortenstücke schneiden. Den Guss fest
werden lassen.

5 Für die Füllung einen Pudding aus Pudding-Pulver nach Packungsanleitung, aber mit
Orangensaft und Sahne zubereiten. Die Puddingmasse in einen Spritzbeutel mit Lochtülle
füllen. Drei Gebäckböden mit der Creme bespritzen, zusammen mit dem geschnittenen
Gebäckboden zu einer Torte zusammensetzen. Mit Orangenfilets garnieren und mit Pistazienkernen bestreuen.

Orangen-Schichttorte

Orangen-Schoko-Kuchen |

Einfach

Für den Rührteig:
350 g Butter oder Margarine
275 g Zucker
1 Pck. Vanillin-Zucker
5 Tropfen Zitronen-Aroma
abgeriebene Schale von 2 Bio-Orangen
(unbehandelt, ungewachst)
6 Eier (Größe M)
350 g Weizenmehl
50 g Speisestärke
2 gestr. TL Backpulver
75 g abgezogene, gemahlene, leicht
geröstete Mandeln, 2 EL Orangenlikör

Zum Ausstreuen:
50 g abgezogene, gehobelte Mandeln

Für den Belag:
3 Orangen
50 g klein gehackte Zartbitterschokolade

Zum Tränken:
200 ml frisch gepresster Orangensaft
2 EL Orangenlikör
40 g gesiebter Puderzucker

Puderzucker zum Bestäuben

Zubereitungszeit: 35 Minuten,
ohne Abkühlzeit

Insgesamt: E: 120 g, F: 415 g, Kh: 721 g,
kJ: 31440, kcal: 7512

1 Für den Teig Butter oder Margarine mit Handrührgerät mit Rührbesen auf höchster Stufe geschmeidig rühren. Nach und nach Zucker und Vanillin-Zucker unterrühren. So lange rühren, bis eine gebundene Masse entstanden ist. Zitronen-Aroma und Orangenschale unterrühren.

2 Eier nach und nach unterrühren (jedes Ei etwa ½ Minute). Mehl mit Speisestärke und Backpulver mischen, sieben, portionsweise mit 50 g der Mandeln auf mittlerer Stufe unterrühren. Zuletzt den Orangenlikör unterziehen. Eine Springform mit Rohrboden

(Ø 26 cm, gefettet) zunächst mit den gehobelten, dann mit den restlichen gemahlenen Mandeln ausstreuen.

3 Für den Belag Orangen schälen, sodass die weiße Haut mit entfernt wird. Die klein geschnittenen Orangenfilets von einer Orange auf den Boden der Springform legen, die Hälfte des Teiges darauf streichen. Die Schokolade und die Orangenfilets einer weiteren Orange darauf verteilen, mit dem restlichen Teig bestreichen, mit den Orangenfilets der dritten Orange belegen. Die Form auf dem Rost in den Backofen schieben.

Ober-/Unterhitze: etwa 180 °C (vorgeheizt)
Heißluft: etwa 160 °C (nicht vorgeheizt)
Gas: Stufe 2 – 3 (nicht vorgeheizt)
Backzeit: etwa 70 Minuten

4 Den Kuchen 10 Minuten in der Form stehen lassen, dann auf einen Kuchenrost stürzen, wieder umdrehen.

5 Zum Tränken Orangensaft mit Likör und Puderzucker gut verrühren, mit Hilfe eines Pinsels den Kuchen damit tränken. Kuchen erkalten lassen, nach Belieben mit Puderzucker bestäuben.

Orangen-Schoko-Kuchen

Orangenschnitten, leichte |

Für Kinder – raffiniert

Für den Biskuitteig:
2 Eier (Größe M), 2 EL Orangensaft
75 g Zucker, 1 Pck. Vanillin-Zucker
75 g Weizenmehl
25 g Speisestärke
1 gestr. TL Backpulver
1 Pck. Finesse Orangenschalen-Aroma

Für die Füllung:
2 Orangen, Wasser
60 g Zucker
40 g Speisestärke
2 Eigelb (Größe M)
1 EL Wasser
2 Eiweiß (Größe M)

Für den Belag:
2 Orangen

Für den Guss:
1 Pck. Tortenguss, klar
125 ml (1/8 l) Apfelsaft
125 ml (1/8 l) Wasser

Zum Verzieren und Bestreuen:
100 ml Schlagsahne
feine Orangenschalenstreifen

Zubereitungszeit: 50 Minuten,
ohne Abkühlzeit

Insgesamt: E: 44 g, F: 57 g, Kh: 344 g,
kJ: 9001, kcal: 2150

1 Für den Teig Eier und Orangensaft mit Handrührgerät mit Rührbesen auf höchster Stufe in 1 Minute schaumig schlagen. Zucker mit Vanillin-Zucker mischen, in 1 Minute einstreuen, dann noch etwa 2 Minuten schlagen. Mehl mit Speisestärke und Backpulver mischen, auf die Eiercreme sieben, kurz auf niedrigster Stufe unterrühren. Aroma hinzufügen.

2 Einen Backrahmen in der Größe 40 x 20 cm auf ein Backblech (mit Backpapier belegt) stellen, den Teig hineingeben und glatt streichen. Das Backblech in den Backofen schieben.

Ober-/Unterhitze: etwa 200 °C (vorgeheizt)
Heißluft: etwa 180 °C (vorgeheizt)
Gas: Stufe 3 – 4 (vorgeheizt)
Backzeit: etwa 10 Minuten

3 Den Backrahmen sofort nach dem Backen mit Hilfe eines Messers lösen und entfernen. Das Gebäck auf ein Stück Backpapier oder auf die Arbeitsfläche stürzen, das mitgebackene Backpapier vorsichtig, aber schnell abziehen, die Biskuitplatte erkalten lassen.

4 Für die Füllung die Orangen auspressen, den Saft mit Wasser auf 250 ml (1/4 l) auffüllen und mit dem Zucker in einem Topf zum Kochen bringen. Die Speisestärke mit Eigelb und Wasser verrühren, den Topf von der Kochstelle nehmen, angerührte Speisestärke einrühren, alles nochmals aufkochen lassen. Eiweiß steif schlagen, sofort unter die heiße Speise heben, die Masse abkühlen lassen.

5 Die Biskuitplatte in 2 Quadrate schneiden, ein Gebäckstück auf eine Platte legen, den gesäuberten Backrahmen in entsprechender Größe darumstellen. Die Creme auf den unteren Boden streichen, mit dem oberen Boden bedecken und andrücken.

6 Für den Belag die Orangen schälen, dass die weiße Haut mit entfernt wird. Orangen in dünne Scheiben schneiden, auf den oberen Boden legen.

7 Für den Guss Tortengusspulver mit Apfelsaft und Wasser nach Packungsanleitung zubereiten, auf die Orangenscheiben geben, fest werden lassen. Den Backrahmen vorsichtig lösen und entfernen. Den Kuchenrand mit der steif geschlagenen Sahne verzieren, mit Orangenschalenstreifen bestreuen.

Tipp: Der Kuchen kann auch in einer Springform (Ø 28 cm) gebacken werden, dafür jedoch die Zutaten verdoppeln.

Orangenschnitten, leichte

Orangentaler |

Vollwertig – einfach

Für den Rührteig:
100 g Butter oder Margarine
1 Prise Meersalz
150 g flüssiger Honig
abgeriebene Schale von 1 Orange
(unbehandelt)
3 EL Orangensaft, 1 Ei (Größe M)
200 g Vollkorn-Weizenmehl
70 g abgezogene, gemahlene Mandeln
1 TL Backpulver

Nach Belieben zum Bestreuen:
Pistazienkerne

Zubereitungszeit: 55 Minuten,
ohne Kühlzeit

Insgesamt: E: 49 g, F: 136 g, Kh: 259 g,
kJ: 10686, kcal: 2553

1 Für den Teig Butter oder Margarine mit Handrührgerät mit Rührbesen auf höchster Stufe geschmeidig rühren. Nach und nach Salz, Honig und Orangenschale unterrühren. So lange rühren, bis eine gebundene Masse entstanden ist. Orangensaft unterrühren.

2 Ei unterrühren (etwa ½ Minute). Mehl mit Mandeln und Backpulver mischen, portionsweise auf mittlerer Stufe unterrühren.

3 Den Teig zugedeckt im Kühlschrank über Nacht stehen lassen.

4 Teig zu Rollen (Ø 2½ cm) formen. Die Rollen in etwa ½ cm dicke Scheiben schneiden und auf Backbleche legen.

5 Nach Belieben Teigscheiben mit Wasser bestreichen, dann mit gehackten oder gemahlenen Pistazienkernen bestreuen. Die Backbleche nacheinander (bei Heißluft zusammen) in den Backofen schieben.

Ober-/Unterhitze: etwa 180 °C (vorgeheizt)
Heißluft: etwa 160 °C (vorgeheizt)
Gas: Stufe 2 – 3 (vorgeheizt)
Backzeit: etwa 20 Minuten pro Backblech

6 Das Gebäck mit dem Backpapier vom Backblech ziehen und auf einem Kuchenrost erkalten lassen.

Orangentörtchen |

Für Gäste – gut vorzubereiten

Für den Biskuitteig:
2 Eier (Größe M), 3 EL heißes Wasser
100 g Zucker, 1 Pck. Vanillin-Zucker
75 g Weizenmehl
50 g Speisestärke
1 gestr. TL Backpulver
50 g abgezogene, gemahlene Mandeln

Zum Bestreuen:
30 g Hagelzucker

Zum Tränken:
2 EL Wasser, 40 g Zucker
1 Pck. Finesse Orangenschalen-Aroma
100 ml Orangensaft
2 – 3 EL Orangenlikör (nach Belieben)

Zum Verzieren:
250 ml (¼ l) Schlagsahne
20 g gesiebter Puderzucker
½ Pck. Sahnesteif

Zum Garnieren:
6 dünne Orangenscheiben

Zubereitungszeit: 45 Minuten,
ohne Abkühlzeit

Insgesamt: E: 43 g, F: 120 g, Kh: 343 g,
kJ: 11715, kcal: 2800

1 Für den Teig Eier und Wasser mit Handrührgerät mit Rührbesen auf höchster Stufe in 1 Minute schaumig schlagen. Zucker und Vanillin-Zucker mischen, in 1 Minute einstreuen, dann noch etwa 2 Minuten schlagen.

2 Mehl mit Speisestärke und Backpulver mischen, die Hälfte davon auf die Eiercreme sieben, kurz auf niedrigster Stufe unterrühren. Den Rest des Mehlgemisches auf die gleiche Weise unterarbeiten. Zuletzt Mandeln unterheben.

3 Teig in einer Muffinform (für 12 Muffins, gefettet) verteilen, mit Hagelzucker bestreuen. Form auf dem Rost in den Backofen schieben.

Ober-/Unterhitze: 180 – 200 °C (vorgeheizt)
Heißluft: 160 – 180 °C (vorgeheizt)
Gas: etwa Stufe 3 (vorgeheizt)
Backzeit: etwa 25 Minuten

4 Die Törtchen etwas abkühlen lassen, dann aus den Förmchen lösen und nebeneinander auf einem Kuchenrost erkalten lassen.

5 Zum Tränken Wasser mit Zucker und Aroma aufkochen. Orangensaft und -likör hinzufügen, die Törtchen damit beträufeln, gut durchziehen lassen (evtl. die Törtchen vorher mit einem Holzspießchen mehrfach einstechen).

6 Zum Verzieren Sahne mit Puderzucker und Sahnesteif steif schlagen. Jedes Orangentörtchen mit einem Sahnetuff verzieren. Zum Garnieren Orangenscheiben vierteln, in die Sahnetuffs stecken.

Orangentörtchen

Orangentorte |

Einfach – fruchtig

Für den Biskuitteig:

4 Eier (Größe M), 3 EL Orangensaft
150 g Zucker, 1 Pck. Vanillin-Zucker
175 g abgezogene, gemahlene Mandeln
25 g gesiebtes Weizenmehl

Für den Belag:

2 – 3 große Orangen

Für den Guss:

100 g Orangenmarmelade
3 EL Orangensaft, 1 EL Zucker

etwa 25 g abgezogene, gehobelte,
gebräunte Mandeln zum Bestreuen

Zubereitungszeit: 40 Minuten,
ohne Abkühlzeit

Insgesamt: E: 78 g, F: 135 g, Kh: 308 g,
kJ: 12313, kcal: 2940

1 Für den Teig Eier und Orangensaft mit
Handrührgerät mit Rührbesen auf höchster
Stufe in 1 Minute schaumig schlagen. Zucker
und Vanillin-Zucker mischen, in 1 Minute einstreuen, dann noch etwa 2 Minuten schlagen.

2 Mandeln mit Mehl mischen, die Hälfte davon auf die Eiercreme geben, kurz auf niedrigster Stufe unterrühren. Den Rest des Man-
del-Mehl-Gemisches auf die gleiche Weise
unterarbeiten. Den Teig in eine Springform
(Ø 26 cm, Boden gefettet, mit Backpapier belegt) füllen. Die Form auf dem Rost in den
Backofen schieben.

Ober-/Unterhitze: etwa 180 °C (vorgeheizt)
Heißluft: etwa 160 °C (vorgeheizt)
Gas: Stufe 2 – 3 (vorgeheizt)
Backzeit: etwa 25 Minuten

3 Den Kuchen sofort aus der Form lösen,
auf einen Kuchenrost stürzen, mitgebackenes
Backpapier abziehen. Kuchen erkalten lassen.

4 Für den Belag Orangen so schälen, dass
auch die weiße Haut mit entfernt wird. Orangen in dünne Scheiben schneiden und auf
den Kuchen legen.

5 Für den Guss Marmelade durch ein Sieb
streichen, mit Saft und Zucker in einem kleinen Topf unter Rühren aufkochen lassen. Die
Orangenscheiben und den Tortenrand damit
bestreichen. Tortenrand mit Mandeln bestreuen.

Orangentorte

Orangentrüffel |

Zum Verschenken

Für die Trüffelmasse:
200 g Zartbitterschokolade
125 g weiche Butter
125 g gesiebter Puderzucker
2–3 EL Orangenmarmelade
¹/₂–1 Pck. Finesse Orangenschalen-Aroma

Zum Wälzen:
etwa 75 g gehackte Mandeln
100 g Schokoladenstreusel

Zubereitungszeit: 45 Minuten, ohne Kühlzeit

Insgesamt: E: 35 g, F: 223 g, Kh: 334 g, kJ: 15116, kcal: 3610

1 Für die Trüffelmasse Schokolade in kleine Stücke brechen, in einem kleinen Topf im Wasserbad bei schwacher Hitze zu einer geschmeidigen Masse verrühren.

2 Butter mit Handrührgerät mit Rührbesen auf höchster Stufe geschmeidig rühren. Nach und nach Puderzucker unterrühren. Aufgelöste Schokolade, Orangenmarmelade und Orangenfrucht hinzufügen. So lange rühren, bis eine gebundene Masse entstanden ist.

Die Masse einige Stunden in den Kühlschrank stellen.

3 Jeweils ¹/₄ der Trüffelmasse aus dem Kühlschrank nehmen, mit einem Teelöffel Häufchen abstechen, diese zu Kugeln formen.

4 Die Hälfte der Orangentrüffel in Mandeln wälzen, die restlichen Trüffel in Schokoladenstreuseln wälzen.

5 Die Trüffel in gut schließenden Dosen kühl aufbewahren.

Osterhase |

Einfach

Für den Rührteig:
200 g Butter oder Margarine
175 g Zucker
1 Pck. Vanillin-Zucker
1 Fläschchen Rum-Aroma
4 Eier (Größe M)
200 g Weizenmehl
50 g Speisestärke
1 gestr. TL Backpulver
75 g abgezogene, gemahlene Mandeln

Zum Verzieren:
125 g gesiebter Puderzucker
etwas Wasser
etwas grüne Speisefarbe

Zum Garnieren:
Ostereier

Zubereitungszeit: 30 Minuten, ohne Abkühlzeit

Insgesamt: E: 74 g, F: 235 g, Kh: 510 g, kJ: 19282, kcal: 4606

1 Für den Teig Butter oder Margarine mit Handrührgerät mit Rührbesen auf höchster Stufe geschmeidig rühren. Nach

Osterhase

und nach Zucker, Vanillin-Zucker und Aroma unterrühren. So lange rühren, bis eine gebundene Masse entstanden ist.

2 Eier nach und nach unterrühren (jedes Ei etwa ¹/₂ Minute). Mehl mit Speisestärke und Backpulver mischen, sieben, portionsweise mit den Mandeln auf mittlerer Stufe unterrühren. Den Teig in eine Hasenform (gefettet, gemehlt) füllen. Die Form auf dem Rost in den Backofen schieben.

Ober-/Unterhitze: etwa 180 °C (vorgeheizt)
Heißluft: etwa 160 °C (nicht vorgeheizt)
Gas: Stufe 2–3 (nicht vorgeheizt)
Backzeit: etwa 50 Minuten

3 Das Gebäck 5 Minuten in der Form stehen lassen, dann aus der Form stürzen. Gebäck auf einem Kuchenrost erkalten lassen.

4 Zum Verzieren Puderzucker und Wasser zu einem spritzfähigen Guss verrühren, etwas davon grün einfärben. Die Masse getrennt in Pergamentpapiertütchen füllen, von den Tüten je eine Spitze abschneiden, das erkaltete Gebäck damit verzieren, mit Ostereiern garnieren.

Osterkränzchen |

Für das Osterfest

Für den Hefeteig:
500 g Weizenmehl
1 Pck. Trockenhefe
50 g Zucker
1 Pck. Vanillin-Zucker
1 Fläschchen
Butter-Vanille-Aroma
1 Prise Salz
2 Eier (Größe M)
50 g zerlassene abgekühlte Butter
oder Margarine
100 ml lauwarme Milch
125 ml (¹/₈ l) lauwarme
Schlagsahne

Zum Bestreichen:
1 Eigelb
1 EL Milch

Nach Belieben zum Garnieren:
bunte, gekochte Ostereier

Zubereitungszeit: 55 Minuten,
ohne Teiggehzeit

Insgesamt: E: 82 g, F: 108 g, Kh: 437 g,
kJ: 13351, kcal: 3191

1 Für den Teig Mehl in eine Rührschüssel sieben, mit Trockenhefe sorgfältig vermischen. Zucker, Vanillin-Zucker, Aroma, Salz, Eier, Butter oder Margarine, Milch und Sahne hinzufügen.

2 Die Zutaten mit Handrührgerät mit Knethaken zunächst auf niedrigster, dann auf höchster Stufe in etwa 5 Minuten zu einem Teig verarbeiten. Den Teig zugedeckt so lange an einem warmen Ort stehen lassen, bis er sich sichtbar vergrößert hat.

3 Den Teig leicht mit Mehl bestäuben, aus der Schüssel nehmen und auf einer bemehlten Arbeitsfläche kurz durchkneten. 16 Rollen (etwa 20 cm lang) daraus formen. Je 2 Rollen umeinander schlingen, sie als Kränzchen auf

Backbleche (mit Backpapier belegt) legen. Nochmals zugedeckt so lange an einem warmen Ort gehen lassen, bis sie sich sichtbar vergrößert haben.

4 Zum Bestreichen Eigelb mit Milch verschlagen. Die Teigkränzchen damit bestreichen. Die Backbleche nacheinander (bei Heißluft zusammen) in den Backofen schieben.

Ober-/Unterhitze: 180 – 200 °C (vorgeheizt)
Heißluft: 160 – 180 °C (nicht vorgeheizt)
Gas: etwa Stufe 3 (nicht vorgeheizt)
Backzeit: 30 – 40 Minuten pro Backblech

5 Die Kränzchen vom Backpapier lösen und auf einem Kuchenrost erkalten lassen.

6 Nach Belieben zum Garnieren in die Mitte der Kränzchen je ein Osterei legen.

Tipp: Anstelle der kleinen Kränzchen einen großen Kranz backen.

Osterkränzchen

Ostfriesentorte

Ostfriesentorte │

Einfach – für Erwachsene

Zum Vorbereiten:
125 g Rosinen
125 ml ('/₈ l) Weinbrand

Für den Biskuitteig:
4 Eier (Größe M)
3 – 4 EL heißes Wasser
150 g Zucker, 1 Pck. Vanillin-Zucker
100 g Weizenmehl
100 g Speisestärke
1 gestr. TL Backpulver

Für die Füllung:
600 – 750 ml Schlagsahne
2 – 3 Pck. Sahnesteif
2 Pck. Vanillin-Zucker

Zum Garnieren:
25 g Rosinen

Zubereitungszeit: 40 Minuten,
ohne Einweich- und Abkühlzeit

Insgesamt: E: 62 g, F: 261 g, Kh: 484 g,
kJ: 20819, kcal: 4977

1 Zum Vorbereiten Rosinen in dem Weinbrand einweichen (über Nacht).

2 Für den Teig Eier und Wasser mit Handrührgerät mit Rührbesen auf höchster Stufe in 1 Minute schaumig schlagen. Zucker und Vanillin-Zucker mischen, in 1 Minute einstreuen, dann noch etwa 2 Minuten schlagen.

3 Mehl mit Speisestärke und Backpulver mischen, die Hälfte davon auf die Eiercreme sieben, kurz auf niedrigster Stufe unterrühren. Den Rest des Mehlgemisches auf die gleiche Weise unterarbeiten. Den Teig in eine Springform (Ø 28 cm, Boden gefettet, mit Backpapier belegt) füllen.

4 Die Form auf dem Rost in den Backofen schieben.

Ober-/Unterhitze: 160 – 180 °C (vorgeheizt)
Heißluft: 140 – 160 °C (vorgeheizt)
Gas: etwa Stufe 2 (vorgeheizt)
Backzeit: 25 – 30 Minuten

5 Den Biskuitboden aus der Form lösen, auf einen mit Backpapier belegten Kuchenrost stürzen, mitgebackenes Backpapier abziehen. Biskuitboden erkalten lassen, zweimal waagerecht durchschneiden.

6 Für die Füllung Rosinen zum Abtropfen in ein Sieb geben, Flüssigkeit dabei auffangen. Sahne mit Sahnesteif und Vanillin-Zucker steif schlagen. Unter zwei Drittel der Sahne die Rosinen heben.

7 Den unteren und mittleren Boden mit der Weinbrandflüssigkeit tränken. Die 3 Böden mit der Rosinensahne bestreichen und zusammensetzen. Tortenoberfläche und -rand mit der restlichen Sahne bestreichen. Mit Hilfe eines Esslöffels Vertiefungen in die Tortenoberfläche drücken. Mit Rosinen garnieren.

193

Päckchen |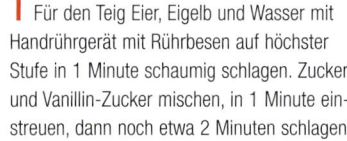

Dauert länger

Für den Biskuitteig:
3 Eier (Größe M)
1 Eigelb (Größe M)
2 EL heißes Wasser
100 g Zucker
1 Pck. Vanillin-Zucker
75 g Weizenmehl
50 g Speisestärke
1 gestr. TL Backpulver

Für die Füllung:
4 EL rotes Gelee

Zum Einpacken:
200 g Marzipan-Rohmasse

100 g gesiebter Puderzucker
gelbe Speisefarbe

Eiweiß zum Bestreichen

Nach Belieben zum Verzieren:
Puderzucker, Eiweiß oder Wasser

Nach Belieben zum Garnieren:
Liebesperlen

Zubereitungszeit: 80 Minuten,
ohne Abkühlzeit

Insgesamt: E: 65 g, F: 97 g, Kh: 453 g,
kJ: 12628, kcal: 3016

1 Für den Teig Eier, Eigelb und Wasser mit Handrührgerät mit Rührbesen auf höchster Stufe in 1 Minute schaumig schlagen. Zucker und Vanillin-Zucker mischen, in 1 Minute einstreuen, dann noch etwa 2 Minuten schlagen.

2 Mehl mit Speisestärke und Backpulver mischen, die Hälfte davon auf die Eiercreme sieben, kurz auf niedrigster Stufe unterrühren, den Rest des Mehlgemisches auf die gleiche Weise unterarbeiten.

3 Den Teig auf ein Backblech (30 x 40 cm, gefettet, mit Backpapier belegt) streichen, an der offenen Seite des Backblechs das Backpapier zur Falte knicken, sodass ein Rand entsteht. Das Backblech in den Backofen schieben.

Ober-/Unterhitze: etwa 200 °C (vorgeheizt)
Heißluft: etwa 180 °C (vorgeheizt)
Gas: Stufe 3 – 4 (vorgeheizt)
Backzeit: 10 – 15 Minuten

4 Die Biskuitplatte sofort nach dem Backen auf ein mit Zucker bestreutes Stück Backpapier stürzen, das mitgebackene Backpapier mit kaltem Wasser bestreichen, vorsichtig, aber schnell abziehen. Die Biskuitplatte sofort in Quadrate (knapp 4 x 4 cm) schneiden und erkalten lassen.

5 Für die Füllung Gelee glatt rühren, jeweils 3 Gebäckstücke mit etwas von dem Gelee bestreichen und aufeinander setzen.

6 Zum Einpacken Marzipan-Rohmasse mit Puderzucker und Speisefarbe verkneten, auf einer mit Puderzucker bestäubten Arbeitsfläche dünn ausrollen. Gebäckwürfel mit dem restlichen Gelee bestreichen und in dem Marzipan einpacken.

7 Nach Belieben die „Päckchen" mit Puderzuckerguss (gesiebter Puderzucker mit Eiweiß oder Wasser verrührt) verzieren oder mit Liebesperlen garnieren.

Päckchen

Papaya-Bananen-Kuchen |

Raffiniert

Zum Vorbereiten:
1 reife Papaya (150 g Fruchtfleisch)
2 reife Bananen (300 g Fruchtfleisch)
3 Eier (Größe M)

Für den Rührteig:
100 g Butter oder Margarine
120 g Zucker
1 Prise Salz
270 g Weizenmehl
50 g Vollkorn-Weizenmehl
2 gestr. TL Backpulver
30 g Kokosraspel

Zubereitungszeit: 55 Minuten

Insgesamt: E: 65 g, F: 125 g, Kh: 420 g,
kJ: 13344, kcal:3189

1 Zum Vorbereiten Papaya längs vierteln, entkernen, schälen und in Würfel schneiden. Bananen schälen und in Stücke schneiden. Eier und Bananen mit dem Schneidstab pürieren.

2 Für den Teig Butter oder Margarine mit Handrührgerät mit Rührbesen auf höchster

Papaya-Bananen-Kuchen

Stufe geschmeidig rühren. Nach und nach Zucker und Salz unterrühren. So lange rühren, bis eine gebundene Masse entstanden ist. Bananenpüree nach und nach unterrühren.

3 Weizen- und Vollkorn-Weizenmehl, Backpulver und Kokosraspel mischen, portionsweise auf mittlerer Stufe unterrühren. Papayawürfel unterheben. Teig in eine Springform (Ø 20 cm, Boden gefettet) füllen. Die Form auf dem Rost in den Backofen schieben.

Ober-/Unterhitze: etwa 180 °C (vorgeheizt)
Heißluft: etwa 160 °C (nicht vorgeheizt)
Gas: Stufe 2 – 3 (nicht vorgeheizt)
Backzeit: etwa 45 Minuten

4 Den Kuchen aus der Form lösen und auf einem Kuchenrost erkalten lassen. Nach Belieben mit Puderzuckerguss besprenkeln, trocknen lassen.

Tipp: Papaya durch eine reife Mango ersetzen.

Partybrötchen mit Frischkäse |

Gut vorzubereiten

Für den Hefeteig:
500 g Weizenmehl
1 Pck. (42 g) frische Hefe
1/2 gestr. TL Zucker
125 ml (1/8 l) lauwarmes Wasser
1 gestr. TL Salz
125 ml (1/8 l) lauwarme Milch
1 Becher (150 g) Frischkäse mit Kräutern der Provence

Milch zum Bestreichen

Zubereitungszeit: 45 Minuten,
ohne Teiggehzeit

Insgesamt: E: 78 g, F: 26 g, Kh: 381 g,
kJ: 9119, kcal: 2178

1 Für den Teig Mehl in eine Schüssel sieben. In die Mitte eine Vertiefung drücken. Hefe hineinbröckeln, Zucker und etwas Wasser hinzufügen. Mit einer Gabel vorsichtig verrühren und etwa 10 Minuten gehen lassen.

2 Salz, Milch, Frischkäse und restliches Wasser hinzufügen. Die Zutaten mit Handrührgerät mit Knethaken zunächst auf niedrigster, dann auf höchster Stufe in etwa 5 Minuten zu einem Teig verarbeiten. Den Teig zugedeckt so lange an einem warmen Ort gehen lassen, bis er sich sichtbar vergrößert hat.

3 Teig aus der Schüssel nehmen, auf einer bemehlten Arbeitsfläche nochmals kurz durchkneten und zu einer Rolle formen. Diese in 10 gleich große Portionen teilen, zu Brötchen formen und auf einem Backblech (gefettet, mit

Backpapier belegt) zu einem Kranz zusammenlegen. Nochmals so lange an einem warmen Ort gehen lassen, bis sie sich sichtbar vergrößert haben.

4 Die Teigbrötchen mit Milch bestreichen. Das Backblech in den Backofen schieben.

Ober-/Unterhitze: 180 – 200 °C (vorgeheizt)
Heißluft: 160 – 180 °C (nicht vorgeheizt)
Gas: etwa Stufe 3 (nicht vorgeheizt)
Backzeit: 30 – 35 Minuten

5 Die Brötchen vom Backpapier lösen und auf einem Kuchenrost erkalten lassen.

Tipp: Die Brötchen schmecken gut zu Partysuppen und zum Brunch.

Passionsfrucht-Minze-Torte |

Exotisch – etwas teurer

Für den Teig:
¹/₂ Bund Pfefferminze
3 Eier (Größe M), 80 g Zucker
70 ml Maracujanektar
50 g Crème fraîche
100 g Weizenmehl
1 gestr. TL Backpulver
30 g Kokosraspel

Für die Füllung:
2 – 3 Passionsfrüchte (Maracuja,
etwa 100 g Fruchtmark)
30 g gesiebte Speisestärke
250 ml (¹/₄ l) Maracujanektar
80 g Butter
150 ml Schlagsahne
30 g gesiebter Puderzucker
2 Pck. Sahnesteif

Zubereitungszeit: 70 Minuten, ohne Kühlzeit

Insgesamt: E: 45 g, F: 168 g, Kh: 271 g, kJ: 11976, kcal: 2862

1 Für den Teig Pfefferminze waschen und trocken schütteln. Die Blätter, bis auf einige zum Garnieren, hacken.

2 Eier trennen. Eiweiß mit Handrührgerät mit Rührbesen auf höchster Stufe steif schlagen. Nach und nach Zucker unterrühren.

3 Eigelb, Maracujanektar, gehackte Minze und Crème fraîche verrühren. Mehl und Backpulver mischen, sieben, mit Kokosraspeln vermengen. Eigelbmasse und Mehlgemisch nacheinander unter den Eischnee heben. Teig in eine Springform (Ø 22 cm, Boden mit Backpapier belegt) füllen. Form auf dem Rost in den Backofen schieben.

Ober-/Unterhitze: 180 °C (vorgeheizt)
Heißluft: etwa 160 °C (vorgeheizt)
Gas: Stufe 2 – 3 (vorgeheizt)
Backzeit: etwa 30 Minuten

4 Den Boden aus der Form lösen, auf einen Kuchenrost stürzen, mitgebackenes Backpapier abziehen. Boden erkalten lassen, zweimal waagerecht durchschneiden.

5 Für die Füllung Passionsfrüchte aufschneiden, Fruchtmark mit einem Löffel herauskratzen. Speisestärke mit 4 Esslöffeln von dem Maracujanektar verrühren. Restlichen Maracujanektar in einem Topf aufkochen, Speisestärke in die von der Kochstelle genommene Flüssigkeit einrühren, einmal kurz aufkochen lassen. Butter und Fruchtmark (2 Esslöffel zum Garnieren beiseite stellen) unterrühren. Creme in eine Schüssel füllen, mit Frischhaltefolie abdecken. Creme erkalten lassen.

6 Sahne mit Puderzucker und Sahnesteif steif schlagen. Sahne esslöffelweise unter die Creme rühren.

7 Creme vierteln. Unteren und mittleren Boden mit je einem Teil der Creme bestreichen. Die drei Böden wieder zusammensetzen. Tortenoberfläche und -rand mit einem Teil der Creme bestreichen. Von der restlichen Creme mit einem Teelöffel 12 Kleckse auf die Torte setzen. Mit dem beiseite gestellten Fruchtmark und Minzeblättern garnieren. Torte kalt stellen.

Passionsfrucht-Minze-Torte

Passionsfrucht-Zitronen-Schnitten

Für Gäste

Für den Knetteig:
250 g Weizenmehl
2 gestr. TL Backpulver
100 g Zucker, 1 Pck. Vanillin-Zucker
1 Prise Salz
1 Pck. Finesse Geriebene
Zitronenschale, 1 Ei (Größe M)
150 g Butter oder Margarine

Für den Schmandbelag:
10 Blatt weiße Gelatine
100 ml Apfelsaft
600 g Schmand
100 g Zucker, 600 ml Schlagsahne

Für den Fruchtbelag:
2 Blatt weiße Gelatine
1 Dose Kiwi-Früchte
(Abtropfgewicht 425 g)
600 ml Passionsfrucht- oder
Maracujasaft
2 Pck. Fruttina Zitrone Frucht-Dessert
75 g Zucker

2 Kiwis, Zitronenschalenstreifen

Zubereitungszeit: 50 Minuten, ohne Kühlzeit

Insgesamt: E: 79 g, F: 484 g, Kh: 632 g, kJ: 31110, kcal: 7431

1 Für den Teig Mehl mit Backpulver mischen, in eine Rührschüssel sieben. Zucker, Vanillin-Zucker, Salz, Zitronenschale, Ei und Butter oder Margarine hinzufügen. Die Zutaten mit Handührgerät mit Knethaken zunächst kurz auf niedrigster, dann auf höchster Stufe gut durcharbeiten.

2 Anschließend auf der bemehlten Arbeitsfläche zu einem glatten Teig verkneten. Sollte er kleben, ihn in Folie gewickelt eine Zeit lang kalt stellen.

3 Teig auf einem Backblech (30 x 40 cm, gefettet, mit Backpapier belegt) ausrollen. Das Backblech in den Backofen schieben.

Ober-/Unterhitze: etwa 200 °C (vorgeheizt)
Heißluft: etwa 180 °C (vorgeheizt)
Gas: Stufe 3 – 4 (vorgeheizt)
Backzeit: etwa 15 Minuten

4 Das Backblech auf einen Kuchenrost stellen, den Gebäckboden darauf erkalten lassen. Einen Backrahmen darumstellen.

5 Für den Schmandbelag Gelatine in kaltem Wasser nach Packungsanleitung einweichen, leicht ausdrücken. Apfelsaft erwärmen (nicht kochen). Die ausgedrückte Gelatine unter Rühren darin auflösen, etwas abkühlen lassen.

6 Schmand mit Zucker verrühren. Gelatineflüssigkeit langsam unterrühren. Schmandmasse kalt stellen. Sahne steif schlagen. Wenn die Schmandmasse anfängt dicklich zu werden, Sahne unterheben. Die Schmand-

Sahne-Masse auf den Knetteigboden streichen und fest werden lassen.

7 Für den Fruchtbelag Gelatine in kaltem Wasser nach Packungsanleitung einweichen. Kiwi-Früchte mit dem Saft pürieren. Den Passionsfrucht- oder Maracujasaft mit Fruttina und Zucker in einem Topf gut verrühren. Die Flüssigkeit unter Rühren zum Kochen bringen, gut aufkochen lassen. Gelatine leicht ausdrücken, unter Rühren in dem heißen von der Kochstelle genommenen Pudding auflösen.

8 Pudding 5 Minuten abkühlen lassen, Kiwipüree unterheben. Puddingmasse mit einem Löffel vorsichtig auf dem Schmandbelag verteilen, 3 Stunden kalt stellen.

9 Backrahmen entfernen. Kuchen in Stücke schneiden, mit geviertelten Kiwischeiben und Zitronenschalenstreifen garnieren.

Passionsfrucht-Zitronen-Schnitten

Pekannuss-Kleingebäck |

Raffiniert

Für den Knetteig:
250 g Weizenmehl
90 g Zucker, 1 Pck. Vanillin-Zucker
¹/₂ TL Finesse Orangenschalen-Aroma
1 Ei (Größe M)
100 g Butter oder Margarine

Für die Füllung:
200 g Zucker
3 EL Ahornsirup
100 ml Schlagsahne
2 EL Kirschwasser
300 g grob gehackte Pekannusskerne

Zum Bestreichen:
1 Eigelb, 1 – 2 EL Milch

Für den Guss:
100 g Halbbitter-Kuvertüre

Zubereitungzeit: 65 Minuten,
ohne Kühlzeit

Insgesamt: E: 69 g, F: 372 g, Kh: 607 g,
kJ: 26327, kcal: 6289

1 Für den Teig Mehl in eine Rührschüssel sieben. Zucker, Vanillin-Zucker, Aroma, Ei und Butter oder Margarine hinzufügen. Die Zutaten mit Handrührgerät mit Knethaken zunächst kurz auf niedrigster, dann auf höchster Stufe gut durcharbeiten.

2 Anschließend auf der bemehlten Arbeitsfläche zu einem glatten Teig verkneten. Sollte er kleben, ihn in Folie gewickelt eine Zeit lang kalt stellen.

3 Für die Füllung Zucker und Sirup in einem kleinen Topf unter Rühren bei schwacher Hitze schmelzen. Sahne, Kirschwasser und Pekannusskerne unterrühren. Nussmasse kalt stellen.

4 Teig auf der bemehlten Arbeitsfläche zu einem Rechteck (30 x 40 cm) ausrollen. Nussmasse darauf streichen. Den Teig von der längeren Seite her aufrollen und in knapp 1 cm

dicke Scheiben schneiden. Die Teigscheiben auf Backbleche (mit Backpapier belegt) legen.

5 Zum Bestreichen Eigelb und Milch verschlagen. Die Teigscheiben damit bestreichen. Backbleche nacheinander (bei Heißluft zusammen) in den Backofen schieben.

Ober-/Unterhitze: etwa 200 °C (vorgeheizt)
Heißluft: etwa 180 °C (vorgeheizt)
Gas: Stufe 3 – 4 (vorgeheizt)
Backzeit: etwa 15 Minuten pro Backblech

6 Backbleche auf je einen Kuchenrost stellen. Gebäck darauf erkalten lassen. Dann vorsichtig vom Backpapier lösen und auf den Kuchenrost legen.

7 Für den Guss Kuvertüre in kleine Stücke hacken, in einem kleinen Topf im Wasserbad bei schwacher Hitze zu einer geschmeidigen Masse verrühren. Die Gebäckunterseite damit bestreichen. Guss fest werden lassen.

Pekannuss-Kleingebäck

Petits Fours |

Dauert länger – Klassisch

Für den Rührteig:
150 g Butter oder Margarine
150 g Zucker, 1 Pck. Vanillin-Zucker
8 Eigelb (Größe M), 150 g Weizenmehl
10 Eiweiß (Größe M)

Zum Bestreichen:
400 g Aprikosenkonfitüre
3 – 4 EL Rum

Für die Marzipan-Buttercreme:
2 frische Eier (Größe M)
2 frische Eigelb (Größe M)
75 g Zucker
175 g weiche Butter
Mark von 1/2 Vanilleschote
200 g Marzipan-Rohmasse
2 – 3 EL Rum oder Kirschwasser

Für den Guss:
200 g Halbbitter-Kuvertüre
100 g dunkle Kuchenglasur

Zum Garnieren:
Schokoblättchen
gemahlene Haselnusskerne
abgezogene, gehobelte, gebräunte
Mandeln

Zubereitungszeit: 110 Minuten, ohne
Warte- und Kühlzeit

Insgesamt: E: 150 g, F: 438 g, Kh: 901 g,
kJ: 37497, kcal: 8948

1 Für den Teig Butter oder Margarine mit
Handrührgerät mit Rührbesen auf höchster
Stufe geschmeidig rühren. Zucker und Vanillin-Zucker unterrühren. So lange rühren,
bis eine gebundene Masse entstanden ist.

2 Eigelb nach und nach unterrühren (jedes
Eigelb knapp 1/2 Minute). Mehl sieben, portionsweise auf mittlerer Stufe unterrühren.

3 Eiweiß sehr steif schlagen und vorsichtig unter den Teig heben. Den Teig auf 2 1/2
Backbleche (30 x 40 cm, gefettet, mit Back-

Petits Fours

papier belegt) streichen. Die Backbleche nacheinander (bei Heißluft zusammen) in den
Backofen schieben.

Ober-/Unterhitze: etwa 200 °C (vorgeheizt)
Heißluft: etwa 180 °C (vorgeheizt)
Gas: Stufe 3 – 4 (vorgeheizt)
Backzeit: etwa 12 Minuten pro Backblech

4 Gebäckplatten (30 x 40 cm) sofort nach dem
Backen auf dem Backblech längs halbieren.

5 Zum Bestreichen Konfitüre mit Rum verrühren. Eine halbierte Gebäckhälfte mit 2 Esslöffeln von der Konfitüre bestreichen. Mit einer
Gebäckplatte belegen. Mit den anderen Gebäckplatten genauso verfahren, sodass 5 Gebäckschichten entstehen. Die Gebäckschichten mit
Backpapier zudecken. Zum Beschweren ein
großes Brett darauf legen. Zusätzlich einen
Topf mit Wasser darauf stellen. 3 – 4 Stunden
stehen lassen.

6 Anschließend das Gebäck in Quadrate von
etwa 4 x 4 cm schneiden.

7 Für die Marzipan-Buttercreme Eier, Eigelb
und Zucker in einer Schüssel im heißen (aber

nicht kochendem) Wasserbad cremig schlagen, bis die Masse gut handwarm ist, aus
dem Wasserbad nehmen und kalt schlagen.

8 Butter geschmeidig rühren, Vanillemark
hinzufügen. Nach und nach die Eiermasse
unterrühren. Marzipan-Rohmasse mit Rum
oder Kirschwasser verrühren, zu der Butter-
Eier-Masse geben und unterrühren. Die Masse in einen Spritzbeutel ohne Tülle füllen.
Tuffs auf Backpapier spritzen (je 1 Tuff für ein
Gebäckstück), kalt stellen.

9 Für den Guss Kuvertüre in kleine Stücke
hacken, zusammen mit der Kuchenglasur in
einem kleinen Topf im Wasserbad bei schwacher Hitze zu einer geschmeidigen Masse
verrühren. Die Gebäckstücke damit bestreichen.

10 Jeweils einen Teil der Buttercreme-Tuffs
in Schokoblättchen, Haselnusskernen oder
Mandeln wälzen. Jeweils einen Tuff auf ein
Gebäckstück in den noch feuchten Guss setzen. Guss fest werden lassen. Petits Fours
kühl aufbewahren.

Pfefferminz-Taler |

Für Gäste

Für die Pfefferminzmasse:
500 g gesiebter Puderzucker
1 Eiweiß (Größe M), 3 TL Zitronensaft
¹/₂ TL Pfefferminzöl (aus der Apotheke)

Für die Glasur:
200 g Halbbitter-Kuvertüre

Zubereitungszeit: 50 Minuten, ohne Trockenzeit

Insgesamt: E: 11 g, F: 70 g, Kh: 600 g, kJ: 12952, kcal: 3092

1 Für die Pfefferminzmasse Puderzucker in eine Rührschüssel geben (etwas davon zurück-lassen). Eiweiß, Zitronensaft und Pfefferminzöl hinzufügen. Die Zutaten mit Handrührgerät mit Knethaken so lange verkneten, bis eine feste, aber geschmeidige Masse entstanden ist.

2 Masse auf einer mit dem zurückgelassenen Puderzucker bestäubten Arbeitsfläche etwa ¹/₂ cm dick ausrollen, mit einer runden Form (Ø etwa 3 cm) Taler ausstechen.

3 Für die Glasur Kuvertüre in Stücke hacken, in einem kleinen Topf im Wasserbad bei schwacher Hitze zu einer geschmeidgen Masse verrühren. Die Taler mit einer Gabel in die Kuvertüre tauchen, Taler am Rand des Topfes erst abklopfen, dann abstreifen, damit der Guss nicht zu dick wird. Die Taler auf Backpapier setzen.

4 Um ein Streifenmuster zu erzielen, nach jedem 4. oder 5. Tauchvorgang in die Kuvertüre die Gabel auf die schon etwas fest gewordene Oberfläche der Pfefferminztaler drücken und nach oben wegziehen. Pfefferminz-Taler im Kühlschrank fest werden lassen.

Pfefferminz-Taler

Pfeffernüsse mit Guss |

Gut vorzubereiten – klassisch

Für den Knetteig:
500 g Weizenmehl
3 gestr. TL Backpulver
325 g Zucker
¹/₂ Fläschchen Zitronen-Aroma
je 1 Msp. gemahlener Ingwer,
gemahlener Kardamom, gemahlene
Nelken, gemahlener Pfeffer
1 schwach geh. EL gemahlener Zimt
2 Eier (Größe M)

6 EL Milch oder Wasser
50 g abgezogene, gemahlene Mandeln
50 g gewürfeltes Zitronat (Sukkade)

Für den Guss:
400 g gesiebter Puderzucker
etwa 6 EL heißes Wasser

Zubereitungszeit: 70 Minuten, ohne Abkühlzeit

Insgesamt: E: 81 g, F: 48 g, Kh: 1133 g, kJ: 22625, kcal: 5403

1 Für den Teig Mehl mit Backpulver mischen und in eine Rührschüssel sieben. Zucker, Aroma, Gewürze, Eier, Milch oder Wasser, Mandeln und Zitronat hinzufügen. Die Zutaten mit Handrührgerät mit Knethaken zunächst kurz auf niedrigster, dann auf höchster Stufe gut durcharbeiten.

2 Anschließend auf einer bemehlten Arbeitsfläche zu einem glatten Teig verkneten. Sollte er kleben, ihn in Folie gewickelt eine Zeit lang kalt stellen.

3 Teig auf der bemehlten Arbeitsfläche gut 1 cm dick ausrollen, mit einer runden Form (Ø etwa 2 ¹/₂ cm) Plätzchen ausstechen. Teigplätzchen auf Backbleche (gefettet, mit Backpapier belegt) legen. Backbleche nacheinander (bei Heißluft zusammen) in den Backofen schieben.

Ober-/Unterhitze: 180 – 200 °C (vorgeheizt)
Heißluft: 160 – 180 °C (vorgeheizt)
Gas: Stufe 3 – 4 (vorgeheizt)
Backzeit: etwa 15 Minuten pro Backblech

4 Die Pfeffernüsse mit dem Backpapier vom Backblech ziehen und auf einem Kuchenrost erkalten lassen.

5 Für den Guss Puderzucker mit Wasser zu einer dickflüssigen Masse verrühren. Die Pfeffernüsse damit überziehen. Guss trocknen lassen.

Tipp: Sollten die Pfeffernüsse hart sein, sie einige Tage offen an der Luft stehen lassen, dann in gut schließenden Blechdosen aufbewahren.

Pfeffernüsse mit Guss

Pfirsich-Mandel-Kuchen |

Einfach

Zum Vorbereiten:
100 g abgezogene, gehackte Mandeln
1 kleine Dose Pfirsichhälften
(Abtropfgewicht 250 g)

Für den Schüttelteig:
200 g Weizenmehl
2 TL gestr. TL Backpulver
150 g Zucker, 3 Eier (Gr. M)
200 g zerlassene abgekühlte Butter
oder Margarine
2 EL Weinbrand
einige Tropfen Bittermandel-Aroma

Puderzucker zum Bestäuben

Zubereitungszeit: 35 Minuten,
ohne Abkühlzeit

Insgesamt: E: 67 g, F: 240 g, Kh: 362 g,
kJ: 17126, kcal: 4092

1 Zum Vorbereiten Mandeln in einer Pfanne ohne Fett goldbraun rösten und erkalten lassen. Pfirsichhälften in einem Sieb abtropfen lassen und in kleine Würfel schneiden.

2 Für den Teig Mehl mit Backpulver mischen, in eine verschließbare Schüssel (3-Liter-Inhalt) sieben, mit Zucker mischen. Eier, Butter oder Margarine, Weinbrand und Aroma hinzufügen. Schüssel mit dem Deckel fest verschließen. Mehrmals (insgesamt 15–30 Sekunden) kräftig schütteln, so dass alle Zutaten gut vermischt sind. Mandeln und Pfirsichwürfel hinzugeben. Alles mit einem Schneebesen oder Rührlöffel nochmals sorgfältig durchrühren, damit vor allem trockene Zutaten vom Rand mit untergerührt werden.

3 Den Teig in eine Kastenform (25 x 11 cm, gefettet) füllen und glatt streichen. Die Form auf dem Rost in den Backofen schieben.

Ober-/Unterhitze: etwa 180 °C (vorgeheizt)
Heißluft: etwa 150 °C (nicht vorgeheizt)
Gas: Stufe 2–3 (nicht vorgeheizt)
Backzeit: etwa 50 Minuten

4 Den Kuchen etwa 5 Minuten in der Form stehen lassen, dann auf einen mit Backpapier belegten Kuchenrost stürzen, wieder umdrehen und erkalten lassen. Kuchen mit Puderzucker bestäuben.

Tipp: Statt in der Kastenform kann der Kuchen auch in einer Springform (Ø 24 cm) gebacken werden. Den Kuchen mit einer Schokoladenglasur überziehen, so bleibt er länger frisch.

Pfirsich-Mandel-Kuchen

Pfirsichschnitten | ❄

Klassisch – einfach

Für den Rührteig:
250 g Butter oder Margarine
250 g Zucker, 1 Pck. Vanillin-Zucker
1 Prise Salz, 5 Tropfen Zitronen-Aroma
4 Eier (Größe M), 250 g Weizenmehl
3 gestr. TL Backpulver

Für den Belag:
2 Dosen Pfirsichhälften
(Abtropfgewicht je 500 g)

Für die Streusel:
150 g Weizenmehl
75 g Zucker, 1 Pck. Vanillin-Zucker
100 g Butter oder Margarine

Für den Guss:
100 g gesiebter Puderzucker
2 EL Zitronensaft

Zubereitungszeit: 35 Minuten

Insgesamt: E: 80 g, F: 319 g, Kh: 929 g,
kJ: 29771 kcal: 7116

1 Für den Teig Butter oder Margarine mit Handrührgerät mit Rührbesen auf höchster Stufe geschmeidig rühren. Nach und nach Zucker, Vanillin-Zucker und Salz unterrühren.

So lange rühren, bis eine gebundene Masse entstanden ist. Aroma unterrühren.

2 Eier nach und nach unterrühren (jedes Ei etwa ½ Minute). Mehl mit Backpulver mischen, sieben, portionsweise auf mittlerer Stufe unterrühren.

3 Den Teig auf ein Backblech (30 x 40 cm, gefettet, mit Backpapier belegt) geben, glatt streichen.

4 Für den Belag Pfirsichhälften in einem Sieb abtropfen lassen, in Spalten schneiden und auf den Teig legen.

5 Für die Streusel Mehl in eine Rührschüssel sieben, mit Zucker und Vanillin-Zucker mischen, Butter oder Margarine hinzufügen. Alle Zutaten mit Handrührgerät mit Knethaken zu Streuseln von gewünschter Größe verarbeiten. Streusel gleichmäßig auf den Pfirsichen verteilen. Das Backblech in den Backofen schieben.

Ober-/Unterhitze: 180 – 200 °C (vorgeheizt)
Heißluft: 160 – 180 °C (vorgeheizt)
Gas: etwa Stufe 3 (vorgeheizt)
Backzeit: etwa 25 Minuten

6 Das Backblech auf einen Kuchenrost stellen.

7 Für den Guss Puderzucker mit Zitronensaft zu einer geschmeidigen Masse verrühren. Den Kuchen sofort mit dem Guss bestreichen. Kuchen erkalten lassen, in Schnitten von beliebiger Größe schneiden.

Pfirsichschnitten

Pflaumen–Streuselkuchen |

Klassisch

Für den Hefeteig:
375 g Weizenmehl
1 Pck. Trockenhefe
50 g Zucker
1 Pck. Vanillin-Zucker
5 Tropfen Zitronen-Aroma
1 Prise Salz
200 ml lauwarme Milch
75 g zerlassene abgekühlte Butter
oder Margarine

Für den Belag:
etwa 2 kg Pflaumen

Für die Streusel:
375 g Weizenmehl
1 Msp. Backpulver
200 g Zucker, 1 Pck. Vanillin-Zucker
½ – 1 TL gemahlener Zimt
250 g weiche Butter

Zubereitungszeit: 65 Minuten
ohne Teiggehzeit

Insgesamt: E: 104 g, F: 285 g, Kh: 1069 g,
kJ: 31718, kcal: 7576

1 Für den Teig Mehl in eine Rührschüssel sieben und mit der Hefe sorgfältig vermischen. Zucker, Vanillin-Zucker, Aroma, Salz, Milch und Butter oder Margarine hinzufügen. Die Zutaten mit Handrührgerät mit Knethaken zunächst auf niedrigster, dann auf höchster Stufe in etwa 5 Minuten zu einem Teig verarbeiten. Den Teig zugedeckt so lange an einem warmen Ort stehen lassen, bis er sich sichtbar vergrößert hat.

2 Für den Belag die Pflaumen waschen, abtropfen lassen, trocken tupfen, halbieren, entsteinen, an der Spitze einschneiden.

3 Für die Streusel Mehl mit Backpulver mischen, in eine Rührschüssel sieben, Zucker, Vanillin-Zucker, Zimt und Butter hinzufügen. Die Zutaten mit Handrührgerät mit Knethaken zu Streuseln von gewünschter Größe verarbeiten.

4 Den gegangenen Teig aus der Schüssel nehmen, auf einer bemehlten Arbeitsfläche nochmals kurz durchkneten, auf einem Backblech (30 x 40 cm, gefettet) ausrollen. Vor den Teig einen mehrfach geknickten Streifen Alufolie legen.

5 Die Pflaumen mit der Innenseite nach oben schuppenförmig auf den Teig legen, die Streusel darauf verteilen. Nochmals so lange an einem warmen Ort gehen lassen, bis er sich sichtbar vergrößert hat. Das Backblech in den Backofen schieben.

Ober-/Unterhitze: 200 – 220 °C (vorgeheizt)
Heißluft: 180 – 200 °C (vorgeheizt)
Gas: etwa Stufe 4 (vorgeheizt)
Backzeit: etwa 30 Minuten

Tipp: Anstelle der Pflaumen können auch Apfelscheiben verwendet werden.

Pflaumentorte |

Gut vorzubereiten

Für den Rührteig:
150 g getrocknete, entsteinte Pflaumen
100 g Halbbitter-Kuvertüre
1 Pck. (400 g) Grundmischung Obstkuchenteig
200 g Butter oder Margarine
3 Eier (Größe M), 50 ml (4 EL) Milch

Für den Belag:
2 Pck. Dessertsauce Vanille-Geschmack (ohne Kochen)
450 g Pflaumenmus

Zum Verzieren:
400 ml Schlagsahne, 2 Pck. Sahnesteif
2 Pck. Vanillin-Zucker

¹/₂ TL Kakaopulver zum Bestäuben

Zubereitungszeit: 50 Minuten, ohne Abkühlzeit

Insgesamt: E: 70 g, F: 337 g, Kh: 706 g, kJ: 26802, kcal: 6406

1 Für den Teig Pflaumen klein würfeln.

2 Kuvertüre in kleine Stücke hacken, in einem kleinen Topf im Wasserbad bei schwacher Hitze zu einer geschmeidigen Masse verrühren. Zusammen mit der Grundmischung, Butter oder Margarine, Eiern und Milch nach Packungsanleitung zu einem Teig verarbeiten. Pflaumenwürfel unterrühren.

3 Den Teig in eine Springform (Ø 26 cm, Boden gefettet) füllen, glatt streichen. Die Form auf dem Rost in den Backofen schieben.

Ober-/Unterhitze: etwa 180 °C (vorgeheizt)
Heißluft: etwa 160 °C (nicht vorgeheizt)
Gas: Stufe 2 – 3 (nicht vorgeheizt)
Backzeit: etwa 45 Minuten

4 Die Form auf einen Kuchenrost stellen.

5 Für den Belag Saucenpulver und Pflaumenmus mit einem Schneebesen glatt rühren und sofort auf den heißen Kuchen streichen.

6 Kuchen erkalten lassen, erst dann aus der Form lösen und auf eine Tortenplatte setzen.

7 Zum Verzieren Sahne mit Sahnesteif und Vanillin-Zucker steif schlagen und in einen Spritzbeutel mit Lochtülle füllen. Tortenoberfläche mit Sahnetuffs verzieren. Vor dem Servieren mit Kakao bestäuben.

Tipp: Die Pflaumentorte lässt sich gut 1 Tag vorher zubereiten.

Pflaumentorte

Pistazien-Marzipan-Herzen |

Zum Verschenken

Für die Marzipanmasse:
200 g Marzipan-Rohmasse
100 g gesiebter Puderzucker
50 g gemahlene Pistazienkerne
1 EL Kirsch- oder Marillenlikör

Pistazien-Marzipan-Herzen

Für den Guss:
150 – 200 g Halbbitter-Kuvertüre
2 TL Speiseöl

Zum Garnieren:
Pistazienkerne

Zubereitungszeit: 50 Minuten, ohne Kühlzeit

Insgesamt: E: 53 g, F: 128 g, Kh: 321 g, kJ: 11562, kcal: 2762

1 Für die Marzipanmasse Marzipan-Rohmasse, Puderzucker, Pistazienkerne, Kirsch- oder Marillenlikör mit Handrührgerät mit Knethaken verkneten. Die Marzipanmasse auf einer mit Puderzucker bestäubten Arbeitsfläche etwa 1 cm dick ausrollen, mit einer Ausstech-

form Herzen ausstechen (die Ausstech-förmchen jeweils vorher in gesiebten Puderzucker tauchen).

2 Die Marzipan-Herzen vorsichtig aus der Form drücken (an der Form haftende Marzipanreste entfernen). Die Marzipan-Herzen mit Alufolie zugedeckt 1 – 2 Stunden kalt stellen.

3 Für den Guss Kuvertüre in kleine Stücke hacken, mit dem Öl in einem kleinen Topf im Wasserbad bei schwacher Hitze geschmeidig rühren. Die Marzipan-Herzen einzeln (mit Hilfe von 2 Gabeln oder Pralinenbesteck) in die Kuvertüre tauchen. Die Kuvertüre am Topfrand gut abstreifen. Die Herzen auf Backpapier setzen, mit Pistazienkernen garnieren, den Guss fest werden lassen (evtl. Herzen zwischendurch umsetzen, damit keine „Füßchen" entstehen).

Pizzabrot (Focaccia) |

Für Gäste

Für den Hefeteig:
500 g Weizenmehl
1/2 Pck. (21 g) frische Hefe
250 ml (1/4 l) lauwarmes Wasser
1 TL Salz, 30 g Butter oder Margarine

Zum Bestreichen:
3 EL Olivenöl

Zum Bestreuen:
gerebelter Oregano, getrockneter Thymian

Zubereitungszeit: etwa 40 Minuten, ohne Teiggehzeit

Insgesamt: E: 56 g, F: 66 g, Kh: 365 g, kJ: 10032, kcal: 2397

1 Für den Teig Mehl in eine Rührschüssel sieben. In die Mitte eine Vertiefung drücken. Hefe hineinbröckeln und etwas Wasser hinzufügen. Mit einer Gabel vorsichtig verrühren und etwa 10 Minuten gehen lassen.

2 Salz, Butter oder Margarine und restliches Wasser hinzufügen. Die Zutaten mit Handrührgerät mit Knethaken zunächst auf niedrigster, dann auf höchster Stufe in etwa 5 Minuten zu einem Teig verarbeiten. Den Teig zugedeckt so lange an einem warmen Ort stehen lassen, bis er sich sichtbar vergrößert hat.

3 Den Teig mit Mehl bestäuben, aus der Schüssel nehmen, auf einer bemehlten

Pizzabrot (Focaccia)

Arbeitsfläche nochmals kurz durchkneten und in 12 Stücke teilen. Diese zu ovalen Fladen ausrollen.

4 Die Fladen auf Backbleche (gefettet, mit Backpapier belegt) legen. Mit einem Löffelstiel Vertiefungen in die Fladen drücken, mit Olivenöl bestreichen und mit den getrockneten Kräutern bestreuen.

5 Die Backbleche nacheinander (bei Heißluft zusammen) in den Backofen schieben. Die Fladen goldbraun backen.

Ober-/Unterhitze: etwa 220 °C (vorgeheizt)
Heißluft: etwa 200 °C (vorgeheizt)
Gas: Stufe 4 – 5 (vorgeheizt)
Backzeit: 15 – 20 Minuten pro Backblech

6 Die Pizzabrote vom Backpapier lösen und auf einem Kuchenrost erkalten lassen.

Tipp: Pizzabrote auf Vorrat backen und einzeln einfrieren. Gut angetaut bei 200 °C etwa 8 Minuten aufbacken. Sie schmecken wie frisch.

Pizzataschen, gefüllte | ❄

Für Gäste

Für den Hefeteig:
500 g Weizenmehl (Type 550)
1 Pck. (42 g) frische Hefe
1 TL Zucker
200 ml lauwarmes Wasser
2 gestr. TL Salz
6 EL Olivenöl

Für die Füllung:
1 Zwiebel (50 g)
1 – 2 Knoblauchzehen
2 EL Olivenöl, 250 g Zucchini
1 gestr. TL getrockneter Majoran
1/2 Pck. (225 g) TK-Blattspinat

300 g Kasseler (ohne Knochen)
70 g geriebener Greyerzer-Käse
Salz, Pfeffer, geriebene Muskatnuss

Zum Bestreichen:
1 Eigelb, 1 EL Milch

Zubereitungszeit: etwa 90 Minuten, ohne
Teiggeh- und Abkühlzeit

Insgesamt: E: 166 g, F: 186 g, Kh: 375 g,
kJ: 16950, kcal: 4051

1 Für den Teig Mehl in eine Schüssel sieben.
In die Mitte eine Vertiefung drücken. Hefe hineinbröckeln, Zucker und etwas Wasser hinzufügen. Mit einer Gabel vorsichtig verrühren
und etwa 10 Minuten gehen lassen.

2 Salz, Öl und restliches Wasser hinzufügen,
mit Handrührgerät mit Knethaken zunächst
auf niedrigster, dann auf höchster Stufe in etwa 5 Minuten zu einem glatten Teig verarbeiten. Den Teig zugedeckt so lange an einem
warmen Ort stehen lassen, bis er sich sichtbar vergrößert hat.

3 Für die Füllung Zwiebel und Knoblauch
abziehen, würfeln und in erhitztem Öl glasig
dünsten. Zucchini waschen, abtrocknen und
die Enden abschneiden. Zucchini in etwa
1 x 1cm große Würfel schneiden.

4 Majoran und gefrorenen Spinat zu den Zwie-
belwürfeln geben. Spinat bei milder Hitze dünsten, bis er aufgetaut ist. Kasseler in 1 x 1 cm
große Würfel schneiden. Zucchini, Kasseler
und Käse unter den Spinat heben, mit Salz,
Pfeffer und Muskat würzen. Abkühlen lassen.

5 Teig aus der Schüssel nehmen, auf einer
bemehlten Arbeitsfläche nochmals kurz
durchkneten, zu einer Rolle formen und in
20 Scheiben schneiden. Jede Scheibe zu einer runden Platte (Ø etwa 14 cm) ausrollen.
In die Mitte jeder Platte etwas von der Füllung
geben. Teigränder rundherum mit Wasser bestreichen. Jeweils eine Teighälfte überklappen
und andrücken.

6 Teigtaschen auf zwei Backbleche (mit
Backpapier belegt) legen. Eigelb und Milch
verquirlen und auf die Teigtaschen streichen.
Backbleche nacheinander (bei Heißluft
zusammen) in den Backofen schieben.

Ober-/Unterhitze: 200 °C (vorgeheizt)
Heißluft: 180 °C (nicht vorgeheizt)
Gas: Stufe 3 – 4 (nicht vorgeheizt)
Backzeit: etwa 35 Minuten pro Backblech

7 Backbleche auf je einen Kuchenrost stellen. Pizzataschen warm servieren.

Tipp: Pizzataschen mit einem gemischten
Salat servieren.

Pizzataschen, gefüllte

Preiselbeer–Eierlikör–Torte |

Für Gäste

Für den Biskuitteig:
4 Eier (Größe M)
2 EL heißes Wasser
160 g Zucker
1 Pck. Vanillin-Zucker
1 TL gemahlener Zimt
30 g Weizenmehl
1 gestr. TL Backpulver
200 g gemahlene Haselnusskerne
60 g Raspelschokolade
50 g zerlassene abgekühlte Butter

Für den Belag:
5–6 EL Preiselbeeren (aus dem Glas)
500 ml (¹/₂ l) Schlagsahne
2 Pck. Sahnesteif
1 Pck. Vanillin-Zucker
2 TL Zucker
250 ml (¹/₄ l) Eierlikör

Zubereitungszeit: 45 Minuten, ohne Abkühlzeit

Insgesamt: E: 88 g, F: 369 g, Kh: 414 g, kJ: 24513, kcal: 5855

1 Für den Teig Eier und Wasser mit Handrührgerät mit Rührbesen auf höchster Stufe in 1 Minute schaumig schlagen. Zucker mit Vanillin-Zucker und Zimt mischen, in 1 Minute einstreuen, dann noch etwa 2 Minuten schlagen.

2 Mehl mit Backpulver mischen, auf die Eiercreme sieben, kurz auf niedrigster Stufe unterrühren. Haselnusskerne mit der Schokolade mischen und unterheben. Zuletzt die Butter unterrühren.

3 Den Teig in eine Springform (Ø 26 cm, Boden gefettet, mit Backpapier belegt) füllen. Die Form auf dem Rost in den Backofen schieben.

Ober-/Unterhitze: 180 – 200 °C (vorgeheizt)
Heißluft: 160 – 180 °C (vorgeheizt)
Gas: etwa Stufe 3 (vorgeheizt)
Backzeit: etwa 30 Minuten

4 Den Gebäckboden aus der Form lösen, auf einen mit Backpapier belegten Kuchenrost stürzen, mitgebackenes Backpapier abziehen. Gebäckboden erkalten lassen und auf eine Tortenplatte legen.

5 Für den Belag den Gebäckboden mit Preiselbeeren bestreichen (1 cm am Rand frei lassen). Sahne mit Sahnesteif, Vanillin-Zucker und Zucker steif schlagen. Die Hälfte der Sahne auf die Preiselbeeren streichen.

6 Restliche Sahne in einen Spritzbeutel mit Lochtülle füllen. Auf die Tortenoberfläche Quadrate spritzen. Den oberen Tortenrand mit Tuffs verzieren. Einen Teil des Eierlikörs auf einzelne Quadrate verteilen. Den restlichen Eierlikör dazu reichen.

Tipp: Die Torte anstelle der Preiselbeeren mit angedickten Sauerkirschen zubereiten. Dafür den Kirschsaft (250 ml [¹/₄ l]) mit 1 Päckchen Tortenguss nach Packungsanleitung zubereiten und die Kirschen unterheben.

Preiselbeer-Eierlikör-Torte

Prinzregententorte | 🍰 🍰 🍰 ❄

Dauert länger – klassisch

Für den Rührteig:
250 g Butter oder Margarine
250 g Zucker, 1 Pck. Vanillin-Zucker
1 Prise Salz, 4 Eier (Größe M)
200 g Weizenmehl, 50 g Speisestärke
1 gestr. TL Backpulver

Für die Buttercreme:
1 Pck. Pudding-Pulver Schokoladen-
Geschmack, 100 g Zucker
500 ml (1/2 l) kalte Milch, 250 g Butter

Für den Guss:
150 g Zartbitterschokolade
20 g Kokosfett

Zubereitungszeit: 80 Minuten,
ohne Kühlzeit

Insgesamt: E: 83 g, F: 525 g, Kh: 691 g,
kJ: 33621, kcal: 8030

1 Für den Teig Butter oder Margarine mit
Handrührgerät mit Rührbesen auf höchster
Stufe geschmeidig rühren. Nach und nach
Zucker, Vanillin-Zucker und Salz unterrühren.
So lange rühren, bis eine gebundene Masse
entstanden ist. Eier nach und nach unterrüh-
ren (jedes Ei etwa 1/2 Minute).

2 Mehl mit Speisestärke und Backpulver
mischen, sieben, portionsweise auf mittlerer
Stufe unterrühren.

3 Aus dem Teig 7 – 8 Böden backen. Etwa
2 Esslöffel des Teiges jeweils auf einen Springformboden (Ø 28 cm, gefettet) streichen (darauf achten, dass die Teiglage am Rand nicht
zu dünn ist, damit der Boden dort nicht zu
dunkel wird). Jeden Boden ohne Springformrand hellbraun backen. Die Böden nacheinander (bei Heißluft je 2 Böden zusammen) in
den Backofen schieben.

Ober-/Unterhitze: 180 – 200 °C (vorgeheizt)
Heißluft: 160 – 180 °C (vorgeheizt)
Gas: etwa Stufe 3 (vorgeheizt)
Backzeit: 8 – 10 Minuten pro Boden

4 Böden sofort nach dem Backen vom
Springformboden lösen, einzeln auf einem
Kuchenrost erkalten lassen.

5 Für die Buttercreme aus Pudding-Pulver,
Zucker und Milch nach Packungsanleitung einen Pudding zubereiten, kalt stellen. Pudding
ab und zu durchrühren.

6 Butter geschmeidig rühren, Pudding esslöffelweise unterrühren (darauf achten, dass
Butter und Pudding Zimmertemperatur haben,
da die Creme sonst gerinnt).

7 Die einzelnen Böden mit der Buttercreme
bestreichen, zu einer Torte zusammensetzen,
die oberste Schicht soll aus einem Boden
bestehen.

8 Für den Guss Schokolade in kleine Stücke
brechen, mit Kokosfett in einem kleinen Topf
im Wasserbad bei schwacher Hitze zu einer
geschmeidigen Masse verrühren. Die Torte
damit überziehen. Guss fest werden lassen.

Tipp: Etwas Buttercreme in einen Spritzbeutel füllen. Die Torte damit verzieren und mit
Schokoladenplätzchen garnieren.

Prinzregententorte

Profiteroles |

Für Gäste

Für den Brandteig:
125 ml (⅛ l) Wasser
50 g Butter oder Margarine
125 g Weizenmehl
2 – 3 Eier (Größe M)
1 Msp. Backpulver

Für die Füllung:
250 ml (¼ l) Schlagsahne
1 Pck. Sahnesteif, 2 EL Kirschwasser

Für den Guss:
100 g Halbbitter-Kuvertüre
100 g weiße Kuvertüre
etwas Kokosfett

Nach Belieben zum Garnieren:
weiße geschabte Schokolade
gehackte Veilchen

Zubereitungszeit: 45 Minuten, ohne Abkühlzeit

Insgesamt: E: 62 g, F: 199 g, Kh: 256 g, kJ: 13522, kcal: 3232

1 Für den Teig Wasser und Butter oder Margarine am besten in einem Stieltopf zum Kochen bringen. Mehl sieben, auf einmal in die von der Kochstelle genommene Flüssigkeit schütten und zu einem glatten Kloß rühren. Unter Rühren etwa 1 Minute erhitzen und den heißen Kloß sofort in eine Rührschüssel geben.

2 Nach und nach Eier mit Handrührgerät mit Knethaken auf höchster Stufe unterarbeiten. (Weitere Eizugabe erübrigt sich, wenn der Teig stark glänzt und so vom Löffel abreißt, dass lange Spitzen hängen bleiben.) Backpulver in den erkalteten Teig arbeiten.

3 Den Teig in einen Spritzbeutel mit kleiner Sterntülle füllen und kleine Tuffs auf Backbleche (gefettet, gemehlt) setzen. Backbleche nacheinander (bei Heißluft zusammen) in den Backofen schieben.

Ober-/Unterhitze: 200 – 220 °C (vorgeheizt)
Heißluft: 180 – 200 °C (vorgeheizt)
Gas: Stufe 4 – 5 (vorgeheizt)
Backzeit: etwa 20 Minuten pro Backblech

4 Gebäck von den Backblechen lösen und auf einem Kuchenrost erkalten lassen.

5 Für die Füllung Sahne mit Sahnesteif steif schlagen. Kirschwasser unterrühren. Sahnemasse in einen Spritzbeutel mit kleiner Lochtülle füllen, vorsichtig ein Loch in den Boden der Profiteroles stoßen und mit der Sahnemasse füllen.

6 Für den Guss Halbbitter- und weiße Kuvertüre getrennt mit jeweils etwas Kokosfett in einem kleinen Topf im Wasserbad bei schwacher Hitze geschmeidig rühren. Die Profiteroles mit Hilfe einer Gabel in den Guss tauchen. Nach Belieben mit Schokolade und Veilchenstückchen garnieren.

Profiteroles

Punschherzen |

Zum Verschenken

Für den Knetteig:
250 g Weizenmehl
1 gestr. TL Backpulver
75 g Zucker, 1 Pck. Vanillin-Zucker
1/2 Pck. Finesse Orangenschalen-Aroma
2 Eier (Größe M)
100 g Butter oder Margarine
50 g abgezogene, gemahlene Mandeln

Für die Füllung:
125 g Löffelbiskuits, 3 EL Rum
100 ml Rotwein, 1/2 Pck. Finesse Orangen-
schalen-Aroma, 50 g Zartbitterschokolade
Johannisbeergelee

Für den Guss:
65 g gesiebter Puderzucker
etwa 2 TL Rum

Zubereitungszeit: 60 Minuten, ohne
Abkühl- und Trockenzeit

Insgesamt: E: 68 g, F: 148 g, Kh: 439 g,
kJ: 15358, kcal: 3669

1 Für den Teig Mehl und Backpulver mi-
schen, in eine Rührschüssel sieben. Zucker,
Vanillin-Zucker, Aroma, Eier, Butter oder
Margarine und Mandeln hinzufügen. Die
Zutaten mit Handrührgerät mit Knethaken zu-
nächst kurz auf niedrigster, dann auf höchster
Stufe gut durcharbeiten.

2 Anschließend auf der bemehlten Arbeitsfläche zu einem glatten Teig verkneten. Sollte
er kleben, ihn in Folie gewickelt eine Zeit lang
kalt stellen.

3 Den Teig auf der leicht bemehlten Arbeitsfläche dünn ausrollen, Herzen ausstechen und
auf Backbleche (mit Backpapier belegt) legen.
Backbleche nacheinander (bei Heißluft zusammen) in den Backofen schieben.

Ober-/Unterhitze: etwa 200 °C (vorgeheizt)
Heißluft: etwa 180 °C (vorgeheizt)
Gas: etwa Stufe 4 (vorgeheizt)
Backzeit: etwa 10 Minuten pro Backblech

4 Die Herzen von den Backblechen lösen und
auf Kuchenrosten erkalten lassen.

5 Für die Füllung Löffelbiskuits in einen Ge-
frierbeutel geben, Beutel verschließen, mit der
Teigrolle zerdrücken, in eine Schüssel geben.
Rum, Rotwein, Aroma und Schokolade unter
Rühren erhitzen, über die Biskuitbrösel geben,
gut verrühren, abkühlen lassen.

6 Die Unterseiten der Plätzchen zuerst dünn
mit etwas von dem Johannisbeergelee, dann
mit etwas von der Füllung bestreichen und jeweils 2 Plätzchen mit der Punschfüllung
zusammensetzen.

7 Puderzucker mit so viel Rum verrühren,
dass ein dickflüssiger Guss entsteht. Die
Plätzchenoberfläche damit bestreichen.

8 Etwas Johannisbeergelee kurz erwärmen,
jeweils einige Tropfen davon auf den noch feuchten Puderzuckerguss geben und mit einem Zahn-
stocher so durchziehen, dass ein Marmormuster
entsteht. Den Guss trocknen lassen.

Tipp: Nach Belieben zusätzlich etwas abgeriebene Zitronenschale und gemahlenen Zimt
in der Füllung mit erwärmen.
In gut schließenden Dosen aufbewahrt sind
die Punschherzen 1 – 2 Wochen haltbar.

Punschherzen

Quark-Apfel-Kuchen mit Streuseln |

Klassisch

Für den Quark-Öl-Teig:
300 g Weizenmehl
1 Pck. Backpulver
150 g Magerquark
6 EL Milch
6 EL Speiseöl
75 g Zucker
1 Pck. Vanillin-Zucker
1 Prise Salz

Für den Belag:
1 ¹/₂ kg Äpfel
150 g Butter oder Margarine

100 g Zucker
¹/₂ Fläschchen Zitronen-Aroma
4 Eigelb (Größe M)
850 g Magerquark
50 g Weizengrieß
4 Eiweiß (Größe M)

Für die Streusel:
200 g Weizenmehl
70 g abgezogene, gemahlene Mandeln
150 g Zucker
¹/₂ TL gemahlener Zimt
150 g Butter oder Margarine

Zubereitungszeit: etwa 70 Minuten

Insgesamt: E: 236 g, F: 414 g, Kh: 919 g, kJ: 36570, kcal: 8727

1 Für den Teig Mehl mit Backpulver mischen, in eine Rührschüssel sieben. Quark, Milch, Öl, Zucker, Vanillin-Zucker und Salz hinzufügen.

2 Die Zutaten mit Handrührgerät mit Knethaken auf höchster Stufe in etwa 1 Minute verarbeiten (nicht zu lange, Teig klebt sonst). Anschließend auf der bemehlten Arbeitsfläche zu einer Rolle formen. Den Teig auf einem Backblech oder in einer Fettfangschale (30 x 40 cm, gefettet) ausrollen. Vor den Teig einen mehrfach geknickten Streifen Alufolie legen (beim Backblech).

3 Für den Belag Äpfel schälen, vierteln, entkernen und in dünne Spalten schneiden. Apfelspalten dachziegelartig auf den Teig legen.

4 Butter oder Margarine mit Handrührgerät mit Rührbesen auf höchster Stufe geschmeidig rühren. Nach und nach Zucker, Aroma, Eigelb, Quark und Grieß unterrühren. Eiweiß steif schlagen und unterheben. Die Quarkmasse auf die Apfelspalten geben und glatt streichen.

5 Für die Streusel Mehl in eine Rührschüssel sieben, Mandeln, Zucker, Zimt und Butter oder Margarine hinzufügen. Die Zutaten mit Handrührgerät mit Knethaken zu Streuseln von gewünschter Größe verarbeiten. Die Streusel auf der Quarkmasse verteilen. Das Backblech oder die Fettfangschale in den Backofen schieben.

Ober-/Unterhitze: etwa 180 °C (vorgeheizt)
Heißluft: etwa 160 °C (nicht vorgeheizt)
Gas: Stufe 2−3 (nicht vorgeheizt)
Backzeit: etwa 50 Minuten

6 Das Backblech oder die Fettfangschale auf einen Kuchenrost stellen. Kuchen erkalten lassen.

Quark-Apfel-Kuchen mit Streuseln

Quarkbrot

Quarkbrot |

Gut vorzubereiten

Für den Rührteig:
125 g Butter oder Margarine
125 g Zucker, 1 gestr. TL Salz
abgeriebene Schale von ¹/₂ Bio-Zitrone
(unbehandelt, ungewachst)
150 g Magerquark
2 Eier (Größe M)
350 g Weizenmehl
4 gestr. TL Backpulver
125 g Rosinen

Zum Bestreichen:
50 g zerlassene Butter

Zum Bestreuen:
Zimt-Zucker

Zubereitungszeit: 35 Minuten

Insgesamt: E: 76 g, F: 161 g, Kh: 482 g, kJ: 16052, kcal: 3835

1 Für den Teig Butter oder Margarine mit Handrührgerät mit Rührbesen auf höchster Stufe geschmeidig rühren. Nach und nach Zucker, Salz, Zitronenschale und Quark unterrühren. So lange rühren, bis eine gebundene Masse entstanden ist.

2 Eier nach und nach unterrühren (jedes Ei etwa ¹/₂ Minute). Mehl mit Backpulver mischen und sieben. Zwei Drittel des Mehlgemisches portionsweise auf mittlerer Stufe unterrühren. Restliches Mehlgemisch auf einer bemehlten Arbeitsfläche mit den Rosinen unterkneten.

3 Den Teig zu einem Oval formen. Eine Längsseite mit einer Teigrolle etwas flach

rollen und die andere Längsseite überschlagen (wie bei einem Stollen).

4 Das Teigbrot auf ein Backblech (gefettet, mit Backpapier belegt) legen. Das Backblech in den Backofen schieben.

Ober-/Unterhitze: 180 – 200 °C (vorgeheizt)
Heißluft: 160 – 180 °C (nicht vorgeheizt)
Gas: etwa Stufe 3 (nicht vorgeheizt)
Backzeit: etwa 50 Minuten

5 Das Brot mit dem Backpapier vom Backblech auf einen Kuchenrost ziehen.

6 Das Brot sofort mit Butter bestreichen und mit Zimt-Zucker bestreuen.

Tipp: Das Quarkbrot schmeckt lauwarm am besten.

Quarkbrötchen |  ❄

Klassisch – für Kinder

Für den Hefeteig:
500 g Weizenmehl, 2 Pck. Trockenhefe
2 TL Zucker, 1 gestr. TL Salz
400 g Magerquark
150 ml lauwarmes Wasser

Zum Bestreichen:
2 Eigelb, 2 EL Milch

Nach Belieben zum Bestreuen:
Sesam-, Mohn- oder Kümmelsamen

Zubereitungszeit: 30 Minuten, ohne
Teiggehzeit

Insgesamt: E: 118 g, F: 18 g, Kh: 396 g,
kJ: 9882, kcal: 2361

Quarkbrötchen

1 Für den Teig Mehl in eine Rührschüssel
sieben, mit Trockenhefe sorgfältig vermischen. Zucker, Salz, Quark und Wasser hinzufügen.

2 Die Zutaten mit Handrührgerät mit Knethaken zunächst auf niedrigster, dann auf
höchster Stufe in etwa 5 Minuten zu einem
Teig verarbeiten. Den Teig zugedeckt so lange
an einem warmen Ort stehen lassen, bis er
sich sichtbar vergrößert hat.

3 Den Teig leicht mit Mehl bestäuben, aus
der Schüssel nehmen und auf einer bemehlten Arbeitsfläche nochmals kurz durchkneten.
Von dem Teig mit 2 Esslöffeln Teighäufchen
abstechen, kleine Brötchen daraus formen.
Teigbrötchen auf Backbleche (gefettet, mit
Backpapier belegt) legen und nochmals so
lange an einem warmen Ort gehen lassen,
bis sie doppelt so groß sind.

4 Zum Bestreichen Eigelb mit Milch verschlagen, die Teigbrötchen damit bestreichen.
Nach Belieben mit Sesam-, Mohn- oder

Kümmelsamen bestreuen. Die Backbleche
nacheinander (bei Heißluft zusammen) in den
Backofen schieben.

Ober-/Unterhitze: etwa 240 °C (vorgeheizt)
Heißluft: etwa 220 °C (vorgeheizt)
Gas: etwa Stufe 5 (vorgeheizt)
Backzeit: etwa 15 Minuten pro Backblech

5 Die Brötchen mit dem Backpapier von den
Backblechen auf Kuchenroste ziehen. Brötchen erkalten lassen.

Quark-Kirsch-Torte |

Für Gäste – gut vorzubereiten

Für den Boden:
100 g Zartbitterschokolade
50 g Vollmilchschokolade
50 g Cornflakes

Für die Kirschmasse:
1 Glas Sauerkirschen
(Abtropfgewicht 370 g)
$\frac{1}{2}$ Zimtstange, 2 gestr. EL Zucker
20 g Speisestärke
2 EL Wasser

Für den Belag:
3 Blatt weiße Gelatine
100 g Doppelrahm-Frischkäse
250 g Magerquark
70 g Zucker
1 Pck. Vanillin-Zucker
Saft von $\frac{1}{2}$ Zitrone
200 ml Schlagsahne

Für den Guss:
2 Blatt weiße Gelatine
125 ml ($\frac{1}{8}$ l) Sauerkirschsaft
aus dem Glas

Zubereitungszeit: 55 Minuten, ohne
Kühlzeit

Insgesamt: E: 70 g, F: 143 g, Kh: 342 g,
kJ: 12753, kcal: 3046

1 Für den Boden Zartbitter- und Vollmilchschokolade in Stücke brechen, in einem kleinen Topf im Wasserbad bei schwacher Hitze
zu einer geschmeidigen Masse verrühren.
Cornflakes unterheben. Die Masse in eine
Springform (Ø 20 cm, Boden mit Backpapier
belegt) geben und mit einem Esslöffel an-

drücken. Die Form kalt stellen, bis der Boden fest geworden ist.

2 Für die Kirschmasse Sauerkirschen in einem Sieb abtropfen lassen, den Saft dabei auffangen, 125 ml ($^1/_8$ l) davon abmessen und für den Guss beiseite stellen.

3 Den restlichen Saft mit der Zimtstange und Zucker in einem kleinen Topf aufkochen lassen. Speisestärke mit Wasser anrühren. Den Saft von der Kochstelle nehmen, angerührte Speisestärke einrühren und unter Rühren nochmals gut aufkochen lassen. Kirschen unterheben. Zimtstange entfernen. Kirschmasse erkalten lassen.

4 Die Kirschmasse auf den Schokoladenboden streichen und wieder kalt stellen.

5 Für den Belag Gelatine in kaltem Wasser nach Packungsanleitung einweichen, leicht ausdrücken. Die ausgedrückte Gelatine in einem kleinen Topf unter Rühren erwärmen (nicht kochen), bis sie völlig gelöst ist, leicht abkühlen lassen. Frischkäse, Quark, Zucker, Vanillin-Zucker und Zitronensaft verrühren. Die Gelatinelösung unterrühren. Quarkmasse kalt stellen.

6 Sahne steif schlagen. Wenn die Quarkmasse anfängt dicklich zu werden, Sahne unterheben. Die Quark-Sahne-Creme auf

den Kirschen verteilen. Torte etwa 1 Stunde kalt stellen.

7 Für den Guss Gelatine in kaltem Wasser nach Packungsanleitung einweichen. Kirschsaft erhitzen (nicht kochen). Die ausgedrückte Gelatine unter Rühren darin auflösen und kalt stellen. Sobald der Kirschsaft anfängt dicklich zu werden, ihn esslöffelweise auf die Quark-Sahne-Creme geben. Torte nochmals etwa 1 Stunde kalt stellen.

Tipp: Nach Belieben nur etwa $^2/_3$ der Sahne unter die Creme rühren. Vor dem Servieren die restliche Sahne in einen Spritzbeutel füllen und die Torte damit verzieren.

Quarkkringel |

Klassisch

Für den Hefeteig:
1 Pck. (357 g) Grundmischung Hefeteig
100 ml lauwarme Milch
1 Ei (Größe M)
50 g weiche Butter oder Margarine
125 g Magerquark
1 Pck. Finesse Orangenschalen-Aroma

Zum Ausbacken:
1 kg Ausbackfett

Für den Guss:
100 g gesiebter Puderzucker
1 EL Orangensaft, 1 EL Rum

Zubereitungszeit: 55 Minuten, ohne Teiggehzeit

Insgesamt: E: 49 g, F: 358 g, Kh: 400 g, kJ: 21671, kcal: 5158

1 Für den Teig Grundmischung nach Packungsanleitung, aber mit den hier angegebenen Zutaten zubereiten. Teig zugedeckt an einem warmen Ort so lange gehen lassen, bis er sich sichtbar vergrößert hat.

2 Teig aus der Schüssel nehmen, auf der bemehlten Arbeitsfläche nochmals kurz durchkneten, gut $^1/_2$ cm dick ausrollen und etwa 20 Ringe (Ø etwa 7 cm) ausstechen. Teigreste nochmals ausrollen und ebenfalls Ringe ausstechen.

3 Teigringe auf eine Platte legen und nochmals zugedeckt so lange an einem warmen Ort gehen lassen, bis sie sich sichtbar vergrößert haben.

4 Teigringe schwimmend in siedendem Ausbackfett von beiden Seiten hellbraun backen,

mit einem Schaumlöffel herausnehmen und auf Küchenpapier abtropfen lassen.

5 Für den Guss Puderzucker mit Orangensaft und Rum zu einer dickflüssigen Masse verrühren. Die Quarkkringel noch warm damit bestreichen.

Tipp: Für den Guss statt des Rums zusätzlich 1 Esslöffel Orangensaft verwenden.

Quarkkringel

Quarkkuchen, pikant, ohne Boden |

Für Gäste – einfach

Für die Füllung:
2 Dosen Mexikanisches Gemüse
(Abtropfgewicht je 280 g)
2 Pck. (je 200 g) Kräuterquark
200 ml Schlagsahne
3 Eier (Größe M)

60 g Hartweizengrieß
Salz
frisch gemahlener Pfeffer
Paprikapulver rosenscharf

Zum Garnieren:
Petersilie
etwa 200 ml rote Taco-Sauce

Zubereitungszeit: 20 Minuten

Insgesamt: E: 79 g, F: 105 g, Kh: 167 g, kJ: 8488, kcal: 2032

1 Für die Füllung Gemüse in ein Sieb geben, abspülen und abtropfen lassen.

2 Quark, Sahne, Eier und Grieß mit Handrührgerät mit Rührbesen auf mittlerer Stufe zu einer geschmeidigen Masse verrühren. Gemüse unterheben. Die Masse mit Salz, Pfeffer und Paprika würzen.

3 Die Quarkmasse in eine Tarteform (Ø 30 cm, gefettet) füllen. Die Form auf dem Rost in den Backofen schieben.

Ober-/Unterhitze: etwa 200 °C (vorgeheizt)
Heißluft: etwa 180 °C (nicht vorgeheizt)
Gas: Stufe 3 – 4 (nicht vorgeheizt)
Backzeit: etwa 35 Minuten

4 Kuchen in der Form auf einem Kuchenrost abkühlen lassen und in Tortenstücke schneiden. Mit Petersilie garnieren und mit Taco-Sauce servieren.

Quarkkuchen, pikant, ohne Boden

Quark–Marzipan–Stollen | ❄

Zum Verschenken – für die Weihnachtszeit

Für den Knetteig:
250 g Weizenmehl
1/2 Pck. Backpulver
100 g Zucker, 1 Pck. Vanillin-Zucker
1 Prise Salz, 1 Ei (Größe M)
90 g Butter oder Margarine
125 g Magerquark
125 g Rum-Rosinen
50 g abgezogene, grob
gehackte Mandeln
je 50 g grob gehacktes Orangeat und
Zitronat (Sukkade)
200 g Marzipan-Rohmasse

Zum Bestreichen:
25 g zerlassene Butter

Zum Bestäuben:
25 g Puderzucker

Zubereitungszeit: 35 Minuten

Insgesamt: E: 89 g, F: 202 g, Kh: 510 g, kJ: 18450, kcal: 4407

1 Für den Teig Mehl mit Backpulver mischen und in eine Rührschüssel sieben. Zucker, Vanillin-Zucker, Salz, Ei, Butter oder Margarine und Quark hinzufügen. Die Zutaten mit Handrührgerät mit Knethaken zunächst kurz auf

niedrigster, dann auf höchster Stufe gut durcharbeiten.

2 Anschließend auf der bemehlten Arbeitsfläche mit Rosinen, Mandeln, Orangeat und Zitronat zu einem glatten Teig verkneten. Sollte er kleben, ihn in Folie gewickelt eine Zeit lang kalt stellen.

3 Den Teig auf der bemehlten Arbeitsfläche auf eine Größe von etwa 23 x 28 cm auseinander drücken. Marzipan-Rohmasse zwischen zwei Lagen Klarsichtfolie ausrollen (22 x 25 cm) und ohne Folie auf den Stollenteig legen.

4 Den Teig von der kürzeren Seite her aufrollen und in eine Stollenbackhaube (Länge 23,5 cm, gut gefettet) drücken. Stollenbackhaube mit der offenen Seite nach unten auf ein Backblech (gefettet, mit Backpapier belegt) legen. Das Backblech in den Backofen schieben.

Ober-/Unterhitze: etwa 180 °C (vorgeheizt)
Heißluft: etwa 160 °C (nicht vorgeheizt)
Gas: Stufe 2 – 3 (nicht vorgeheizt)
Backzeit: 50 – 60 Minuten

5 Die Backhaube nach etwa 35 Minuten von dem Stollen abnehmen und den Stollen fertig backen. Den Stollen sofort mit Butter bestreichen und mit Puderzucker bestäuben.

Tipp: Wer keine kleine Stollenbackhaube hat, kann den Stollen auch mit den Händen formen. Dazu in den aufgerollten Teig mit einer Teigrolle der Länge nach eine Vertiefung eindrücken. Dann aus der Marzipan-Rohmasse (wie unter Punkt 3 beschrieben) eine Rolle formen. Diese Rolle zwischen Vertiefung und Rand legen. Die linke Seite auf die rechte Seite schlagen und den mittleren Teil mit den Händen formen. Den Stollen auf ein mit Backpapier (doppelt) belegtes Backblech legen.

Quark-Marzipan-Stollen

Quark-Öl-Teig (Grundrezept)

Schnell

Für den Quark-Öl-Teig:
300 – 400 g Weizenmehl
1 Pck. Backpulver
150 – 200 g Magerquark
6 EL Milch, 6 – 8 EL Speiseöl
evtl. 1 Ei (Größe M), 75 – 100 g Zucker
1 Pck. Vanillin-Zucker, 1 Prise Salz
evtl. Gewürze, z. B. 1 Fläschchen
Butter-Vanille-Aroma oder Zimt

Zubereitungszeit: 15 Minuten

Insgesamt: E: 70 g, F: 85 g, Kh: 361 g, kJ: 10905, kcal: 2605

1 Für den Teig Mehl mit Backpulver mischen, in eine Rührschüssel sieben. Quark, Milch, Öl, evtl. Ei, Zucker, Vanillin-Zucker, Salz und Gewürze hinzufügen. Die Zutaten mit Handrührgerät mit Knethaken auf höchster Stufe in etwa 1 Minute zu einem Teig verarbeiten (nicht zu lange, Teig klebt sonst).

2 Anschließend auf der bemehlten Arbeitsfläche zu einer Rolle formen.

3 Zur weiteren Verarbeitung Teig ausrollen und je nach Gebäck weiterverarbeiten.

Tipp: Die Konsistenz des Teiges ist ähnlich der des Hefeteiges, weich und elastisch. Falls der Teig noch an den Händen klebt, ist er zu weich. Dann muss vorsichtig noch etwas Mehl untergeknetet werden. Beim Ausrollen des Teiges ist zu beachten, dass nicht zu viel Mehl eingearbeitet wird, damit das Gebäck nicht zu trocken wird. Das Gebäck schmeckt frisch am besten. Quark-Öl-Teig eignet sich zum Tiefgefrieren.

Quark-Pie mit Aprikosen |

Für Gäste

Für den Knetteig:
250 g Weizenmehl
1 Prise Salz
3 EL kaltes Wasser
75 g Butter oder Margarine
75 g Schweineschmalz

Für die Füllung:
50 g Löffelbiskuits
50 g gemahlene Haselnusskerne
500 g Magerquark
2 Eier (Größe M)
75 g Zucker
abgeriebene Schale von 1 Bio-Zitrone
(unbehandelt, ungewachst)
2 – 3 EL Zitronensaft
3 gestr. EL Speisestärke
1 Dose Aprikosenhälften
(Abtropfgewicht 480 g)

Zum Bestreichen:
4 EL Kondensmilch

Zubereitungszeit: 55 Minuten, ohne Kühlzeit

Insgesamt: E: 129 g, F: 185 g, Kh: 435 g, kJ: 17445, kcal: 4165

1 Für den Teig Mehl in eine Rührschüssel sieben. Salz, Wasser, Butter oder Margarine und Schmalz hinzufügen. Die Zutaten mit Handrührgerät mit Knethaken zunächst kurz auf niedrigster, dann auf höchster Stufe gut durcharbeiten.

2 Anschließend auf der bemehlten Arbeitsfläche zu einem glatten Teig verkneten. Den Teig in Folie gewickelt 1 Stunde kalt stellen.

3 Für die Füllung Löffelbiskuits in einen Gefrierbeutel füllen, Beutel fest verschließen. Löffelbiskuits mit einer Teigrolle zerbröseln. Biskuitbrösel in eine Schüssel geben und mit den Haselnusskernen vermengen.

4 Quark mit Eiern, Zucker, Zitronenschale und -saft und Speisestärke geschmeidig rüh-

ren. Aprikosenhälften in einem Sieb gut abtropfen lassen.

5 Gut die Hälfte des Teiges auf der bemehlten Arbeitsfläche zu einer runden Platte (Ø 30 cm) ausrollen, eine Pieform (Ø 26 cm, gefettet) damit auslegen. Das Biskuitbrösel-Haselnuss-Gemisch darauf verteilen. Die Aprikosenhälften darauf legen und mit der Quarkmasse bedecken, glatt streichen.

6 Restlichen Teig zu einer runden Platte (Ø 28 cm) ausrollen. Teigrand in der Pieform mit Kondensmilch bestreichen, Teigplatte auf die Füllung legen und fest drücken. Die überstehenden Teigränder abschneiden.

7 Aus dem abgeschnittenen Teig beliebige Figuren oder Blüten ausstechen. Die untere Seite der ausgestochenen Teigfiguren mit Kondensmilch oder Wasser bestreichen und auf die Teigplatte kleben.

8 Die Teigoberfläche mit Kondensmilch bestreichen und mehrmals mit einer Gabel einstechen. Die Form auf dem Rost in den Backofen schieben.

Ober-/Unterhitze: 200 – 220 °C (vorgeheizt)
Heißluft: 180 – 200 °C (nicht vorgeheizt)
Gas: etwa Stufe 4 (nicht vorgeheizt)
Backzeit: 45 – 50 Minuten

9 Die Form auf einen Kuchenrost stellen. Pie abkühlen lassen und warm oder kalt servieren.

Beigabe: Steif geschlagene Schlagsahne.

Tipp: Sie können statt des Schweineschmalzes auch insgesamt 150 g Butter oder Margarine verwenden.

Quark-Pie mit Aprikosen

Quark-Sahne-Torte |  ❄

Klassisch

Für den Rührteig:
150 g Butter oder Margarine
150 g Zucker
1 Pck. Vanillin-Zucker
1 Prise Salz
3 Eier (Größe M)
125 g Weizenmehl
25 g Speisestärke
1 gestr. TL Backpulver

Für die Füllung:
8 Blatt weiße Gelatine
500 g Magerquark
200 g Zucker
2 EL Zitronensaft
500 ml (¹/₂ l) Schlagsahne

Zum Bestreuen:
70 g gemahlene, geröstete
Mandeln

Zum Bestäuben:
Puderzucker

Nach Belieben zum Garnieren:
ganze, nicht abgezogene Mandeln
Limettenstreifen

Zubereitungszeit: 60 Minuten, ohne Kühlzeit

Insgesamt: E: 137 g, F: 343 g, Kh: 523 g, kJ: 24828, kcal: 5932

1 Für den Teig Butter oder Margarine mit Handrührgerät mit Rührbesen auf höchster Stufe geschmeidig rühren. Nach und nach Zucker, Vanillin-Zucker und Salz unterrühren. So lange rühren, bis eine gebundene Masse entstanden ist.

2 Eier nach und nach unterrühren (jedes Ei etwa ¹/₂ Minute). Mehl mit Speisestärke und Backpulver mischen, sieben, portionsweise auf mittlerer Stufe unterrühren.

3 Den Teig in eine Springform (Ø 28 cm, Boden gefettet, mit Backpapier belegt) füllen und glatt streichen. Die Form auf dem Rost in den Backofen schieben.

Ober-/Unterhitze: etwa 180 °C (vorgeheizt)
Heißluft: etwa 160 °C (vorgeheizt)
Gas: Stufe 2–3 (vorgeheizt)
Backzeit: 25–30 Minuten

4 Den Gebäckboden aus der Form lösen und auf einen Kuchenrost stürzen, mitgebackenes Backpapier abziehen, Gebäckboden erkalten lassen, einmal waagerecht durchschneiden.

5 Für die Füllung Gelatine in kaltem Wasser nach Packungsanleitung einweichen, leicht

ausdrücken. Die ausgedrückte Gelatine in einem kleinen Topf unter Rühren erwärmen (nicht kochen), bis sie völlig gelöst ist, leicht abkühlen lassen.

6 Quark mit Zucker und Zitronensaft gut verrühren. Die aufgelöste Gelatine unterrühren. Quarkmasse kalt stellen.

7 Sahne steif schlagen. Wenn die Quarkmasse anfängt dicklich zu werden, Sahne unterheben. Den unteren Gebäckboden auf eine Platte legen. Einen Tortenring oder den gesäuberten Springformrand darumstellen. Den Gebäckboden mit Mandeln bestreuen. Die Quark-Sahne-Masse darauf geben und glatt streichen. Den oberen Gebäckboden in 16 Tortenstücke schneiden und auf die Quark-Sahne-Masse legen. Die Torte 1 ¹/₂ Stunden kalt stellen.

8 Vor dem Servieren Tortenring oder Springformrand mit Hilfe eines Messers lösen und entfernen. Die Tortenoberfläche mit Puderzucker bestäuben und nach Belieben mit Mandeln und Limettenstreifen garnieren.

Tipp: Für die Füllung kann anstelle der Gelatine 1 Päckchen Käse-Sahne-Tortenhilfe verwendet werden. Die Torte ohne Garnierung (Mandeln, Limettenstreifen) einfrieren.

Quark-Sahne-Torte

Quarkstollen |

Klassisch

Zum Vorbereiten:
375 g Rosinen
100 ml Rum

Für den Knetteig:
500 g Weizenmehl
1 Pck. Backpulver
150 g Zucker
1 Pck. Vanillin-Zucker
1 Prise Salz
4 Tropfen Bittermandel-Aroma
1 Pck. Finesse Orangenschalen-Aroma
je 1 Msp. Gewürznelken, Kardamom,
Ingwer, Muskatnuss und Zimt
(alles gemahlen)
2 Eier (Größe M)
200 g Butter oder Margarine
250 g Magerquark
250 g abgezogene, gemahlene Mandeln
150 g gewürfeltes Zitronat (Sukkade)
100 g gewürfeltes Orangeat

Zum Bestreichen:
100 g zerlassene abgekühlte Butter

Zum Bestäuben:
50 g Puderzucker

Zubereitungszeit: 30 Minuten, ohne Einweich- und Abkühlzeit

Insgesamt: E: 162 g, F: 401 g, Kh: 1030 g, kJ: 37753, kcal: 9019

1 Zum Vorbereiten Rosinen mit Rum beträufeln, mehrere Stunden (am besten über Nacht) stehen lassen.

2 Für den Teig Mehl mit Backpulver mischen und in eine Rührschüssel sieben. Zucker, Vanillin-Zucker, Salz, Aromen, Nelken, Kardamom, Ingwer, Muskat, Zimt, Eier, Butter oder Margarine und Quark hinzufügen.

3 Die Zutaten mit Handrührgerät mit Knethaken zunächst kurz auf niedrigster, dann auf höchster Stufe gut durcharbeiten. Anschließend auf einer bemehlten Arbeitsfläche zu einem glatten Teig verkneten. Mandeln, Zitronat, Orangeat und Rum-Rosinen unterkneten.

4 Den Teig zu einem Stollen formen, dazu den Teig zu einer Rolle formen und mit einer Teigrolle der Länge nach eine Vertiefung eindrücken, die linke auf die rechte Seite schlagen, den mittleren Teil mit den Händen formen. Teigstollen auf ein Backblech (gefettet,

mit Backpapier doppelt belegt) legen. Das Backblech in den Backofen schieben.

Ober-/Unterhitze: vorheizen etwa 250 °C, backen 160–180 °C
Heißluft: vorheizen etwa 200 °C, backen 140–160 °C
Gas: vorheizen etwa Stufe 5, backen etwa Stufe 2
Backzeit: 50–60 Minuten

5 Das Backblech auf einen Kuchenrost stellen. Den Stollen sofort mit der Hälfte der Butter bestreichen, mit der Hälfte des Puderzuckers bestäuben und etwas abkühlen lassen. Dann den Vorgang wiederholen. Den Stollen mit dem Backpapier auf einen Kuchenrost ziehen und erkalten lassen.

Tipp: Anstelle der vielen unterschiedlichen Gewürze können auch 2 gestrichene Teelöffel Christstollengewürz verwendet werden. Die Rosinen mit Mandellikör beträufeln.
Schnell

Quarkstollen

Quark-Streusel-Kuchen

Quark-Streusel-Kuchen |

Für den Teig:
*1 Pck. (400 g) Grundmischung
Streuselteig, 1 Ei (Größe M)
125 g Butter oder Margarine*

Für die Füllung:
*750 g Magerquark, 200 g Zucker
1 Pck. Vanillin-Zucker, 3 Eier (Größe M)
75 g zerlassene abgekühlte Butter
65 g Weizenmehl*

Zubereitungszeit: 30 Minuten

Insgesamt: E: 159 g, F: 200 g, Kh: 603 g,
kJ: 20925, kcal: 4977

1 Für den Teig die Grundmischung mit Ei
und Butter oder Margarine nach Packungsanleitung zubereiten.

2 Zwei Drittel des Streuselteiges auf den
Boden einer Springform (Ø 26 cm, Boden
gefettet) geben, leicht andrücken und den
Rand etwas hochdrücken.

3 Für die Füllung Quark, Zucker, Vanillin-Zucker, Eier, Butter und Mehl mit Handrührgerät
mit Rührbesen auf höchster Stufe zu einer
geschmeidigen Masse verrühren.

4 Die Masse gleichmäßig auf den Teigboden
streichen. Die restlichen Streusel darauf verteilen.

5 Die Form auf dem Rost in den Backofen
schieben.

Ober-/Unterhitze: 180 – 200 °C
(vorgeheizt, unterste Einschubleiste)
Heißluft: 160 – 180 °C (nicht vorgeheizt)
Gas: etwa Stufe 3 (nicht vorgeheizt)
Backzeit: etwa 60 Minuten

6 Den Kuchen aus der Form lösen und auf
einem Kuchenrost erkalten lassen.

Tipp: Schneller geht es, wenn der Streuselteig mit Handrührgerät mit Rührbesen zubereitet wird. Die Butter oder Margarine sollte
Zimmertemperatur haben.

Quarkstrudel | ❄

Klassisch

Für den Strudelteig:
300 g Weizenmehl
1 Prise Salz, 1 Prise Zucker
100 ml Wasser
1 Ei (Größe M)

Für die Füllung:
1 kg Magerquark
125 g Butter oder Margarine
80 g Zucker
abgeriebene Schale von $^1/_2$ Bio-Zitrone
(unbehandelt, ungewachst)
4 Eier (Größe M)

Zum Bestreuen:
100 g Rosinen

Zum Bestäuben:
Puderzucker

Zubereitungszeit: 55 Minuten, ohne
Ruhezeit

Insgesamt: E: 204 g, F: 142 g, Kh: 403 g,
kJ: 16429, kcal: 3924

Quarkstrudel

1 Für den Teig Mehl in eine Rührschüssel
sieben. Salz, Zucker, Wasser und Ei hinzufügen. Die Zutaten mit Handrührgerät mit Knethaken zunächst kurz auf niedrigster, dann auf
höchster Stufe gut durcharbeiten.

2 Anschließend auf einer bemehlten Arbeitsfläche zu einem glatten Teig verkneten, ihn
auf Backpapier in einen heißen trockenen
Kochtopf (vorher Wasser darin kochen) legen,
mit einem Deckel verschließen und etwa
30 Minuten ruhen lassen.

3 Für die Füllung Quark in einem Sieb abtropfen lassen.

4 Butter oder Margarine mit Zucker geschmeidig rühren, den abgetropften Quark,
Zitronenschale und Eier unterrühren.

5 Den Strudelteig auf einem bemehlten großen Geschirrtuch dünn ausrollen, ihn dann

mit den Händen zu einem Rechteck von etwa
45 x 30 cm ausziehen (Teig muss durchsichtig sein). Die Ränder, wenn sie dicker sind,
abschneiden. Die Quarkmasse auf den Teig
streichen, dabei am Rand 3 – 4 cm Teig frei
lassen. Rosinen auf die Quarkmasse streuen.

6 Den Teig mit Hilfe des Geschirrtuches, an
der schmalen Seite beginnend, aufrollen. Die
Enden gut zusammendrücken und unter den
Strudel schieben. Den Strudel auf ein Backblech (gefettet, mit Backpapier belegt) legen
und die Oberfläche mehrmals mit einer Gabel
einstechen. Das Backblech in den Backofen
schieben.

Ober-/Unterhitze: etwa 200 °C (vorgeheizt)
Heißluft: etwa 180 °C (nicht vorgeheizt)
Gas: Stufe 3 – 4 (nicht vorgeheizt)
Backzeit: 45 – 50 Minuten

7 Den Strudel mit dem Backpapier vom
Backblech auf einen Kuchenrost ziehen.
Den Strudel mit Puderzucker bestäuben und
heiß servieren.

Beilage: Vanillesauce.

Quarkstrudel mit Obst |  ❄

Für Kinder

Zum Vorbereiten:
100 g getrocknete Aprikosen
500 g säuerliche Äpfel

Für die Füllung:
250 g Magerquark
1 Becher (150 g) Crème fraîche
1 Ei (Größe M)
50 g Zucker
1 Pck. Vanillin-Zucker
1 geh. EL Speisestärke
abgeriebene Schale von 1 Bio-Zitrone
(unbehandelt, ungewachst)
1 – 2 EL Zitronensaft
50 g abgezogene, gehobelte Mandeln
75 g Rosinen

Für den Strudelteig:
250 g Weizenmehl
1 Prise Salz
100 ml lauwarmes Wasser
1 Ei (Größe M)
1 EL Speiseöl, 50 g zerlassene Butter

Zum Bestäuben:
25 g Puderzucker

Zubereitungszeit: 45 Minuten, ohne Ruhezeit

Insgesamt: E: 97 g, F: 144 g, Kh: 448 g, kJ: 15394, kcal: 3675

1 Zum Vorbereiten Aprikosen in feine Streifen schneiden. Äpfel schälen, vierteln, entkernen und in dünne Scheiben schneiden.

2 Für die Füllung Quark mit Crème fraîche, Ei, Zucker, Vanillin-Zucker, Speisestärke, Zitronenschale und -saft verrühren. Aprikosenstreifen, Apfelscheiben, Mandeln und Rosinen unterheben.

3 Für den Teig Mehl in eine Rührschüssel sieben. Salz, Wasser, Ei, Speiseöl und Butter hinzufügen. Die Zutaten mit Handrührgerät mit Knethaken zunächst kurz auf niedrigster, dann auf höchster Stufe gut durcharbeiten.

4 Anschließend auf einer bemehlten Arbeitsfläche zu einem glatten Teig verkneten, ihn auf Backpapier in einen heißen trockenen Kochtopf (vorher Wasser darin kochen) legen, mit einem Deckel verschließen und etwa 30 Minuten ruhen lassen.

5 Den Strudelteig auf einem bemehlten Geschirrtuch dünn ausrollen, ihn dann mit den Händen zu einem Rechteck von etwa 50 x 70 cm ausziehen (er muss durchsichtig sein). Die Ränder, wenn sie dicker sind, abschneiden.

6 Die Füllung auf zwei Drittel des Teiges verteilen (an den kürzeren Seiten etwa 3 cm Teig frei lassen). Auf den unbelegten Teig die Hälfte der Butter streichen, die Teigränder auf die Füllung schlagen. Den Teig mit Hilfe des Geschirrtuches, mit der Füllung beginnend, aufrollen und an den Enden gut zusammendrücken.

7 Den Strudel auf ein Backblech (gefettet, mit Backpapier belegt) legen und mit der restlichen Butter bestreichen. Das Backblech in den Backofen schieben.

Ober-/Unterhitze: etwa 180 °C (vorgeheizt)
Heißluft: etwa 160 °C (nicht vorgeheizt)
Gas: Stufe 2 – 3 (nicht vorgeheizt)
Backzeit: 40 – 45 Minuten

8 Den Strudel mit dem Backpapier vom Backblech auf einen Kuchenrost ziehen. Den Strudel mit Puderzucker bestäuben und warm servieren.

Tipp: Strudel mit Sahne oder Vanilleeis servieren.

Quarkstrudel mit Obst

Quarktorte mit Grieß |

Für Gäste

Für den Rand:
100 g Weizenmehl
25 g Zucker
50 g Butter oder Margarine

Für die Füllung:
125 g Butter oder Margarine
150 g Zucker, 4 Eigelb (Größe M)
1 Pck. Finesse Geriebene
Zitronenschale
1 kg Magerquark
50 g Hartweizengrieß
25 g Zucker
4 Eiweiß (Größe M)
50 g Rosinen
50 g Korinthen

Zubereitungszeit: 35 Minuten

Insgesamt: E: 175 g, F: 169 g, Kh: 411 g,
kJ: 16922, kcal: 4040

Quarktorte mit Grieß

1 Für den Rand Mehl in eine Rührschüssel
sieben. Zucker und Butter oder Margarine
hinzufügen. Die Zutaten mit Handrührgerät
mit Knethaken zunächst kurz auf niedrigster,
dann auf höchster Stufe gut durcharbeiten.

2 Anschließend auf einer bemehlten Arbeitsfläche zu einem glatten Teig verkneten. Sollte

er kleben, ihn in Folie gewickelt eine Zeit lang
kalt stellen.

3 Den Teig zu einer Rolle formen, sie als
Rand auf den Boden einer Springform
(Ø 26 cm, Boden gefettet, mit Grieß ausgestreut) legen und so an die Form drücken,
dass ein etwa 3 cm hoher Rand entsteht.

4 Für die Füllung Butter oder Margarine in
einer Rührschüssel mit Handrührgerät mit
Rührbesen geschmeidig rühren. Nach und
nach Zucker unterrühren. So lange rühren,
bis eine gebundene Masse entstanden ist.
Eigelb nach und nach unterrühren (jedes
Eigelb knapp 1/2 Minute).

5 Zitronenschale, Quark, Grieß und Zucker
unterrühren. Eiweiß steif schlagen und zusammen mit den Rosinen und Korinthen unterheben.

6 Die Quarkmasse in die Form füllen und
glatt streichen. Die Form auf dem Rost in den
Backofen schieben.

Ober-/Unterhitze: etwa 180 °C (vorgeheizt)
Heißluft: etwa 160 °C (nicht vorgeheizt)
Gas: Stufe 2 – 3 (nicht vorgeheizt)
Backzeit: etwa 70 Minuten

7 Die Torte mit Hilfe eines Messers vom
Springformrand lösen und etwa 10 Minuten
in der Form stehen lassen, dann aus der
Form lösen. Den Springformrand entfernen.
Torte auf einem mit Backpapier belegten
Kuchenrost erkalten lassen.

Tipp: Eingefrorene Torte auftauen lassen und
im vorgeheizten Backofen bei etwa 180 °C
(Ober-/Unterhitze) 10 – 15 Minuten aufbacken.

Quarkwaffeln mit Rosinen |

Quarkwaffeln mit Rosinen

Einfach

Für den Rührteig:
125 g Butter oder Margarine
100 g Zucker
1 Pck. Vanillin-Zucker
3 Eier (Größe M)
1 Pck. Finesse Geriebene
Zitronenschale
125 g Magerquark
200 g Weizenmehl
1 1/2 gestr. TL Backpulver

6 EL Milch
50 – 75 g Rosinen

Puderzucker zum Bestäuben

Zubereitungszeit: 45 Minuten

Insgesamt: E: 66 g, F: 128 g, Kh: 320 g,
kJ: 11714, kcal: 2798

1 Für den Teig Butter oder Margarine mit
Handrührgerät mit Rührbesen geschmeidig

rühren. Nach und nach Zucker und Vanillin-Zucker unterrühren. So lange rühren, bis eine gebundene Masse entstanden ist.

2 Eier nach und nach unterrühren (jedes Ei etwa ½ Minute). Zitronenschale und Quark unterrühren. Mehl mit Backpulver mischen, sieben, abwechselnd portionsweise mit der Milch auf mittlerer Stufe unterrühren. Zuletzt die Rosinen unterheben.

3 Den Teig in nicht zu großen Portionen in ein gut erhitztes gefettetes Waffeleisen füllen. Die Waffeln goldbraun backen und einzeln auf einem Kuchenrost erkalten lassen.

4 Die Waffeln mit Puderzucker bestäuben und sofort servieren.

Quiche Lorraine

Für Gäste – pikant

Für den Knetteig:
250 g Weizenmehl (Type 550)
1 Eigelb (Größe M)
1 Prise Salz
4 EL kaltes Wasser
125 g Butter oder Margarine

Für den Belag:
80 g Greyerzer-Käse
125 g durchwachsener Speck
250 ml (¼ l) Schlagsahne
4 Eier (Größe M)
Salz
frisch gemahlener Pfeffer
geriebene Muskatnuss

Zubereitungszeit: 65 Minuten, ohne Abkühlzeit

Insgesamt: E: 102 g, F: 323 g, Kh: 191 g, kJ: 17843, kcal: 4265

1 Für den Teig Mehl in eine Rührschüssel sieben. Eigelb, Salz, Wasser und Butter oder Margarine hinzufügen. Die Zutaten mit Handrührgerät mit Knethaken zunächst kurz auf niedrigster, dann auf höchster Stufe gut durcharbeiten.

2 Zwei Drittel des Teiges auf einer bemehlten Arbeitsfläche zu einem glatten Teig verkneten. Sollte er kleben, ihn in Folie gewickelt eine Zeit lang kalt stellen.

3 Den Teig auf dem Boden einer Springform (Ø 26 cm, gefettet) ausrollen. Teigboden mehrmals mit einer Gabel einstechen. Die Form auf dem Rost in den Backofen schieben und den Boden vorbacken.

Ober-/Unterhitze: 200 – 220 °C (vorgeheizt)
Heißluft: 180 – 200 °C (vorgeheizt)
Gas: etwa Stufe 4 (vorgeheizt)
Backzeit: etwa 10 Minuten

4 Die Form auf einen Kuchenrost stellen, Boden in der Form erkalten lassen.

5 Restlichen Teig zu einer Rolle formen, sie als Rand auf den Boden legen, so an die Form drücken, dass ein 2 – 3 cm hoher Rand entsteht.

6 Für den Belag Käse in feine Würfel schneiden. Speck würfeln. Speckwürfel andünsten und mit Käse, Sahne und Eiern verrühren.

7 Die Masse mit Salz, Pfeffer und Muskat würzen und auf dem vorgebackenen Boden verteilen. Die Form wieder auf dem Rost in den Backofen schieben und die Quiche fertig backen.

Ober-/Unterhitze: 200 – 220 °C (vorgeheizt)
Heißluft: 180 – 200 °C (vorgeheizt)
Gas: etwa Stufe 4 (vorgeheizt)
Backzeit: etwa 25 Minuten

8 Die Form auf einen Kuchenrost stellen. Die Quiche warm servieren.

Quiche Lorraine

Raspeli |

Preiswert

Für die Baisermasse:
3 Eiweiß (Größe M)
200 g Zucker, 1 Pck. Vanillin-Zucker
30 g Kakaopulver, 150 g Kokosraspel

Zubereitungszeit: 25 Minuten

Insgesamt: E: 27 g, F: 97 g, Kh: 226 g,
kJ: 7864, kcal: 1878

1 Für die Baisermasse Eiweiß mit Handrührgerät mit Rührbesen auf höchster Stufe steif
schlagen, der Schnee muss so fest sein, dass
ein Messerschnitt sichtbar bleibt. Nach und
nach Zucker und Vanillin-Zucker unterschlagen.

2 Kakao auf den Eischnee sieben, zusammen mit den Kokosraspeln vorsichtig unterheben. Von der Masse mit 2 Teelöffeln Häufchen
abstechen und auf Backbleche (gefettet, mit
Backpapier belegt) setzen. Die Backbleche

nacheinander (bei Heißluft zusammen) in den
Backofen schieben.

Ober-/Unterhitze: 140 – 160 °C (vorgeheizt)
Heißluft: 120 – 140 °C (vorgeheizt)
Gas: etwa Stufe 1 (vorgeheizt)
Backzeit: etwa 25 Minuten pro Backblech

3 Gebäck vom Backpapier lösen und auf
einem Kuchenrost erkalten lassen.

Raspelkuchen |

Einfach – schnell

Für den Belag:
150 g Butter, 200 g Zucker
1 Pck. Vanillin-Zucker
200 g Kokosraspel
2 EL Milch

Für den Quark-Öl-Teig:
300 g Weizenmehl
1 Pck. Backpulver
150 g Magerquark
6 EL Milch, 6 EL Speiseöl
75 g Zucker, 1 Pck. Vanillin-Zucker
1 Prise Salz

Zum Bestreichen:
etwas Milch

Zubereitungszeit: 25 Minuten,
ohne Abkühlzeit

Insgesamt: E: 68 g, F: 326 g, Kh: 536 g,
kJ: 22882, kcal: 5466

1 Für den Belag Butter in einer Pfanne zerlassen. Nach und nach Zucker und Vanillin-
Zucker unterrühren. Kokosraspel mit der Milch
unterrühren. Kokosmasse erkalten lassen.

2 Für den Teig Mehl mit Backpulver mischen
und in eine Rührschüssel sieben. Quark,
Milch, Speiseöl, Zucker, Vanillin-Zucker und

Salz hinzufügen. Die Zutaten mit Handrührgerät mit Knethaken auf höchster Stufe in
etwa 1 Minute zu einem Teig verarbeiten
(nicht zu lange, Teig klebt sonst).

3 Anschließend auf einer bemehlten Arbeitsfläche zu einer Rolle formen. Die Teigrolle auf
einem Backblech (30 x 40 cm, gefettet) ausrollen und mit Milch bestreichen. Die Kokosmasse gleichmäßig auf dem Teig verteilen.

Raspelkuchen

4 Vor den Teig einen mehrfach geknickten
Streifen Alufolie legen. Backblech in den
Backofen schieben.

Ober-/Unterhitze: 180 – 200 °C (vorgeheizt)
Heißluft: 160 – 180 °C (vorgeheizt)
Gas: etwa Stufe 3 (vorgeheizt)
Backzeit: etwa 20 Minuten

5 Das Backblech auf einen Kuchenrost stellen. Kuchen erkalten lassen. Nach Belieben in
Rauten schneiden.

Abwandlung: Kokosraspel schmecken
intensiver, wenn sie in einer Pfanne ohne Fett
angeröstet werden. Der Raspelkuchen kann
auch mit einem Rührteig zubereitet werden.
Dafür 250 g Butter oder Margarine mit Handrührgerät mit Rührbesen auf höchster Stufe
geschmeidig rühren. Nach und nach 200 g
Zucker, 1 Päckchen Vanillin-Zucker und 1 Prise
Salz unterrühren. 5 Eier (Größe M) unterrühren
(jedes Ei etwa $^1/_2$ Minute). 375 g Weizenmehl
mit 20 g Kakaopulver und 3 gestrichenen
Teelöffeln Backpulver mischen, sieben, portionsweise unterrühren. Den Teig auf ein
Backblech (30 x 40 cm, gefettet) geben und
glatt streichen. Die Kokosmasse darauf verteilen und etwa 30 Minuten bei oben angegebener Backtemperatur backen. Das Rührteig-
Raspelkuchen-Gebäck hält sich in einer gut
schließenden Dose etwa 14 Tage frisch.

Rehrücken |

Klassisch

Für den Rührteig:
100 g Butter oder Margarine
150 g Zucker
1 Pck. Vanillin-Zucker
1 Prise Salz
3 Eier (Größe M)
100 g geriebene Zartbitterschokolade
50 g Weizenmehl
1 Pck. Pudding-Pulver Schokoladen-
Geschmack
2 gestr. TL Backpulver, 2 EL Milch
75 g abgezogene, gemahlene Mandeln

Für den Guss:
100 g Zartbitterschokolade
etwas Kokosfett

Zum Spicken:
40 g abgezogene, gestiftelte Mandeln

Zubereitungszeit: 55 Minuten, ohne
Abkühlzeit

Insgesamt: E: 87 g, F: 288 g, Kh: 362 g,
kJ: 19238, kcal: 4596

1 Für den Teig Butter oder Margarine mit
Handrührgerät mit Rührbesen auf höchster
Stufe geschmeidig rühren. Nach und nach
Zucker, Vanillin-Zucker und Salz unterrühren.
So lange rühren, bis eine gebundene Masse
entstanden ist.

2 Eier nach und nach unterrühren (jedes Ei
etwa 1/2 Minute). Schokolade unterrühren.
Mehl mit Pudding-Pulver und Backpulver mischen, sieben, abwechselnd portionsweise
mit Milch auf mittlerer Stufe unterrühren.
Mandeln unterheben.

3 Teig in eine Rehrückenform (30 x 11 cm,

gefettet) füllen und glatt streichen. Die Form
auf dem Rost in den Backofen schieben.

Ober-/Unterhitze: 180–200 °C (vorgeheizt)
Heißluft: 160–180 °C (nicht vorgeheizt)
Gas: etwa Stufe 3 (nicht vorgeheizt)
Backzeit: 50–60 Minuten

4 Den Kuchen aus der Form lösen, auf einen
Kuchenrost stürzen und erkalten lassen.

5 Für den Guss Schokolade in kleine Stücke
brechen, mit Kokosfett in einem kleinen Topf
im Wasserbad bei schwacher Hitze zu einer
geschmeidigen Masse verrühren. Den Kuchen
damit überziehen und mit Mandeln spicken.

Tipp: Für den Guss anstelle von Kokosfett
2 Teelöffel Speiseöl verwenden. Der Guss
lässt sich besser schneiden.

Rehrücken

Rhabarberkuchen mit Baiser

Rhabarberkuchen mit Baiser |

Erfrischend – einfach

Für den Rührteig:
250 g Butter oder Margarine
100 g Zucker
1 Pck. Vanillin-Zucker
1 Prise Salz
1 Ei (Größe M)
250 g Weizenmehl
2 ¹/₂ gestr. TL Backpulver

Für den Belag:
1,5 kg Rhabarber

Für die Baisermasse:
3 Eiweiß (Größe M)
150 g Zucker

Zubereitungszeit: 50 Minuten,
ohne Abkühlzeit

Insgesamt: E: 54 g, F: 216 g, Kh: 466 g,
kJ: 17458, kcal: 4167

1 Für den Teig Butter oder Margarine mit Handrührgerät mit Rührbesen auf höchster Stufe geschmeidig rühren. Nach und nach Zucker, Vanillin-Zucker und Salz unterrühren. So lange rühren, bis eine gebundene Masse entstanden ist. Ei in etwa ¹/₂ Minute unterrühren. Mehl mit Backpulver mischen, sieben, portionsweise auf mittlerer Stufe unterrühren.

2 Den Teig auf ein Backblech (30 x 40 cm, gefettet) streichen. Vor den Teig einen mehrfach geknickten Streifen Alufolie legen.

3 Für den Belag Rhabarber waschen, abtropfen lassen, Stielenden und Blattansätze entfernen. Stangen in etwa 2 cm lange Stücke schneiden. Rhabarberstücke auf dem Teig verteilen. Das Backblech in den Backofen schieben.

Ober-/Unterhitze: 180 – 200 °C (vorgeheizt)
Heißluft: 160 – 180 °C (vorgeheizt)
Gas: etwa Stufe 4 (vorgeheizt)
Backzeit: etwa 25 Minuten

4 Das Backblech auf einen Kuchenrost stellen. Kuchen etwas abkühlen lassen.

5 Für die Baisermasse Eiweiß mit Handrührgerät mit Rührbesen auf höchster Stufe steif schlagen. Der Schnee muss so fest sein, dass ein Messerschnitt sichtbar bleibt. Nach und nach Zucker unterschlagen.

6 Die Baisermasse in einen Spritzbeutel mit Sterntülle füllen und ein Muster auf den Rhabarber spritzen. Das Backblech wieder in den Backofen schieben und das Baiser hellbraun überbacken.

Ober-/Unterhitze: 200 – 220 °C (vorgeheizt)
Heißluft: 180 – 200 °C (vorgeheizt)
Gas: etwa Stufe 4 (vorgeheizt)
Backzeit: etwa 8 Minuten

7 Das Backblech auf einen Kuchenrost stellen. Kuchen erkalten lassen. Alufolie entfernen.

Rhabarberstrudel |

Dauert länger

Für den Strudelteig:
100 g Weizenmehl
1 Prise Salz
3 EL lauwarmes Wasser
2 EL Speiseöl

Für die Füllung:
60 g Butter
90 g Semmelbrösel
400 g Rhabarber
60 g Zucker
1 Pck. Vanillin-Zucker
etwas gemahlener Zimt
60 g abgezogene, gehobelte Mandeln

Zum Bestreichen:
60 g zerlassene abgekühlte Butter

Zubereitungszeit: 85 Minuten,
ohne Ruhezeit

Insgesamt: E: 36 g, F: 158 g, Kh: 221 g,
kJ: 10747, kcal: 2567

1 Für den Teig Mehl in eine Rührschüssel sieben, Salz, Wasser und Öl hinzufügen. Die Zutaten mit Handrührgerät mit Knethaken zunächst kurz auf niedrigster, dann auf höchster Stufe gut durcharbeiten. Anschließend auf einer bemehlten Arbeitsfläche zu einem glatten Teig verkneten.

Rhabarberstrudel

2 Den Teig auf Backpapier in einen heißen trockenen Kochtopf legen (vorher Wasser darin kochen), mit einem Deckel verschließen, etwa 30 Minuten ruhen lassen.

3 Für die Füllung Butter in einer Pfanne zerlassen, Semmelbrösel darin goldgelb rösten.

4 Rhabarber waschen, abtropfen lassen, Stielenden und Blattansätze entfernen, Stangen in etwa 2 cm lange Stücke schneiden. Rhabarberstücke mit Zucker, Vanillin-Zucker, Zimt und Mandeln vermengen.

5 Teig auf einem bemehlten großen Tuch (Geschirrtuch) dünn ausrollen, ihn dann mit

den Händen zu einem Rechteck (25 x 35 cm) ausziehen (er muss durchsichtig sein). Die Ränder, wenn sie etwas dicker sind, abschneiden.

6 Den Teig mit der Hälfte der Butter bestreichen, zunächst die Semmelbrösel, dann die Rhabarbermasse auf zwei Drittel des Teiges verteilen (an den kürzeren Seiten etwa 3 cm am Rand frei lassen). Die frei gebliebenen Teigränder über die Füllung schlagen.

7 Den Teig mit Hilfe des Tuches von der längeren Seite her, mit der Füllung beginnend, aufrollen, an den Enden gut zusammendrücken. Teigrolle auf ein Backblech (gefettet, mit

Backpapier belegt) legen und mit einem Teil der restlichen Butter bestreichen. Das Backblech in den Backofen schieben.

Ober-/Unterhitze: 180 – 200 °C (vorgeheizt)
Heißluft: 160 – 180 °C (nicht vorgeheizt)
Gas: etwa Stufe 3 (nicht vorgeheizt)
Backzeit: 45 – 55 Minuten

8 Den Strudel während des Backens mit der restlichen Butter bestreichen.

9 Den Strudel mit dem Backpapier vom Backblech auf einen Kuchenrost ziehen und erkalten lassen.

227

Rhabarbertörtchen |

Für Gäste

Für den Knetteig:
150 g Weizenmehl,
1 gestr. TL Backpulver
75 g Zucker, 1 Pck. Vanillin-Zucker
1 Ei (Größe M)
75 g Butter oder Margarine

Zum Bestreichen:
50 g Halbbitter-Kuvertüre

Für den Belag:
750 g Rhabarber, 150 g Zucker

Für den Guss:
1 Pck. Tortenguss, rot
250 ml ('/4 l) Rhabarbersaft
25 g Zucker

Zum Verzieren:
250 ml ('/4 l) Schlagsahne
1 Pck. Vanillin-Zucker
1 Pck. Sahnesteif

Zubereitungszeit: 65 Minuten,
ohne Abkühlzeit

Insgesamt: E: 39 g, F: 152 g, Kh: 463 g,
kJ: 14556, kcal: 3477

1 Für den Teig Mehl mit Backpulver mischen
und in eine Rührschüssel sieben. Zucker,
Vanillin-Zucker, Ei und Butter oder Margarine
hinzufügen. Die Zutaten mit Handrührgerät
mit Knethaken zunächst kurz auf niedrigster,
dann auf höchster Stufe gut durcharbeiten.

2 Anschließend auf einer bemehlten Arbeitsfläche zu einem glatten Teig verkneten. Sollte
er kleben, ihn in Folie gewickelt eine Zeit lang
kalt stellen.

3 Den Teig auf der bemehlten Arbeitsfläche
etwa 3 mm dick ausrollen, mit einer runden
Form Platten (Ø etwa 10 cm) ausstechen.
Diese auf ein Backblech (gefettet, mit Backpapier belegt) legen. Teigplatten mehrmals
mit einer Gabel einstechen. Das Backblech in
den Backofen schieben.

Ober-/Unterhitze: 180 – 200 °C (vorgeheizt)
Heißluft: 160 – 180 °C (vorgeheizt)
Gas: etwa Stufe 3 (vorgeheizt)
Backzeit: 10 – 15 Minuten

4 Das Gebäck mit dem Backpapier vom
Backblech auf einen Kuchenrost ziehen.
Gebäck erkalten lassen.

5 Zum Bestreichen Kuvertüre in Stücke hacken, in einem kleinen Topf im Wasserbad bei
schwacher Hitze zu einer geschmeidigen
Masse verrühren. Den Gebäckrand etwa
1 cm breit damit bestreichen.

6 Für den Belag Rhabarber waschen, abtropfen lassen, Stielenden und Blattansätze entfernen, Stangen in etwa 2 cm lange Stücke
schneiden und mit Zucker bestreuen. Sobald
der Rhabarber Saft gezogen hat, ihn in einem
Topf zum Kochen bringen, bei schwacher
Hitze weich dünsten (er darf nicht zerfallen).
Rhabarber etwas abkühlen lassen, dann in
einem Sieb abtropfen lassen. Den Saft dabei
auffangen und 250 ml ('/4 l) davon abmessen.

7 Für den Guss Tortengusspulver mit dem
Saft und Zucker nach Packungsanleitung
zubereiten. Den Rhabarber in die Mitte der
Törtchen geben. Den Guss darauf verteilen.

8 Zum Verzieren Sahne mit Vanillin-Zucker
und Sahnesteif steif schlagen. Sahne in einen
Spritzbeutel mit Sterntülle füllen. Den Tört-
chenrand damit verzieren.

Rhabarbertörtchen

Rheinische Apfeltorte

Rheinische Apfeltorte |

Preiswert – einfach

Für den Hefeteig:
300 g Weizenmehl
1 Pck. Trockenhefe
50 g Zucker, 1 Prise Salz
2 Eier (Größe M), 125 ml ('/₈ l) Milch
40 g zerlassene abgekühlte Butter oder Margarine

Für den Belag:
1 großes Glas Apfelmus (Einwaage 700 g)

Zum Bestreichen:
1 Eigelb, 1 EL Milch

Zum Bestreuen:
Hagelzucker

Zubereitungszeit: 25 Minuten,
ohne Teiggehzeit

Insgesamt: E: 58 g, F: 65 g, Kh: 440 g,
kJ: 10976, kcal: 2621

1 Für den Teig Mehl in eine Rührschüssel sieben, mit Trockenhefe sorgfältig vermischen. Zucker, Salz, Eier, Milch und Butter oder Margarine hinzufügen.

2 Die Zutaten mit Handrührgerät mit Knethaken zunächst auf niedrigster, dann auf höchster Stufe in etwa 5 Minuten zu einem Teig verarbeiten. Den Teig zugedeckt so lange an einem warmen Ort stehen lassen, bis er sich sichtbar vergrößert hat.

3 Den Teig leicht mit Mehl bestäuben, aus der Schüssel nehmen und auf einer bemehlten Arbeitsfläche nochmals kurz durchkneten. Zwei Drittel des Teiges auf dem Boden einer Springform (Ø 28 cm, gefettet) ausrollen, den Springformrand darumlegen. Den Teig am Rand etwa 2 cm hochziehen.

4 Für den Belag Apfelmus auf den Teigboden geben und glatt streichen.

5 Den restlichen Teig zu einer runden Platte (Ø 28 cm) ausrollen, in Streifen schneiden und gitterförmig über das Apfelmus legen.

6 Zum Bestreichen Eigelb mit Milch verschlagen. Die Teigstreifen damit bestreichen und mit Hagelzucker bestreuen.

7 Den Teig zugedeckt nochmals etwa 20 Minuten an einem warmen Ort gehen lassen. Die Form auf dem Rost in den Backofen schieben.

Ober-/Unterhitze: 200 – 220 °C (vorgeheizt)
Heißluft: 180 – 200 °C (vorgeheizt)
Gas: etwa Stufe 4 (vorgeheizt)
Backzeit: 15 – 20 Minuten

8 Die Form auf einen Kuchenrost stellen. Den Kuchen etwas abkühlen lassen, dann aus der Form lösen und auf einem Kuchenrost erkalten lassen.

Rheinischer Schichtkuchen |  ❄

Gut vorzubereiten – für Geübte

Für den Rührteig:

500 g Butter oder Margarine
300 g Zucker
1 Pck. Bourbon-Vanille-Zucker
1 Prise Salz
8 Eier (Größe M)
450 g Weizenmehl

Für die Füllung:

400 g rotes Johannisbeergelee
400 g Apfelgelee

Zum Bestäuben:

Puderzucker

Zubereitungszeit: 120 Minuten

Insgesamt: E: 119 g, F: 470 g, Kh: 931 g,
kJ: 36504, kcal: 8721

1 Für den Teig Butter oder Margarine mit Handrührgerät mit Rührbesen auf höchster Stufe geschmeidig rühren. Nach und nach Zucker, Vanille-Zucker und Salz unterrühren. So lange rühren, bis eine gebundene Masse entstanden ist. Eier nach und nach unterrühren (jedes Ei etwa ¹/₂ Minute). Mehl sieben, portionsweise auf mittlerer Stufe unterrühren.

2 Aus dem Teig nacheinander 10 – 12 goldgelbe Böden backen. Dafür jeweils gut 2 Esslöffel von dem Teig auf den Boden einer Springform (Ø 28 cm, Boden gefettet) streichen. Die Formen nacheinander (bei Heißluft 3 Formen zusammen) auf dem Rost in den Backofen schieben.

Ober-/Unterhitze: 180 – 200 °C (vorgeheizt)
Heißluft: 160 – 180 °C (vorgeheizt)
Gas: etwa Stufe 3 (vorgeheizt)
Backzeit: 8 – 10 Minuten pro Boden

3 Die Gebäckböden sofort nach dem Backen vom Springformboden lösen und sofort zusammensetzen.

4 Für die Füllung jeden frisch gebackenen Boden abwechselnd mit Johannisbeer- oder Apfelgelee bestreichen, den nächsten Boden darauf legen und wieder bestreichen, bis alle Böden mit Gelee zu einem Kuchen zusammengesetzt sind.

5 Den Schichtkuchen erkalten lassen und mit Puderzucker bestäuben. Den Kuchen an einem kühlen Ort mehrere Tage durchziehen lassen.

6 Den Kuchen zum Verzehr in 1 cm dicke Scheiben schneiden, sonst ist er zu mächtig.

Rheinischer Schichtkuchen

Riesen–Schokokaramell–Schnitten |

Dauert länger

Zum Vorbereiten:
400 g Riesen Schokokaramell
(von Storck)
1 l Schlagsahne

Für den Biskuitteig:
4 Eier (Größe M), 2 EL heißes Wasser
125 g Zucker, 1 Pck. Vanillin-Zucker
125 g Weizenmehl, 25 g Speisestärke
15 g Kakaopulver
1 gestr. TL Backpulver

Für den Belag:
3 Pck. Sahnesteif

Nach Belieben zum Garnieren:
Riesen Schokokaramell

Zubereitungszeit: 35 Minuten,
ohne Kühlzeit

Insgesamt: E: 74 g, F: 375 g, Kh: 610 g,
kJ: 26457, kcal: 6323

1 Zum Vorbereiten Riesen mit Sahne in einen Topf geben, unter Rühren zum Kochen bringen. So lange kochen lassen, bis die Riesen geschmolzen sind.

2 Die Masse in 2 hohe Rührschüsseln geben, mit Frischhaltefolie abdecken und über Nacht in den Kühlschrank stellen.

3 Für den Teig Eier und Wasser mit Handrührgerät mit Rührbesen auf höchster Stufe in 1 Minute schaumig schlagen. Zucker und Vanillin-Zucker mischen, in 1 Minute einstreuen, dann noch etwa 2 Minuten schlagen.

4 Mehl mit Speisestärke, Kakao und Backpulver mischen, die Hälfte davon auf die Eiercreme sieben, kurz auf niedrigster Stufe unterrühren. Restliches Mehlgemisch auf die gleiche Weise unterarbeiten. Den Teig auf ein Backblech (30 x 40 cm, gefettet) geben und glatt streichen, evtl. einen Backrahmen darumstellen. Das Backblech in den Backofen schieben.

Riesen-Schokokaramell-Schnitten

Ober-/Unterhitze: etwa 180 °C (vorgeheizt)
Heißluft: etwa 160 °C (vorgeheizt)
Gas: Stufe 2 – 3 (vorgeheizt)
Backzeit: 12 – 15 Minuten

5 Das Backblech auf einen Kuchenrost stellen. Biskuitplatte erkalten lassen.

6 Für den Belag Karamellsahne mit Sahnesteif steif schlagen (etwas von der Karamellsahne in einen Spritzbeutel mit Lochtülle füllen) und auf die Biskuitplatte streichen. Mit der Karamellsahne aus dem Spritzbeutel Tuffs auf den Belag spritzen. Nach Belieben mit halbierten Riesen garnieren. Vor dem Verzehr den Backrahmen evtl. entfernen. Kuchen in Schnitten schneiden.

Tipp: Die Schnitten lassen sich gut portionsweise einfrieren. Wichtig ist bei der Zubereitung für den Belag, dass die Karamellsahne sehr gut gekühlt ist. Für den Belag Schlagsahne mit 32 % Fettgehalt verwenden.

231

Rocky Road Triangles |

Für Kinder – gut vorzubereiten

Für den Boden:
150 g Butter
250 g dunkle Schokoladenkekse

Für den Belag:
400 g Vollmilch-Kuvertüre
30 g Kokosraspel
50 g geröstete, ungesalzene
Erdnusskerne
1 Pck. Marshmallows (283 g)
200 g weiße Kuvertüre

Zubereitungszeit: 45 Minuten,
ohne Abkühlzeit

Insgesamt: E: 88 g, F: 424 g, Kh: 710 g,
kJ: 30088, kcal: 7189

1 Für den Boden Butter zerlassen und abkühlen lassen. Kekse in einen Gefrierbeutel
geben, Beutel fest verschließen. Kekse mit
der Teigrolle fein zerbröseln.

2 Einen Backrahmen (25 x 25 cm) auf ein
Brett setzen und so mit Backpapier auslegen, dass ein etwa 3 cm hoher Rand entsteht. Butter und Keksbrösel in einer
Schüssel mischen, in den Backrahmen
geben und glatt streichen. Die Masse fest
werden lassen.

3 Für den Belag Kuvertüre in kleine Stücke
hacken, in einem kleinen Topf im Wasserbad
bei schwacher Hitze zu einer geschmeidigen
Masse verrühren, abkühlen lassen. Kokosraspel, Erdnusskerne und Marshmallows mit der
flüssigen Kuvertüre mischen und auf dem
Bröselboden verteilen. Masse fest werden
lassen.

4 Weiße Kuvertüre in kleine Stücke hacken,
in einem kleinen Topf im Wasserbad bei
schwacher Hitze zu einer geschmeidigen
Masse verrühren, etwas abkühlen lassen.
Flüssige Kuvertüre auf der Marshmallow-
füllung verteilen und fest werden lassen.

5 Das Marshmallowquadrat mit einem
scharfen Messer aus dem Backrahmen
lösen und in kleine Rechtecke schneiden.

Rocky Road Triangles

Roggenbrot mit ganzen Weizenkörnern | 🍮 🍮 🍮 ❄

Vollwertig – dauert länger

Zum Vorbereiten:
125 g Weizenkörner
175 ml Wasser

Für den Hefeteig:
200 g Roggenkörner
200 g Roggenmehl (Type 1370)
1 EL (10 g) Speise-Weizenkleie
(Reformhaus)
1 Pck. Trockenhefe
1 Pck. Sauerteig-Extrakt
1 TL Meersalz

Für die Form:
Speise-Weizenkleie

Zubereitungszeit: 40 Minuten,
ohne Einweich- und Teiggehzeit

Insgesamt: E: 59 g, F: 10 g, Kh: 333 g,
kJ: 7332, kcal: 1752

1 Zum Vorbereiten Weizenkörner mit Wasser
in einem Topf zum Kochen bringen und etwa 3
Minuten kochen lassen, zugedeckt über Nacht
auf der ausgeschalteten Kochstelle stehen lassen (am nächsten Morgen sollen die Körner
aufgeplatzt sein, andernfalls werden die Körner
nochmals einige Minuten in der Flüssigkeit
aufgekocht).

2 Den Weizen in einem Sieb abtropfen lassen. Die Flüssigkeit dabei auffangen und mit
Wasser auf 325 ml auffüllen.

3 Für den Teig Roggenkörner, Roggenmehl
und Speise-Weizenkleie in eine Rührschüssel
geben, mit Trockenhefe sorgfältig vermischen.
Sauerteig-Extrakt, Meersalz, Weizenkörner
und die abgemessene Flüssigkeit hinzufügen.

4 Die Zutaten mit Handrührgerät mit Knethaken zunächst auf niedrigster, dann auf
höchster Stufe in etwa 5 Minuten zu einem
Teig verarbeiten. Den Teig zugedeckt so lange
an einem warmen Ort stehen lassen, bis er
sich sichtbar vergrößert hat.

5 Den Teig leicht mit Mehl bestäuben, aus
der Schüssel nehmen und auf einer bemehlten Arbeitsfläche kurz durchkneten. Den Teig
in eine Brotbackform (35 x 11 cm, gefettet,
mit Speise-Weizenkleie ausgestreut) legen,
andrücken und nochmals zugedeckt so lange
an einem warmen Ort gehen lassen, bis er
sich sichtbar vergrößert hat. Die Form auf
dem Rost in den Backofen schieben.

Ober-/Unterhitze: 200 – 220 °C (vorgeheizt)
Heißluft: 180 – 200 °C (nicht vorgeheizt)
Gas: etwa Stufe 4 (nicht vorgeheizt)
Backzeit: etwa 45 Minuten

6 Das Brot aus der Form lösen und auf ein Backblech stürzen. Das Backblech in den Backofen schieben und das Brot nochmals backen.

Ober-/Unterhitze: 160 – 180 °C (vorgeheizt)
Heißluft: 140 – 160 °C (vorgeheizt)
Gas: etwa Stufe 2 (vorgeheizt)
Backzeit: etwa 30 Minuten

7 Das Brot vom Backblech lösen und auf einem Kuchenrost erkalten lassen.

Tipp: Das Brot sollte vor dem Anschneiden 1 – 2 Tage zugedeckt ruhen. Während des Backens eine Schale mit heißem Wasser auf den Boden des Backofens stellen.

Roggenbrot mit Salami | ❄

Für Gäste

Für den Hefeteig:
250 g Roggenbackschrot (Type 1800)
250 g Weizenmehl (Type 550)
1 Pck. Trockenhefe
1 TL Zucker
1 TL Salz
250 ml (¹/₄ l) lauwarmes Wasser
150 g klein geschnittene Salami

Zubereitungszeit: 30 Minuten, ohne Teiggehzeit

Insgesamt: E: 103 g, F: 57 g, Kh: 326 g, kJ: 9915, kcal: 2369

1 Für den Teig Roggenbackschrot und Weizenmehl in eine Rührschüssel geben, mit der Trockenhefe sorgfältig vermischen. Zucker, Salz und Wasser hinzufügen.

2 Die Zutaten mit Handrührgerät mit Knethaken zunächst auf niedrigster, dann auf höchster Stufe in etwa 5 Minuten zu einem glatten Teig verarbeiten. Zuletzt Salami unterkneten.

3 Den Teig zugedeckt so lange an einem warmen Ort gehen lassen, bis er sich sichtbar vergrößert hat.

4 Den Teig leicht mit Mehl bestäuben, aus der Schüssel nehmen und auf einer bemehlten Arbeitsfläche nochmals kurz durchkneten. Zwei längliche Brote daraus formen. Die Teigbrote auf ein Backblech (gefettet) legen und nochmals zugedeckt so lange an einem

Roggenbrot mit Salami

warmen Ort stehen lassen, bis sie sich sichtbar vergrößert haben.

5 Die Oberfläche der Teigbrote mit Wasser bestreichen und mit Mehl bestäuben. Das Backblech in den Backofen schieben.

Ober-/Unterhitze: etwa 200 °C (vorgeheizt)
Heißluft: etwa 180 °C (nicht vorgeheizt)
Gas: Stufe 3 – 4 (nicht vorgeheizt)
Backzeit: etwa 40 Minuten

6 Die Brote vom Backblech lösen und auf einem Kuchenrost erkalten lassen.

233

Roggen–Sonnenblumenkern–Brot |

Gut vorzubereiten

Für den Hefeteig:
500 g Vollkorn-Roggenmehl
250 g Roggenschrot
3 Pck. Trockenhefe
1 TL Zucker
2 gestr. TL Salz
150 g Natur-Sauerteig
(aus dem Reformhaus)
700 ml lauwarmes Wasser
100 g geröstete
Sonnenblumenkerne

Zum Bestreuen:
50 g Sonnenblumenkerne

Zubereitungszeit: 40 Minuten,
ohne Teiggehzeit

Insgesamt: E: 128 g, F: 89 g, Kh: 494 g,
kJ: 14522 g, kcal: 3468

1 Für den Teig Roggenmehl und Roggenschrot in eine Rührschüssel geben und mit
der Trockenhefe sorgfältig vermischen. Zucker, Salz, Sauerteig, Wasser und Sonnenblumenkerne hinzufügen.

2 Die Zutaten mit Handrührgerät mit Knethaken zunächst auf niedrigster, dann auf

höchster Stufe in etwa 5 Minuten zu einem
Teig verarbeiten. Den Teig zugedeckt so lange
an einem warmen Ort stehen lassen, bis er
sich sichtbar vergrößert hat.

3 Den Teig leicht mit Mehl bestäuben, aus
der Schüssel nehmen, auf einer bemehlten
Arbeitsfläche nochmals kurz durchkneten
und zu einem länglichen Laib formen.

4 Den Teiglaib auf ein Backblech (gefettet,
mit Backpapier belegt) legen und zugedeckt
nochmals so lange an einem warmen Ort gehen lassen, bis er sich sichtbar vergrößert
hat. Die Teigoberfläche mehrmals etwa 1 cm
tief einschneiden, mit Wasser bestreichen
und mit Sonnenblumenkernen bestreuen.

5 Das Backblech in den Backofen schieben.

Ober-/Unterhitze: etwa 240 °C (vorgeheizt)
Heißluft: etwa 220 °C (vorgeheizt)
Gas: etwa Stufe 5 (vorgeheizt)
Backzeit: etwa 15 Minuten

dann

Ober-/Unterhitze: etwa 200 °C (vorgeheizt)
Heißluft: etwa 180 °C (vorgeheizt)
Gas: Stufe 3 – 4 (vorgeheizt)
Backzeit: 40 – 45 Minuten

6 Das Brot mit dem Backpapier vom Backblech auf einen Kuchenrost ziehen. Brot erkalten lassen.

Roggen-Sonnenblumenkern-Brot

Roggen– und Weizenbrötchen |

Vollwertig

Für den Hefeteig:
250 g Vollkorn-Roggenmehl
250 g Vollkorn-Weizenmehl
1 Pck. Trockenhefe
2 TL Salz
1 EL Speiseöl
etwa 375 ml (³/₈ l) lauwarmes Wasser

Zum Bestreichen:
1 Eigelb, 1 EL Wasser

Zum Bestreuen:
Mohn-, Kümmel- und evtl. Sesamsamen

Zubereitungszeit: 30 Minuten,
ohne Teiggehzeit

Insgesamt: E: 63 g, F: 32 g, Kh: 304 g,
kJ: 7794, kcal: 1860

1 Für den Teig beide Mehlsorten in eine
Rührschüssel geben, mit der Trockenhefe
sorgfältig vermischen. Salz, Öl und Wasser
hinzufügen.

2 Die Zutaten mit Handrührgerät mit Knethaken zunächst auf niedrigster, dann auf
höchster Stufe in etwa 5 Minuten zu einem
Teig verarbeiten. Den Teig zugedeckt so lange
an einem warmen Ort stehen lassen, bis er
sich sichtbar vergrößert hat.

3 Den Teig leicht mit Mehl bestäuben, aus
der Schüssel nehmen und auf einer bemehlten Arbeitsfläche nochmals kurz durchkneten.
Aus dem Teig etwa 12 runde Brötchen formen. Die Teigbrötchen auf ein Backblech
(gefettet, mit Backpapier belegt) legen und

nochmals so lange an einem warmen Ort gehen lassen, bis sie sich sichtbar vergrößert haben.

4 Die Brötchenoberfläche kreuzweise etwa 1 cm tief einschneiden. Eigelb mit Wasser verschlagen, die Brötchen damit bestreichen und mit Mohn, Kümmel und Sesam bestreuen. Das Backblech in den Backofen schieben.

Ober-/Unterhitze: 180 – 200 °C (vorgeheizt)
Heißluft: 160 – 180 °C (vorgeheizt)
Gas: etwa Stufe 3 (vorgeheizt)
Backzeit: 20 – 30 Minuten

5 Die Brötchen mit dem Backpapier vom Backblech auf einen Kuchenrost ziehen. Brötchen erkalten lassen.

Tipp: Brötchen nach dem Antauen im Backofen bei etwa 200 °C (Ober-/Unterhitze) etwa 5 Minuten aufbacken.

Roggen- und Weizenbrötchen

Roggen-Vollkornbrot | ❄

Dauert länger

Zum Vorbereiten:
300 g Roggenschrot
300 ml lauwarmes Wasser

Für den Hefeteig:
450 g Roggenschrot
50 g Weizenmehl
2 Pck. Trockenhefe
2 gestr. TL Salz
2 EL Rübenkraut (Sirup)
100 ml Zitronensaft
gut 125 ml (⅛ l) lauwarmes Wasser

Zum Bestreuen:
etwa 80 g ganze Roggenkörner

Zubereitungszeit: 40 Minuten, ohne Quell- und Teiggehzeit

Insgesamt: E: 125 g, F: 18 g, Kh: 731 g, kJ: 15446, kcal: 3657

1 Zum Vorbereiten Roggenschrot in eine Schüssel geben, mit Wasser übergießen, über Nacht zum Quellen stehen lassen.

2 Für den Teig Roggenschrot mit Weizenmehl und Hefe sorgfältig vermischen. Salz, Rübenkraut, Zitronensaft, Wasser und den gequollenen Roggenschrotbrei hinzufügen. Die Zutaten mit Handrührgerät mit Knethaken zunächst auf niedrigster, dann auf höchster Stufe in etwa 5 Minuten zu einem Teig verarbeiten.

3 Den Teig zugedeckt so lange an einem warmen Ort stehen lassen, bis er sich sichtbar vergrößert hat.

4 Den Teig aus der Schüssel nehmen, auf einer bemehlten Arbeitsfläche nochmals kurz durchkneten und zu einem ovalen Brotlaib formen.

5 Den Brotlaib auf ein Backblech (gefettet) legen, mit Wasser bestreichen und mit Roggenkörnern bestreuen. Den Teig-Brotlaib nochmals zugedeckt so lange an einem warmen Ort gehen lassen, bis er sich sichtbar vergrößert hat. Das Backblech in den Backofen schieben.

Ober-/Unterhitze: etwa 180 °C (vorgeheizt)
Heißluft: etwa 160 °C (nicht vorgeheizt)
Gas: Stufe 2 – 3 (nicht vorgeheizt)
Backzeit: etwa 70 Minuten

6 Das Brot vom Backblech lösen und auf einem Kuchenrost erkalten lassen.

Tipp: Während des Backens eine Schale mit heißem Wasser auf den Boden des Backofens stellen.

Rollenbrötchen | 🧁 🧁 🧁 ❄

Sehr aufwändig

Für den Hefeteig:
370 g Weizenmehl (Type 550)
1/2 Pck. (21 g) frische Hefe
1 TL Zucker
200 ml lauwarmes Wasser
1 gestr. TL Salz
50 g weiche Butter oder Margarine

Für die Füllung:
200 g Butter
50 g Weizenmehl (Type 550)
4 TL Schwarzkümmel (Reformhaus)
2 TL Paprikapulver edelsüß
1/2 TL Paprikapulver rosenscharf

Zubereitungszeit: 60 Minuten,
ohne Teiggeh- und Kühlzeit

Insgesamt: E: 52 g, F: 213 g, Kh: 313 g,
kJ: 14710, kcal: 3516

1 Für den Teig Mehl in eine Schüssel sieben. In die Mitte eine Vertiefung drücken. Hefe hineinbröckeln, Zucker und etwas von dem Wasser hinzufügen. Mit einer Gabel vorsichtig verrühren und etwa 10 Minuten gehen lassen.

2 Salz, Butter oder Margarine und restliches Wasser hinzufügen. Die Zutaten mit Handrührgerät mit Knethaken zunächst auf niedrigster, dann auf höchster Stufe in etwa 5 Minuten zu einem Teig verarbeiten. Den Teig zugedeckt so lange an einem warmen Ort stehen lassen, bis er sich sichtbar vergrößert hat.

3 Für die Füllung Butter mit Mehl, Kümmel und Paprika auf einer bemehlten Arbeitsfläche verkneten, zu einem Rechteck (18 x 15 cm) ausrollen und kalt stellen.

4 Den gegangenen Teig aus der Schüssel nehmen, auf einer bemehlten Arbeitsfläche nochmals kurz durchkneten und zu einem Rechteck (38 x 16 cm) ausrollen. Füllung darauf geben und einschlagen, Teigränder andrücken. Teig wieder zu einem Rechteck (38 x 16 cm) ausrollen. Die beiden kurzen Seiten nacheinander auf die Teigmitte legen, sodass 3 Schichten übereineinander liegen. Teig wieder zu einem Rechteck (38 x 16 cm) ausrollen, kurze Seiten wieder auf die Teigmitte legen, zugedeckt etwa 15 Minuten kalt stellen.

5 Teig zu einem Rechteck (40 x 20 cm) ausrollen, von der Längsseite her aufrollen. Rolle in 8 Scheiben schneiden. Jede Scheibe in der Mitte mit einem Kochlöffelstiel leicht eindrücken. Teigbrötchen auf ein Backblech (gefettet, mit Backpapier belegt) setzen, mit einem 2. Backblech zudecken und an einem warmen Ort etwa 20 Minuten gehen lassen. Das obere Backblech entfernen, das Backblech mit den Brötchen in den Backofen schieben.

Ober-/Unterhitze: etwa 200 °C (vorgeheizt)
Heißluft: etwa 180 °C (vorgeheizt)
Gas: Stufe 3 – 4 (vorgeheizt)
Backzeit: 25 – 30 Minuten

6 Die Brötchen mit dem Backpapier vom Backblech ziehen und auf einem Kuchenrost erkalten lassen.

Rollenbrötchen

Rondellchen |

Dauert länger

Für den Knetteig:
250 g Weizenmehl
¹/₂ gestr. TL Backpulver
75 g Zucker, 2 EL Milch
1 Pck. Vanillin-Zucker
125 g Butter oder Margarine

Zum Bestreichen:
2 – 3 EL rotes Johannisbeergelee

Zum Garnieren:
100 g Marzipan-Rohmasse
50 g gesiebter Puderzucker

Zum Bestreichen:
50 g Zartbitterschokolade
20 g Kokosfett

Für den Guss:
200 g gesiebter Puderzucker
etwas Wasser
etwas rotes Johannisbeergelee

Zubereitungszeit: 90 Minuten,
ohne Abkühlzeit

Insgesamt: E: 46 g, F: 177 g, Kh: 625 g,
kJ: 18301, kcal: 4371

1 Für den Teig Mehl mit Backpulver mischen und in eine Rührschüssel sieben. Zucker, Vanillin-Zucker, Milch und Butter oder Margarine hinzufügen. Die Zutaten mit Handrührgerät mit Knethaken zunächst kurz auf niedrigster, dann auf höchster Stufe gut durcharbeiten.

2 Anschließend auf einer bemehlten Arbeitsfläche zu einem glatten Teig verkneten. Sollte er kleben, ihn in Folie gewickelt eine Zeit lang kalt stellen.

3 Den Teig auf der bemehlten Arbeitsfläche dünn ausrollen. Mit einer runden Form Plätzchen (Ø etwa 4 cm) ausstechen und auf Backbleche (gefettet, mit Backpapier belegt) legen. Die Backbleche nacheinander (bei Heißluft zusammen) in den Backofen schieben.

Ober-/Unterhitze: etwa 180 °C (vorgeheizt)
Heißluft: 160 °C (vorgeheizt)
Gas: Stufe 2 – 3 (vorgeheizt)
Backzeit: 8 – 10 Minuten pro Backblech

4 Die Plätzchen mit dem Backpapier von den Backblechen auf je einen Kuchenrost ziehen. Plätzchen erkalten lassen.

5 Die Hälfte der Plätzchen auf der Unterseite mit verrührtem Gelee bestreichen. Die restlichen Plätzchen mit der Unterseite darauf legen.

6 Zum Garnieren die Marzipan-Rohmasse mit Puderzucker verkneten und auf einer mit Puderzucker bestäubten Arbeitsfläche dünn ausrollen. Aus der Marzipanplatte mit kleinen Garnierförmchen Figuren ausstechen. Marzipan-Figuren auf Backpapier legen.

7 Zum Bestreichen Schokolade in kleine Stücke brechen, mit Kokosfett in einem kleinen Topf im Wasserbad bei schwacher Hitze zu einer geschmeidigen Masse verrühren. Die Marzipan-Figuren damit bestreichen. Schokolade fest werden lassen.

8 Für den Guss Puderzucker mit Wasser und Gelee zu einer dickflüssigen Masse verrühren. Die Plätzchen damit bestreichen und mit den Marzipan-Figuren garnieren. Guss fest werden lassen.

Rondellchen

Rosinenbrot |

Klassisch

Für den Hefeteig:
750 g Weizenmehl
2 Pck. Trockenhefe
225 g Zucker, 1 Pck. Vanillin-Zucker
9 Tropfen Zitronen-Aroma
1 Prise Salz
4 Eier (Größe M)
300 g zerlassene lauwarme Butter oder
Margarine
300 ml lauwarme Milch
200 g Rosinen

Für die Form:
Semmelbrösel

Zubereitungszeit: 35 Minuten,
ohne Teiggehzeit

Insgesamt: E: 133 g, F: 292 g, Kh: 939 g,
kJ: 30103, kcal: 7192

1 Für den Teig Mehl in eine Rührschüssel
sieben, mit Trockenhefe sorgfältig vermischen.
Zucker, Vanillin-Zucker, Aroma, Salz, Eier,
Butter oder Margarine und Milch hinzufügen.

2 Die Zutaten mit Handrührgerät mit Knethaken zunächst auf niedrigster, dann auf
höchster Stufe in etwa 5 Minuten zu einem
Teig verarbeiten. Den Teig zugedeckt so
lange an einem warmen Ort stehen lassen,
bis er sich sichtbar vergrößert hat.

3 Den Teig leicht mit Mehl bestäuben, aus
der Schüssel nehmen und auf einer bemehlten Arbeitsfläche nochmals kurz durchkneten.
Dabei Rosinen unterkneten.

4 Den Teig in eine Brot-Kastenform
(35 x 15 cm, gefettet, mit Semmelbröseln
ausgestreut) geben und nochmals so lange
an einem warmen Ort gehen lassen, bis er
sich sichtbar vergrößert hat. Die Form auf
dem Rost in den Backofen schieben.

Ober-/Unterhitze: etwa 180 °C (vorgeheizt)
Heißluft: etwa 160 °C (nicht vorgeheizt)
Gas: Stufe 2 – 3 (nicht vorgeheizt)
Backzeit: etwa 60 Minuten

5 Das Brot aus der Form lösen und auf
einen Kuchenrost stürzen, wieder umdrehen
und auf dem Kuchenrost erkalten lassen.

Tipp: Das Brot in Scheiben schneiden und
portionsweise einfrieren.

Rosinenbrötchen, saftige |

Für Kinder

Für den Hefeteig:
150 g (etwa 4 mittelgroße) Kartoffeln
500 g Weizenmehl, 1 Pck. Trockenhefe
50 g Zucker, 1/2 gestr. TL Salz
125 g Butter oder Margarine
etwa 200 ml lauwarme Milch
100 g Sultaninen oder Rosinen

Zum Bestreichen:
Kondensmilch

Zubereitungszeit: 50 Minuten,
ohne Teiggehzeit

Insgesamt: E: 70 g, F: 115 g, Kh: 516 g,
kJ: 14780, kcal: 3531

1 Für den Teig Kartoffeln waschen, mit Wasser bedeckt zum Kochen bringen und zugedeckt in 20 – 25 Minuten gar kochen. Kartoffeln abgießen, abdämpfen, heiß pellen und
durch eine Presse drücken.

2 Mehl in eine Rührschüssel sieben, mit
Trockenhefe sorgfältig vermischen. Durch-
gepresste Kartoffeln, Zucker, Salz, Butter
oder Margarine und Milch hinzufügen.

3 Die Zutaten mit Handrührgerät mit Knethaken zunächst auf niedrigster, dann auf
höchster Stufe in etwa 5 Minuten zu einem
Teig verarbeiten. Den Teig zugedeckt so
lange an einem warmen Ort stehen lassen,
bis er sich sichtbar vergrößert hat.

4 Den Teig leicht mit Mehl bestäuben, aus der
Schüssel nehmen, auf einer bemehlten Arbeitsfläche nochmals kurz durchkneten. Sultaninen
oder Rosinen unterarbeiten. Teig zu einer Rolle
formen. Diese in 14 Stücke schneiden.

5 Die Teigstücke zu Brötchen formen und
auf Backbleche (gefettet, mit Backpapier)
legen. Teigbrötchen nochmals zugedeckt so
lange an einem warmen Ort gehen lassen,
bis sie sich sichtbar vergrößert haben.

6 Die Teigbrötchen mit Kondensmilch bestreichen. Die Backbleche nacheinander (bei Heißluft zusammen) in den Backofen schieben.

Ober-/Unterhitze: etwa 200 °C (vorgeheizt)
Heißluft: etwa 180 °C (vorgeheizt)
Gas: Stufe 3 – 4 (vorgeheizt)
Backzeit: etwa 30 Minuten pro Backblech

7 Die Brötchen mit dem Backpapier von den
Backblechen auf je einen Kuchenrost ziehen.
Brötchen erkalten lassen.

Tipp: Während des Backens eine Schale mit
heißem Wasser auf den Backofenboden stellen.

Rosinenbrötchen, saftige

Rosinenkuchen |

Gut vorzubereiten – vollwertig

Zum Vorbereiten:
250 g Rosinen
5 EL Rum

Für den Rührteig:
300 g Butter oder Margarine
250 g flüssiger Honig
1 Pck. Bourbon-Vanille-Zucker
1 Prise Meersalz
5 Eier (Größe M)
500 g Vollkorn-Weizenmehl
1 Pck. Backpulver
125 ml (¹/₈ l) Milch

Zum Bestäuben:
Puderzucker

Zubereitungszeit: 30 Minuten,
ohne Durchziehzeit

Insgesamt: E: 103 g, F: 290 g, Kh: 750 g,
kJ: 26668, kcal: 6373

1 Zum Vorbereiten Rosinen in eine Schüssel geben, mit Rum übergießen und etwa 60 Minuten durchziehen lassen.

2 Für den Teig Fett mit Handrührgerät mit Rührbesen auf höchster Stufe geschmeidig rühren. Nach und nach Honig, Vanille-Zucker und Salz unterrühren. So lange rühren, bis eine gebundene Masse entstanden ist.

3 Eier nach und nach unterrühren (jedes Ei etwa ¹/₂ Minute). Mehl mit Backpulver mi-

schen, portionsweise abwechselnd mit Milch auf mittlerer Stufe unterrühren. Zuletzt Rum-Rosinen unterrühren.

4 Den Teig in eine Napfkuchenform (Ø 24 cm, gefettet) füllen. Die Form auf dem Rost in den Backofen schieben.

Ober-/Unterhitze: etwa 180 °C (vorgeheizt)
Heißluft: etwa 160 °C (nicht vorgeheizt)
Gas: Stufe 2 – 3 (nicht vorgeheizt)
Backzeit: etwa 60 Minuten

5 Den Kuchen 10 Minuten in der Form stehen lassen, aus der Form lösen und auf einen Kuchenrost stürzen. Kuchen mit Puderzucker bestäuben.

Rosinenkuchen

Rosinen-Mandel-Zopf |

Klassisch – gut vorzubereiten

Für den Hefeteig:
375 g Weizenmehl
1 Pck. Trockenhefe
50 g Zucker, 1 Pck. Vanillin-Zucker
1/2 Fläschchen Butter-Vanille-Aroma
1 Becher (150 g) Crème fraîche
100 ml lauwarme Milch
50 g zerlassene abgekühlte Butter oder Margarine
200 g Rosinen
50 g abgezogene, gehackte Mandeln

Zum Bestreichen:
1 Eigelb, 1 EL Milch

Zubereitungszeit: 30 Minuten,
ohne Teiggehzeit

Insgesamt: E: 68 g, F: 128 g, Kh: 480 g,
kJ: 14652, kcal: 3500

1 Für den Teig Mehl in eine Rührschüssel sieben, mit Trockenhefe sorgfältig vermischen. Zucker, Vanillin-Zucker, Aroma, Crème fraîche, Milch und Butter oder Margarine hinzufügen. Die Zutaten mit Handrührgerät mit

Knethaken zunächst auf niedrigster, dann auf höchster Stufe in etwa 5 Minuten zu einem Teig verarbeiten. Rosinen und Mandeln unterkneten. Den Teig zugedeckt so lange an einem warmen Ort stehen lassen, bis er sich sichtbar vergrößert hat.

2 Den Teig leicht mit Mehl bestäuben, aus der Schüssel nehmen und auf einer bemehlten Arbeitsfläche kurz durchkneten. Teigmenge dritteln und jeweils zu etwa 35 cm langen Rollen formen.

3 Die Teigrollen nebeneinander auf ein Backblech (gefettet, mit Backpapier belegt) legen und zu einem Zopf flechten. Die Teigenden fest andrücken.

4 Zum Bestreichen Eigelb mit Milch verschlagen. Den Teigzopf damit bestreichen und nochmals an einem warmen Ort etwa 15 Minuten gehen lassen. Das Backblech in den Backofen schieben.

Ober-/Unterhitze: etwa 180 °C (vorgeheizt)
Heißluft: etwa 160 °C (nicht vorgeheizt)
Gas: Stufe 2–3 (nicht vorgeheizt)
Backzeit: etwa 35 Minuten

5 Den Zopf mit dem Backpapier vom Backblech auf einen Kuchenrost ziehen. Zopf erkalten lassen.

Tipp: Die Rosinen können durch gehackte Haselnuss- oder Walnusskerne oder getrocknete, klein geschnittene Aprikosen ersetzt werden.

Rosinen-Mandel-Zopf

Rosinen-Quark-Brötchen |

Preiswert – vollwertig

Für den Hefeteig:
500 g Weizen-Vollkornmehl
1 Pck. Trockenhefe
250 g Magerquark
150 g zerlassene, abgekühlte Butter oder Margarine
2 Eier (Größe M)
2–3 EL flüssiger Honig
abgeriebene Schale von 1/2–1 Zitrone (unbehandelt, ungewachst)
1 Msp. gemahlener Zimt
1 Prise Salz
4–5 EL lauwarmes Wasser
100 g Rosinen

Zum Bestreichen:
1 Eigelb, 1 EL Milch

Zubereitungszeit: 40 Minuten,
ohne Teiggehzeit

Insgesamt: E: 118 g, F: 155 g, Kh: 438 g,
kJ: 15915, kcal: 3800

1 Für den Teig Mehl in eine Rührschüssel geben und mit Trockenhefe sorgfältig vermischen. Quark, Butter oder Margarine, Eier, Honig, Zitronenschale, Zimt, Salz und Wasser hinzufügen.

2 Die Zutaten mit Handrührgerät mit Knethaken zunächst auf niedrigster, dann auf

höchster Stufe in etwa 5 Minuten zu einem Teig verarbeiten. Rosinen unterkneten. Den Teig zugedeckt so lange an einem warmen Ort stehen lassen, bis er sich sichtbar vergrößert hat.

3 Den Teig leicht mit Mehl bestäuben, aus der Schüssel nehmen, auf einer bemehlten Arbeitsfläche nochmals kurz durchkneten, zu einer Rolle formen. Diese in 20 Stücke schneiden.

4 Jedes Teigstück zu einem runden Brötchen formen und etwas flach drücken. Die Teigoberfläche mit einem scharfen Messer kreuzweise etwa 1 cm tief einschneiden.

Teigbrötchen auf Backbleche (gefettet, mit Backpapier belegt) legen und nochmals zugedeckt so lange an einem warmen Ort gehen lassen, bis sie sich sichtbar vergrößert haben.

5 Zum Bestreichen Eigelb mit Milch verschlagen. Die Teigbrötchen damit bestreichen. Die Backbleche nacheinander (bei Heißluft zusammen) in den Backofen schieben.

Ober-/Unterhitze: 180 – 200 °C (vorgeheizt)
Heißluft: 160 – 180 °C (vorgeheizt)
Gas: etwa Stufe 3 (vorgeheizt)
Backzeit: etwa 20 Minuten pro Backblech

6 Die Brötchen mit dem Backpapier vom Backblech auf einen Kuchenrost ziehen, erkalten lassen.

Rosinen-Quark-Brötchen

Rosinen-Rum-Kugeln |

Für Gäste – zum Verschenken

Für die Masse:
100 g weiche Butter
100 g gesiebter Puderzucker
1 Pck. Vanillin-Zucker
300 g geriebene Blockschokolade

3 EL Rum
125 g Rum-Rosinen

Zum Wälzen:
100 – 150 g Schokoladenstreusel

Zubereitungszeit: 40 Minuten, ohne Kühlzeit

Insgesamt: E: 32 g, F: 193 g, Kh: 425 g, kJ: 15731, kcal: 3758

1 Für die Masse Butter mit Handrührgerät mit Rührbesen auf höchster Stufe geschmeidig rühren. Nach und nach Puderzucker und Vanillin-Zucker unterrühren. So lange rühren, bis eine gebundene Masse entstanden ist.

2 Schokolade abwechselnd portionsweise mit Rum unterrühren. Zuletzt Rum-Rosinen unterrühren.

3 Die Masse zugedeckt eine Zeit lang kalt stellen, dann kleine Kugeln daraus formen. Diese in Schokoladenstreuseln wälzen.

4 Die Rumkugeln in Zellophantüten verpackt oder in verschlossenen Glas- oder Porzellangefäßen kühl aufbewahren.

Tipp: Anstelle von Schokoladenstreuseln Kakaopulver, Kokosraspel oder Schokoplättchen verwenden.

Rosinen-Rum-Kugeln

Rosinenschnecken | 🧁 🧁 🧁 ❄

Vollwertig

Für den Hefeteig:
400 g Vollkorn-Weizenmehl
1/2 Pck. (21 g) frische Hefe
1 TL flüssiger Honig
4 EL warmes Wasser
40 g zerlassene abgekühlte Butter oder
Margarine, 2 EL flüssiger Honig
1 Prise Salz
2 Eier (Größe M)
100 ml lauwarme Milch

Für die Füllung:
200 g ganze abgezogene Mandeln
50 g Rosinen
100 ml heiße Milch
5 EL flüssiger Honig

Zum Bestreichen:
40 g zerlassene abgekühlte Butter

Außerdem:
1 EL flüssiger Honig
1 EL Zitronensaft

Zubereitungszeit: 40 Minuten,
ohne Teiggeh- und Abkühlzeit

Insgesamt: E: 108 g, F: 164 g, Kh: 461 g,
kJ: 16685, kcal: 3986

1 Für den Teig Mehl in eine Rührschüssel
geben. In die Mitte eine Vertiefung drücken.
Hefe hineinbröckeln, Honig und Wasser hinzufügen. Mit einer Gabel vorsichtig verrühren
und etwa 10 Minuten gehen lassen.

2 Butter oder Margarine, Honig, Salz, Eier
und Milch hinzufügen. Die Zutaten mit
Handrührgerät mit Knethaken zunächst auf
niedrigster, dann auf höchster Stufe in etwa
5 Minuten zu einem Teig verarbeiten. Den
Teig zugedeckt so lange an einem warmen
Ort stehen lassen, bis er sich sichtbar vergrößert hat.

3 Für die Füllung Mandeln fein mahlen.
Rosinen in Milch einweichen. Mandeln und
Honig hinzufügen und unterrühren.

4 Den Teig leicht mit Mehl bestäuben, aus
der Schüssel nehmen, auf einer bemehlten
Arbeitsfläche nochmals kurz durchkneten und
zu einem Rechteck (35 x 45 cm) ausrollen.
Teigrechteck mit Butter bestreichen. Die
Rosinen-Mandel-Masse darauf verteilen.

5 Den Teig von der kürzeren Seite her locker
aufrollen. Rolle in 1,5 cm breite Scheiben
schneiden. Teigscheiben auf Backbleche (gefettet, mit Backpapier belegt) legen. Nochmals zugedeckt so lange an einem warmen
Ort gehen lassen, bis sie sich sichtbar vergrößert haben. Die Backbleche nacheinander

(bei Heißluft zusammen) in den Backofen
schieben.

Ober-/Unterhitze: 180 – 200 °C (vorgeheizt)
Heißluft: 160 – 180 °C (vorgeheizt)
Gas: etwa Stufe 3 (vorgeheizt)
Backzeit: 25 – 30 Minuten pro Backblech

6 Das Gebäck vom Backpapier lösen und
auf einem Kuchenrost erkalten lassen.

7 Zum Bestreichen Honig mit Zitronensaft
verrühren. Das Gebäck damit bestreichen.

Rosinenschnecken

Rosinenwaffeln |

Vollwertig

Für den Teig:

120 g Butter oder Margarine
4 EL flüssiger Honig
Saft und abgeriebene Schale
von ¹/₂ Bio-Zitrone (unbehandelt, unge-
wachst)
1 TL gemahlener Zimt
3 Eigelb (Größe M)
300 g Vollkorn-Weizenmehl
1 TL Backpulver, 100 g Rosinen
375 ml (³/₈ l) Milch, 3 Eiweiß (Größe M)

Zubereitungszeit: 50 Minuten

Insgesamt: E: 71 g, F: 135 g, Kh: 338 g,
kJ: 12443, kcal: 2970

1 Für den Teig Butter oder Margarine und
Honig mit Handrührgerät mit Rührbesen auf
höchster Stufe geschmeidig rühren. Zitronensaft und -schale und Zimt unterrühren.

2 Eigelb nach und nach unterrühren (jedes
Eigelb knapp ¹/₂ Minute). Mehl mit Backpulver
mischen, abwechselnd portionsweise mit der
Milch auf mittlerer Stufe unterrühren. Rosinen
unterrühren.

3 Eiweiß steif schlagen, unterheben. Teig in
kleinen Portionen in ein gut erhitztes
Waffeleisen (gefettet) füllen. Waffeln goldbraun backen, einzeln auf einem Kuchenrost
erkalten lassen.

Rosinenwaffeln

Rosmarinecken |

Raffiniert – pikant

Für den Hefeteig:

125 g Weizenmehl (Type 550)
¹/₂ Pck. (21 g) frische Hefe
1 TL Zucker, 100 ml lauwarmes Wasser
2 TL getrockneter Rosmarin
125 g Vollkorn-Weizenmehl
1 ¹/₂ gestr. TL Salz, 7 EL Olivenöl

Zubereitungszeit: 45 Minuten,
ohne Teiggeh- und Ruhezeit

Insgesamt: E: 30 g, F: 90 g, Kh: 186 g,
kJ: 7336, kcal: 1752

1 Für den Teig Weizenmehl in eine Rührschüssel geben. In die Mitte eine Vertiefung
drücken. Hefe hineinbröckeln, Zucker und etwas von dem Wasser hinzufügen. Mit einer
Gabel vorsichtig verrühren und etwa 10 Minuten gehen lassen.

2 Rosmarin zwischen den Fingern zerreiben.
Rosmarin, Vollkorn-Weizenmehl, Salz, Öl und
restliches Wasser zum Vorteig geben. Die

Zutaten mit Handrührgerät mit Knethaken
zunächst auf niedrigster, dann auf höchster
Stufe in etwa 5 Minuten zu einem Teig verarbeiten. Den Teig zugedeckt so lange an einem
warmen Ort stehen lassen, bis er sich sichtbar vergrößert hat.

3 Teig aus der Schüssel nehmen, auf einer
bemehlten Arbeitsfläche nochmals kurz
durchkneten, in mehreren Portionen auf der
bemehlten Arbeitsfläche sehr dünn ausrollen,
5 Minuten ruhen lassen.

4 Aus dem Teig Quadrate (7 x 7 cm) ausschneiden, diese diagonal halbieren. Teig-
ecken auf Backbleche (gefettet, mit Back-

papier belegt) legen. Diese nochmals zugedeckt 5 Minuten gehen lassen. Die Backbleche nacheinander (bei Heißluft zusammen) in den Backofen schieben.

Ober-/Unterhitze: etwa 200 °C (vorgeheizt)
Heißluft: etwa 180 °C (vorgeheizt)
Gas: Stufe 3 – 4 (vorgeheizt)
Backzeit: etwa 10 Minuten pro Backblech

5 Das Gebäck mit dem Backpapier von den
Backblechen ziehen und auf Kuchenrosten
erkalten lassen.

Tipp: Anstelle von Rosmarin 20 g fein
gehackte schwarze Oliven verwenden.

Rosmarinecken

Rosmarinwaffeln |

Für Gäste – pikant

Für den All-in-Teig:
2 TL getrockneter Rosmarin
200 g Vollkorn-Weizenmehl
1 gestr. TL Backpulver
1 gestr. TL Salz
geriebene Muskatnuss
250 ml Bier (z. B. Pils)
4 Eier (Größe M), 4 EL Olivenöl
5 EL Speiseöl, z. B. Rapsöl

Außerdem:
Speiseöl für das Waffeleisen

Beilage:
200 g Aioli (Knoblauchmayonnaise)
200 g Roastbeef-Aufschnitt

Zubereitungszeit: 60 Minuten

Insgesamt: E: 97 g, F: 253 g, Kh: 156 g, kJ: 14795, kcal: 3534

1 Für den Teig Rosmarin im Mörser fein zerstoßen. Rosmarin, Mehl, Backpulver, Salz und Muskatnuss in einer Schüssel mischen. Bier, Eier, Oliven- und Speiseöl hinzufügen. Die Zutaten mit Handrührgerät mit Rührbesen auf mittlerer Stufe verrühren. So lange rühren, bis eine gebundene Masse entstanden ist.

2 Den Teig in kleinen Portionen in ein gut erhitztes, mit Öl gefettetes Waffeleisen füllen. Die Waffeln goldbraun backen und einzeln auf einen Kuchenrost legen.

3 Waffeln mit Aioli und Roastbeef-Aufschnitt servieren.

Tipp: Waffeln in Herzen teilen und im Toaster kurz erhitzen, damit sie wieder knusprig werden.

Rosmarinwaffeln

Rote Muffins |

Pikant – für Gäste

Für den Belag:
2 Frühlingszwiebeln (etwa 100 g)

Für den Quark-Öl-Teig:
150 g Ajvar (Paprikazubereitung;
aus dem Glas)
100 g Magerquark
4 EL Speiseöl, 4 EL Olivenöl
3 Eier (Größe M)
300 g Weizenmehl (Type 550)
2 gestr. TL Backpulver
1 TL Salz

Zubereitungszeit: etwa 45 Minuten, ohne Abkühlzeit

Insgesamt: E: 71 g, F: 123 g, Kh: 243 g, kJ: 10440, kcal: 2494

1 Für den Belag Frühlingszwiebeln putzen, waschen, abtropfen lassen. 1 Zwiebel in feine Ringe schneiden. Die andere Zwiebel in etwa 4 cm lange Stücke schneiden und diese der Länge nach halbieren.

2 Für den Teig Ajvar, Quark, Öle und Eier verrühren. Mehl, Backpulver und Salz mischen und unterrühren, Zwiebelringe unterheben.

3 Teig in eine Muffinform (für 12 Muffins, gefettet, gemehlt) geben, mit Zwiebelstücken belegen. Die Form auf dem Rost in den Backofen schieben.

Ober-/Unterhitze: etwa 180 °C (vorgeheizt)
Heißluft: etwa 160 °C (nicht vorgeheizt)
Gas: Stufe 2 – 3 (nicht vorgeheizt)
Backzeit: etwa 40 Minuten

4 Muffins 5 Minuten in der Form abkühlen lassen, herauslösen und auf einem Kuchenrost erkalten lassen.

Rote Muffins

Rotweinkuchen in der Kastenform

Einfach

Für den Rührteig:

200 g Butter oder Margarine
200 g Zucker
1 Pck. Vanillin-Zucker
3 Eier (Größe M)
250 g Weizenmehl
3 gestr. TL Backpulver
2 TL Kakaopulver
125 ml ($\frac{1}{8}$ l) Rotwein
100 g geraspelte Blockschokolade
125 g ganze Walnusskerne

Zubereitungszeit: 25 Minuten

Insgesamt: E: 80 g, F: 296 g, Kh: 619 g, kJ: 23819, kcal: 5691

1 Für den Teig Butter oder Margarine mit Handrührgerät mit Rührbesen auf höchster Stufe geschmeidig rühren. Nach und nach Zucker und Vanillin-Zucker unterrühren. So lange rühren, bis eine gebundene Masse entstanden ist.

2 Eier nach und nach unterrühren (jedes Ei etwa $\frac{1}{2}$ Minute). Mehl mit Backpulver und Kakao mischen, sieben, abwechselnd portionsweise mit Rotwein auf mittlerer Stufe unterrühren. Zuletzt Schokolade und Walnusskerne unterrühren.

3 Teig in eine Kastenform (30 x 11 cm, gefettet), füllen und glatt streichen. Die Form auf dem Rost in den Backofen schieben.

Ober-/Unterhitze: etwa 180 °C (vorgeheizt)
Heißluft: etwa 160 °C (nicht vorgeheizt)
Gas: Stufe 2 – 3 (nicht vorgeheizt)
Backzeit: etwa 60 Minuten

4 Den Kuchen 10 Minuten in der Form stehen lassen, dann aus der Form lösen, auf einen Kuchenrost stürzen. Wieder umdrehen und Kuchen erkalten lassen.

Rotweinkuchen in der Kastenform

Rotweinkuchen

Rotweinkuchen auf dem Blech

Einfach

Zum Vorbereiten:
125 g Rosinen
250 ml (¹/₄ l) Rotwein

Für den Rührteig:
250 g Butter oder Margarine
250 g Zucker
2 Pck. Vanillin-Zucker
1 Prise Salz
2 gestr. TL gemahlener Zimt
5 Eier (Größe M)
325 g Weizenmehl
40 g Kakaopulver
4 gestr. TL Backpulver

Zum Bestreuen:
150 g Vollmilch-Raspelschokolade

Zum Verzieren:
250 ml (¹/₄ l) Schlagsahne
1 EL Zucker
1 Pck. Sahnesteif

Nach Belieben zum Garnieren:
weiße Raspelschokolade

Zubereitungszeit: 30 Minuten,
ohne Durchziehzeit

Insgesamt: E: 106 g, F: 373 g, Kh: 728 g,
kJ: 29459, kcal: 7040

1 Zum Vorbereiten Rosinen mit Rotwein
übergießen, am besten über Nacht durchziehen lassen.

2 Für den Teig Butter oder Margarine mit
Handrührgerät mit Rührbesen auf höchster
Stufe geschmeidig rühren. Nach und nach
Zucker, Vanillin-Zucker, Salz und Zimt unter-
rühren. So lange rühren, bis eine gebundene
Masse entstanden ist.

3 Eier nach und nach unterrühren (jedes Ei
etwa ¹/₂ Minute). Mehl, Kakao und Backpulver
mischen, sieben, portionsweise auf mittlerer

Stufe unterrühren. Zuletzt Rosinen mit Rotwein unterheben.

4 Teig auf ein Backblech (30 x 40 cm, gefettet) geben, glatt streichen und mit Schokolade bestreuen. Das Backblech in den Backofen schieben.

Ober-/Unterhitze: etwa 180 °C (vorgeheizt)
Heißluft: etwa 160 °C (nicht vorgeheizt)
Gas: Stufe 2 – 3 (nicht vorgeheizt)
Backzeit: 30 – 40 Minuten

5 Das Backblech auf einen Kuchenrost stellen. Gebäck erkalten lassen. Anschließend in
Rauten, Dreiecke oder Quadrate schneiden.

6 Zum Verzieren Sahne mit Zucker und Sahnesteif steif schlagen. Gebäckstücke damit
verzieren und nach Belieben mit Raspelschokolade garnieren.

Rübli-Torte (Möhrentorte)

Gut vorzubereiten

Für den Knetteig:
100 g Weizenmehl
25 g Zucker
1 – 2 EL kaltes Wasser
50 g Butter oder Margarine

Für den Möhrenteig:
100 g Butter oder Margarine
75 g Zucker
einige Tropfen Zitronen-Aroma
1 Msp. gemahlener Zimt
4 Eigelb (Größe M)
175 g Weizenmehl
1 gestr. TL Backpulver
50 ml Milch
3 EL geschlagene Schlagsahne
125 g gemahlene Haselnusskerne
250 g geraspelte Möhren
4 Eiweiß (Größe M)
75 g Zucker

Zum Bestreichen:
3 EL Aprikosenkonfitüre

Für den Guss:
100 g gesiebter Puderzucker
3 EL Kirschwasser

Zum Bestreuen:
50 g abgezogene, gehobelte, gebräunte Mandeln

Zum Garnieren:
100 g Marzipan-Rohmasse
rote Speisefarbe
einige Pistazienkerne

Zubereitungszeit: 50 Minuten, ohne Abkühlzeit

Insgesamt: E: 121 g, F: 300 g, Kh: 401 g, kJ: 21215, kcal: 5065

1 Für den Knetteig Mehl in eine Rührschüssel sieben. Zucker, Wasser und Butter oder Margarine hinzufügen. Die Zutaten mit Handrührgerät mit Knethaken kurz auf niedrigster, dann auf höchster Stufe gut durcharbeiten.

2 Anschließend auf einer bemehlten Arbeitsfläche zu einem glatten Teig verkneten. Sollte er kleben, ihn in Folie gewickelt eine Zeit lang kalt stellen.

3 Für den Möhrenteig Butter oder Margarine mit Handrührgerät mit Rührbesen auf höchster Stufe geschmeidig rühren. Nach und nach Zucker, Aroma und Zimt unterrühren. So lange rühren, bis eine gebundene Masse entstanden ist.

4 Eigelb nach und nach unterrühren (jedes Eigelb knapp ¹/₂ Minute). Mehl mit Backpulver mischen, sieben, portionsweise abwechselnd mit der Milch auf mittlerer Stufe unterrühren.

5 Sahne mit den Haselnusskernen und Möhrenraspeln vermischen und hinzufügen. Eiweiß mit Handrührgerät mit Rührbesen auf höchster Stufe steif schlagen. Nach und nach Zucker unterschlagen. Eischnee unter den Teig heben.

6 Den Knetteig auf dem Boden einer Springform (Ø 26 cm, Boden gefettet) ausrollen, Springformrand darumlegen. Den Möhrenteig auf den Teigboden geben und glatt streichen.

Die Form auf dem Rost in den Backofen schieben.

Ober-/Unterhitze: 180 – 200 °C (vorgeheizt)
Heißluft: 160 – 180 °C (nicht vorgeheizt)
Gas: etwa Stufe 3 (nicht vorgeheizt)
Backzeit: etwa 45 Minuten

7 Die Torte aus der Form lösen und auf einem Kuchenrost erkalten lassen.

8 Zum Bestreichen Konfitüre in einem kleinen Topf unter Rühren erhitzen. Die Torte damit bestreichen.

9 Für den Guss Puderzucker und Kirschwasser zu einer dickflüssigen Masse verrühren. Die Tortenoberfläche mit dem Guss überziehen. Den Tortenrand mit den Mandeln bestreuen.

10 Zum Garnieren Marzipan-Rohmasse mit Speisefarbe zu einer orangefarbigen Masse verkneten. Eine Rolle formen, diese in 12 Stücke schneiden und zu Möhrchen formen. Jeweils zwei Pistazienkernhälften als Stiel in die Möhrchen drücken. Die Tortenoberfläche mit den Möhrchen garnieren.

Rübli-Torte (Möhrentorte)

Rumtopf-Törtchen |

Zu Weihnachten

Für den Knetteig:
250 g Weizenmehl
1 Pck. Vanillin-Zucker
1 Prise Salz
200 g Butter oder Margarine
1 Becher (150 g) Crème fraîche

Zum Bestreichen:
2 Eigelb

Zum Bestreuen:
Hagelzucker

Für die Füllung:
250 g Rumtopf-Früchte
100 ml Rumtopf-Flüssigkeit
100 ml Wasser, 1 Pck. Tortenguss, rot
250 ml (¹/₄ l) Schlagsahne

1 Pck. Sahnesteif
1 Pck. Vanillin-Zucker

Zubereitungszeit: 45 Minuten,
ohne Kühl- und Ruhezeit

Insgesamt: E: 45 g, F: 302 g, Kh: 327 g,
kJ: 19505, kcal: 4661

1 Für den Teig Mehl in eine Rührschüssel
sieben. Vanillin-Zucker, Salz, Butter oder Margarine und Crème fraîche hinzufügen. Die Zutaten mit Handrührgerät mit Knethaken zunächst kurz auf niedrigster, dann auf höchster
Stufe gut durcharbeiten.

2 Anschließend auf einer bemehlten Arbeitsfläche zu einem glatten Teig verkneten. Sollte
er kleben, ihn in Folie gewickelt eine Zeit lang
kalt stellen.

3 Den Teig etwa 3 mm dünn ausrollen, mit
einer Ausstechform (Ø 10 cm) 20 Plätzchen
ausstechen. Die Teigplätzchen auf Backbleche
(gefettet) legen und mehrmals mit einer Gabel
einstechen.

4 Zum Bestreichen Eigelb verschlagen. Die
Teigplätzchen damit bestreichen. Die Hälfte
der Plätzchen mit Hagelzucker bestreuen. Die
Teigplätzchen 30 Minuten ruhen lassen. Dann
die Backbleche nacheinander (bei Heißluft
zusammen) in den Backofen schieben.

Ober-/Unterhitze: etwa 200 °C (vorgeheizt)
Heißluft: etwa 180 °C (vorgeheizt)
Gas: etwa Stufe 4 (vorgeheizt)
Backzeit: etwa 12 Minuten pro Backblech

5 Die Plätzchen von den Backblechen lösen
und auf einem Kuchenrost erkalten lassen.

6 Für die Füllung Rumtopf-Früchte in einem
Sieb gut abtropfen lassen, den Saft dabei
auffangen, 100 ml davon abmessen und
mit Wasser auf 200 ml ergänzen.

7 Einen Guss aus Tortengusspulver und der
abgemessenen Flüssigkeit nach Packungsanleitung – aber ohne Zucker – zubereiten.
Die Früchte unterrühren.

8 Sahne mit Sahnesteif und Vanillin-Zucker
steif schlagen und in einen Spritzbeutel mit
Lochtülle füllen. Auf die nicht mit Hagelzucker
bestreuten Plätzchen in die Mitte jeweils etwas von der Rumtopf-Füllung geben, einen
doppelten Sahnekranz darum spritzen und
mit den bestreuten Plätzchen belegen.

Tipp: Die gefüllten Törtchen frisch servieren. Ungefüllte Plätzchen sind gut verpackt 1 – 2 Wochen haltbar. Plätzchen vor
dem Füllen evtl. kurz aufbacken.

Abwandlung: Anstelle der Rumtopf-Früchte
können auch andere Früchte verwendet werden. Dann die Rumtopfflüssigkeit durch
Fruchtsaft oder durch eine Fruchtsaft-Wein-
Mischung ersetzen.

Rumtopf-Törtchen

Russischer Zupfkuchen

Russischer Zupfkuchen |

Für Gäste

Für den Knetteig:
375 g Weizenmehl
40 g Kakaopulver
3 gestr. TL Backpulver
200 g Zucker, 1 Pck. Vanillin-Zucker
1 Ei (Größe M)
200 g Butter oder Margarine

Für die Füllung:
500 g Magerquark
200 g Zucker
1 Pck. Vanillin-Zucker
3 Eier (Größe M)
1 Pck. Pudding-Pulver
Vanille-Geschmack
250 g zerlassene abgekühlte Butter
oder Margarine

Zubereitungszeit: 45 Minuten, ohne Kühlzeit

Insgesamt: E: 139 g, F: 460 g, Kh: 769 g, kJ: 33484, kcal: 7998

1 Für den Teig Mehl, Kakao und Backpulver mischen und in eine Rührschüssel sieben. Zucker, Vanillin-Zucker, Ei und Butter oder Margarine hinzufügen. Die Zutaten mit Handrührgerät mit Knethaken zunächst kurz auf niedrigster, dann auf höchster Stufe gut durcharbeiten.

2 Anschließend auf einer bemehlten Arbeitsfläche zu einem glatten Teig verkneten. Sollte er kleben, ihn in Folie gewickelt eine Zeit lang kalt stellen. Die Hälfte des Teiges auf dem Boden einer Springform (Ø 26 cm, Boden gefettet) ausrollen.

3 Für die Füllung Quark, Zucker, Vanillin-Zucker, Eier, Pudding-Pulver und Butter oder Margarine zu einer geschmeidigen Masse verrühren. Masse auf den Knetteigboden geben und glatt streichen.

4 Restlichen Teig in kleine Stücke zupfen und auf der Quarkmasse verteilen. Die Form auf dem Rost in den Backofen schieben.

Ober-/Unterhitze: etwa 180 °C (vorgeheizt)
Heißluft: etwa 160 °C (nicht vorgeheizt)
Gas: Stufe 2 – 3 (nicht vorgeheizt)
Backzeit: etwa 65 Minuten

5 Den Kuchen aus der Form lösen und auf einem Kuchenrost erkalten lassen.

249

Saarländischer Apfelkuchen |

Einfach

Für den Teig:
1/2 Pck. (225 g) TK-Blätterteig

Für den Belag:
500 g Äpfel
2 EL Zucker
1/2 TL Vanillin-Zucker
50 g abgezogene, gehobelte Mandeln

Zum Aprikotieren:
150 g Aprikosenkonfitüre

Für die Sauce:
150 g Apfelgelee
2 EL Aprikosenlikör

Zubereitungszeit: 30 Minuten,
ohne Auftauzeit

Insgesamt: E: 24 g, F: 92 g, Kh: 266 g,
kJ: 8869, kcal: 2117

1 Für den Teig Blätterteigplatten nebeneinander zugedeckt bei Zimmertemperatur
auftauen lassen.

2 Die Teigplatten aufeinander legen, auf einer bemehlten Arbeitsfläche zu einer runden
Platte (Ø 30 cm) ausrollen und auf den Boden
einer Springform (Ø 28 cm) legen. Den
Springformrand darumlegen.

3 Für den Belag Äpfel schälen, vierteln,
entkernen und in dünne Spalten oder Scheiben schneiden. Die Apfelspalten oder -schei-
ben auf dem Teigboden verteilen. Zucker,
Vanillin-Zucker und Mandeln mischen und
darüber streuen.

4 Die Form auf dem Rost in den Backofen
schieben.

Ober-/Unterhitze: 200 – 220 °C (vorgeheizt)
Heißluft: 180 – 200 °C (vorgeheizt)
Gas: etwa Stufe 4 (vorgeheizt)
Backzeit: etwa 20 Minuten

5 Die Form auf einen Kuchenrost stellen.

6 Zum Aprikotieren Konfitüre durch ein
Sieb streichen, in einem kleinen Topf unter
Rühren kurz aufkochen. Den Kuchen damit
bestreichen.

7 Für die Sauce Gelee und Likör gut verrühren. Die Sauce zum lauwarmen Kuchen
reichen

Saarländischer Apfelkuchen

Sachertorte |

Traditionell – für Gäste

Zum Vorbereiten:
140 g Zartbitterschokolade

Für den Teig:
140 g Butter oder Margarine
70 g Zucker
6 Eigelb (Größe M)
140 g Weizenmehl
6 Eiweiß (Größe M)
70 g Zucker
1 Prise Salz

Zum Tränken:
100 g Zucker, 100 ml Wasser
Mark von 1 Vanilleschote
2 EL Rum

Zum Bestreichen:
200 g Aprikosenkonfitüre

Für den Guss:
200 g Halbbitter-Kuvertüre

Zum Verzieren:
50 g Vollmilch-Kuvertüre

Zubereitungszeit: 60 Minuten,
ohne Abkühlzeit

Insgesamt: E: 104 g, F: 425 g, Kh: 562 g,
kJ: 28028, kcal: 6698

1 Zum Vorbereiten Schokolade in kleine Stücke brechen, in einem kleinen Topf im Wasserbad bei schwacher Hitze zu einer geschmeidigen Masse verrühren, etwas abkühlen lassen.

2 Für den Teig Butter oder Margarine mit Handrührgerät mit Rührbesen auf höchster Stufe geschmeidig rühren. Nach und nach Zucker unterrühren. So lange rühren, bis eine gebundene Masse entstanden ist.

3 Eigelb nach und nach unterrühren (jedes Eigelb knapp ¹/₂ Minute). Die aufgelöste Schokolade unterrühren. Mehl sieben und portionsweise auf mittlerer Stufe unterrühren.

4 Eiweiß mit Zucker und Salz steif schlagen. Die Eischneemasse vorsichtig unter den Teig heben.

5 Teig in eine Springform (Ø 26 cm, Boden gefettet, mit Backpapier belegt) füllen und glatt streichen. Die Form auf dem Rost in den Backofen schieben.

Ober-/Unterhitze: etwa 180 °C (vorgeheizt)
Heißluft: etwa 160 °C (nicht vorgeheizt)
Gas: Stufe 2 – 3 (nicht vorgeheizt)
Backzeit: etwa 45 Minuten

6 Den Tortenboden aus der Form lösen und auf einen Kuchenrost stürzen, mitgebackenes Backpapier entfernen. Tortenboden erkalten lassen und im unteren Drittel einmal waagerecht durchschneiden.

7 Zum Tränken Zucker mit Wasser und Vanillemark aufkochen, erkalten lassen, dann Rum hinzugeben.

8 Den unteren Tortenboden auf eine Platte legen. Ein Drittel der Konfitüre darauf streichen. Den oberen Tortenboden darauf legen.

9 Den oberen Tortenboden mit der Rum-Zucker-Lösung leicht tränken. Restliche Konfitüre in einem kleinen Topf aufkochen. Die Torte ganz damit bestreichen.

10 Für den Guss Halbbitter-Kuvertüre in kleine Stücke hacken, in einem kleinen Topf im Wasserbad bei schwacher Hitze zu einer geschmeidigen Masse verrühren. Die Torte damit überziehen. Guss fest werden lassen.

11 Zum Verzieren Vollmilch-Kuvertüre wie unter Punkt 10 beschrieben auflösen. Die Masse in ein Pergamentpapiertütchen füllen, Spitze abschneiden und damit Sacher auf die Torte schreiben und fest werden lassen.

Sachertorte

Sandkuchen |

Klassisch

Für den Rührteig:

250 g Butter oder Margarine
200 g Zucker, 1 Pck. Vanillin-Zucker
1 Prise Salz
einige Tropfen Zitronen-Aroma
4 Eier (Größe M)
125 g Weizenmehl
125 g Speisestärke
$^1/_2$ gestr. TL Backpulver

Zubereitungszeit: etwa 25 Minuten,
ohne Kühlzeit

Insgesamt: E: 47 g, F: 233 g, Kh: 409 g,
kJ: 16916, kcal: 4041

1 Für den Teig Butter oder Margarine in
einem kleinen Topf zerlassen, in eine Rührschüssel geben und 1 Stunde in den Kühlschrank stellen, bis sie wieder etwas fest
geworden ist.

2 Butter oder Margarine mit Handrührgerät
mit Rührbesen auf höchster Stufe geschmeidig rühren. Nach und nach Zucker, Vanillin-
Zucker und Salz unterrühren. So lange rühren, bis eine gebundene Masse entstanden
ist. Aroma unterrühren. Eier nach und nach
unterrühren (jedes Ei etwa $^1/_2$ Minute). Mehl,
Speisestärke und Backpulver mischen, sieben
und portionsweise auf mittlerer Stufe unterrühren.

3 Den Teig in eine Kastenform (30 x 11 cm,
gefettet, mit Backpapier belegt) füllen, glatt
streichen. Die Form auf dem Rost in den
Backofen schieben.

Ober-/Unterhitze: etwa 180 °C (vorgeheizt)
Heißluft: etwa 160 °C (nicht vorgeheizt)
Gas: Stufe 2 – 3 (nicht vorgeheizt)
Backzeit: etwa 60 Minuten

4 Kuchenoberfläche nach 20 Minuten
Backzeit längs 1 cm tief einschneiden.

5 Kuchen 10 Minuten in der Form stehen
lassen, dann aus der Form lösen, auf einen
mit Backpapier belegten Kuchenrost stürzen,
mitgebackenes Backpapier abziehen. Kuchen
erkalten lassen. Mit Puderzucker bestäuben.

Sandteig-Muffins |

Für Kinder

Für den Sandteig:

4 Eier (Größe M)
1 EL heißes Wasser
250 g feinkörniger Zucker
1 Pck. Bourbon-Vanille-Zucker
125 g Weizenmehl
125 g Speisestärke
1 $^1/_2$ TL Backpulver
250 g zerlassene Butter

Für 8 Apfelmuffins:

1 Apfel (100 g)
1 EL Rosinen
1 EL abgezogene, gestiftelte Mandeln
1 Msp. gemahlener Zimt

Für 8 Zwetschenmuffins:

8 Zwetschen

Für 8 Schoko-Mandarinen-Muffins:

2 EL Raspelschokolade
16 Mandarinenspalten

Puderzucker zum Bestäuben

Zubereitungszeit: 45 Minuten

Insgesamt: E: 52 g, F: 243 g, Kh: 557 g,
kJ: 19984, kcal: 4774

Sandteig-Muffins

1 Für den Teig Eier und Wasser mit Handrührgerät mit Rührbesen auf höchster Stufe in
1 Minute schaumig schlagen. Zucker und Vanille-Zucker mischen, in 1 Minute einstreuen,
dann noch etwa 2 Minuten schlagen.

2 Mehl mit Speisestärke und Backpulver
mischen, die Hälfte davon auf die Eiercreme
sieben, kurz auf niedrigster Stufe unterrühren. Restliches Mehlgemisch auf die gleiche
Weise unterarbeiten. Die lauwarme zerlassene Butter vorsichtig unterrühren.

3 Den Teig in 2 Muffinformen (für je 12 Muffins, gefettet, gemehlt) füllen, Förmchen zur
Hälfte mit dem Teig füllen.

4 Für die Apfelmuffins den Apfel schälen,
vierteln, entkernen und in Stücke schneiden.
Apfelstücke mit Rosinen und Mandeln mischen, auf dem Teig (8 Förmchen) verteilen
und mit Zimt bestäuben.

5 Für die Zwetschenmuffins Zwetschen waschen, trocken tupfen, halbieren, entsteinen
und auf den Teig (8 Förmchen) legen.

6 Für die Schoko-Mandarinen-Muffins Raspelschokolade auf den Teig (8 Förmchen) streuen und mit Mandarinenspalten belegen. Die Formen nacheinander (bei Heißluft zusammen) in den Backofen schieben.

Ober-/Unterhitze: 180 – 200 °C (vorgeheizt)
Heißluft: 160 – 180 °C (vorgeheizt)
Gas: etwa Stufe 3 (vorgeheizt)
Backzeit: etwa 25 Minuten pro Form

7 Die Muffins 10 Minuten in den Formen stehen lassen, dann aus den Formen lösen und auf je einem Kuchenrost erkalten lassen. Muffins vor dem Servieren mit Puderzucker bestäuben.

Sandtorte, gefüllt

Raffiniert

Für den Knetteig:
350 g Weizenmehl
1 gestr. TL Backpulver, 100 g Zucker
100 g gemahlene, abgezogene Mandeln
1 Ei (Größe M)
200 g Butter oder Margarine

Für die Füllung:
1 Glas Wildpreiselbeeren
(Abtropfgewicht 395 g)

Milch zum Bestreichen

Zum Bestreuen:
25 g abgezogene, gehackte Mandeln

Zum Bestäuben:
etwa 1 EL Puderzucker
1 Pck. Vanillin-Zucker

Zubereitungszeit: 50 Minuten

Insgesamt: E: 72 g, F: 242 g, Kh: 446 g, kJ: 18728, kcal: 4475

1 Für den Teig Mehl mit Backpulver mischen und in eine Schüssel sieben. Restliche Zutaten hinzufügen und mit Handrührgerät mit Knethaken zunächst kurz auf niedrigster, dann auf höchster Stufe gut durcharbeiten.

2 Anschließend auf der Arbeitsfläche zu einem glatten Teig verkneten. Sollte er kleben, ihn in Folie gewickelt eine Zeit lang kalt stellen. Den Teig in drei Teile teilen, jeweils drei Teigplatten von Ø 26 cm ausrollen. Zwei Teigplatten auf Backpapier aufrollen.

3 Die dritte Teigplatte in eine Springform (Ø 26 cm, Boden gefettet, mit Backpapier belegt) legen, mit der Hälfte von den Preiselbeeren bestreichen, die zweite Teigplatte durch Abrollen vom Backpapier auf das Obst geben, mit den restlichen Preiselbeeren bestreichen und mit der dritten Teigplatte bedecken. Den oberen Boden mit einer Gabel mehrmals einstechen. Mit Milch bestreichen und mit Mandeln bestreuen. Form auf dem Rost in den Backofen schieben.

Ober-/Unterhitze: etwa 180 °C (vorgeheizt)
Heißluft: etwa 160 °C (nicht vorgeheizt)
Gas: Stufe 2 – 3 (nicht vorgeheizt)
Backzeit: etwa 40 Minuten

4 Den Kuchen nach dem Backen sofort mit Vanillin-Zucker gemischtem Puderzucker bestäuben und auf einem Kuchenrost erkalten lassen.

Sandtorte, gefüllt

Sandwaffeln |

Klassisch

Für den Rührteig:
175 g Kokosfett
175 g Zucker, 1 Pck. Vanillin-Zucker
1/2 Fläschchen Rum-Aroma
1 Prise Salz, 4 Eier (Größe M)
225 g Weizenmehl, 25 g Speisestärke
1/2 gestr. TL Backpulver

Außerdem:
Speiseöl

Zum Bestäuben:
Puderzucker

Zubereitungszeit: 55 Minuten,
ohne Kühlzeit

Insgesamt: E: 57 g, F: 207 g, Kh: 381 g,
kJ: 15651, kcal: 3738

1 Für den Teig Kokosfett zerlassen, in eine Rührschüssel geben, kalt stellen.

2 Das wieder etwas fest gewordene Fett mit Handrührgerät mit Rührbesen auf höchster Stufe geschmeidig rühren. Nach und nach Zucker, Vanillin-Zucker, Aroma und Salz unterrühren. So lange rühren, bis eine gebundene Masse entstanden ist.

3 Eier nach und nach unterrühren (jedes Ei etwa 1/2 Minute). Mehl mit Speisestärke und Backpulver mischen, sieben, portionsweise auf mittlerer Stufe unterrühren.

4 Teig in kleinen Portionen in ein gut erhitztes, mit Öl gefettes Waffeleisen füllen. Die Waffeln goldbraun backen, einzeln auf einem Kuchenrost erkalten lassen. Mit Puderzucker bestäubt servieren.

Beigabe: Angedickte Sauerkirschen oder Rote Grütze aus dem Kühlregal.

Sauerkraut-Tarte |

Für Gäste

Für den Boden:
1/2 Pck. (225 g) TK-Blätterteig

Für den Belag:
1 Dose Sauerkraut (Abtropfgewicht 285 g)
300 g Schmand
2 EL Paprika-Würzpaste
Paprikapulver rosenscharf
Salz

Zum Bestreuen:
1/2 Bund glatte Petersilie
12 Scheiben Roastbeef-Aufschnitt
(etwa 500 g)

Zubereitungszeit: 45 Minuten,
ohne Auftauzeit

Insgesamt: E: 123 g, F: 233 g, Kh: 93 g,
kJ: 13007, kcal: 3109

1 Für den Teig Blätterteigplatten nebeneinander zugedeckt bei Zimmertemperatur auftauen lassen.

2 Für den Belag Sauerkraut in einem Sieb abtropfen lassen und etwas ausdrücken.

3 Schmand und Würzpaste glatt verrühren. Mit Paprika und Salz pikant abschmecken.

4 Blätterteigplatten wieder aufeinander legen und auf einer bemehlten Arbeitsfläche zu einer runden Platte (Ø etwa 34 cm) ausrollen. Teigplatte in eine Tarteform (Ø 28 cm, gefettet) legen, überstehenden Teig abschneiden. Teigboden mehrmals mit der Gabel einstechen.

5 Sauerkraut und Schmandmasse mischen, nochmals kräftig abschmecken. Die Masse auf dem Teig verteilen. Die Form auf dem Rost in den Backofen schieben.

Ober-/Unterhitze: etwa 200 °C (vorgeheizt)
Heißluft: etwa 180 °C (nicht vorgeheizt)
Gas: Stufe 3–4 (nicht vorgeheizt)
Backzeit: etwa 60 Minuten

6 Die Form auf einen Kuchenrost stellen.

7 Zum Bestreuen Petersilie abspülen, trocken schütteln, die Blättchen von den Stängeln zupfen. Sauerkraut-Tarte mit Petersilienblättchen bestreuen. Tarte mit Roastbeef servieren.

Sauerkraut-Tarte

Saure-Sahne-Torte |

Gut vorzubereiten

Für den Rührteig:
250 g Butter oder Margarine
250 g Zucker
1 Pck. Vanillin-Zucker
6 Eier (Größe M)
150 g Weizenmehl
100 g Speisestärke
3 gestr. TL Backpulver, 2 EL Rum

Für die Füllung:
4 Becher (je 150 g) saure Sahne
1 Glas (400 g) Aprikosenkonfitüre

Zum Verzieren:
400 ml Schlagsahne, 2 Pck. Sahnesteif

Schokoladenstreusel zum Bestreuen

Zubereitungszeit: 50 Minuten,
ohne Kühlzeit

Insgesamt: E: 95 g, F: 493 g, Kh: 767 g,
kJ: 34295, kcal: 8195

1 Für den Teig Butter oder Margarine mit
Handrührgerät mit Rührbesen auf höchster
Stufe geschmeidig rühren. Nach und nach
Zucker und Vanillin-Zucker unterrühren. So
lange rühren, bis eine gebundene Masse ent-
standen ist.

2 Eier nach und nach unterrühren (jedes Ei
etwa $1/2$ Minute). Mehl mit Speisestärke und
Backpulver mischen, sieben, abwechselnd
portionsweise mit dem Rum auf mittlerer
Stufe unterrühren.

3 Aus dem Teig 6 Böden backen, dafür
jeweils etwa 4 Esslöffel Teig auf den Boden
einer Springform (Ø 26 cm, Boden gefettet)
geben und glatt streichen. Die Formen nacheinander (bei Heißluft je 2 Formen zusammen)
auf dem Rost in den Backofen schieben.

Ober-/Unterhitze: etwa 180 °C (vorgeheizt)
Heißluft: etwa 160 °C (vorgeheizt)
Gas: Stufe 2 – 3 (vorgeheizt)
Backzeit: etwa 15 Minuten pro Boden

4 Die Böden sofort aus der Form lösen und
einzeln auf einem Kuchenrost erkalten lassen.

5 Für die Füllung saure Sahne mit der
Konfitüre gut verrühren. Die Böden mit der
Masse bestreichen und zu einer Torte zusammensetzen. Den obersten Boden nicht bestreichen. Die Torte zugedeckt 24 Stunden
im Kühlschrank durchziehen lassen.

6 Zum Verzieren Sahne mit Sahnesteif steif
schlagen. Tortenoberfläche und -rand mit
zwei Drittel der Sahne bestreichen. Restliche
Sahne in einen Spritzbeutel mit Sterntülle
füllen und Sahnetuffs auf die Torte spritzen.
Die Tortenmitte mit Schokoladenstreuseln
bestreuen.

Saure-Sahne-Torte

Savarin mit Beeren |

Klassisch – fruchtig

Für den Biskuitteig:
2 Eier (Größe M)
2 EL heißes Wasser
100 g Zucker
1 Pck. Vanillin-Zucker
125 g Weizenmehl
30 g Speisestärke
1/2 gestr. TL Backpulver

Zum Tränken:
125 ml (1/8 l) Wasser
100 g Zucker
1 Pck. Vanillin-Zucker
375 ml (3/8 l) Weißwein

Für die Füllung:
150 g Himbeeren, 150 g Brombeeren

Zum Bestäuben:
Puderzucker

Zubereitungszeit: 40 Minuten,
ohne Durchzieh- und Kühlzeit

Insgesamt: E: 33 g, F: 17 g, Kh: 381 g,
kJ: 8787, kcal: 2098

Savarin mit Beeren

1 Für den Teig Eier und Wasser mit Handrührgerät mit Rührbesen auf höchster Stufe in 1 Minute schaumig schlagen. Zucker mit Vanillin-Zucker mischen, in 1 Minute einstreuen und dann noch etwa 2 Minuten schlagen.

2 Mehl mit Speisestärke und Backpulver mischen, die Hälfte davon auf die Eiercreme sieben, kurz auf niedrigster Stufe unterrühren. Restliches Mehlgemisch auf die gleiche Weise unterarbeiten.

3 Den Teig in eine Savarinform (Ø 24 cm, gefettet) füllen und glatt streichen. Die Form auf dem Rost in den Backofen schieben.

Ober-/Unterhitze: 180 – 200 °C (vorgeheizt)
Heißluft: 160 – 180 °C (nicht vorgeheizt)
Gas: etwa Stufe 3 (nicht vorgeheizt)
Backzeit: etwa 35 Minuten

4 Das Gebäck 5 Minuten in der Form stehen lassen, aus der Form lösen, dann auf einen mit Backpapier belegten Kuchenrost stürzen, Gebäck erkalten lassen.

5 Zum Tränken etwa 3 Stunden vor dem Servieren Wasser mit Zucker und Vanillin-Zucker in einem Topf zum Kochen bringen, von der Kochstelle nehmen und den Wein hinzufügen.

6 Etwa ein Drittel der heißen Flüssigkeit in die gesäuberte Savarinform gießen. Das Gebäck hineinlegen, vorsichtig mit der restlichen Flüssigkeit begießen und kalt stellen, damit es gut durchziehen kann. Den Savarin auf einen Teller stürzen.

7 Für die Füllung Himbeeren und Brombeeren verlesen. Brombeeren vorsichtig waschen und trocken tupfen. Beeren in die Mitte des Savarins geben und mit Puderzucker bestäuben.

Beigabe: Steif geschlagene Schlagsahne.

Schillerlocken |

Klassisch – dauert länger

Für den Teig:
300 g TK-Blätterteig

Zum Bestreichen:
1 Eigelb, 3 EL Milch

Zum Bestreuen:
60 g abgezogene, gehobelte Mandeln
60 g Hagelzucker

Für die Füllung:
500 ml (1/2 l) Schlagsahne
2 Pck. Vanillin-Zucker
2 Pck. Sahnesteif

je 2 EL Orangenmarmelade,
Himbeerkonfitüre und
Raspelschokolade

Zubereitungszeit: 30 Minuten,
ohne Auftau- und Abkühlzeit

Insgesamt: E: 43 g, F: 279 g, Kh: 257 g,
kJ: 15979, kcal: 3820

1 Für den Teig Blätterteigplatten nebeneinander zugedeckt bei Zimmertemperatur auftauen lassen.

2 Die Platten aufeinander legen, halbieren. Die Hälfte des Blätterteigs auf einer bemehlten Arbeitsfläche zu einem Rechteck (20 x 30 cm) ausrollen, mit dem Teigrädchen in 8 Streifen von 2 cm Breite radeln. Schillerlockenformen mit kaltem Wasser abspülen.

3 Jeden Teigstreifen von der Spitze her so um eine Metallform wickeln, dass der Teigstreifen mit zwei Drittel eine Rundung bedeckt und das letzte Drittel den vorhergehenden Streifen überlappt. Aus dem restlichen Teig werden nach dem gleichen Verfahren 8 weitere Schillerlocken zubereitet.

4 Zum Bestreichen Eigelb mit Milch verschlagen, die Schillerlocken damit bestreichen. Mandeln mit Hagelzucker mischen, die Schillerlocken darin wälzen. Formen auf Backbleche (gefettet, mit Wasser besprenkelt) legen. Die Backbleche nacheinander (bei Heißluft zusammen) in den Backofen schieben.

Ober-/Unterhitze: 200 – 220 °C (vorgeheizt)
Heißluft: 180 – 200 °C (vorgeheizt)
Gas: etwa Stufe 4 (vorgeheizt)
Backzeit: etwa 15 Minuten

5 Schillerlocken von den Formen lösen und auf einem Kuchenrost erkalten lassen.

6 Für die Füllung Sahne mit Vanillin-Zucker und Sahnesteif steif schlagen. Je ein Drittel der Sahne mit Orangenmarmelade, Himbeerkonfitüre und Schokolade verrühren und in die Schillerlocken geben.

Schokoladencremetorte | 🍦 🍦

Raffiniert

Für den Teig:
300 g TK-Blätterteig

Für die Füllung:
150 ml Schlagsahne
250 g Zartbitterschokolade (mind. 45 % Kakaoanteil)
50 g weiche Butter
1 Pck. Bourbon-Vanille-Zucker
1 Prise Salz
$^1/_2$ TL gemahlener Zimt
4 Eigelb (Größe M)
3 EL Aprikosenlikör
100 g Löffelbiskuits
3 Eiweiß (Größe M)

Zum Bestäuben:
Puderzucker

Zubereitungszeit: 50 Minuten, ohne Auftau- und Kühlzeit

Insgesamt: E: 66 g, F: 220 g, Kh: 246 g, kJ: 13921, kcal: 3328

1 Für den Teig Blätterteigplatten nebeneinander zugedeckt bei Zimmertemperatur auftauen lassen. Teigplatten aufeinanderlegen, auf der bemehlten Arbeitsfläche zu einem Quadrat (36 x 36 cm) ausrollen und auf den Boden einer Springform (Ø 26 cm, Boden gefettet) legen. Den Teig am Rand andrücken und überstehen lassen. Teigboden mehrmals mit einer Gabel einstechen.

2 Für die Füllung Sahne in einem Topf erhitzen, von der Kochstelle nehmen. Schokolade in Stücke brechen und unter Rühren in der Sahne schmelzen. Butter, Vanille-Zucker, Salz, Zimt, Eigelb und Likör unterrühren. Die Masse etwa 30 Minuten kühl stellen, bis sie gut gekühlt ist.

3 Die Hälfte der Löffelbiskuits in einen Gefrierbeutel füllen, mit der Teigrolle fein zerbröseln. Übrige Löffelbiskuits mit einem Sägemesser zweimal quer durchschneiden.

4 Gemahlene Löffelbiskuits unter die Schokomasse rühren. Eiweiß steif schlagen und in Portionen unter die Schokomasse heben. Zwei Drittel der Masse auf den Teigboden streichen. Restliche Löffelbiskuits in der Form verteilen, mit der restlichen

Schokomasse bedecken. Überstehende Teigränder 1 cm über der Füllung abschneiden. Teigreste in $^1/_2$ cm breite, möglichst lange Streifen schneiden. Jeweils zwei Streifen spiralförmig zusammendrehen. Einen Teil der Spiralen an den Rand, den Rest auf der Torte verteilen.

5 Die Form auf dem Rost in den Backofen schieben.

Ober-/Unterhitze: etwa 180 °C (vorgeheizt)
Heißluft: etwa 160 °C (nicht vorgeheizt)
Gas: Stufe 2 – 3 (nicht vorgeheizt)
Backzeit: 30 – 40 Minuten

6 Den Springformrand lösen. Die Torte auf einem Kuchenrost erkalten lassen. Mit Puderzucker bestäuben.

Schokoladencremetorte

Schokoladenkranz |

Zum Verschenken

Für den Rührteig:
80 g Butter oder Margarine
80 g Zucker
1 Pck. Vanillin-Zucker
4 Eigelb (Größe M)
80 g Speisestärke
1 gestr. TL Backpulver
80 g abgezogene, gemahlene Mandeln
80 g geriebene Zartbitterschokolade
4 Eiweiß (Größe M)

Für den Guss:
100 g Halbbitter-Kuvertüre
40 g abgezogene, gestiftelte Mandeln

Zubereitungszeit: 30 Minuten,
ohne Abkühlzeit

Insgesamt: E: 62 g, F: 171 g, Kh: 299 g,
kJ: 13146, kcal: 3140

1 Für den Teig Butter oder Margarine mit Handrührgerät mit Rührbesen auf höchster Stufe geschmeidig rühren. Zucker und Vanillin-Zucker unterrühren. So lange rühren, bis eine gebundene Masse entstanden ist.

2 Eigelb nach und nach unterrühren (jedes Eigelb knapp $1/2$ Minute). Speisestärke mit Backpulver mischen, sieben und auf mittlerer Stufe unterrühren. Mandeln und Schokolade unterrühren. Eiweiß steif schlagen und unterheben. Den Teig in eine Kranzform (Ø 20 cm, gefettet, gemehlt) füllen und glatt streichen. Die Form auf dem Rost in den Backofen schieben.

Ober-/Unterhitze: etwa 180 °C (vorgeheizt)
Heißluft: etwa 160 °C (nicht vorgeheizt)
Gas: Stufe 2 – 3 (nicht vorgeheizt)
Backzeit: etwa 40 Minuten

3 Den Gebäckkranz aus der Form lösen und auf einen Kuchenrost stürzen. Gebäckkranz erkalten lassen.

4 Für den Guss Kuvertüre in kleine Stücke hacken, in einem kleinen Topf im Wasserbad bei schwacher Hitze zu einer geschmeidigen Masse verrühren. Den Gebäckkranz damit überziehen und mit den Mandeln spicken.

Schokoladenkranz

Tipp: Anstelle der Mandeln können für den Teig auch gemahlene und für den Guss gehobelte Haselnusskerne verwendet werden. Der Kranz kann auch in einer Kranzform (Ø 26 cm) zubereitet werden, dafür die Zutatenmenge verdoppeln.

Schokoladenküchlein |

Schnell

Für die Baisermasse:
3 Eiweiß (Größe M)
250 g feinkörniger Zucker
1 Pck. Vanillin-Zucker
125 g Raspelschokolade
250 g abgezogene, gehackte Mandeln

Zubereitungszeit: 20 Minuten

Insgesamt: E: 66 g, F: 153 g, Kh: 362 g,
kJ: 13688, kcal: 3268

1 Für die Baisermasse Eiweiß mit Handrührgerät mit Rührbesen auf höchster Stufe steif schlagen. Der Schnee muss so fest sein, dass ein Messerschnitt sichtbar bleibt. Nach und nach Zucker und Vanillin-Zucker unterschlagen.

2 Schokolade mit Mandeln mischen und vorsichtig unterheben (nicht rühren).

Schokoladenküchlein

3 Von dem Teig mit 2 Teelöffeln Häufchen auf ein Backblech (mit Backpapier belegt) setzen. Das Backblech in den Backofen schieben.

Ober-/Unterhitze: etwa 140 °C (vorgeheizt)
Heißluft: etwa 120 °C (vorgeheizt)
Gas: etwa Stufe 1 (vorgeheizt)
Backzeit: etwa 25 Minuten

4 Die Schokoküchlein mit dem Backpapier vom Backblech auf einen Kuchenrost ziehen und erkalten lassen.

Tipp: Die Schokoküchlein in einer gut schließenden Dose aufbewahren.

Schokoladen-Nuss-Streifen |

Einfach – zu Weihnachten

Für den Teig:
200 g flüssiger Honig
250 g Zucker, 1 Pck. Vanillin-Zucker
125 g Butter oder Margarine
2 Eier (Größe M)
4 – 5 EL Milch
1/2 Fläschchen Zitronen-Aroma
1 gestr. TL gemahlener Zimt
1 Msp. gemahlene Nelken
2 geh. EL Kakaopulver oder geriebene Zartbitterschokolade
400 g Weizenmehl
1 Pck. Pudding-Pulver Schokoladen-Geschmack
3 gestr. TL Backpulver
375 g grob gehackte Haselnusskerne

200 g gesiebter Puderzucker

1 EL Weinbrand
3 EL heiße Milch

Zubereitungszeit: 50 Minuten, ohne Abkühlzeit

Insgesamt: E: 118 g, F: 359 g, Kh: 998 g, kJ: 33087, kcal: 7902

1 Für den Teig Honig mit Zucker, Vanillin-Zucker und Butter oder Margarine langsam erwärmen, zerlassen, in eine Rührschüssel geben und erkalten lassen.

2 Unter die erkaltete Masse nach und nach Eier, Milch, Aroma, Zimt, Nelken und Kakao oder Schokolade rühren.

3 Mehl mit Pudding-Pulver und Back-pulver mischen, sieben, portionsweise auf

mittlerer Stufe unterrühren. Haselnusskerne hinzufügen.

4 Den Teig auf ein Backblech (30 x 40 cm, gefettet) geben und glatt streichen. Vor den Teig einen mehrfach geknickten Streifen Alu-folie legen. Den Teig mit Wasser bestreichen. Backblech in den Backofen schieben.

Ober-/Unterhitze: etwa 180 °C (vorgeheizt)
Heißluft: etwa 160 °C vorgeheizt)
Gas: Stufe 2 – 3 (vorgeheizt)
Backzeit: 25 – 30 Minuten

5 Das Backblech auf einen Kuchenrost stel-len. Puderzucker mit Weinbrand und Milch zu einem dickflüssigen Guss verrühren. Die warme Gebäckplatte damit bestreichen, erkalten lassen. Die Gebäckplatte in etwa 2 x 6 cm große Streifen schneiden.

![Schokoladen-Nuss-Streifen]

Schokoladen-Nuss-Streifen

Schwarzwälder Kirschtorte |

Klassisch

Für den Knetteig:
125 g Weizenmehl, 10 g Kakaopulver
1 Msp. Backpulver
50 g Zucker, 1 Pck. Vanillin-Zucker
1 Prise Salz
1 EL Kirschwasser
75 g Butter oder Margarine

Für den Biskuitteig:
4 Eier (Größe M)
2 EL heißes Wasser
100 g Zucker, 1 Pck. Vanillin-Zucker
100 g Weizenmehl, 25 g Speisestärke
10 g Kakaopulver
gut 1 Msp. gemahlener Zimt
$^1/_2$ gestr. TL Backpulver

Für die Füllung:
1 Glas Sauerkirschen
(Abtropfgewicht 370 g)
oder 500 g frische Sauerkirschen
250 ml ($^1/_4$ l) Kirschsaft von den
Kirschen (evtl. mit Wasser ergänzen)
75 g Zucker (für die frischen Kirschen)
30 g Speisestärke
25 g Zucker
etwa 3 EL Kirschwasser
750 ml ($^3/_4$ l) Schlagsahne
50 g gesiebter Puderzucker
1 Pck. Vanillin-Zucker
3 Pck. Sahnesteif

Zum Bestreuen:
30 g Raspelschokolade

Zum Garnieren:
einige Sauerkirschen

Zubereitungszeit: 75 Minuten,
ohne Kühlzeit

Insgesamt: E: 83 g, F: 332 g, Kh: 666 g,
kJ: 26379, kcal: 6302

Schwarzwälder Kirschtorte

1 Für den Teig Mehl mit Kakao und Backpulver mischen und in eine Rührschüssel sieben. Zucker, Vanillin-Zucker, Salz, Kirschwasser und Butter oder Margarine hinzu-

fügen. Die Zutaten mit Handrührgerät mit Knethaken zunächst kurz auf niedrigster, dann auf höchster Stufe gut durcharbeiten.

2 Anschließend auf einer bemehlten Arbeitsfläche zu einem glatten Teig verkneten. Sollte er kleben, ihn in Folie gewickelt eine Zeit lang kalt stellen.

3 Den Teig auf dem Boden einer Springform (Ø 28 cm, Boden gefettet) ausrollen, mehrmals mit einer Gabel einstechen. Den Springformrand darumlegen. Die Form auf dem Rost in den Backofen schieben.

Ober-/Unterhitze: 200 – 220 °C (vorgeheizt)
Heißluft: 180 – 200 °C (vorgeheizt)
Gas: etwa Stufe 4 (vorgeheizt)
Backzeit: etwa 15 Minuten

4 Den Tortenboden sofort vom Springformboden lösen, aber darauf erkalten lassen. Tortenboden auf eine Platte legen.

5 Für den Biskuitteig Eier und Wasser mit Handrührgerät mit Rührbesen auf höchster Stufe in 1 Minute schaumig schlagen. Zucker mit Vanillin-Zucker mischen, in 1 Minute einstreuen, dann noch etwa 2 Minuten schlagen.

6 Mehl mit Speisestärke, Kakao, Zimt und Backpulver mischen. Die Hälfte davon auf die Eiercreme sieben, kurz auf niedrigster Stufe unterrühren. Restliches Mehlgemisch auf die gleiche Weise unterarbeiten. Den Teig in eine Springform (Ø 28 cm, Boden gefettet, mit Backpapier belegt) füllen. Die Form auf dem Rost in den Backofen schieben.

Ober-/Unterhitze: 180 – 200 °C (vorgeheizt)
Heißluft: 160 – 180 °C (vorgeheizt)
Gas: etwa Stufe 3 (vorgeheizt)
Backzeit: 25 – 30 Minuten

7 Biskuitboden aus der Form lösen, auf einen Kuchenrost stürzen, mitgebackenes Backpapier abziehen. Biskuitboden erkalten lassen, einmal waagerecht durchschneiden.

8 Für die Füllung Sauerkirschen in einem Sieb gut abtropfen lassen, Saft dabei auffangen und 250 ml (¼ l) abmessen. Oder frische Sauerkirschen waschen, entstielen, entsteinen, mit Zucker mischen, kurze Zeit zum Saft ziehen stehen lassen. Anschließend Kirschen in einem Topf zum Kochen bringen,

in einem Sieb abtropfen lassen, Saft dabei auffangen und 250 ml (¼ l) abmessen.

9 Speisestärke mit 4 Esslöffeln von dem Saft anrühren. Restlichen Saft in einem Topf zum Kochen bringen. Speisestärke unter Rühren in den von der Kochstelle genommenen Saft geben, kurz aufkochen lassen, Kirschen unterrühren. Masse kalt stellen, mit Zucker und Kirschwasser abschmecken.

10 Sahne mit Puderzucker, Vanillin-Zucker und Sahnesteif steif schlagen (etwas Sahne in einen Spritzbeutel füllen).

11 Zunächst die Kirschmasse, dann ein Drittel der Sahne auf den Knetteigboden

streichen. Den unteren Biskuitboden auf die Sahne legen, gut andrücken, mit der Hälfte der restlichen Sahne bestreichen und mit dem oberen Biskuitboden bedecken. Tortenrand und -oberfläche mit der restlichen Sahne bestreichen.

12 Torte mit Raspelschokolade bestreuen, mit Sahnetuffs verzieren und mit Kirschen garnieren.

Schwarz–Weiß–Gebäck |

Klassisch – für Geübte

Für den hellen Knetteig:
250 g Weizenmehl
1 gestr. TL Backpulver
150 g Zucker, 1 Pck. Vanillin-Zucker
1 Prise Salz
1 Fläschchen Rum-Aroma
1 Ei (Größe M)
125 g Butter oder Margarine

Für den dunklen Knetteig:
15 g gesiebtes Kakaopulver
15 g Zucker
1 EL Milch

Zum Bestreichen:
1 Eiweiß

Zubereitungszeit: 90 Minuten, ohne Kühlzeit

Insgesamt: E: 39 g, F: 114 g, Kh: 362 g, kJ: 11386, kcal: 2720

1 Für den hellen Teig Mehl mit Backpulver mischen, in eine Rührschüssel sieben.

Zucker, Vanillin-Zucker, Salz, Aroma, Ei und Butter oder Margarine hinzufügen. Die Zutaten mit Handrührgerät mit Knethaken zunächst kurz auf niedrigster, dann auf höchster Stufe gut durcharbeiten.

2 Anschließend auf einer bemehlten Arbeitsfläche zu einem glatten Teig verkneten. Sollte er kleben, ihn in Folie gewickelt eine Zeit lang kalt stellen. Teig halbieren.

3 Für den dunklen Teig Kakao mit Zucker und Milch verrühren und unter die Hälfte des hellen Teiges kneten.

4 Die beiden Teige folgendermaßen zusammensetzen: Für ein Schneckenmuster den hellen und den dunklen Teig auf der bemehlten Arbeitsfläche zu gleichmäßig großen Rechtecken ausrollen. Ein Teigrechteck dünn mit Eiweiß bestreichen, das zweite Teigrechteck darauf legen, ebenfalls bestreichen, dann fest zusammenrollen.

5 Für ein Schachbrettmuster die beiden Teighälften getrennt etwa 1 cm dick ausrollen. Aus dem hellen Teig 5 und aus dem dunklen

Teig 4 je 1 cm breite Streifen in gleicher Länge schneiden. Mit Eiweiß bestreichen, je 3 Streifen nebeneinander legen, mit 3 Streifen bedecken. So fortfahren, bis alle Streifen aufgebraucht und ein Schachbrettmuster entstanden ist. Den so entstandenen Block in eine dünn ausgerollte dunkle Teigschicht einwickeln.

6 Alle Teigrollen in Folie gewickelt nochmals eine Zeit lang kalt stellen. Dann in gleichmäßige, knapp ½ cm dicke Scheiben schneiden und auf Backbleche (mit Backpapier belegt) legen. Die Backbleche nacheinander (bei Heißluft zusammen) in den Backofen schieben.

Ober-/Unterhitze: etwa 200 °C (vorgeheizt)
Heißluft: etwa 180 °C (vorgeheizt)
Gas: Stufe 3 – 4 (vorgeheizt)
Backzeit: 10 – 15 Minuten pro Backblech

7 Die Plätzchen mit dem Backpapier von den Backblechen auf Kuchenroste ziehen und erkalten lassen.

Sesambrot |  ❄

Gut vorzubereiten

Für den Hefeteig:
500 g Weizenmehl (Type 550)
1 Pck. Trockenhefe
1 TL Zucker
1 TL Salz
250 ml (¹/₄ l) lauwarmes Wasser
4 EL Olivenöl
3 EL geröstete Sesamsamen

Zum Bestreichen:
etwas Milch

Zum Bestreuen:
40 g Sesamsamen

Zubereitungszeit: 20 Minuten, ohne Teiggehzeit

Insgesamt: E: 62 g, F: 61 g, Kh: 366 g, kJ: 9962, kcal: 2382

1 Für den Teig Mehl in eine Rührschüssel sieben, mit Trockenhefe sorgfältig vermischen. Zucker, Salz, Wasser und Olivenöl hinzufügen.

2 Die Zutaten mit Handrührgerät mit Knethaken zunächst auf niedrigster, dann auf höchster Stufe in etwa 5 Minuten zu einem Teig verarbeiten. Zuletzt Sesamsamen unterkneten. Den Teig zugedeckt so lange an einem warmen Ort stehen lassen, bis er sich sichtbar vergrößert hat.

3 Den Teig leicht mit Mehl bestäuben, aus der Schüssel nehmen und auf der bemehlten Arbeitsfläche kurz durchkneten.

4 Den Teig in eine Kastenform (30 x 11 cm, gefettet) geben und nochmals zugedeckt so lange an einem warmen Ort gehen lassen, bis er sich sichtbar vergrößert hat. Die Teigoberfläche mit Milch bestreichen und mit Sesam bestreuen. Die Form auf dem Rost in den Backofen schieben.

Ober-/Unterhitze: 180 – 200 °C (vorgeheizt)
Heißluft: 160 – 180 °C (nicht vorgeheizt)
Gas: etwa Stufe 3 (nicht vorgeheizt)
Backzeit: etwa 45 Minuten

5 Das Brot aus der Form lösen und auf einem Kuchenrost erkalten lassen.

Tipp: Das Brot bekommt eine schöne Kruste, wenn die Form mit Sesamsamen ausgestreut wird.

Sesambrot

Sesam-Käse-Stangen | ❄

Für Gäste

Für den Quark-Öl-Teig:
250 g Weizenmehl
1 Pck. Backpulver
125 g Magerquark
3 EL Milch
3 EL Speiseöl
1 Ei (Größe M)
1 Eiweiß (Größe M)
1 gestr. TL Salz
50 g geröstete Sesamsamen
25 g geriebener Parmesan-Käse

Zum Bestreichen:
1 Eigelb
1 TL Milch

Zum Bestreuen:
1 EL Sesamsamen

Zubereitungszeit: 35 Minuten

Insgesamt: E: 77 g, F: 78 g, Kh: 196 g, kJ: 7948, kcal: 1899

Sesam-Käse-Stangen

1 Für den Teig Mehl mit Backpulver mischen, in eine Rührschüssel sieben. Quark, Milch, Öl, Ei, Eiweiß und Salz hinzufügen. Die Zutaten mit Handrührgerät mit Knethaken auf höchster Stufe in etwa 1 Minute zu einem Teig verarbeiten (nicht zu lange, Teig klebt sonst).

2 Anschließend auf der bemehlten Arbeitsfläche Sesam und Parmesan-Käse unterkneten. Den Teig zu einer Rolle formen.

3 Die Teigrolle knapp $^1/_2$ cm dick ausrollen, $1^1/_2$ cm breite und 12 cm lange Streifen daraus schneiden oder rädern. Die Teigstreifen auf Backbleche (gefettet, mit Backpapier belegt) legen.

4 Zum Bestreichen Eigelb mit Milch verschlagen, Teigstreifen damit bestreichen. Die Hälfte der Teigstreifen mit Sesam bestreuen. Die Backbleche nacheinander (bei Heißluft zusammen) in den Backofen schieben.

Ober-/Unterhitze: 180 – 200 °C (vorgeheizt)
Heißluft: 160 – 180 °C (vorgeheizt)
Gas: etwa Stufe 3 (vorgeheizt)
Backzeit: 10 – 15 Minuten pro Backblech

5 Die Gebäckstangen mit dem Backpapier von den Backblechen auf Kuchenroste ziehen. Gebäckstangen erkalten lassen.

Tipp: Zu Wein oder Bier oder als Beilage zu Bouillon reichen.

Sesam-Mandel-Splitter |

Vollwertig

Für die Mandelsplitter:
20 g Butter, 50 g Sesamsamen
100 g abgezogene, gestiftelte Mandeln
75 g flüssiger Honig
$^1/_2$ Fläschchen Butter-Vanille-Aroma

Zubereitungszeit: 30 Minuten, ohne Kühlzeit

Insgesamt: E: 30 g, F: 95 g, Kh: 71 g, kJ: 5563, kcal: 1329

1 Für die Splitter Butter in einer Pfanne zerlassen. Sesam und Mandeln unter Rühren darin hellbraun rösten. Honig und Vanille-Aroma hinzufügen und kurz mitrösten.

2 Von der Masse mit 2 Teelöffeln walnussgroße Häufchen abstechen und auf ein Backblech (gefettet, mit Backpapier belegt) setzen. Die Ränder mit 2 Fingern etwas zusammendrücken. Sesam-Mandel-Splitter erkalten lassen.

Sherryplätzchen |

Einfach

Für den Knetteig:
300 g Weizenmehl
100 g Zucker, 1 Pck. Vanillin-Zucker
1 Prise Salz, 1 Ei (Größe M)
175 g Butter oder Margarine

Für die Füllung:
200 g Nuss-Nougat
3–4 EL Sherry
2 EL Schlagsahne

Zum Verzieren:
je 50 g Halbbitter- und weiße Kuvertüre

Zubereitungszeit: 60 Minuten,
ohne Abkühlzeit

Insgesamt: E: 64 g, F: 249 g, Kh: 501 g,
kJ: 19651, kcal: 4696

1 Für den Teig Mehl in eine Rührschüssel sieben. Zucker, Vanillin-Zucker, Salz, Ei und Butter oder Margarine hinzufügen. Die Zutaten mit Handrührgerät mit Knethaken zunächst kurz auf niedrigster, dann auf höchster Stufe gut durcharbeiten.

2 Anschließend auf der bemehlten Arbeitsfläche zu einem glatten Teig verkneten. Sollte er kleben, ihn in Folie gewickelt eine Zeit lang kalt stellen.

3 Den Teig zwischen zwei Lagen Backpapier dünn ausrollen und mit einem Plätzchenausstecher Blüten oder Sterne ausstechen. Teigplätzchen auf Backbleche (gefettet, mit Backpapier belegt) legen. Die Backbleche nacheinander (bei Heißluft zusammen) in den Backofen schieben.

Ober-/Unterhitze: etwa 180 °C (vorgeheizt)
Heißluft: etwa 160 °C (vorgeheizt)
Gas: Stufe 2–3 (vorgeheizt)
Backzeit: etwa 10 Minuten pro Backblech

4 Das Gebäck mit dem Backpapier von den Backblechen auf je einen Kuchenrost ziehen. Gebäck erkalten lassen.

5 Für die Füllung Nuss-Nougat würfeln, mit Sherry und Sahne in einem kleinen Topf im Wasserbad bei schwacher Hitze geschmeidig rühren und etwas abkühlen lassen. Die Hälfte der Plätzchen mit der Nougat-Creme bestreichen, mit den restlichen Plätzchen bedecken und etwas andrücken.

6 Zum Verzieren Halbbitter- und weiße Kuvertüre in kleine Stücke hacken, getrennt in je einem kleinen Topf im Wasserbad bei schwacher Hitze zu einer geschmeidigen Masse verrühren. Die Massen in je ein Pergamentpapiertütchen füllen und eine kleine Ecke abschneiden. Die Plätzchen damit verzieren.

Tipp: Die Plätzchen werden noch knuspriger, wenn Sie statt Zucker Puderzucker verwenden. Sherry kann durch die gleiche Menge Schlagsahne ersetzt werden.

Shortbread |

Klassisch

Für den Knetteig:
400 g Weizenmehl
125 g Zucker
1 Pck. Vanillin-Zucker
250 g Butter oder Margarine

Zubereitungszeit: 30 Minuten

Insgesamt: E: 44 g, F: 209 g, Kh: 426 g,
kJ: 16290, kcal: 3893

1 Für den Teig Mehl in eine Rührschüssel sieben. Restliche Zutaten hinzufügen und mit Handrührgerät mit Knethaken zunächst kurz auf niedrigster, dann auf höchster Stufe gut durcharbeiten.

2 Anschließend auf der bemehlten Arbeitsfläche zu einem glatten Teig verkneten. Sollte er kleben, ihn in Folie gewickelt eine Zeit lang kalt stellen.

3 Den Teig auf der bemehlten Arbeitsfläche

Shortbread

etwa 1 ½ cm dick ausrollen und große Platten ausschneiden. Teigplatten in 12 Segmente unterteilen, aber nicht durchschneiden. Teigoberfläche mehrmals mit einer Gabel einstechen.

4 Die Teigplatten auf Backbleche (gefettet, mit Backpapier belegt) legen. Die Backbleche nacheinander (bei Heißluft zusammen) in den Backofen schieben.

Ober-/Unterhitze: etwa 180 °C (vorgeheizt)
Heißluft: etwa 160 °C (vorgeheizt)
Gas: Stufe 2–3 (vorgeheizt)
Backzeit: 20–25 Minuten pro Backblech

5 Gebäck vom Backpapier lösen, in Segmente teilen, auf einem Kuchenrost erkalten lassen.

Siebenkornbrot

Siebenkornbrot |

Vollwertig

Für den Hefeteig:
60 g Gerstengrütze
60 g Sesamsamen
1 EL Grünkern (ganze Körner)
125 g Weizenmehl (Type 1050)
125 g Roggenmehl (Type 1150)
60 g kernige Haferflocken
60 g Buchweizenmehl
60 g Leinsamenschrot
2 Pck. Trockenhefe
1 TL Zucker
1 ¹/₂ TL Salz
250 ml (¹/₄ l) lauwarmes Wasser

Zubereitungszeit: 45 Minuten,
ohne Teiggehzeit

Insgesamt: E: 76 g, F: 60 g, Kh: 325 g,
kJ: 9454, kcal: 2257

1 Für den Teig Gerstengrütze, Sesam (etwas Gerstengrütze und Sesam zum Bestreuen beiseite stellen), Grünkern, Weizen-, Roggenmehl, Haferflocken, Buchweizenmehl, Leinsamenschrot und Trockenhefe sorgfältig vermischen. Zucker, Salz und Wasser hinzufügen.

2 Die Zutaten mit Handrührgerät mit Knethaken zunächst auf niedrigster, dann auf höchster Stufe in etwa 5 Minuten zu einem Teig verarbeiten. Den Teig zugedeckt so lange an einem warmen Ort stehen lassen, bis er sich sichtbar vergrößert hat.

3 Den Teig leicht mit Mehl bestäuben, auf der bemehlten Arbeitsfläche nochmals kurz durchkneten und zu einem Laib formen. Teiglaib auf ein Backblech (gefettet, mit Backpapier belegt) legen und zugedeckt nochmals so lange an einem warmen Ort gehen lassen, bis er sich sichtbar vergrößert hat.

4 Die Teigoberfläche mit Wasser bestreichen, mit zurückgelassener Gerstengrütze und Sesam bestreuen. Das Backblech in den Backofen schieben.

Ober-/Unterhitze: etwa 200 °C (vorgeheizt)
Heißluft: etwa 180 °C (nicht vorgeheizt)
Gas: Stufe 3 – 4 (nicht vorgeheizt)
Backzeit: etwa 65 Minuten

5 Das Brot mit dem Backpapier vom Backblech auf einen Kuchenrost ziehen. Das Brot erkalten lassen.

Tipp: Das Brot in Scheiben schneiden, mit Kräuter-Frischkäse bestreichen und mit Tomatenscheiben belegen. Mit Salz und Pfeffer bestreuen, mit Schnittlauchröllchen garnieren.

Speckbrot | ❄

Vollwertig

Für den Hefeteig:
250 g Weizenmehl (Type 550)
250 g Vollkorn-Weizenschrot
1 Pck. Trockenhefe
300 ml lauwarmes Wasser
150 g gewürfelter durchwachsener Speck
100 g Röst-Zwiebeln (fertig gekauft)

Zum Bestreichen:
2 EL Wasser

Zubereitungszeit: 25 Minuten, ohne Teiggehzeit

Insgesamt: E: 72 g, F: 141 g, Kh: 405 g, kJ: 13886, kcal: 3319

1 Für den Teig Weizenmehl und Vollkorn-Weizenschrot in eine Rührschüssel geben und mit Trockenhefe sorgfältig vermischen. Wasser hinzufügen. Die Zutaten mit Hand-rührgerät mit Knethaken in etwa 5 Minuten zu einem Teig verarbeiten. Den Teig zuge-deckt so lange an einem warmen Ort stehen lassen, bis er sich sichtbar vergrößert hat.

2 Den Teig leicht mit Mehl bestäuben, aus der Schüssel nehmen und auf der bemehlten Arbeitsfläche nochmals kurz durchkneten. Speckwürfel und Zwiebeln unterkneten.

3 Den Teig zu einem länglichen Brot formen und auf ein Backblech (gefettet, mit Backpa-pier belegt) legen. Die Teigoberfläche mit einem scharfen Messer mehrmals 1 cm tief einschnei-den (nicht drücken). Den Brotteig zugedeckt nochmals so lange an einem warmen Ort ge-hen lassen, bis er sich sichtbar vergrößert hat.

4 Die Teigoberfläche mit Wasser bestreichen. Das Backblech in den Backofen schieben.

Ober-/Unterhitze: etwa 180 °C (vorgeheizt)
Heißluft: etwa 160 °C (nicht vorgeheizt)
Gas: Stufe 2 – 3 (nicht vorgeheizt)
Backzeit: etwa 50 Minuten

5 Das Brot mit dem Backpapier vom Back-blech auf einen Kuchenrost ziehen. Brot er-kalten lassen.

Speckbrot

Speck-Quiche | ❄

Für Gäste

Für den Knetteig:
200 g Weizenmehl
1 gestr. TL Backpulver, 1/2 gestr. TL Salz
3 EL Milch oder Wasser
100 g Butter oder Margarine

Für den Belag:
3 Zwiebeln, 250 g Schinkenspeck
2 Eier (Größe M)

1 Becher (150 g) Crème fraîche
3 EL Milch
1 Msp. frisch gemahlener Pfeffer
evtl. etwas Kümmelsamen
1 Pck. TK-Petersilie

Zubereitungszeit: 45 Minuten, ohne Abkühlzeit

Insgesamt: E: 69 g, F: 309 g, Kh: 165 g, kJ: 16410, kcal: 3856

1 Für den Teig Mehl mit Backpulver mischen, in eine Rührschüssel sieben. Salz, Milch oder Wasser und Butter oder Margarine hinzufü-gen. Die Zutaten mit Handrührgerät mit Knet-haken zunächst kurz auf niedrigster, dann auf höchster Stufe gut durcharbeiten.

2 Anschließend auf der bemehlten Arbeits-fläche zu einem glatten Teig verkneten. Sollte er kleben, ihn in Folie gewickelt eine Zeit lang kalt stellen.

3 Zwei Drittel des Teiges auf der bemehlten Arbeitsfläche zu einer runden Platte (Ø 30 cm) ausrollen und in eine Tarteform (Ø 28 cm, gefettet) legen. Den Teigboden mehrmals mit einer Gabel einstechen. Die Form auf dem Rost in den Backofen schieben und den Boden vorbacken.

Ober-/Unterhitze: 180 – 200 °C (vorgeheizt)
Heißluft: 160 – 180 °C (vorgeheizt)
Gas: etwa Stufe 3 (vorgeheizt)
Backzeit: etwa 10 Minuten

4 Die Form auf einen Kuchenrost stellen. Den Boden etwas abkühlen lassen.

5 Restlichen Teig zu einer Rolle formen, sie als Rand auf den Boden legen und so an die Form drücken, dass ein etwa 2 cm hoher Rand entsteht.

6 Für den Belag Zwiebeln abziehen. Zwiebeln und Schinkenspeck in kleine Würfel schneiden. Eier, Crème fraîche, Milch, Pfeffer, Kümmel und Petersilie gut vermengen, Zwiebel- und Speckwürfel unterrühren.

7 Die Masse gleichmäßig auf dem vorgebackenen Boden verteilen. Die Form wieder auf dem Rost in den Backofen schieben und die Quiche fertig backen.

Ober-/Unterhitze: 180 – 200 °C (vorgeheizt)
Heißluft: 160 – 180 °C (vorgeheizt)
Gas: etwa Stufe 3 (vorgeheizt)
Backzeit: etwa 30 Minuten

8 Die Quiche auf einem Kuchenrost etwas abkühlen lassen. Die Quiche warm oder kalt servieren.

Tipp: Die Quiche mit einem frischen Salat servieren.

Spekulatius

Klassisch

Für den Knetteig:
250 g Weizenmehl
1 gestr. TL Backpulver
125 g Zucker, 1 Pck. Vanillin-Zucker
2 Tropfen Bittermandel-Aroma
1 Msp. gemahlener Kardamom
1 Msp. gemahlene Nelken
1/2 gestr. TL gemahlener Zimt
1 Prise Salz
1 Ei (Größe M)
100 g Butter oder Margarine
50 g abgezogene, gemahlene Mandeln oder Haselnusskerne

Zubereitungszeit: 80 Minuten, ohne Kühlzeit

Insgesamt: E: 45 g, F: 118 g, Kh: 323 g, kJ: 11057, kcal: 2642

1 Für den Teig Mehl mit Backpulver mischen und in eine Rührschüssel sieben. Zucker, Vanillin-Zucker, Aroma, Kardamom, Nelken, Zimt, Salz, Ei und Butter oder Margarine hinzufügen. Die Zutaten mit Handrührgerät mit Knethaken zunächst kurz auf niedrigster, dann auf höchster Stufe gut durcharbeiten. Mandeln oder Haselnusskerne unterarbeiten.

2 Anschließend auf einer bemehlten Arbeitsfläche zu einem glatten Teig verkneten. Sollte er kleben, ihn in Folie gewickelt eine Zeit lang kalt stellen.

3 Den Teig auf der bemehlten Arbeitsfläche dünn ausrollen, mit beliebigen Formen (z. B. Tierformen) Motive ausstechen und auf Backbleche (gefettet) legen. Werden Holzmodel benutzt, den Teig in die gut gemehlte Model drücken und den überstehenden Teig abschneiden. Die Teigspekulatius aus den Modeln schlagen und auf Backbleche (gefettet) legen. Die Backbleche nacheinander (bei Heißluft zusammen) in den Backofen schieben.

Ober-/Unterhitze: 180 – 200 °C (vorgeheizt)
Heißluft: 160 – 180 °C (vorgeheizt)
Gas: etwa Stufe 3 (vorgeheizt)
Backzeit: etwa 10 Minuten pro Backblech

4 Die Spekulatius vom Backblech lösen und auf einem Kuchenrost erkalten lassen.

Spekulatius

Spitzkuchen |

Gut vorzubereiten – zum Weihnachtsfest

Für den Rühr-Knetteig:
175 g Zuckerrübensirup (Rübenkraut)
50 g Zucker
1 Prise Salz
2 EL Speiseöl
1 Ei (Größe M)
1 geh. TL Kakaopulver
6 Tropfen Zitronen-Aroma
1 Msp. gemahlener Nelkenpfeffer (Piment)
1 gestr. TL gemahlener Zimt
250 g Weizenmehl
3 gestr. TL Backpulver
75 g abgezogene, gehackte Mandeln

Für den Guss:
200 g Halbbitter-Kuvertüre
1 EL Speiseöl

Zubereitungszeit: 50 Minuten, ohne Kühlzeit

Insgesamt: E: 68 g, F: 93 g, Kh: 517 g, kJ: 13910, kcal: 3323

1 Für den Teig Sirup, Zucker, Salz und Öl in einem Topf langsam erwärmen, zerlassen, in eine Rührschüssel geben und kalt stellen.

2 Unter die fast erkaltete Masse mit Handrührgerät mit Rührbesen auf höchster Stufe Ei, Kakao, Aroma, Nelkenpfeffer und Zimt rühren.

3 Mehl mit Backpulver mischen und sieben. Zwei Drittel des Mehlgemisches portionsweise auf mittlerer Stufe unterrühren. Teigbrei mit restlichem Mehlgemisch und Mandeln auf der bemehlten Arbeitsfläche zu einem glatten Teig verkneten. Sollte er kleben, ihn in Folie gewickelt eine Zeit lang kalt stellen.

4 Aus dem Teig 2 cm dicke Rollen in der Länge von 40 cm formen. Die Teigrollen nicht zu dicht auf ein Backblech (gefettet, mit Backpapier belegt) legen und etwas flach drücken. Das Backblech in den Backofen schieben.

Ober-/Unterhitze: etwa 200 °C (vorgeheizt)
Heißluft: etwa 180 °C (vorgeheizt)
Gas: Stufe 3 – 4 (vorgeheizt)
Backzeit: 15 – 20 Minuten

5 Die Gebäckrollen mit dem Backpapier vom Backblech auf einen Kuchenrost ziehen. Gebäckrollen erkalten lassen und anschließend in Dreiecke schneiden.

6 Für den Guss Kuvertüre in kleine Stücke hacken, mit Öl in einem kleinen Topf im Wasserbad bei schwacher Hitze zu einer geschmeidigen Masse verrühren. Die Gebäckdreiecke damit überziehen. Guss fest werden lassen.

Tipp: Zum Überziehen mit Kuvertüre die Gebäckdreiecke auf einen mit Backpapier belegten Kuchenrost oder direkt auf das Backpapier setzen.

Springerle |

Gut vorzubereiten – klassisch

Für den Rühr-Knetteig:
2 Eier (Größe M)
200 g gesiebter Puderzucker
1 Pck. Vanillin-Zucker
275 g Weizenmehl, 1 Msp. Backpulver

Zum Bestreuen:
Anissamen

Zubereitungszeit: 2 Stunden, ohne Trockenzeit

Insgesamt: E: 45 g, F: 17 g, Kh: 411 g, kJ: 8530, kcal: 2038

1 Für den Teig Eier mit Handrührgerät mit Rührbesen auf höchster Stufe in 1 Minute schaumig schlagen. Puderzucker und Vanillin-Zucker mischen, in 1 Minute einstreuen, dann noch etwa 2 Minuten schlagen.

2 Mehl und Backpulver mischen, die Hälfte davon auf die Eiercreme sieben, kurz auf niedrigster Stufe unterrühren. Nochmals so viel des Mehlgemisches auf die gleiche Weise unterarbeiten, dass ein fester Brei entsteht.

3 Den Teigbrei auf einer bemehlten Arbeitsfläche mit dem restlichen Mehlgemisch verkneten. Sollte er kleben, noch etwas Mehl unterkneten.

4 Den Teig etwa 1 cm dick ausrollen, Rechtecke in der Größe des Backmodels herausschneiden, mit Mehl bestäuben, in den bemehlten Model drücken, sie dann abheben

Springerle

und in die aufgeprägten Rechtecke zerschneiden. Teig-Springerle auf Backbleche (gefettet, mit Anissamen bestreut) legen und in einem mäßig warmen Raum etwa 24 Stunden trocknen lassen (Bleche nicht übereinander stellen).

5 Die Backbleche nacheinander (bei Heißluft zusammen) in den Backofen schieben.

Ober-/Unterhitze: 120 – 140 °C (vorgeheizt)
Heißluft: 100 – 120 °C (vorgeheizt)
Gas: etwa Stufe 1 (vorgeheizt)
Backzeit: etwa 30 Minuten pro Backblech

6 Da die Oberfläche des Gebäcks weiß bleiben soll, ist es empfehlenswert, nach dem Aufgehen, sobald sich ein kleiner Sockel gebildet hat, ein kaltes Backblech (obere Einschubleiste) in den Backofen zu schieben.

7 Die Backbleche auf Kuchenroste stellen. Die Springerle nach dem Backen einige Tage offen an der Luft stehen lassen, damit sie weich werden, sie erst dann gut schließende Blechdosen legen.

Spritzgebäck | 🍮 🍮

Für Kinder

Für den Rühr-Knetteig:
375 g Butter oder Margarine
250 g Zucker
2 Pck. Vanillin-Zucker
1 Prise Salz
500 g Weizenmehl
125 g abgezogene, gemahlene Mandeln
10 g gesiebtes Kakaopulver
10 g Zucker

Zubereitungszeit: 90 Minuten

Insgesamt: E: 83 g, F: 380 g, Kh: 654 g, kJ: 27726, kcal: 6624

1 Für den Teig Butter oder Margarine mit Handrührgerät mit Rührbesen auf höchster Stufe geschmeidig rühren. Nach und nach Zucker, Vanillin-Zucker und Salz unterrühren. So lange rühren, bis sich der Zucker gelöst hat und eine gebundene Masse entstanden ist.

2 Mehl sieben. Zwei Drittel davon auf mittlerer Stufe unterrühren. Den Teigbrei mit dem restlichen Mehl und den Mandeln auf der bemehlten Arbeitsfläche zu einem glatten Teig verkneten.

3 Kakao mit Zucker mischen. Ein Drittel des Teiges mit der Kakao-Zucker-Mischung verkneten. Den hellen und dunklen Teig je zu Rollen formen. Etwas von dem dunklen zusammen mit dem hellen Teig in die Gebäck-

presse geben oder durch einen Fleischwolf mit Spezialvorsatz drehen und als Stangen, S-Formen oder Kränzchen formen. Die Teigplätzchen auf Backbleche (gefettet, mit Backpapier belegt) legen. Die Backbleche nacheinander (bei Heißluft zusammen) in den Backofen schieben.

Ober-/Unterhitze: 180 – 200 °C (vorgeheizt)
Heißluft: 160 – 180 °C (vorgeheizt)
Gas: etwa Stufe 3 (vorgeheizt)
Backzeit: 10 – 15 Minuten pro Backblech

4 Die Plätzchen mit dem Backpapier von den Backblechen ziehen und auf je einem Kuchenrost erkalten lassen.

Tipp: Die Enden der erkalteten Plätzchen in aufgelöste Kuvertüre oder Kuchenglasur tauchen und fest werden lassen. Das Spritzgebäck hält sich gut verpackt etwa 4 Wochen frisch. Sie können nach Belieben zusätzlich 1 Päckchen Finesse Orangenschalen-Aroma oder Geriebene Zitronenschale in den Teig geben.

Spritzgebäck

Spritzgebäck mit Haselnüssen |

Vollwertig

Für den Rühr-Knetteig:
100 g Butter oder Margarine
100 g flüssiger Honig
1 Pck. Bourbon-Vanille-Zucker
1 Ei (Größe M)
250 g Vollkorn-Weizenmehl
100 g gemahlene Haselnusskerne

Zubereitungszeit: 70 Minuten

Insgesamt: E: 53 g, F: 157 g, Kh: 253 g,
kJ: 11396, kcal: 2721

1 Für den Teig Butter oder Margarine mit Handrührgerät mit Rührbesen auf höchster Stufe
geschmeidig rühren. Nach und nach Honig
und Vanille-Zucker unterrühren. So lange rühren, bis eine gebundene Masse entstanden ist.

2 Ei in etwa ½ Minute unterrühren. Zwei
Drittel des Mehls portionsweise auf mittlerer
Stufe unterrühren.

3 Den Teigbrei mit dem restlichen Mehl und
den Haselnusskernen auf einer bemehlten Arbeitsfläche zu einem glatten Teig verkneten
und zu einer Rolle formen.

4 Die Teigrolle in eine Gebäckpresse geben
und Plätzchen auf Backbleche (gefettet, mit
Backpapier belegt) spritzen. Die Backbleche
nacheinander (bei Heißluft zusammen) in den
Backofen schieben.

Ober-/Unterhitze: 180 – 200 °C (vorgeheizt)
Heißluft: 160 – 180 °C (vorgeheizt)
Gas: etwa Stufe 3 (vorgeheizt)
Backzeit: 10 – 12 Minuten pro Backblech

5 Die Plätzchen mit dem Backpapier von
den Backblechen auf je einen Kuchenrost
ziehen. Plätzchen erkalten lassen.

Stachelbeeren in Baisertörtchen |

Für Gäste

Zum Vorbereiten:
500 g frische Stachelbeeren
1 EL Wasser, 150 g Zucker

Für die Baisermasse:
2 Eiweiß (Größe M)
100 g Zucker

Für den Guss:
1 Pck. Tortenguss, klar
2 EL Zucker
250 ml (¼ l) Stachelbeersaft

Zubereitungszeit: 80 Minuten,
ohne Abkühlzeit

Insgesamt: E: 11 g, F: 1 g, Kh: 345 g,
kJ: 6070, kcal: 1447

1 Zum Vorbereiten Stachelbeeren waschen,
abtropfen lassen. Blüten- und Stängelansätze
entfernen. Stachelbeeren mit Wasser und Zucker in einem Topf zugedeckt etwa 5 Minuten
weich dünsten lassen. Anschließend in einem
Sieb abtropfen lassen, den Saft dabei auffangen und 250 ml (¼ l) davon für den Guss
abmessen. Ein Backblech mit Backpapier belegen und 6 Kreise (Ø 10 cm) aufzeichnen.

2 Für die Baisermasse Eiweiß mit Handrührgerät mit Rührbesen auf höchster Stufe steif
schlagen. Der Schnee muss so fest sein, dass

Stachelbeeren in
Baisertörtchen

ein Messerschnitt sichtbar bleibt. Nach und
nach Zucker unterschlagen.

3 Die Masse in einen Spritzbeutel mit Sterntülle (Ø 10 mm) füllen. In die Mitte der einge-
zeichneten Kreise jeweils einen Tupfen von
der Baisermasse spritzen und glatt streichen.
Auf die Ränder der Kreise je einen Ring aus
Tupfen (etwa 2 cm hoch) spritzen. Aus der
restlichen Baisermasse 6 große Tupfen mit
auf das Backpapier spritzen. Das Backblech
in den Backofen schieben.

Ober-/Unterhitze: 110 – 130 °C (vorgeheizt)
Heißluft: 90 – 110 °C (vorgeheizt)
Gas: 25 Minuten Stufe 1, 25 Minuten aus,
15 Minuten Stufe 1
Backzeit: etwa 50 Minuten
(Gas: etwa 65 Minuten)

4 Die Baisertörtchen mit dem Backpapier
auf einen Kuchenrost ziehen. Törtchen erkalten lassen.

5 Die Törtchen mit den Stachelbeeren füllen.
Einen Guss aus Tortengusspulver, Zucker und
Stachelbeersaft nach Packungsanleitung
zubereiten. Den Guss auf den Stachelbeeren
verteilen. Je einen Tuff als Deckel auf die
Törtchen setzen.

Stachelbeerkuchen | ❄

Einfach

Zum Vorbereiten:
2 Gläser Stachelbeeren
(Abtropfgewicht je 390 g)

Für den Knetteig:
150 g Weizenmehl
$^1/_2$ gestr. TL Backpulver
65 g Zucker, 1 Pck. Vanillin-Zucker
3 Eigelb (Größe M)
65 g Butter oder Margarine
1 gestr. EL Weizenmehl

Für den Guss:
3 Eiweiß (Größe M)
60 g Zucker
1 Pck. Vanillin-Zucker
50 g abgezogene, gemahlene Mandeln
125 ml ($^1/_8$ l) Schlagsahne
25 g abgezogene, gehobelte Mandeln

Zubereitungszeit: 40 Minuten,
ohne Abkühlzeit

Insgesamt: E: 57 g, F: 141 g, Kh: 400 g,
kJ: 13593, kcal: 3250

1 Zum Vorbereiten Stachelbeeren in einem
Sieb abtropfen lassen.

2 Für den Teig Mehl mit Backpulver mischen, in eine Rührschüssel sieben. Zucker,
Vanillin-Zucker, Eigelb und Butter oder Margarine hinzufügen. Die Zutaten mit Handrührgerät mit Knethaken zunächst kurz auf
niedrigster, dann auf höchster Stufe gut
durcharbeiten.

3 Anschließend auf der bemehlten Arbeitsfläche zu einem glatten Teig verkneten. Sollte
er kleben, ihn in Folie gewickelt eine Zeit lang
kalt stellen.

4 Zwei Drittel des Teiges auf dem Boden einer Springform (Ø 26 cm, Boden gefettet)
ausrollen. Den Teigboden mehrmals mit einer
Gabel einstechen. Einen Springformrand darumstellen. Die Form auf dem Rost in den
Backofen schieben und den Boden vorbacken.

Ober-/Unterhitze: etwa 200 °C (vorgeheizt)
Heißluft: etwa 180 °C (vorgeheizt)
Gas: Stufe 3 – 4 (vorgeheizt)
Backzeit: etwa 15 Minuten

5 Die Form auf einen Kuchenrost stellen. Den
Boden etwas abkühlen lassen.

6 Unter den restlichen Teig 1 Esslöffel Mehl
kneten. Den Teig zu einer Rolle formen, sie als
Rand auf den vorgebackenen Boden legen und
so an die Form drücken, dass ein etwa 2 cm
hoher Rand entsteht.

7 Die gut abgetropften Stachelbeeren auf
dem Boden verteilen.

8 Für den Guss Eiweiß steif schlagen. Nach
und nach Zucker und Vanillin-Zucker unterschlagen. Mandeln und ungeschlagene Sahne unterheben. Den Guss auf die Stachelbeeren streichen und mit Mandeln bestreuen.
Die Form auf dem Rost in den Backofen
schieben und den Kuchen fertig backen.

Ober-/Unterhitze: 180 – 200 °C (vorgeheizt)
Heißluft: 160 –180 °C (vorgeheizt)
Gas: etwa Sufe 3 (vorgeheizt)
Backzeit: etwa 30 Minuten

9 Den Kuchen aus der Form lösen und auf
einem Kuchenrost erkalten lassen.

Stachelbeerkuchen

Stracciatella-Törtchen |

Für Kinder – einfach

Für den Rührteig:
100 g Marzipan-Rohmasse
125 g Butter oder Margarine
100 g Zucker
1 Pck. Vanillin-Zucker
1 Prise Salz, 2 Eier (Größe M)
200 g Weizenmehl
50 g Speisestärke
2 gestr. TL Backpulver
50 g Zartbitterschokolade

Außerdem:
24 Papierbackförmchen

Zum Bestreichen:
2 EL Aprikosenkonfitüre
1 EL Apricot-Brandy

Für den Guss:
200 g Vollmilch-Kuvertüre
10 g Kokosfett

Nach Belieben zum Bestreuen:
etwas Raspelschokolade

Zubereitungszeit: 45 Minuten,
ohne Abkühlzeit

Insgesamt: E: 66 g, F: 249 g, Kh: 505 g,
kJ: 19632, kcal: 4691

1 Für den Teig Marzipan-Rohmasse in kleine Würfel schneiden. Marzipanwürfel mit Butter oder Margarine mit Handrührgerät mit Rührbesen auf höchster Stufe geschmeidig rühren. Nach und nach Zucker, Vanillin-Zucker und Salz unterrühren. So lange rühren, bis eine gebundene Masse entstanden ist.

2 Eier nach und nach unterrühren (jedes Ei etwa ½ Minute). Mehl mit Speisestärke und Backpulver mischen, sieben, portionsweise auf mittlerer Stufe unterrühren. Schokolade in kleine Stücke schneiden und unterheben.

3 Den Teig in 12 zweifach ineinander gestellte Papierbackförmchen füllen. Die Förmchen auf ein Backblech stellen. Das Backblech in den Backofen schieben.

Ober-/Unterhitze: etwa 180 °C (vorgeheizt)
Heißluft: etwa 160 °C (vorgeheizt)
Gas: Stufe 2 – 3 (vorgeheizt)
Backzeit: etwa 25 Minuten

4 Die Törtchen vom Backblech nehmen und auf einen Kuchenrost stellen.

5 Zum Bestreichen Konfitüre durch ein Sieb streichen, zusammen mit dem Brandy in einem kleinen Topf unter Rühren zum Kochen bringen. Die Törtchen sofort damit bestreichen. Törtchen erkalten lassen.

6 Für den Guss Kuvertüre in kleine Stücke hacken, mit Kokosfett in einem kleinen Topf im Wasserbad bei schwacher Hitze zu einer geschmeidigen Masse verrühren. Die Törtchen damit überziehen. Guss fest werden lassen. Nach Belieben mit Raspelschokolade bestreuen.

Stracciatella-Törtchen

Strauben |

Raffiniert – preiswert

Für den Brandteig:
125 ml (⅛ l) Wasser
25 g Butter oder Margarine
75 g Weizenmehl
15 g Speisestärke
2 – 3 Eier (Größe M)
1 Msp. Backpulver

Zum Ausbacken:
1 kg Ausbackfett

Zum Bestäuben:
Puderzucker

Zubereitungszeit: 50 Minuten,
ohne Abkühlzeit

Insgesamt: E: 33 g, F: 164 g, Kh: 80 g,
kJ: 8397, kcal: 2007

1 Für den Teig Wasser mit Butter oder Margarine am besten in einem Stieltopf zum Kochen bringen.

2 Mehl mit Speisestärke mischen, sieben, auf einmal in die von der Kochstelle genommene Flüssigkeit schütten, zu einem glatten Kloß rühren und unter Rühren etwa 1 Minute erhitzen.

3 Den heißen Kloß sofort in eine Rührschüssel geben. Nach und nach Eier mit Handrührgerät mit Knethaken auf höchster Stufe unterarbeiten. Die Eiermenge hängt von der Beschaffenheit des Teiges ab, er muss stark glänzen und so von einem Löffel abreißen,

dass lange Spitzen hängen bleiben. Backpulver in den erkalteten Teig arbeiten.

4 Zum Ausbacken Fett in einem hohen Topf
erhitzen. Den Brandteig in einen Spritzbeutel
mit großer Lochtülle füllen. Jeweils einen
Ring auf gefettete Backpapierstücke (etwa
10 x 10 cm groß) spritzen.

5 Durch Eintauchen der Backpapierstücke
in das siedende Fett die Ringe lösen und
schwimmend auf beiden Seiten goldbraun
ausbacken.

6 Die Strauben mit der Schaumkelle aus
dem Fett nehmen und auf Küchenpapier
abtropfen lassen.

7 Die abgekühlten Strauben mit Puderzucker
bestäuben.

Tipp: Strauben evtl. mit einer Rum-Puder-
zucker-Glasur bestreichen.

Streusel–Aprikosen–Kuchen | 🍮

Klassisch

Für den Rührteig:
200 g Butter oder Margarine
200 g Zucker, 1 Pck. Vanillin-Zucker
1 Prise Salz
1 Fläschchen Butter-Vanille-Aroma
4 Eier (Größe M)
375 g Weizenmehl
2 gestr. TL Backpulver

Für den Belag:
1 Dose Aprikosenhälften
(Abtropfgewicht 480 g)

Für die Streusel:
350 g Weizenmehl
175 g Zucker, 1 Pck. Vanillin-Zucker
1/2 TL gemahlener Zimt
200 g Butter oder Margarine

Zubereitungszeit: 45 Minuten,
ohne Abkühlzeit

Insgesamt: E: 124 g, F: 363 g, Kh: 1091 g,
kJ: 35263, kcal: 8424

1 Für den Teig Butter oder Margarine mit
Handrührgerät mit Rührbesen auf höchster
Stufe geschmeidig rühren. Nach und nach
Zucker, Vanillin-Zucker, Salz und Aroma
unterrühren. So lange rühren, bis eine
gebundene Masse entstanden ist.

2 Eier nach und nach unterrühren (jedes Ei
etwa 1/2 Minute). Mehl mit Backpulver mischen,

sieben, portionsweise auf mittlerer Stufe unterrühren. Den Teig auf ein Backblech (30 x 40 cm,
gefettet) streichen. Vor den Teig einen mehrfach
geknickten Streifen Alufolie legen.

3 Für den Belag die Aprikosenhälften in
einem Sieb abtropfen lassen. Aprikosenhälften
auf den Teig legen (Wölbung nach oben).

4 Für die Streusel Mehl in eine Rührschüssel
sieben, mit Zucker, Vanillin-Zucker und Zimt
mischen. Butter oder Margarine hinzufügen. Die
Zutaten mit Handrührgerät mit Knethaken zu
Streuseln von gewünschter Größe verarbeiten.
Die Streusel auf den Aprikosenhälften verteilen.
Das Backblech in den Backofen schieben.

Ober-/Unterhitze: 180 – 200 °C (vorgeheizt)
Heißluft: 160 – 180 °C (vorgeheizt)
Gas: etwa Stufe 3 (vorgeheizt)
Backzeit: etwa 30 Minuten

5 Das Backblech auf einen Kuchenrost
stellen. Den Kuchen erkalten lassen und in
Schnitten schneiden.

Tipp: Anstelle von Aprikosen kann auch
Apfelkompott (mit Stücken, aus dem Glas)
verwendet werden. Die Streusel schmecken
besonders gut, wenn Sie statt 350 g Weizenmehl 275 g Weizenmehl und 50 g abgezogene, gemahlene Mandeln verwenden.

Streusel-Aprikosen-Kuchen

Streuseltorte mit Äpfeln |

Einfach – schnell

Für den Streuselteig:
150 g Weizenmehl
2 gestr. TL Backpulver
100 g Zucker
1 Pck. Vanillin-Zucker
100 g abgezogene, gemahlene Mandeln
100 g Marzipan-Rohmasse
150 g Butter

Für die Füllung:
750 g säuerliche Äpfel

Zubereitungszeit: 25 Minuten,
ohne Kühlzeit

Insgesamt: E: 55 g, F: 208 g, Kh: 327 g,
kJ: 14186, kcal: 3390

1 Für den Teig Mehl und Backpulver in einer
Rührschüssel mit Zucker, Vanillin-Zucker und
Mandeln mischen.

2 Marzipan-Rohmasse grob raspeln. Butter
zerlassen, mit dem Marzipan verrühren und
dazugeben. Die Zutaten mit Handrührgerät
mit Knethaken zu Streuseln von gewünschter
Größe verarbeiten, kalt stellen.

3 Für die Füllung Äpfel schälen, vierteln,
entkernen und in Spalten schneiden. Gut
die Hälfte der Streusel in eine Springform
(Ø 28 cm, Boden gefettet) geben und leicht
andrücken.

4 Die restlichen Streusel mit den Apfelspalten vermischen und auf den Streuselboden
geben. Die Form auf dem Rost in den Backofen schieben.

Ober-/Unterhitze: etwa 180 °C (vorgeheizt)
Heißluft: etwa 160 °C (nicht vorgeheizt)
Gas: Stufe 2 – 3 (nicht vorgeheizt)
Backzeit: etwa 45 Minuten

5 Den Kuchen aus der Form lösen und auf
einem Kuchenrost erkalten lassen.

Streuseltorte mit Äpfeln

Stricknadeltorte |

Raffiniert – für Gäste

Für den Teig
250 g Butter oder weiche Magarine
250 g Zucker, 1 Pck. Vanillin-Zucker
$^1/_2$ Fläschchen Butter-Vanille-Aroma
6 Eier (Größe M)
250 g Weizenmehl
2 $^1/_2$ gestr. TL Backpulver

Zum Tränken:
250 ml ($^1/_4$ l) kalter Kaffee
3 EL Zucker
2 EL Kakaopulver
1 EL Rum

Für die Eierlikörsahne:
400 ml Schlagsahne
2 Pck. Sahnesteif
2 TL Zucker
5 EL (75 ml) Eierlikör

Zum Bestäuben und Garnieren:
Kakaopulver
grob geraspelte Schokolade

Zubereitungszeit: 45 Minuten,
ohne Abkühl- und Durchziehzeit

Insgesamt: E: 92 g, F: 383 g, Kh: 559 g,
kJ: 26658, kcal: 6370

1 Für den Teig Butter oder Margarine mit Handrührgerät mit Rührbesen auf höchster Stufe geschmeidig rühren. Nach und nach Zucker, Vanillin-Zucker und Aroma unterrühren. So lange rühren, bis eine gebundene Masse entstanden ist. Eier nach und nach unterrühren (jedes Ei etwa $^1/_2$ Minute).

2 Mehl mit Backpulver mischen, sieben und portionsweise auf mittlerer Stufe unterrühren. Den Teig in eine Springform (Ø 28 cm, Boden gefettet) füllen. Die Form auf dem Rost in den Backofen schieben.

Ober-/Unterhitze: etwa 180 °C (vorgeheizt)
Heißluft: etwa 160 °C (nicht vorgeheizt)
Gas: Stufe 2 – 3 (nicht vorgeheizt)
Backzeit: 40 – 45 Minuten

3 Den Kuchen aus der Form lösen und auf einen Kuchenrost legen. Den heißen Kuchen mehrmals mit einer dicken Stricknadel einstechen, erkalten lassen. Den gesäuberten Springformrand wieder darumstellen.

4 Zum Tränken Kaffee, Zucker, Kakao und Rum verrühren. Den Kuchen damit tränken und über Nacht durchziehen lassen.

5 Für die Eierlikörsahne Sahne mit 1 Päckchen Sahnesteif und Zucker steif schlagen.

Restliches Sahnesteif mit Eierlikör verrühren und unter die Sahne rühren.

6 Die Eierlikörsahne kurz vor dem Verzehr auf den Kuchen streichen. Mit Kakao bestäuben und mit Schokolade garnieren. Springformrand lösen und entfernen.

Tipp: Die Tortenoberfläche mit Schokoladenlocken garnieren. Mit einem Sparschäler Locken schaben und auf die Torte geben.

Stricknadeltorte

Strudelhörnchen |

Etwas aufwändiger

Für den Strudelteig:
200 g Weizenmehl
1 Prise Salz
75 ml lauwarmes Wasser
3 EL Speiseöl

Zum Bestreichen:
50 g zerlassene Butter

Für die Füllung:
100 g abgezogene, gehackte Mandeln
50 g fein gehackte Walnusskerne
100 g Korinthen
2 EL Weinbrand
4 EL Zucker
4 Eigelb (Größe M)
1/2 Pck. Finesse Geriebene
Zitronenschale
1 gestr. TL gemahlener Zimt

Zum Bestreichen:
2 Eigelb
etwas Wasser

Zum Bestreuen:
4 EL Hagelzucker

Zubereitungszeit: 65 Minuten,
ohne Ruhezeit

Insgesamt: E: 70 g, F: 196 g, Kh: 306 g,
kJ: 14711, kcal: 3515

1 Für den Teig Mehl in eine Rührschüssel sieben. Salz, Wasser und Öl hinzufügen. Die Zutaten mit Handrührgerät mit Knethaken zunächst kurz auf niedrigster, dann auf höchster Stufe gut durcharbeiten.

2 Anschließend auf einer Arbeitsfläche zu einem glatten Teig verkneten, ihn auf Backpapier in einen heißen trockenen Kochtopf (vorher Wasser darin kochen) legen, mit einem Deckel verschließen und etwa 30 Minuten ruhen lassen.

3 Den Strudelteig auf einem bemehlten großen Tuch (Geschirrtuch) dünn ausrollen, ihn dann mit den Händen zu einem Quadrat von etwa 60 x 60 cm ausziehen (er muss durchsichtig sein). Die Ränder, wenn sie dicker sind, abschneiden. Den Teig dünn mit etwas von der Butter bestreichen. Aus dem Teigquadrat mit Hilfe eines Lineals und eines Messers 9 Quadrate (je 20 x 20 cm) schneiden.

Jedes Quadrat diagonal durchschneiden, so dass 18 Dreiecke entstehen.

4 Für die Füllung Mandeln, Walnusskerne und Korinthen in eine Schüssel geben, mit Weinbrand beträufeln und etwas einweichen lassen. Zucker, Eigelb, Zitronenschale und Zimt unter die Masse rühren.

5 Die Füllung gleichmäßig auf den Teigdreiecken verteilen. Von der breiten Seite her zusammenrollen und zu Hörnchen formen. Die Hörnchen auf ein Backblech (gefettet, mit Backpapier belegt) legen.

6 Zum Bestreichen Eigelb mit Wasser verschlagen, die Hörnchen damit bestreichen und mit Hagelzucker bestreuen. Das Backblech in den Backofen schieben.

Ober-/Unterhitze: etwa 180 °C (vorgeheizt)
Heißluft: etwa 160 °C (vorgeheizt)
Gas: Stufe 2 – 3 (vorgeheizt)
Backzeit: 10 – 15 Minuten

7 Die Hörnchen vom Backpapier lösen und auf einen Kuchenrost legen. Hörnchen warm oder kalt servieren.

Strudelhörnchen

Stutenkerle oder Martinsgänse |  ❄

Für Kinder

Für den Hefeteig:
500 g Weizenmehl
1 Pck. Trockenhefe
2 EL Zucker
1 gestr. TL Salz
1 Ei (Größe M)
1 Eiweiß (Größe M)
100 g zerlassene abgekühlte Butter
oder Margarine
125 ml (¹/₈ l) lauwarme Milch

Für Stutenkerle:
16 – 20 Rosinen

Zum Bestreichen:
1 Eigelb
1 – 2 EL Milch

Zum Garnieren:
8 – 10 Tonpfeifen

Für Martinsgänse:
1 Eigelb
1 – 2 EL Milch

Zum Garnieren:
Rosinen

Zum Bestreuen:
Hagelzucker

Zubereitungszeit: 90 Minuten,
ohne Teiggehzeit

Insgesamt: E: 92 g, F: 111 g, Kh: 463 g,
kJ: 14103, kcal: 3369

Stutenkerle

1 Für den Teig Mehl in eine Rührschüssel sieben, mit Trockenhefe sorgfältig vermischen. Zucker, Salz, Ei, Eiweiß, Butter oder Margarine und Milch hinzufügen.

2 Die Zutaten mit Handrührgerät mit Knethaken zunächst auf niedrigster, dann auf höchster Stufe in etwa 5 Minuten zu einem Teig verarbeiten. Den Teig zugedeckt so lange an einem warmen Ort stehen lassen, bis er sich sichtbar vergrößert hat.

3 Den Teig leicht mit Mehl bestäuben, aus der Schüssel nehmen und auf der bemehlten Arbeitsfläche nochmals kurz durchkneten.

4 Für die Stutenkerle den Teig etwa 1 cm dick ausrollen. Aus Pappe eine Stutenkerl-Schablone (etwa 18 cm hoch und gut 8 cm breit) ausschneiden und auf den Teig legen. Stutenkerle ausschneiden und auf ein Backblech (gefettet, mit Backpapier belegt) legen.

5 Die Armkonturen evtl. mit Hilfe eines Messers formen. Nach Belieben aus den Teigresten kleine Rollen und Kordeln formen und die Stutenkerle damit garnieren. Rosinen als Augen eindrücken.

6 Zum Bestreichen Eigelb mit Milch verschlagen, die Stutenkerle damit bestreichen. Tonpfeifen in die Stutenkerle drücken. Teigstutenkerle zugedeckt nochmals etwa 20 Minuten an einem warmen Ort gehen lassen. Das Backblech in den Backofen schieben.

Ober-/Unterhitze: etwa 200 °C (vorgeheizt)
Heißluft: etwa 180 °C (vorgeheizt)
Gas: Stufe 2 – 3 (vorgeheizt)
Backzeit: 15 – 20 Minuten

7 Die Stutenkerle mit dem Backpapier vom Backblech auf einen Kuchenrost ziehen. Stutenkerle erkalten lassen.

8 Für Martinsgänse den Teig auf der bemehlten Arbeitsfläche knapp 1 cm dick ausrollen. Mit Hilfe einer Pappschablone Gänse (Körperlänge etwa 14 cm, Körperbreite etwa 10 cm und Gesamthöhe etwa 20 cm) ausschneiden und auf ein Backblech (gefettet, mit Backpapier belegt) legen.

9 Zum Bestreichen Eigelb mit Milch verschlagen, die Teiggänse damit bestreichen. Rosinen als Augen eindrücken. Teiggänse mit Hagelzucker bestreuen. Zugedeckt nochmals etwa 20 Minuten an einem warmen Ort gehen lassen. Das Backblech in den Backofen schieben.

Ober-/Unterhitze: etwa 200 °C (vorgeheizt)
Heißluft: etwa 180 °C (vorgeheizt)
Gas: Stufe 3 – 4 (vorgeheizt)
Backzeit: 15 – 20 Minuten

10 Die Gänse mit dem Backpapier vom Backblech auf einen Kuchenrost ziehen. Gänse erkalten lassen.

Teegebäck mit Mandeln

Teegebäck mit Mandeln |

Für Gäste

Für den Knetteig:
250 g Weizenmehl
125 g Zucker
1 Pck. Vanillin-Zucker
1 Ei (Größe M)
125 g Butter oder Margarine

Für die Füllung:
4 EL Orangenmarmelade
2 Eiweiß (Größe M)
200 g Zucker, 1 Pck. Vanillin-Zucker
1 Pck. Finesse Amaretto-Bittermandel-Aroma
250 g abgezogene, gemahlene Mandeln

Zum Bestreuen:
2 EL abgezogene, gehobelte Mandeln

Zubereitungszeit: 45 Minuten, ohne Abkühlzeit

Insgesamt: E: 97 g, F: 256 g, Kh: 594 g, kJ: 22277, kcal: 5320

1 Für den Teig Mehl in eine Rührschüssel sieben. Zucker, Vanillin-Zucker, Ei und Butter oder Margarine hinzufügen. Die Zutaten mit Handrührgerät mit Knethaken zunächst kurz auf niedrigster, dann auf höchster Stufe gut durcharbeiten.

2 Anschließend auf der bemehlten Arbeitsfläche zu einem glatten Teig verkneten. Sollte er kleben, ihn in Folie gewickelt eine Zeit lang kalt stellen.

3 Den Teig auf der bemehlten Arbeitsfläche dünn ausrollen und um eine Teigrolle legen.

4 Etwa 12 Schiffchenformen (gut gefettet) auf der Arbeitsfläche eng nebeneinander stellen. Den Teig darüber abrollen, mit einer Teigrolle darüber rollen, so dass die Schiffe einzeln mit dem Teig gefüllt sind, eventuell mit den Händen nachformen.

5 Für die Füllung Marmelade durch ein Sieb streichen. Die Teigschiffe damit ausstreichen. Eiweiß sehr steif schlagen, der Schnee muss

so fest sein, dass ein Messerschnitt sichtbar bleibt. Nach und nach Zucker, Vanillin-Zucker und Aroma unterschlagen. Zuletzt Mandeln unterheben.

6 Die Masse in einen Spritzbeutel mit Lochtülle füllen und spiralförmig in die ausgestrichenen Schiffe spritzen. Mit Mandeln bestreuen. Die gefüllten Formen auf ein Backblech stellen. Das Backblech in den Backofen schieben.

Ober-/Unterhitze: etwa 180 °C (vorgeheizt)
Heißluft: etwa 160 °C (vorgeheizt)
Gas: Stufe 2 – 3 (vorgeheizt)
Backzeit: etwa 30 Minuten

7 Die Formen auf einen Kuchenrost stellen und etwas abkühlen lassen. Dann das Gebäck aus den Formen lösen und auf einem Kuchenrost erkalten lassen.

Tipp: Anstelle der Schiffchenformen kann auch eine Mini-Muffinform verwendet werden.

Teekuchen mit Ananas | ❄

Einfach

Zum Vorbereiten:
1 Dose Ananas in Scheiben
(Abtropfgewicht 260 g)

Für den Rührteig:
150 g Butter oder Margarine
100 g Zucker
1 Prise Salz
2 Eier (Größe M)
250 g Weizenmehl
2 gestr. TL Backpulver
7 EL Ananassaft aus der Dose

Für den Belag:
30 g Butter oder Margarine
40 g flüssiger Honig
50 g Kokosraspel

Zubereitungszeit: 60 Minuten

Insgesamt: E: 48 g, F: 195 g, Kh: 364 g,
kJ: 14680, kcal: 3508

1 Zum Vorbereiten Ananasscheiben in einem Sieb abtropfen lassen, dabei den Saft auffangen und 7 Esslöffel davon abnehmen.

2 Für den Teig Butter oder Margarine mit Handrührgerät mit Rührbesen auf höchster Stufe geschmeidig rühren. Nach und nach Zucker und Salz unterrühren. So lange rühren, bis eine gebundene Masse entstanden ist.

3 Eier nach und nach unterrühren (jedes Ei etwa 1/2 Minute). Mehl mit Backpulver mischen, sieben, abwechselnd portionsweise mit dem abgemessenen Saft auf mittlerer Stufe unterrühren.

4 Den Teig in eine Springform (Ø 20 cm, Boden gefettet, mit Backpapier belegt) füllen und glatt streichen.

5 Für den Belag Ananasscheiben in kleine Stücke schneiden. Butter oder Margarine und Honig geschmeidig rühren. Ananasstücke und Kokosraspel unterrühren.

6 Die Ananasmasse auf dem Teig verteilen. Die Form auf dem Rost in den Backofen schieben.

Ober-/Unterhitze: etwa 180 °C (vorgeheizt)
Heißluft: etwa 160 °C (nicht vorgeheizt)
Gas: Stufe 2 – 3 (nicht vorgeheizt)
Backzeit: etwa 40 Minuten

7 Den Kuchen 5 Minuten in der Form stehen lassen, dann aus der Form lösen und auf einem Kuchenrost erkalten lassen.

Tipp: Der Kuchen kann auch in einer größeren Springform (Ø 26 cm) gebacken werden, dafür die Zutatenmengen verdoppeln.

Teekuchen mit Ananas

Topfenkipferln |

Preiswert – raffiniert

Für den Knetteig:
200 g Weizenmehl
25 g Zucker
1 Prise Salz
100 g Magerquark (Topfen)
100 g Butter oder Margarine

Zum Bestreichen:
etwas Milch

Für die Füllung:
1 kleine Dose Beerencocktail
(Abtropfgewicht 180 g)

Zum Verzieren:
50 g gesiebter Puderzucker
2 TL Fruchtsaft aus der Dose

Nach Belieben zum Bestäuben:
Puderzucker

Zubereitungszeit: 65 Minuten, ohne Abkühlzeit

Insgesamt: E: 37 g, F: 87 g, Kh: 264 g, kJ: 8498, kcal: 2030

1 Für den Teig Mehl in eine Rührschüssel sieben. Zucker, Salz, Quark und Butter oder Margarine hinzufügen. Die Zutaten mit Hand-rührgerät mit Knethaken zunächst kurz auf niedrigster, dann auf höchster Stufe gut durcharbeiten.

2 Anschließend auf der bemehlten Arbeits-fläche zu einem glatten Teig verkneten. Sollte er kleben, ihn in Folie gewickelt eine Zeit lang kalt stellen.

3 Den Teig auf der bemehlten Arbeitsfläche zu einem Rechteck von etwa 27 x 36 cm ausrollen. Quadrate von etwa 9 x 9 cm da-raus schneiden. Die Teigränder mit Milch be-streichen.

4 Für die Füllung Beerencocktail in einem Sieb gut abtropfen lassen, den Saft dabei auffangen und 2 Teelöffel zum Verzieren ab-messen.

5 Die Beeren auf die Teigquadrate geben und zu Dreiecken zusammenschlagen. Die Ränder gut andrücken. Die Teigkipferl auf ein Backblech (gefettet, mit Backpapier belegt) legen. Das Backblech in den Back-ofen schieben.

Ober-/Unterhitze: etwa 180 °C (vorgeheizt)
Heißluft: etwa 160 °C (vorgeheizt)
Gas: Stufe 2 – 3 (vorgeheizt)
Backzeit: 20 – 25 Minuten

6 Die Kipferln mit dem Backpapier vom Backblech auf einen Kuchenrost ziehen. Kipferln erkalten lassen.

7 Zum Verzieren Puderzucker mit Fruchtsaft zu einer dickflüssigen Masse verrühren. Die Masse in ein Pergamentpapiertütchen füllen, eine kleine Spitze abschneiden. Die Kipferln damit verzieren.

Tipp: Nach Belieben die Kipferln vor dem Ver-zieren zusätzlich mit Puderzucker bestäuben. Für die Füllung kann auch 150 g TK-Obst, z. B. Beerenauslese, verwendet werden. Die Früchte auftauen und anschließend in einem Sieb gut abtropfen lassen.

Topfenkipferln

Traubentörtchen

Traubentörtchen |

Einfach

Für den Teig:
1 Pck. (450 g) TK-Blätterteig

Zum Bestreichen:
etwas Milch oder Kondensmilch

Zum Bestreuen:
Zucker

Für die Füllung:
*350 g kleine kernlose
grüne Weintrauben
500 ml (¹/₂ l) Schlagsahne
2 – 3 EL Zitronensaft
25 g gesiebter Puderzucker*

Nach Belieben zum Bestäuben:
Puderzucker

Zubereitungszeit: 65 Minuten, ohne
Auftau- und Ruhezeit

Insgesamt: E: 31 g, F: 166 g, Kh: 258 g,
kJ: 11514, kcal: 2752

1 Für den Teig Blätterteigplatten nebeneinander zugedeckt bei Zimmertemperatur auftauen lassen. Jede Teigplatte auf der bemehlten Arbeitsfläche etwa 3 mm dick ausrollen und insgesamt 9 ovale Platten von etwa 10 x 8 cm und 18 Ringe von etwa 2 cm Breite daraus ausschneiden.

2 Die ovalen Teigplatten auf ein Backblech (gefettet, mit Backpapier belegt) legen. Die Teigränder mit Milch oder Kondensmilch bestreichen. Je 2 Ringe auf jede Teigplatte legen und ebenfalls mit Milch oder Kondensmilch bestreichen.

3 Aus dem restlichen Teig mit Hilfe eines Förmchens oder einer Papierschablone Blätter ausstechen und mit auf das Backblech legen. Die Teigblätter mit Hilfe eines Messerrückens verzieren, mit Milch oder Kondensmilch bestreichen und mit Zucker bestreuen. Die Teig-

stücke etwa 15 Minuten ruhen lassen. Das Backblech in den Backofen schieben.

Ober-/Unterhitze: etwa 200 °C (vorgeheizt)
Heißluft: etwa 180 °C (vorgeheizt)
Gas: Stufe 3 – 4 (vorgeheizt)
Backzeit: etwa 15 Minuten

4 Die Törtchen und Blätter vom Backblech lösen und auf einem Kuchenrost erkalten lassen.

5 Für die Füllung Weintrauben waschen und gut abtropfen lassen. Die Hälfte der Weintrauben in die Törtchen legen.

6 Sahne steif schlagen, Zitronensaft und Puderzucker unterrühren. Die Sahne auf den Weintrauben verteilen. Die Törtchen mit den restlichen Weintrauben belegen und kalt stellen.

7 Die Törtchen kurz vor dem Servieren mit den gebackenen Blättern garnieren. Nach Belieben mit Puderzucker bestäuben.

Trüffelkuchen vom Blech

Trüffelkuchen vom Blech |

Raffiniert

Zum Bestreuen:
75 g Haselnusskrokant

Für den Biskuitteig:
4 Eier (Größe M)
150 g Zucker
1 Pck. Vanillin-Zucker
75 g Weizenmehl
2 gestr. TL Backpulver
60 g gemahlene Haselnuss-
kerne

Für die Füllung:
2 Pck. Mousse au Chocolat
500 ml (¹/₂ l) Schlagsahne
100 g gemischte gehackte
Trüffelpralinen

Zum Garnieren:
200 ml Schlagsahne
1 Pck. Sahnesteif
einige Trüffelpralinen

Zubereitungszeit: 45 Minuten, ohne
Kühlzeit

Insgesamt: E: 75 g, F: 338 g, Kh: 413 g,
kJ: 21545, kcal: 5149

1 Zum Bestreuen ein Backblech mit Backpapier auslegen. Die offene Seite mit einem
mehrfach geknickten Streifen Backpapier verschließen. Krokant gleichmäßig auf das Backblech streuen.

2 Für den Teig Eier mit Handrührgerät mit
Rührbesen auf höchster Stufe in 1 Minute
schaumig schlagen. Zucker und Vanillin-Zucker mischen, in 1 Minute einstreuen, dann
noch etwa 2 Minuten schlagen.

3 Mehl mit Backpulver mischen, auf die Eiercreme sieben und kurz auf niedrigster
Stufe unterrühren. Haselnusskerne unterheben. Den Teig auf das mit Krokant bestreute
Backblech geben und glatt streichen. Das
Backblech in den Backofen schieben. Sofort
backen.

Ober-/Unterhitze: etwa 200 °C (vorgeheizt)
Heißluft: etwa 180 °C (vorgeheizt)
Gas: Stufe 3 – 4 (vorgeheizt)
Backzeit: etwa 12 Minuten

4 Die Biskuitplatte sofort nach dem Backen
auf mit Zucker bestreutes Backpapier stürzen. Mitgebackenes Backpapier abziehen.
Biskuitplatte erkalten lassen.

5 Biskuitplatte senkrecht halbieren. Eine
Hälfte mit der Krokantseite nach oben auf
eine Platte legen. Aus der zweiten Biskuithälfte mit einem Ausstechförmchen 24 kleine
Plättchen (Ø etwa 3 cm) ausstechen.

6 Für die Füllung Mousse au Chocolat mit
Sahne mit Handrührgerät mit Rührbesen etwa
2 Minuten verrühren. Gehackte Trüffelpralinen
unterheben.

7 Die Mousse-au-Chocolat-Masse auf den
unteren heilen Biskuitboden streichen. Die
Biskuitplatte mit den Löchern mit der Krokantseite nach oben darauf legen und leicht
andrücken. Kuchen kalt stellen.

8 Zum Garnieren Sahne mit Sahnesteif steif
schlagen, in einen Spritzbeutel mit Sterntülle
füllen und in die ausgestochenen Löcher spritzen. Mit Trüffelpralinen und den Gebäckplätt-
chen garnieren.

Trüffel-Sahne-Torte | 🥛 🥛 🍶

Für Gäste

Zum Vorbereiten für die Trüffelsahne:
250 ml (¹/₄ l) Schlagsahne
100 g Zartbitterschokolade

Zum Vorbereiten für den Biskuitboden:
50 g Zartbitterschokolade

Für den Biskuitteig:
5 Eigelb (Größe M)
100 g Zucker
1 Pck. Vanillin-Zucker
5 Eiweiß (Größe M)
50 g Zucker
170 g Weizenmehl
3 gestr. TL Backpulver

Für die Trüffelsahne:
250 ml (¹/₄ l) Schlagsahne
2 Pck. Sahnesteif
evtl. 2 EL Rum

Zum Verzieren:
geschabte Halbbitter-Kuvertüre

Zum Bestäuben:
Kakaopulver
Puderzucker

Zum Garnieren:
Trüffelpralinen

Zubereitungszeit: 60 Minuten, ohne Kühlzeit

Insgesamt: E: 84 g, F: 279 g, Kh: 475 g, kJ: 20547, kcal: 4911

1 Zum Vorbereiten für die Trüffelsahne Sahne in einem kleinen Topf zum Kochen bringen und von der Kochstelle nehmen. Schokolade in kleine Stücke brechen und in der Sahne unter Rühren auflösen. Schokoladensahne einige Stunden kalt stellen (am besten über Nacht).

2 Zum Vorbereiten für den Biskuitboden Schokolade in kleine Stücke brechen, in ei-

nem kleinen Topf im Wasserbad bei schwacher Hitze zu einer geschmeidigen Masse verrühren und etwas abkühlen lassen.

3 Für den Teig Eigelb mit Handrührgerät mit Rührbesen auf höchster Stufe in 1 Minute schaumig schlagen. Zucker und Vanillin-Zucker mischen, in 1 Minute einstreuen, dann noch etwa 2 Minuten schlagen. Aufgelöste Schokolade hinzufügen. So lange schlagen, bis eine cremige Masse entstanden ist.

4 Eiweiß mit Zucker steif schlagen. Den Eischnee auf die Eigelbmasse geben und vorsichtig unterheben.

5 Mehl mit Backpulver mischen, die Hälfte davon auf die Masse sieben, kurz auf niedrigster Stufe unterrühren. Restliches Mehlgemisch auf die gleiche Weise unterarbeiten.

6 Den Teig in eine Springform (Ø 26 oder 28 cm, Boden gefettet, mit Backpapier belegt) füllen. Die Form auf dem Rost in den Backofen schieben.

Ober-/Unterhitze: etwa 180 °C (vorgeheizt)
Heißluft: etwa 160 °C (nicht vorgeheizt)
Gas: Stufe 2 – 3 (nicht vorgeheizt)
Backzeit: etwa 40 Minuten

7 Den Biskuitboden aus der Form lösen, auf einen mit Backpapier belegten Kuchenrost stürzen, mitgebackenes Backpapier abziehen. Biskuitboden erkalten lassen, einmal waagerecht durchschneiden.

8 Für die Trüffelsahne die Sahne zu der Schokoladensahne geben und etwa ¹/₂ Minute schlagen. Sahnesteif und Rum hinzufügen. Die Trüffelsahne steif schlagen.

9 Den unteren Biskuitboden mit zwei Dritteln der Trüffelsahne bestreichen. Den oberen Biskuitboden darauf legen. Tortenrand und -oberfläche gleichmäßig mit der restlichen Trüffelsahne bestreichen. Den Tortenrand mit geschabter Kuvertüre bestreuen. Die Torte auf eine Tortenplatte geben und kalt stellen.

10 Vor dem Servieren die Tortenoberfläche mit Kakao bestäuben, eine Schablone auflegen und dick mit Puderzucker bestäuben. Die Schablone vorsichtig abheben. Die Torte mit Trüffelpralinen garnieren.

Tipp: Nach Belieben zusätzlich etwa 3 Esslöffel Orangenmarmelade oder Preiselbeerkonfitüre auf den unteren Boden streichen. Die Torte kann bis auf die Garnierung am Vortag zubereitet werden.

Trüffel-Sahne-Torte

Vanillecremetorte mit Obst

Vanillecremetorte mit Obst |

Für Gäste

Für den Knetteig:
200 g Weizenmehl
1 Msp. Backpulver
75 g Zucker, 1 Pck. Vanillin-Zucker
1/2 Pck. Finesse Orangenschalen-Aroma
1 Ei (Größe M)
100 g Butter oder Margarine

Für den Rand:
1 EL Weizenmehl

Für die Vanillecreme:
4 Blatt weiße Gelatine
1 Pck. Pudding-Pulver
Vanille-Geschmack
80 g Zucker
375 ml (3/8 l) Milch
1 Becher (150 g) Crème fraîche
1/2 Pck. Finesse Orangenschalen-Aroma

Für den Belag:
750 g beliebiges vorbereitetes, evtl.
gedünstetes Obst, z. B. Kirschen,
Erdbeeren oder Stachelbeeren

Für den Guss:
1 Pck. Tortenguss, klar
25 g Zucker
250 ml (1/4 l) Wasser oder Saft

Zubereitungszeit: 60 Minuten, ohne
Kühlzeit

Insgesamt: E: 60 g, F: 152 g, Kh: 451 g,
kJ: 14731, kcal: 3514

1 Für den Teig Mehl und Backpulver mischen und in eine Rührschüssel sieben. Zucker, Vanillin-Zucker, Aroma, Ei und Butter
oder Margarine hinzufügen. Die Zutaten mit
Handrührgerät mit Knethaken zunächst kurz
auf niedrigster, dann auf höchster Stufe gut
durcharbeiten.

2 Anschließend auf der bemehlten Arbeitsfläche zu einem glatten Teig verkneten. Sollte
er kleben, ihn in Folie gewickelt 20–30 Minuten kalt stellen.

3 Zwei Drittel des Teiges auf dem Boden einer Springform (Ø 26 cm, Boden gefettet)
ausrollen. Restlichen Teig mit Mehl verkneten
und zu einer Rolle formen. Sie als Rand auf
den Teigboden legen und so an die Form drücken, dass ein etwa 3 cm hoher Rand entsteht. Teigboden mehrmals mit einer Gabel
einstechen. Die Form auf dem Rost in den
Backofen schieben.

Ober-/Unterhitze: etwa 220 °C (vorgeheizt)
Heißluft: etwa 200 °C (vorgeheizt)
Gas: Stufe 4 – 5 (vorgeheizt)
Backzeit: etwa 15 Minuten

4 Den Tortenboden aus der Form lösen und
auf einem mit Backpapier belegten Kuchenrost erkalten lassen.

5 Für die Creme Gelatine in kaltem Wasser
nach Packungsanleitung einweichen.

6 Einen Pudding aus Pudding-Pulver, Zucker
und Milch nach Packungsanleitung – aber nur
mit 375 ml (3/8 l) Milch – zubereiten. Gelatine
leicht ausdrücken und unter Rühren in dem
heißen Pudding vollständig auflösen. Puddingmasse etwas abkühlen lassen. Crème fraîche
und Aroma unterrühren. Die Masse abkühlen
lassen, dabei ab und zu umrühren.

7 Die Puddingmasse auf den Tortenboden
geben und glatt streichen. Kirschen, Erdbeeren oder Stachelbeeren darauf verteilen.

8 Für den Guss aus Tortengusspulver, Zucker und Wasser oder Saft nach Packungsanleitung einen Guss zubereiten und auf den
Früchten verteilen. Torte etwa 2 Stunden kalt
stellen.

Vanille-Käsekuchen |

Für Gäste

Für den Knetteig:
180 g Weizenmehl
1 gestr. TL Backpulver
65 g Zucker, 1 Prise Salz
1 Ei (Größe M)
65 g Butter oder Margarine

Für den Belag:
500 g Magerquark
250 ml (¼ l) neutrales Speiseöl
125 g Zucker
1 Pck. Bourbon-Vanille-Zucker
abgeriebene Schale und Saft
von 1 Bio-Zitrone (unbehandelt,
ungewachst)
1 Pck. Pudding-Pulver Vanille-
Geschmack
500 ml (½ l) Milch
1 Ei (Größe M)
2 Eigelb (Größe M)

Für das Baiser:
2 Eiweiß (Größe M)
80 g Zucker

Zum Bestäuben:
Puderzucker

Zubereitungszeit: 40 Minuten, ohne Abkühlzeit

Insgesamt: E: 132 g, F: 296 g, Kh: 491 g, kJ: 22362, kcal: 5339

1 Für den Teig Mehl mit Backpulver mischen und in eine Rührschüssel sieben. Zucker, Salz, Ei und Butter oder Margarine hinzufügen. Die Zutaten mit Handrührgerät mit Knethaken zunächst kurz auf niedrigster, dann auf höchster Stufe gut durcharbeiten.

2 Anschließend auf der bemehlten Arbeitsfläche zu einem glatten Teig verkneten. Sollte

er kleben, ihn in Folie gewickelt eine Zeit lang kalt stellen.

3 Für den Belag Quark, Öl, Zucker, Vanille-Zucker, Zitronenschale und -saft zu einer geschmeidigen Masse verrühren. Pudding-Pulver, Milch, Ei und Eigelb hinzufügen und unterrühren.

4 Zwei Drittel des Teiges auf dem Boden einer Springform (Ø 26 cm, Boden gefettet) ausrollen. Springformrand darumstellen. Restlichen Teig zu einer Rolle formen. Sie als Rand auf den Teigboden legen und so an die Form drücken, dass ein etwa 3 cm hoher Rand entsteht.

5 Die Quarkmasse auf den Teigboden geben und glatt streichen. Die Form auf dem Rost in den Backofen schieben.

Ober-/Unterhitze: etwa 180 °C (vorgeheizt)
Heißluft: etwa 160 °C (nicht vorgeheizt)
Gas: Stufe 2 – 3 (nicht vorgeheizt)
Backzeit: etwa 60 Minuten

6 Für das Baiser Eiweiß sehr steif schlagen, der Schnee muss so fest sein, dass ein Messerschnitt sichtbar bleibt. Nach und nach Zucker unterschlagen.

7 Die Baisermasse 10 Minuten vor Ende der Backzeit auf die Kuchenoberfläche streichen. Kuchen fertig backen.

8 Den Kuchen in der Form erkalten lassen. Dann aus der Form lösen und auf eine Tortenplatte legen. Kuchen mit Puderzucker bestäuben.

Tipp: Den Boden ohne Springformrand im vorgeheizten Backofen (Ober-/Unterhitze: etwa 200 °C, Heißluft: etwa 180 °C, Gas: Stufe 3 – 4) etwa 10 Minuten vorbacken, etwas abkühlen lassen. Den Kuchen, wie ab Punkt 4 (Teigrolle formen) beschrieben, weiter zubereiten.

Vanille-Käsekuchen

Waldbeeren-Kuppeltorte |

Raffiniert

Für den Biskuitteig:
4 Eier (Größe M)
100 g Zucker
1 Pck. Vanillin-Zucker
100 g Weizenmehl
25 g Speisestärke
1 gestr. TL Backpulver
10 g Kakaopulver

Zum Tränken:
6 EL Cassis-Likör

Für die Füllung:
600 g gemischte frische Beeren oder
2 Pck. (je 300 g) TK-Waldbeeren
50 g Zucker
600 ml Schlagsahne
2 Pck. Sahnesteif

Zum Bestreuen:
200 g geschabte Halbbitter-
Kuvertüre

Zubereitungszeit: 60 Minuten, ohne Kühlzeit

Insgesamt: E: 75 g, F: 293 g, Kh: 468 g, kJ: 21248, kcal: 5079

1 Für den Teig Eier mit Handrührgerät mit Rührbesen auf höchster Stufe in 1 Minute schaumig schlagen. Zucker mit Vanillin-Zucker mischen, in 1 Minute einstreuen, dann noch etwa 2 Minuten schlagen.

2 Mehl, Speisestärke, Backpulver und Kakao mischen, die Hälfte davon auf die Eiercreme sieben und kurz auf niedrigster Stufe unterrühren. Restliches Mehlgemisch auf die gleiche Weise unterarbeiten.

3 Den Teig in eine Springform (Ø 26 cm, Boden gefettet, mit Backpapier belegt) füllen. Die Form auf dem Rost in den Backofen schieben.

Ober-/Unterhitze: etwa 180 °C (vorgeheizt)
Heißluft: etwa 160 °C (vorgeheizt)
Gas: Stufe 2 – 3 (vorgeheizt)
Backzeit: etwa 30 Minuten

4 Den Biskuitboden aus der Form lösen, auf einen mit Backpapier belegten Kuchenrost stürzen, mitgebackenes Backpapier entfernen. Den Biskuitboden erkalten lassen und einmal waagerecht durchschneiden.

5 Den unteren Biskuitboden auf eine Platte legen und mit 2 Esslöffeln Cassis-Likör tränken.

6 Für die Füllung frische Beeren putzen, waschen, abtropfen lassen und evtl. entstielen. TK-Beeren nach Packungsanleitung auftauen lassen. Beerenfrüchte mit Zucker bestreuen.

7 Sahne mit Sahnesteif steif schlagen. Unter zwei Drittel der Sahne die gezuckerten Beerenfrüchte heben. Die Beerensahne kuppelartig auf dem unteren Boden verteilen.

8 Den oberen Biskuitboden vierteln. Biskuitstücke vorsichtig auf die Beerensahne legen, leicht andrücken. Biskuitstücke mit dem restlichen Cassis-Likör tränken. Tortenoberfläche und -rand mit der restlichen Sahne bestreichen.

9 Die Torte mit der geschabten Kuvertüre bestreuen. Torte bis zum Verzehr kalt stellen.

Waldbeeren-Kuppeltorte

Walnussbrot

Walnussbrot |

Gut vorzubereiten – für Gäste

Für den Hefeteig:
300 g Vollkorn-Weizenmehl
200 g Weizenmehl
1 Pck. (42 g) frische Hefe
2 TL Zucker
125 ml ($^1/_8$ l) lauwarme Milch
1 TL Salz
125 ml ($^1/_8$ l) Schlagsahne
100 g zerlassene abgekühlte Butter
oder Margarine
150 g grob gehackte Walnusskerne

Zubereitungszeit: 25 Minuten, ohne Teiggehzeit

Insgesamt: E: 92 g, F: 228 g, Kh: 371 g, kJ: 17084, kcal: 4081

1 Für den Teig beide Mehlsorten in eine Schüssel geben. In die Mitte eine Vertiefung drücken. Hefe hineinbröckeln, Zucker und etwas von der Milch hinzufügen. Mit einer Gabel vorsichtig verrühren und etwa 10 Minuten gehen lassen.

2 Salz, Sahne, Butter oder Margarine und restliche Milch hinzufügen. Die Zutaten mit Handrührgerät mit Knethaken zunächst auf niedrigster, dann auf höchster Stufe in etwa 5 Minuten zu einem Teig verarbeiten. Den Teig zugedeckt so lange an einem warmen Ort stehen lassen, bis er sich sichtbar vergrößert hat.

3 Den Teig aus der Schüssel nehmen, auf der bemehlten Arbeitsfläche nochmals kurz durchkneten. Walnusskerne unterkneten.

4 Den Teig in eine Kastenform (35 x 11 cm, gefettet) füllen. Die Teigoberfläche mit Wasser bestreichen. Den Teig nochmals so lange an einem warmen Ort gehen lassen, bis er sich sichtbar vergrößert hat. Die Form auf dem Rost in den Backofen schieben.

Ober-/Unterhitze: 180 – 200 °C (vorgeheizt)
Heißluft: 160 – 180 °C (nicht vorgeheizt)
Gas: etwa Stufe 3 (nicht vorgeheizt)
Backzeit: etwa 60 Minuten

5 Das Brot aus der Form lösen und auf einem Kuchenrost erkalten lassen.

Tipp: Das Brot in Scheiben geschnitten portionsweise einfrieren.

Walnuss-Orangen-Torte |

Für Gäste – dauert etwas länger

Für den Knetteig:
150 g Weizenmehl
1/2 gestr. TL Backpulver, 30 g Zucker
1 Pck. Bourbon-Vanille-Zucker
1 Prise Salz
50 ml Eiswasser (geschmolzene Eiswürfel)
100 g Butter oder Margarine
50 g gehackte Walnusskerne

1 EL Weizenmehl für den Rand

Zum Bestreichen:
2 EL Aprikosenkonfitüre

Für die Füllung und zum Garnieren:
50 g Zucker
150 g gehackte Walnusskerne
3 Blatt weiße Gelatine
200 g Doppelrahm-Frischkäse
6 – 7 EL Orangensaft
3 EL Zitronensaft, 30 g Zucker
500 ml (1/2 l) Schlagsahne
2 Pck. Sahnesteif
Orangenfilets von 6 Orangen

Zubereitungszeit: 75 Minuten, ohne Abkühlzeit

Insgesamt: E: 94 g, F: 430 g, Kh: 393 g, kJ: 25268, kcal: 6038

1 Für den Teig Mehl mit Backpulver mischen und in eine Rührschüssel sieben. Zucker, Vanille-Zucker, Salz, Eiswasser, Butter oder Margarine und Walnusskerne hinzufügen. Die Zutaten mit Handrührgerät mit Knethaken zunächst kurz auf niedrigster, dann auf höchster Stufe gut durcharbeiten.

2 Anschließend auf der bemehlten Arbeitsfläche zu einem glatten Teig verkneten. Sollte er kleben, ihn in Folie gewickelt eine Zeit lang kalt stellen.

3 Zwei Drittel des Teiges auf dem Boden einer Springform (Ø 26 cm, Boden gefettet) ausrollen. Den Springformrand darumlegen.

4 Für den Rand restlichen Teig mit Mehl verkneten und zu einer Rolle formen. Sie als Rand auf den Teigboden legen und so an die Form drücken, dass ein etwa 2 cm hoher Rand entsteht. Den Teigboden mehrmals mit einer Gabel einstechen. Die Form auf dem Rost in den Backofen schieben.

Ober-/Unterhitze: 180 – 200 °C (vorgeheizt)
Heißluft: 160 – 180 °C (vorgeheizt)
Gas: etwa Stufe 3 (vorgeheizt)
Backzeit: etwa 30 Minuten

5 Den Gebäckboden aus der Form lösen und auf einem Kuchenrost erkalten lassen.

6 Zum Bestreichen Konfitüre durch ein Sieb streichen und in einem kleinen Topf unter Rühren erhitzen. Den Gebäckrand von außen damit bestreichen.

7 Für die Füllung Zucker in einer Pfanne bei schwacher Hitze karamellisieren lassen. Walnusskerne hinzufügen und unterrühren. Die Masse auf Backpapier geben, erkalten lassen und den Krokant mit einer Teigrolle zerstoßen.

8 Gelatine in kaltem Wasser nach Packungsanleitung einweichen, leicht ausdrücken. Die ausgedrückte Gelatine in einem kleinen Topf unter Rühren erwärmen (nicht kochen), bis sie völlig gelöst ist, leicht abkühlen lassen.

9 Frischkäse mit Orangen- und Zitronensaft und Zucker gut verrühren. Die aufgelöste Gelatine unterrühren. Sahne mit Sahnesteif steif schlagen und unterheben.

10 Unter die Hälfte der Creme gut zwei Drittel des Krokants heben, auf den Knetteigboden streichen und mit zwei Drittel der Orangenfilets belegen. Restliche Creme darauf geben und glatt streichen. Die Tortenoberfläche mit den restlichen Orangenfilets und dem restlichen Krokant garnieren.

Walnussplätzchen |

Etwas aufwändiger

Für den Knetteig:
300 g Weizenmehl
200 g Zucker, 1 Pck. Vanillin-Zucker
1 Fläschchen Rum-Aroma
3 Tropfen Bittermandel-Aroma
1 Msp. gemahlener Kardamom
1 Prise Salz
200 g Butter oder Margarine
150 g gemahlene Walnusskerne

Zum Bestreichen:
rotes Johannisbeergelee

Zum Garnieren:
50 g Halbbitter-Kuvertüre
200 g halbierte Walnusskerne

Für den Guss:
200 g gesiebter Puderzucker
2 – 3 EL Wasser

Zubereitungszeit: 110 Minuten, ohne Abkühl- und Trockenzeit

Insgesamt: E: 86 g, F: 403 g, Kh: 708 g, kJ: 29279, kcal: 6995

1 Für den Teig Mehl in eine Rührschüssel sieben. Zucker, Vanillin-Zucker, Aromen, Kardamom, Salz, Butter oder Margarine und Walnusskerne hinzufügen. Die Zutaten mit Handrührgerät mit Knethaken zunächst kurz auf niedrigster, dann auf höchster Stufe gut durcharbeiten.

2 Anschließend auf der bemehlten Arbeitsfläche zu einem glatten Teig verkneten. Sollte er kleben, ihn in Folie gewickelt eine Zeit lang kalt stellen.

3 Den Teig auf der bemehlten Arbeitsfläche dünn ausrollen und mit einer runden Ausstechform (Ø etwa 4 cm) Plätzchen ausstechen. Die Plätzchen auf Backbleche (gefettet, mit Backpapier belegt) legen.

4 Die Backbleche nacheinander (bei Heißluft zusammen) in den Backofen schieben.

Ober-/Unterhitze: etwa 180 °C (vorgeheizt)
Heißluft: etwa 160 °C (vorgeheizt)
Gas: Stufe 2 – 3 (vorgeheizt)
Backzeit: 8 – 10 Minuten pro Backblech

5 Die Plätzchen mit dem Backpapier von den Backblechen auf je einen Kuchenrost ziehen. Plätzchen erkalten lassen.

6 Die Hälfte der Plätzchen auf der Unterseite mit Gelee bestreichen, die restlichen Plätzchen darauf legen und gut andrücken.

7 Zum Garnieren Kuvertüre in einem kleinen Topf im Wasserbad bei schwacher Hitze zu einer geschmeidigen Masse verrühren. Die

Walnusskerne jeweils zur Hälfte hineintauchen und zum Trocknen auf Backpapier legen.

8 Für den Guss Puderzucker mit Wasser zu einer geschmeidigen Masse verrühren. Die Plätzchen damit bestreichen und mit den Walnusskernhälften garnieren.

Tipp: Die Plätzchen erst kurz vor dem Verzehr mit Johannisbeergeelee bestreichen. Die Plätzchen werden durch das Gelee schnell weich. Die Plätzchen schmecken noch nussiger, wenn Sie die Walnusskerne für den Teig in einer Pfanne ohne Fett etwas anrösten.

Wattplätzchen |

Raffiniert – einfach

Für den Rühr-Knetteig:
*60 g getrocknete
geschwefelte Apfelringe
170 g Butter oder Margarine
70 g Zucker
$^1\!/_2$ TL Salz
100 g heller Speisesirup
2 Pck. Bourbon-Vanille-Zucker
1 Ei (Größe M)
400 g Weizenmehl
1 gestr. TL Backpulver*

Für den Guss:
*50 g gesiebter Puderzucker
1 TL gesiebtes Kakaopulver
1 – 2 TL Zitronensaft*

Zum Garnieren:
Meeresfrüchte aus Schokolade

Zubereitungszeit: 45 Minuten, ohne Abkühlzeit

Insgesamt: E: 53 g, F: 152 g, Kh: 545 g, kJ: 16262, kcal: 3885

Wattplätzchen

1 Für den Teig Apfelringe würfeln, in eine hohe Rührschüssel geben und mit Handrührgerät mit Schneidstab pürieren. Butter oder Margarine, Zucker, Salz, Sirup und Vanille-Zucker hinzufügen. Die Zutaten mit Handrührgerät mit Rührbesen auf höchster Stufe geschmeidig rühren. So lange rühren, bis eine gebundene Masse entstanden ist.

2 Ei in etwa $^1\!/_2$ Minute unterrühren. Mehl mit Backpulver mischen und sieben. Die Hälfte des Mehlgemisches portionsweise auf mittlerer Stufe unterrühren. Restliches Mehlgemisch

mit gemehlten Händen auf der bemehlten Arbeitsfläche vorsichtig unterkneten.

3 Den Teig auf ein Backblech (30 x 40 cm, gefettet) geben und mit bemehlten Händen wellenförmig darauf verteilen. Das Backblech in den Backofen schieben.

Ober-/Unterhitze: etwa 180 °C (vorgeheizt)
Heißluft: etwa 160 °C (vorgeheizt)
Gas: Stufe 2 – 3 (vorgeheizt)
Backzeit: etwa 20 Minuten

4 Das Backblech auf einen Kuchenrost stellen. Gebäck etwas abkühlen lassen und lauwarm in Quadrate (etwa 5 x 5 cm) schneiden.

5 Für den Guss Puderzucker, Kakao und Zitronensaft zu einer dickflüssigen Masse verrühren. Die Masse in einen kleinen Gefrierbeutel füllen, eine kleine Ecke abschneiden. Kleine Wattwürmer auf die Gebäckquadrate spritzen.

6 Zum Garnieren Meeresfrüchte evtl. mit restlichem Guss auf der Unterseite bestreichen und auf das Gebäck kleben. Guss fest werden lassen.

Wattwurmkuchen |

Fruchtig – für Gäste

Für den Rührteig:
250 g Butter oder Margarine
200 g Zucker
1 Pck. Vanillin-Zucker
1 Prise Salz
4 Eier (Größe M)
250 g Weizenmehl
50 g Speisestärke
3 gestr. TL Backpulver, 2 EL Rum

Semmelbrösel für die Form

Für den dunklen Teig:
2 EL gesiebtes Kakaopulver, 1 EL Rum

Für die Füllung:
2 Gläser Sauerkirschen
(Abtropfgewicht je 370 g)
850 ml Kirschsaft aus den Gläsern
2 Pck. Pudding-Pulver
Vanille-Geschmack

Für den Belag:
50 g Zartbitterschokolade
50 ml Schlagsahne, 1 EL Rum

Zum Bestreichen:
600 ml Schlagsahne, 2 Pck. Sahnesteif

Zubereitungszeit: 35 Minuten

Insgesamt: E: 87 g, F: 457 g, Kh: 744 g, kJ: 32615, kcal: 7791

1 Für den Teig Butter oder Margarine mit Handrührgerät mit Rührbesen auf höchster Stufe geschmeidig rühren. Nach und nach Zucker, Vanillin-Zucker und Salz unterrühren. So lange rühren, bis eine gebundene Masse entstanden ist.

2 Eier nach und nach unterrühren (jedes Ei etwa $1/2$ Minute). Mehl mit Speisestärke und Backpulver mischen, sieben und abwechselnd portionsweise mit Rum auf mittlerer Stufe unterrühren.

3 Gut zwei Drittel des Teiges auf ein Backblech (30 x 40 cm, gefettet, mit Semmelbröseln bestreut) streichen. Vor den Teig einen mehrfach geknickten Streifen Alufolie legen.

4 Restlichen Teig mit Kakao und Rum verrühren. Den dunklen Teig in einen Spritzbeutel mit Lochtülle füllen und etwa 5 cm lange „Wattwürmer" auf den hellen Teig spritzen. Das Backblech in den Backofen schieben.

Ober-/Unterhitze: 180 – 200 °C (vorgeheizt)
Heißluft: 160 – 180 °C (vorgeheizt)
Gas: etwa Stufe 3 (vorgeheizt)
Backzeit: 25 – 30 Minuten

5 Das Backblech auf einen Kuchenrost stellen. Den Gebäckboden erkalten lassen.

6 Für die Füllung Sauerkirschen in einem Sieb gut abtropfen lassen. Den Saft dabei auffangen und 850 ml davon abmessen (evtl. mit Wasser auffüllen).

7 Den Kirschsaft mit Pudding-Pulver in einem Topf verrühren und gut aufkochen lassen. Sauerkirschen unterheben. Die Kirschmasse auf dem Gebäckboden verteilen und erkalten lassen.

8 Für den Belag Schokolade in kleine Stücke brechen. Sahne in einem Topf erwärmen und von der Kochstelle nehmen. Die Schokolade hinzufügen und darin auflösen, Rum unterrühren. Die Schokoladenmasse erkalten lassen, dabei ab und zu umrühren.

9 Zum Bestreichen Sahne mit Sahnesteif steif schlagen. Die Sahne auf den Kirschen verteilen. Mit Hilfe eines Teelöffels leichte Vertiefungen in die Sahne eindrücken. Die Schokoladenmasse in den Sahnevertiefungen verteilen.

Tipp: Anstelle der Sauerkirschen können auch 2 Gläser Heidelbeeren (Abtropfgewicht je 280 g) verwendet werden.

Weihnachtliche Porridge-Kekse |

Weihnachtliche Porridge-Kekse

Für Weihnachten

Zum Vorbereiten:
175 ml Milch
1 EL brauner Zucker
1 Prise Salz
40 g Haferflocken

Für den Teig:
100 g Butter
75 g brauner Zucker
1 Ei (Größe M)

100 g Weizenmehl (Type 550)
75 g Rosinen

Für die Füllung:
2 EL Pflaumenmus

Zubereitungszeit: 65 Minuten, ohne Abkühlzeit

Insgesamt: E: 32 g, F: 99 g, Kh: 269 g, kJ: 8969, kcal: 2142

1 Zum Vorbereiten Milch mit Zucker und Salz in einem Topf zum Kochen bringen. Haferflocken hinzufügen, nochmals gut aufkochen und erkalten lassen.

2 Für den Teig Butter mit Handrührgerät mit Rührbesen auf höchster Stufe geschmeidig rühren. Nach und nach Zucker unterrühren. So lange rühren, bis eine gebundene Masse entstanden ist. Ei in etwa $1/2$ Minute unterrühren. Haferflockenmasse hinzufügen. Mehl und Rosinen auf niedrigster Stufe unterrühren.

3 Von dem Teig mit 2 Teelöffeln walnussgroße Häufchen abstechen und auf Backbleche (gefettet, mit Backpapier belegt) setzen. Jeweils mit 1 Teelöffel eine kleine Vertiefung eindrücken.

4 Für die Füllung Pflaumenmus in einen kleinen Gefrierbeutel füllen, eine kleine Spitze abschneiden und jeweils in die Vertiefung der Teighäufchen einen Klecks spritzen. Die Backbleche nacheinander (bei Heißluft zusammen) in den Backofen schieben.

Ober-/Unterhitze: etwa 180 °C (vorgeheizt)
Heißluft: etwa 160 °C (vorgeheizt)
Gas: Stufe 2 – 3 (vorgeheizt)
Backzeit: etwa 15 Minuten pro Backblech

5 Die Kekse mit dem Backpapier von den Backblechen auf je einen Kuchenrost ziehen. Kekse erkalten lassen.

Weihnachtsplätzchen, braune |

Klassisch

Für den Rühr-Knetteig:
250 g flüssiger Honig
125 g Zucker, 1 Prise Salz
65 g Butter oder Margarine
65 g Schweineschmalz
1 EL Milch
5 Tropfen Zitronen-Aroma
1 gestr. TL gemahlener Kardamom
1 gestr. TL gemahlener Zimt
500 g Weizenmehl
3 gestr. TL Backpulver
30 g gemahlene Haselnusskerne

Zum Bestreichen:
Kondensmilch

Zubereitungszeit: 90 Minuten, ohne Kühlzeit

Insgesamt: E: 57 g, F: 132 g, Kh: 698 g, kJ: 18095, kcal: 4324

1 Für den Teig Honig mit Zucker, Salz, Butter oder Margarine, Schweineschmalz und Milch in einem Topf unter Rühren langsam erwärmen, zerlassen, in eine Rührschüssel geben und kalt stellen.

2 Unter die fast erkaltete Masse mit Handrührgerät mit Rührbesen auf höchster Stufe Aroma, Kardamom und Zimt rühren.

3 Mehl mit Backpulver mischen und sieben. Zwei Drittel davon portionsweise auf mittlerer Stufe unterrühren. Restliches Mehlgemisch mit den Haselnusskernen auf der bemehlten Arbeitsfläche unterarbeiten. Sollte der Teig kleben, noch etwas Mehl hinzugeben. Evtl. Teig in Folie gewickelt eine Zeit lang kalt stellen.

4 Den Teig portionsweise auf der bemehlten Arbeitsfläche dünn ausrollen, mit verschiedenen Ausstechformen Sterne, Tannenbäume oder Pilze ausstechen. Die Teigplätzchen auf Backbleche (gefettet, mit Backpapier belegt) legen und dünn mit Kondensmilch bestreichen. Die Backbleche nacheinander (bei Heißluft zusammen) in den Backofen schieben.

Ober-/Unterhitze: 180 – 200 °C (vorgeheizt)
Heißluft: 160 – 180 °C (vorgeheizt)
Gas: etwa Stufe 3 (vorgeheizt)
Backzeit: etwa 10 Minuten pro Backblech

5 Die Plätzchen mit dem Backpapier von den Backblechen auf je einen Kuchenrost ziehen. Plätzchen erkalten lassen.

Tipp: Teigplätzchen nach Belieben vor dem Backen mit abgezogenen, gehackten Mandeln oder gehackten Haselnüssen bestreuen.

Weihnachtsplätzchen, braune

Weihnachtssterne, gefüllt |

Zum Verschenken

Für den Knetteig:
250 g Weizenmehl
1 gestr. TL Backpulver
100 g Zucker
1 Pck. Vanillin-Zucker
2 Eigelb (Größe M)
¹/₂ Fläschchen Rum-Aroma
125 g Butter oder Margarine
75 g abgezogene, gemahlene Mandeln

Zum Bestreichen:
1 Eigelb
2 EL Milch

Zum Belegen:
25 g abgezogene, gestiftelte Mandeln

Für die Füllung:
2 gestr. EL Himbeergelee

Zubereitungszeit: 40 Minuten, ohne Abkühlzeit

Insgesamt: E: 58 g, F: 178 g, Kh: 312 g, kJ: 13568, kcal: 3241

1 Für den Teig Mehl mit Backpulver mischen, in eine Rührschüssel sieben. Zucker, Vanillin-Zucker, Eigelb, Aroma, Butter oder Margarine und Mandeln hinzufügen. Die Zutaten mit Handrührgerät mit Knethaken zunächst kurz auf niedrigster, dann auf höchster Stufe gut durcharbeiten.

2 Anschließend auf der bemehlten Arbeitsfläche zu einem glatten Teig verkneten. Sollte er kleben, ihn in Folie gewickelt eine Zeit lang kalt stellen.

3 Den Teig auf der bemehlten Arbeitsfläche dünn ausrollen und mit einer Ausstechform mittelgroße Sterne (40–60 Stück) ausstechen. Teigsterne auf Backbleche (gefettet, mit Backpapier belegt) legen.

4 Zum Bestreichen Eigelb und Milch verschlagen. Die Hälfte der Teigsterne damit

bestreichen und mit Mandeln belegen. Die Backbleche nacheinander (bei Heißluft zusammen) in den Backofen schieben.

Ober-/Unterhitze: etwa 200 °C (vorgeheizt)
Heißluft: etwa 180 °C (vorgeheizt)
Gas: Stufe 3–4 (vorgeheizt)
Backzeit: 10–15 Minuten pro Backblech

5 Die Sterne mit dem Backpapier von den Backblechen auf je einen Kuchenrost ziehen und erkalten lassen.

6 Für die Füllung Gelee glatt rühren. Die nicht mit Mandeln belegten Sterne damit bestreichen, mit den Mandelsternen belegen und etwas andrücken.

Tipp: Vor dem Backen die Plätzchen mit einem kleinen Loch versehen, nach dem Backen ein kleines Bändchen zum Aufhängen durchziehen und als Geschenkanhänger oder Christbaumschmuck verwenden.

Weihnachtssterne, gefüllt

Weinbrandtörtchen

Weinbrandtörtchen |

Zum Tee – raffiniert

Für den Biskuitteig:
2 Eier (Größe M)
3 EL heißes Wasser
100 g Zucker
1 Pck. Vanillin-Zucker
75 g Weizenmehl
50 g Speisestärke
1 gestr. TL Backpulver
50 g abgezogene, gemahlene Mandeln

Für die Füllung:
400 ml Schlagsahne
20 g gesiebter Puderzucker
1 Pck. Sahnesteif
2 EL Weinbrand

Zum Bestreuen:
etwa 75 g abgezogene, gemahlene,
gebräunte Mandeln
Raspelschokolade

Zubereitungszeit: 50 Minuten, ohne
Abkühlzeit

Ingesamt: E: 58 g, F: 206 g, Kh: 264 g,
kJ: 14096, kcal: 3368

1 Für den Teig Eier und Wasser mit Handrührgerät mit Rührbesen auf höchster Stufe
in 1 Minute schaumig schlagen. Zucker mit
Vanillin-Zucker mischen, in 1 Minute einstreu-
en, dann noch etwa 2 Minuten schlagen.

2 Mehl mit Speisestärke und Backpulver mischen, die Hälfte davon auf die Eiercreme sieben, kurz auf niedrigster Stufe unterrühren.
Restliches Mehlgemisch auf die gleiche Weise
unterarbeiten. Mandeln vorsichtig unterheben.

3 Den Teig in eine Muffinform (für 12 Muffins, gefettet, gemehlt) füllen. Die Form auf
dem Rost in den Backofen schieben. Sofort
backen.

Ober-/Unterhitze: etwa 180 °C (vorgeheizt)
Heißluft: etwa 160 °C (vorgeheizt)
Gas: Stufe 2 – 3 (vorgeheizt)
Backzeit: 15 – 20 Minuten

4 Die Törtchen 5 Minuten in der Form stehen lassen, dann aus der Form lösen (evtl.
vorsichtig mit Hilfe eines Messers herausheben) und auf einem Kuchenrost erkalten lassen. Törtchen einmal waagerecht durchschneiden.

5 Für die Füllung Sahne mit Puderzucker
und Sahnesteif steif schlagen. Weinbrand vorsichtig unterrühren. Die Törtchen mit zwei
Drittel der Weinbrandsahne füllen. Törtchen-
rand und -oberfläche mit der restlichen Weinbrandsahne bestreichen. Törtchen mit Mandeln und Raspelschokolade bestreuen.

Weincremeschnitten |

Einfach

Für den Teig:
1 Pck. (375 g) Backmischung
Zitronenkuchen
150 g Butter oder Margarine
2 Eier (Größe M), 100 ml Milch

Für die Füllung:
2 Pck. Paradiescreme Zitronen-
Geschmack
250 ml ('/4 l) Weißwein
400 ml Schlagsahne

Zum Bestäuben:
Puderzucker

Zubereitungszeit: 30 Minuten, ohne Kühlzeit

Insgesamt: E: 46 g, F: 286 g, Kh: 476 g,
kJ: 20411, kcal: 4847

1 Für den Teig die Backmischung mit Butter oder Margarine, Eiern und Milch nach Packungsanleitung zubereiten. Den Teig auf ein Backblech (30 x 40 cm, gefettet, mit Backpapier belegt) streichen. Vor den Teig einen mehrfach geknickten Streifen Alufolie legen. Das Backblech in den Backofen schieben.

Ober-/Unterhitze: etwa 180 °C (vorgeheizt)
Heißluft: etwa 160 °C (vorgeheizt)
Gas: Stufe 2–3 (vorgeheizt)
Backzeit: 20–25 Minuten

2 Die Gebäckplatte auf einen mit Backpapier belegten Kuchenrost stürzen. Gebäckplatte erkalten lassen. Mitgebackenes Backpapier entfernen.

3 Für die Füllung Paradiescreme nach Packungsanleitung, aber nur mit Wein zubereiten. Sahne steif schlagen und unterheben.

4 Die Gebäckplatte einmal senkrecht halbieren (30 x 20 cm). Die eine Hälfte mit der Weißwein-Creme bestreichen und mit der anderen Hälfte bedecken. Das Gebäck kalt stellen, bis die Weißwein-Creme schnittfest ist. Anschließend in Schnitten beliebiger Größe schneiden. Schnitten mit Puderzucker bestäuben.

Abwandlung: Anstelle der Backmischung kann der Kuchen auch mit einem All-in-Teig zubereitet werden. Dafür 200 g Weizenmehl, 3 gestr. Teelöffel Backpulver, 200 g Zucker, 1 Päckchen Vanillin-Zucker, 4 Eier (Größe M) und 200 g Butter oder Margarine in eine Rührschüssel geben. Die Zutaten mit Handrührgerät mit Rührbesen auf höchster Stufe in 2 Minuten zu einem glatten Teig verarbeiten. Den Teig auf ein Backblech streichen und wie unter Punkt 1 beschrieben weiter zubereiten.

Weinplätzchen |

Raffiniert

Für den Knetteig:
375 g Weizenmehl
125 g Zucker
1 Pck. Vanillin-Zucker
3 EL Weißwein
200 g Butter oder Margarine

Für den Belag:
2 Eiweiß (Größe M)
60 g Zucker, gemahlener Zimt
50 g abgezogene, gehackte Mandeln

Zubereitungszeit: 100 Minuten, ohne Abkühlzeit

Insgesamt: E: 59 g, F: 195 g, Kh: 469 g,
kJ: 16875, kcal: 4031

1 Für den Teig Mehl in eine Rührschüssel sieben. Zucker, Vanillin-Zucker, Wein und Butter oder Margarine hinzufügen. Die Zutaten mit Handrührgerät mit Knethaken zunächst kurz auf niedrigster, dann auf höchster Stufe gut durcharbeiten.

2 Anschließend auf der bemehlten Arbeitsfläche zu einem glatten Teig verkneten. Evtl. in Folie gewickelt eine Zeit lang kalt stellen.

3 Den Teig auf der bemehlten Arbeitsfläche etwa 3 mm dick ausrollen, mit einer runden Form (Ø etwa 4 cm) Plätzchen ausstechen. Teigplätzchen auf Backbleche (gefettet, mit Backpapier belegt) legen.

4 Für den Belag Eiweiß sehr steif schlagen,

Weinplätzchen

der Schnee muss so fest sein, dass ein Messerschnitt sichtbar bleibt. Die Teigplätzchen damit bestreichen.

5 Zucker und Zimt mischen. Die Teigplätzchen mit der Zimt-Zucker-Mischung und den Mandeln bestreuen. Die Backbleche nacheinander (bei Heißluft zusammen) in den Backofen schieben.

Ober-/Unterhitze: 180 – 200 °C (vorgeheizt)
Heißluft: 160 – 180 °C (vorgeheizt)
Gas: etwa Stufe 3 (vorgeheizt)
Backzeit: 10 – 15 Minuten pro Backblech

6 Die Plätzchen mit dem Backpapier von den Backblechen auf je einen Kuchenrost ziehen und erkalten lassen.

Tipp: Die Plätzchen in einer gut schließenden Dose aufbewahren. Damit sie nicht aneinander kleben, schichtweise Backpapier dazwischen legen.

Weintrauben-Muffins |

Für Kinder – schnell

Für den Rührteig:
125 g Butter oder Margarine
50 g brauner Zucker
1 Pck. Bourbon-Vanille-Zucker
2 Eier (Größe M)
175 g Weizenmehl (Type 550)
1 gestr. TL Backpulver
75 g blaue kernlose Weintrauben
75 g grüne kernlose Weintrauben

100 g Weinbeeren (kalifornische Rosinen)

Außerdem:
20 Papierbackförmchen

Zubereitungszeit: 35 Minuten

Insgesamt: E: 38 g, F: 119 g, Kh: 274 g, kJ: 10098, kcal: 2413

1 Für den Teig Butter oder Margarine mit Handrührgerät mit Rührbesen auf höchster Stufe geschmeidig rühren. Nach und nach Zucker und Vanille-Zucker unterrühren. So lange rühren, bis eine gebundene Masse entstanden ist.

2 Eier nach und nach unterrühren (jedes Ei etwa ¹/₂ Minute). Mehl mit Backpulver mischen, sieben, portionsweise auf mittlerer Stufe unterrühren.

3 Weintrauben waschen, gut abtropfen lassen und vierteln. Zusammen mit den Weinbeeren unter den Teig heben.

4 Den Teig mit Hilfe von 2 Teelöffeln in 10 zweifach ineinander gestellte Papierbackförmchen füllen. Die Förmchen auf ein Backblech stellen. Backblech in den Backofen schieben.

Ober-/Unterhitze: etwa 180 °C (vorgeheizt)
Heißluft: etwa 160 °C (vorgeheizt)
Gas: Stufe 2 – 3 (vorgeheizt)
Backzeit: etwa 20 Minuten

5 Die Förmchen vom Backblech nehmen und auf einem Kuchenrost erkalten lassen.

Tipp: Den Teig in eine Muffinform (für 12 Muffins, gefettet, bemehlt) füllen und auf dem Rost im Backofen backen. Nach dem Backen die Muffins 10 Minuten in der Form stehen lassen, dann aus der Form lösen und auf einem Kuchenrost erkalten lassen.

Weintrauben-Muffins

Weißbrot | ❄

Beliebt

Für den Hefeteig:
500 g Weizenmehl
1 Pck. Trockenhefe, 1 gestr. TL Zucker
1 schwach geh. TL Salz
2 Eier (Größe M), 1 Eigelb (Größe M)
etwa 100 ml lauwarme Milch
1 Becher (150 g) Crème fraîche

Für die Form:
Semmelbrösel

Zum Bestreichen:
etwas Wasser

Zubereitungszeit: 30 Minuten, ohne Teiggehzeit

Insgesamt: E: 82 g, F: 74 g, Kh: 387 g, kJ: 11196, kcal: 2675

1 Für den Teig Mehl in eine Rührschüssel sieben, mit Trockenhefe sorgfältig vermischen. Zucker, Salz, Eier, Eigelb, Milch und Crème fraîche hinzufügen.

2 Die Zutaten mit Handrührgerät mit Knethaken zunächst auf niedrigster, dann auf höchster Stufe in etwa 5 Minuten zu einem Teig verarbeiten. Den Teig zugedeckt an einem warmen Ort so lange stehen lassen, bis er sich sichtbar vergrößert hat.

3 Den Teig leicht mit Mehl bestäuben, aus der Schüssel nehmen und auf der bemehlten Arbeitsfläche nochmals kurz durchkneten. Den Teig in eine Kastenform (30 x 11 cm, gefettet, mit Semmelbröseln ausgestreut) geben und nochmals so lange an einem warmen Ort gehen lassen, bis er sich sichtbar vergrößert hat.

4 Die Teigoberfläche mit einem scharfen Messer der Länge nach etwa 1 cm tief einschneiden (nicht drücken) und mit Wasser bestreichen. Die Form auf dem Rost in den Backofen schieben.

Ober-/Unterhitze: 180 – 200 °C (vorgeheizt)
Heißluft: 160 – 180 °C (nicht vorgeheizt)
Gas: etwa Stufe 3 (nicht vorgeheizt)
Backzeit: 40 – 50 Minuten

5 Das Brot aus der Form lösen, auf einen Kuchenrost stürzen, wieder umdrehen und auf dem Kuchenrost erkalten lassen.

Tipp: Zusätzlich 150 g Rosinen unter den Teig kneten.

Weißbrot

Weißwein-Ananas-Torte | 🍾

Fruchtig – für Gäste

Für den Boden:
150 g Löffelbiskuits
150 g Marzipan-Rohmasse
100 g zerlassene abgekühlte Butter

Für den Belag:
1 große Dose Ananas- oder
Mini-Ananasscheiben
(Abtropfgewicht 490 g)

8 Blatt weiße Gelatine
125 ml (¹/₈ l) Ananassaft aus der Dose
125 ml (¹/₈ l) Weißwein
750 g Magerquark
150 g Zucker, Saft von 1 Zitrone
375 ml (³/₈ l) Schlagsahne

Zum Garnieren:
50 g Marzipan-Rohmasse
1 EL gesiebter Puderzucker
einige Tropfen grüne Speisefarbe

Zubereitungszeit: 55 Minuten, ohne Kühlzeit

Insgesamt: E: 160 g, F: 279 g, Kh: 421 g, kJ: 21359, kcal: 5101

1 Für den Boden Löffelbiskuits in einen Gefrierbeutel geben, Beutel fest verschließen. Löffelbiskuits mit einer Teigrolle fein zerbröseln. Marzipan-Rohmasse auf einer groben Reibe reiben oder fein würfeln.

2 Biskuitbrösel, Marzipan-Rohmasse und Butter in eine Schüssel geben und gut verkneten. Die Masse auf den Boden einer Springform (Ø 26 cm, gefettet, Boden und Rand mit Backpapier ausgelegt) geben, gut andrücken und kalt stellen.

3 Für den Belag Ananasscheiben in einem Sieb abtropfen lassen, den Saft dabei auffangen und 125 ml (⅛ l) davon abmessen. 3–4 Ananasscheiben zum Garnieren beiseite legen. Die restlichen Ananasscheiben in Stücke schneiden.

4 Gelatine in kaltem Wasser nach Packungsanleitung einweichen.

5 Abgemessenen Ananassaft und Weißwein in einem Topf erhitzen (nicht kochen). Die leicht ausgedrückte Gelatine unter Rühren vollständig darin auflösen, etwas abkühlen lassen.

6 Quark mit Zucker und Zitronensaft gut verrühren. Die Gelatinelösung unterrühren. Ananasstücke unterheben. Quark-Ananas-Masse kalt stellen.

7 Sahne steif schlagen. Wenn die Quark-Ananas-Masse anfängt dicklich zu werden, Sahne unterheben. Die Masse auf den Bröselboden geben und glatt streichen. Die Torte etwa 2 Stunden kalt stellen. Den Springform-

rand mit Hilfe eines Messers lösen und entfernen.

8 Zum Garnieren Marzipan-Rohmasse mit Puderzucker und Speisefarbe verkneten und zwischen 2 Lagen Klarsichtfolie ausrollen. Aus der Marzipanplatte Blätter ausschneiden. Die Torte mit den Marzipan-Blättern und den beiseite gelegten halbierten Ananashälften garnieren.

Tipp: Für den Belag statt Weißwein und Ananassaft nur Ananassaft verwenden.

Weißwein-Röllchen |

Für Gäste – gut vorzubereiten

Für den Biskuitteig:
3 Eier (Größe M), 1 Eigelb (Größe M)
50 g Zucker
1 Pck. Vanillin-Zucker
60 g Weizenmehl
1 Msp. Backpulver

Für die Füllung:
1 Pck. Paradiescreme Zitronen-Geschmack
100 ml Weißwein
125 ml (⅛ l) Schlagsahne

Für den Guss:
100 g Vollmilchschokolade
etwas Kokosfett

Zubereitungszeit: 45 Minuten, ohne Abkühl- und Gefrierzeit

Insgesamt: E: 45 g, F: 114 g, Kh: 219 g, kJ: 9015, kcal: 2149

1 Für den Teig Eier und Eigelb mit Handrührgerät mit Rührbesen auf höchster Stufe in 1 Minute schaumig schlagen. Zucker mit

Vanillin-Zucker mischen, in 1 Minute einstreuen, dann noch etwa 2 Minuten schlagen.

2 Mehl mit Backpulver mischen, auf die Eiercreme sieben und kurz auf niedrigster Stufe unterrühren.

3 Den Teig auf ein Backblech (30 x 40 cm, gefettet, mit Backpapier belegt) streichen. An der offenen Seite des Backbleches das Papier unmittelbar vor dem Teig zur Falte knicken, so dass ein Rand entsteht. Das Backblech in den Backofen schieben. Sofort backen.

Ober-/Unterhitze: etwa 200 °C (vorgeheizt)
Heißluft: etwa 180 °C (vorgeheizt)
Gas: Stufe 3 – 4 (vorgeheizt)
Backzeit: 8 – 10 Minuten

4 Die Biskuitplatte sofort auf die Arbeitsfläche stürzen. Mitgebackenes Backpapier mit Wasser bestreichen und vorsichtig, aber schnell abziehen. Biskuitplatte erkalten lassen.

5 Für die Füllung Paradiescreme nach Packungsanleitung , aber mit Wein und Sahne zubereiten. Die Biskuitplatte der Länge nach halbieren und jede Hälfte mit der Weißwein-

Weißwein-Röllchen

Creme bestreichen (an den Längsseiten jeweils 2 cm frei lassen). Jeden Biskuitstreifen von der langen Seite aus zu einer Rolle formen und gut verpackt etwa 2 Stunden in das Gefrierfach legen.

6 Für den Guss Schokolade in Stücke brechen, mit Kokosfett in einem kleinen Topf im Wasserbad bei schwacher Hitze zu einer geschmeidigen Masse verrühren. Die Biskuitrollen in Scheiben schneiden.

7 Röllchen bis zur Hälfte in den Guss tauchen oder damit bestreichen. Die Röllchen mit der restlichen Kuvertüre besprenkeln. Guss fest werden lassen.

Westfälische Kaffeeschnitten | ❄

Einfach

Für den Rührteig:
250 g Butter oder Margarine
200 g Zucker, 1 Pck. Vanillin-Zucker
$^1/_2$ Fläschchen Zitronen-Aroma
oder 1 Fläschchen Rum-Aroma
1 Prise Salz
4 Eier (Größe M)
375 g Weizenmehl
3 gestr. TL Backpulver
4 EL Milch

Für den Belag:
125 g Korinthen, 250 g Rosinen
100 g fein gewürfeltes Zitronat
(Sukkade)
50 g Hagelzucker
50 g abgezogene gehobelte Mandeln

Zubereitungszeit: 45 Minuten

Insgesamt: E: 93 g, F: 266 g, Kh: 856 g,
kJ: 26898, kcal: 6426

1 Für den Teig Fett mit Handrührgerät mit
Rührbesen auf höchster Stufe geschmeidig
rühren. Nach und nach Zucker, Vanillin-Zucker,
Aromen und Salz unterrühren. So lange rühren, bis eine gebundene Masse entstanden ist.

2 Eier nach und nach unterrühren (jedes Ei
etwa $^1/_2$ Minute). Mehl und Backpulver mischen, sieben, abwechselnd portionsweise
mit der Milch auf mittlerer Stufe unterrühren.
Nur so viel Milch verwenden, dass der Teig
schwer reißend vom Löffel fällt.

3 Den Teig in eine Fettfangschale (30 x 40 cm,
gefettet) geben und glatt streichen.

4 Für den Belag Korinthen, Rosinen, Zitronat, Hagelzucker und Mandeln vermischen
und gleichmäßig auf dem Teig verteilen. Die
Fettfangschale in den Backofen schieben.

Ober-/Unterhitze: 180–200 °C (vorgeheizt)
Heißluft: 160–180 °C (nicht vorgeheizt)
Gas: etwa Stufe 3 (nicht vorgeheizt)
Backzeit: etwa 35 Minuten

5 Die Fettfangschale auf einen Kuchenrost
stellen. Den Kuchen erkalten lassen und in
Stücke schneiden.

Whisky–Früchtekuchen |  ❄

Gut vorzubereiten

Zum Vorbereiten:
500 g gemischte getrocknete Früchte,
z. B. Birnen, Feigen, Rosinen, Datteln,
Aprikosen
250 g gemischte kandierte Früchte,
z. B. Kirschen rot und grün, Orangen,
Ingwer, Ananas, Zitronat
225 ml Whisky

Für den Rührteig:
225 g Butter oder Margarine
250 g brauner Zucker
2 Pck. Bourbon-Vanille-Zucker
6 Eier (Größe M)
350 g Weizenmehl
3 gestr. TL Backpulver
100 g fein gehackte Pekannusskerne
100 g ganze Pekannusskerne
100 g abgezogene, gemahlene Mandeln

Für den Guss nach Belieben:
100 g gesiebter Puderzucker
2–3 EL Whisky

Zum Garnieren:
kandierte Früchte

Zubereitungszeit: 60 Minuten, ohne
Durchzieh- und Abkühlzeit

Insgesamt: E: 128 g, F: 422 g, Kh: 947 g,
kJ: 37949, kcal: 9052

1 Zum Vorbereiten die Früchte klein schneiden, mit Whisky übergießen und über Nacht
durchziehen lassen.

Whisky-Früchtekuchen

2 Für den Teig Butter oder Margarine mit Handrührgerät mit Rührbesen auf höchster Stufe geschmeidig rühren. Nach und nach Zucker und Vanille-Zucker unterrühren. So lange rühren, bis eine gebundene Masse entstanden ist.

3 Eier nach und nach unterrühren (jedes Ei etwa ¹/₂ Minute). Mehl mit Backpulver mischen, sieben und portionsweise auf mittlerer Stufe unterrühren. Die vorbereiteten Früchte, gehackte und ganze Pekannusskerne und Mandeln unterrühren.

4 Den Teig in eine Napfkuchenform (Ø 22 cm, gefettet, gemehlt) füllen. Die Form auf dem Rost in den Backofen schieben.

Ober-/Unterhitze: etwa 160 °C (vorgeheizt)
Heißluft: etwa 140 °C (nicht vorgeheizt)
Gas: Stufe 1 – 2 (nicht vorgeheizt)
Backzeit: etwa 120 Minuten

5 Den Kuchen nach etwa 60 Minuten mit Backpapier zudecken, damit die Oberfläche nicht zu dunkel wird.

6 Den Kuchen auf einen mit Backpapier belegten Kuchenrost stürzen. Kuchen wieder umdrehen und erkalten lassen.

7 Für den Guss Puderzucker mit Whisky zu einer geschmeidigen Masse verrühren. Den Kuchen damit bestreichen und mit kandierten Früchten garnieren. Den Guss fest werden lassen.

Tipp: Der Früchtekuchen hält sich in Folie verpackt und gut gekühlt bis zu 4 Wochen frisch.

Whisky-Taschen |

Zum Tee – für Gäste

Für den Teig:
120 g heller Sirup
100 g Zucker
1 Pck. Vanillin-Zucker
120 g Butter oder Margarine
1 Pck. Finesse Geriebene Zitronenschale
1 Pck. Finesse Butter-Vanille-Aroma
¹/₂ gestr. TL gemahlener Ingwer
gut 1 TL Whisky
160 g Weizenmehl

Für die Füllung:
500 ml (¹/₂ l) Schlagsahne
2 Pck. Sahnesteif
20 g gesiebter Puderzucker
etwa 4 EL Whisky

Zubereitungszeit: 45 Minuten, ohne Abkühlzeit

Insgesamt: E: 30 g, F: 255 g, Kh: 365 g, kJ: 17319, kcal: 4139

1 Für den Teig Sirup, Zucker, Vanillin-Zucker und Butter oder Margarine langsam erwärmen, zerlassen, in eine Rührschüssel geben und kalt stellen.

2 Unter die fast erkaltete Masse mit Handrührgerät mit Rührbesen Zitronenschale, Aroma, Ingwer und Whisky rühren. Mehl sieben, portionsweise auf mittlerer Stufe unterrühren.

Whisky-Taschen

3 Jeweils nur 4 Häufchen Teig mit Hilfe eines Teelöffels auf je ein Backblech (gefettet, mit Backpapier belegt) setzen (Teig läuft auseinander). Die Backbleche nacheinander (bei Heißluft zusammen) in den Backofen schieben.

Ober-/Unterhitze: 180 – 200 °C (vorgeheizt)
Heißluft: 160 – 180 °C (vorgeheizt)
Gas: etwa Stufe 3 (vorgeheizt)
Backzeit: etwa 8 Minuten pro Backblech

4 Die Backbleche auf je einen Kuchenrost stellen. Die Gebäckplatten kurz abkühlen lassen, dann mit einem Messer vom Backpapier lösen, sofort um eine Teigrolle legen, kurz abkühlen lassen, abnehmen und etwas nachformen. Gebäcktaschen erkalten lassen.

5 Für die Füllung Sahne mit Sahnesteif und Puderzucker steif schlagen. Mit Whisky abschmecken. Die Sahne-Whisky-Masse in einen Spritzbeutel mit Sterntülle füllen.

6 Die Sahne-Whisky-Masse etwa 30 Minuten vor dem Verzehr in die Taschen spritzen.

Tipp: Ungefülltes Gebäck in gut schließenden Dosen aufbewahren.
Die Füllung ist ausreichend für 14 Taschen.

Wiener Kolatschen |

Gut vorzubereiten

Für den Rührteig:
125 g Butter oder Margarine
100 g Zucker
1 Pck. Vanillin-Zucker
1 Ei (Größe M)
1 Eigelb (Größe M)
2 Tropfen Zitronen-Aroma
250 g Weizenmehl
3 gestr. TL Backpulver

Zum Bestreichen:
1 Eiweiß
1 TL Zucker

Zum Bestreuen:
50 g Zitronat (Sukkade)
50 g abgezogene, gehackte Mandeln
70 g Korinthen

Zubereitungszeit: 70 Minuten

Insgesamt: E: 55 g, F: 146 g, Kh: 383 g, kJ: 13367, kcal: 3194

1 Für den Teig Butter oder Margarine mit Handrührgerät mit Rührbesen auf höchster Stufe geschmeidig rühren. Nach und nach Zucker, Vanillin-Zucker, Ei, Eigelb und Aroma unterrühren. Mehl mit Backpulver mischen, sieben und portionsweise auf mittlerer Stufe unterrühren.

2 Von dem Teig mit einem Teelöffel walnussgroße Häufchen abstechen und diese auf Backbleche (gefettet, mit Backpapier belegt) setzen.

3 Zum Bestreichen Eiweiß mit Zucker verschlagen. Die Teighäufchen damit bestreichen.

4 Zum Bestreuen Zitronat fein zerschneiden, mit Mandeln und Korinthen mischen, auf die Teighäufchen streuen und leicht andrücken. Die Backbleche nacheinander (bei Heißluft zusammen) in den Backofen schieben.

Ober-/Unterhitze: 180–200 °C (vorgeheizt)
Heißluft: 160–180 °C (vorgeheizt)
Gas: etwa Stufe 3 (vorgeheizt)
Backzeit: etwa 15 Minuten pro Backblech

5 Die Kolatschen mit dem Backpapier von den Backblechen auf je einen Kuchenrost ziehen. Kolatschen erkalten lassen.

Tipp: Nach Belieben anstelle von Zitronen-Aroma Finesse Orangenschalen-Aroma verwenden und Zitronat durch Orangeat ersetzen. Die Wiener Kolatschen sind in einer gut schließenden Dose etwa 4 Wochen haltbar.

Wiener Kolatschen

Wiener Ringe

Wiener Ringe |

Etwas schwieriger

Für den Rührteig:
250 g Butter oder Margarine
125 g gesiebter Puderzucker
1 Pck. Vanillin-Zucker, 1 Prise Salz
¹/₂ TL gemahlener Zimt
300 g Weizenmehl, 20 g Kakaopulver
4 EL Milch

Für die Füllung:
150 g Zartbitterschokolade
150 g weiche Butter
35 g gesiebter Puderzucker

Zum Bestäuben:
Puderzucker

Zubereitungszeit: 80 Minuten, ohne
Abkühlzeit

Insgesamt: E: 51 g, F: 387 g, Kh: 477 g,
kJ: 24093, kcal: 5757

1 Für den Teig Butter oder Margarine mit
Handrührgerät mit Rührbesen auf höchster
Stufe geschmeidig rühren. Nach und nach
Puderzucker, Vanillin-Zucker, Salz und Zimt
unterrühren. So lange rühren, bis eine gebun-
dene Masse entstanden ist.

2 Mehl mit Kakao mischen, sieben, abwechselnd portionsweise mit der Milch auf mittlerer
Stufe unterrühren.

3 Den Teig in einen Spritzbeutel mit Sterntülle füllen und Ringe (Ø etwa 3 cm) auf
Backbleche (gefettet, mit Backpapier belegt)
spritzen. Backbleche nacheinander (bei Heißluft zusammen) in den Backofen schieben.

Ober-/Unterhitze: 180 – 200 °C (vorgeheizt)
Heißluft: 160 – 180 °C (vorgeheizt)
Gas: etwa Stufe 3 (vorgeheizt)
Backzeit: etwa 12 Minuten pro Backblech

4 Die Gebäckringe mit dem Backpapier von
den Backblechen auf je einen Kuchenrost ziehen. Ringe erkalten lassen.

5 Für die Füllung Schokolade in kleine Stücke
brechen, in einem kleinen Topf im Wasserbad
bei schwacher Hitze zu einer geschmeidigen
Masse verrühren, abkühlen lassen.

6 Butter mit Handrührgerät mit Rührbesen
auf höchster Stufe geschmeidig rühren. Nach
und nach Puderzucker und die aufgelöste
Schokolade unterrühren. Die Masse in einen
Spritzbeutel mit Sterntülle geben. Die Hälfte
der Gebäckringe auf der Unterseite damit
bespritzen. Jeweils mit einem der restlichen
Gebäckringe belegen und leicht andrücken.

7 Die Wiener Ringe vor dem Servieren mit
Puderzucker bestäuben.

Tipp: Die Wiener Ringe in einer gut schließenden Dose im Kühlschrank aufbewahren.

Wiener Sandtorte mit Hagebutten

Wiener Sandtorte mit Hagebutten |

Raffiniert – gut vorzubereiten

Für den Biskuitteig:
5 Eier (Größe M)
250 g Zucker, 2 Pck. Vanillin-Zucker
175 g Weizenmehl
125 g Speisestärke
1 gestr. TL Backpulver
250 g zerlassene abgekühlte Butter
oder Margarine

Für die Füllung:
1 Glas (350 g) Hagebuttenkonfitüre
Extra (Reformhaus)

Für den Guss:
125 g gesiebter Puderzucker
2 – 3 EL Zitronensaft

Zum Bestreuen:
1 EL gehackte Pistazienkerne

Zubereitungszeit: 60 Minuten

Insgesamt: E: 74 g, F: 245 g, Kh: 860 g,
kJ: 25451, kcal: 6079

1 Für den Teig Eier mit Handrührgerät mit Rührbesen auf höchster Stufe in 1 Minute schaumig schlagen. Zucker und Vanillin-Zucker mischen, in 1 Minute einstreuen, dann noch etwa 2 Minuten schlagen.

2 Mehl mit Speisestärke und Backpulver mischen, die Hälfte davon auf die Eiercreme sieben, kurz auf niedrigster Stufe unterrühren. Restliches Mehlgemisch auf die gleiche Weise unterarbeiten. Zuletzt Butter oder Margarine unterrühren.

3 Den Teig auf ein Backblech (30 x 40 cm, gefettet, mit Backpapier belegt) geben und glatt streichen. Das Backblech in den Backofen schieben. Sofort backen.

Ober-/Unterhitze: etwa 180 °C (vorgeheizt)
Heißluft: etwa 160 °C (vorgeheizt)
Gas: Stufe 2 – 3 (vorgeheizt)
Backzeit: etwa 20 Minuten

4 Die Biskuitplatte vom Backblechrand lösen, auf mit Zucker bestreutes Backpapier stürzen, mitgebackenes Backpapier vorsichtig abziehen. Die Biskuitplatte in 4 Rechtecke (20 x 15 cm) teilen.

5 Ein Biskuitquadrat auf eine Tortenplatte legen, mit etwa 2 Esslöffeln Konfitüre bestreichen, das zweite Biskuitquadrat darauf legen und ebenfalls mit 2 Esslöffeln Konfitüre bestreichen. Mit den restlichen Biskuitquadraten ebenso verfahren.

6 Gut 1 Esslöffel Konfitüre in ein Pergamentpapiertütchen füllen und beiseite legen. Mit der restlichen Konfitüre die Kuchenränder bestreichen.

7 Für den Guss Puderzucker mit Zitronensaft zu einer dickflüssigen Masse verrühren. Die Tortenoberfläche damit bestreichen.

8 Vom Pergamentpapiertütchen eine kleine Spitze abschneiden. Die Torte mit der Konfitüre verzieren und mit Pistazienkernen bestreuen.

Tipp: Die Sandtorte lässt sich gut vorbereiten und schmeckt durchgezogen am besten.

Williamstorte |

Einfach

Für den Biskuitteig:
2 Eier (Größe M)
2 – 3 EL heißes Wasser
100 g Zucker
1 Pck. Vanillin-Zucker
75 g Weizenmehl
50 g Speisestärke
1 gestr. TL Backpulver

Zum Beträufeln:
6 – 8 EL Birnenbrand

Zum Bestreichen:
225 g Johannisbeergelee

Für den Belag:
1 Dose Birnenhälften
(Abtropfgewicht 460 g)

Zum Verzieren:
200 ml Schlagsahne
1 Pck. Sahnesteif
1 Pck. Vanillin-Zucker
50 g Zartbitterschokolade

Zubereitungszeit: 45 Minuten, ohne Abkühlzeit

Insgesamt: E: 34 g, F: 71 g, Kh: 416 g, kJ: 11686, kcal: 2794

1 Für den Teig Eier und Wasser mit Hand-rührgerät mit Rührbesen auf höchster Stufe in 1 Minute schaumig schlagen. Zucker und Va-nillin-Zucker mischen, in 1 Minute einstreuen, dann noch etwa 2 Minuten schlagen. Mehl, Speisestärke und Backpulver mischen, die Hälfte davon auf die Eiercreme sieben, kurz auf niedrigster Stufe unterrühren. Restliches Mehlgemisch auf die gleiche Weise unter-arbeiten.

2 Den Teig in eine Springform (Ø 26 cm, Bo-den gefettet, mit Backpapier belegt) geben und glatt streichen. Die Form auf dem Rost in den Backofen schieben. Sofort backen.

Ober-/Unterhitze: 180 – 200 °C (vorgeheizt)
Heißluft: 160 – 180 °C (vorgeheizt)
Gas: etwa Stufe 3 (vorgeheizt)
Backzeit: 20 – 30 Minuten

3 Den Biskuitboden aus der Form lösen und auf einen Kuchenrost stürzen, mitgebackenes Backpapier abziehen. Biskuitboden erkalten lassen, einmal waagerecht durchschneiden.

4 Den unteren Boden auf eine Tortenplatte legen und mit Birnenbrand beträufeln.

5 Gelee in einem kleinen Topf unter Rühren erwärmen. Den beträufelten Boden mit einem Teil des Gelees bestreichen. Den oberen Bo-den darauf legen. Tortenrand und -oberfläche mit dem restlichen Gelee bestreichen.

6 Für den Belag Birnenhälften in einem Sieb gut abtropfen lassen, in Spalten schneiden.

Birnenspalten auf die Torte legen, dabei die Mitte und einen 2 – 3 cm breiten Rand frei lassen.

7 Zum Verzieren Sahne mit Sahnesteif und Vanillin-Zucker steif schlagen, in einen Spritzbeutel mit Lochtülle geben. Den frei gelassenen Rand der Tortenoberfläche da-mit verzieren.

8 Schokolade in Stücke brechen, in einem kleinen Topf im Wasserbad bei schwacher Hitze zu einer geschmeidigen Masse verrüh-ren. Schokoladenmasse in ein Pergamentpa-piertütchen oder einen kleinen Gefrierbeutel füllen und eine kleine Spitze abschneiden. Die Torte mit der Schokolade verzieren.

Tipp: Anstelle des hellen Biskuitbodens kann nach Belieben auch ein dunkler Biskuitboden verwendet werden.

Williamstorte

Windbeutel mit Kirschfüllung | 🍨 🍨

Klassisch

Für den Brandteig:
125 ml (⅛ l) Wasser
25 g Butter oder Margarine
75 g Weizenmehl
15 g Speisestärke
2–3 Eier (Größe M)
1 Msp. Backpulver

Für die Füllung:
500 g Sauerkirschen
50 g Zucker, 15 g Speisestärke
175 ml Kirschsaft von den Kirschen
250 ml (¼ l) Schlagsahne
25 g gesiebter Puderzucker
1 Pck. Vanillin-Zucker
1 Pck. Sahnesteif

Zum Bestäuben und Bestreuen:
Puderzucker
25 g gehackte Pistazienkerne

Zubereitungszeit: 55 Minuten, ohne Saftzieh- und Abkühlzeit

Insgesamt: E: 70 g, F: 169 g, Kh: 312 g, kJ: 13382, kcal: 3196

1 Für den Teig Wasser und Butter oder Margarine am besten in einem Stieltopf zum Kochen bringen.

2 Mehl mit Speisestärke mischen, sieben, auf einmal in die von der Kochstelle genommene Flüssigkeit schütten und zu einem glatten Kloß rühren. Unter Rühren etwa 1 Minute erhitzen und den heißen Kloß sofort in eine Rührschüssel geben.

3 Nach und nach Eier mit Handrührgerät mit Knethaken auf höchster Stufe unterarbeiten. Weitere Eizugabe erübrigt sich, wenn der Teig stark glänzt und so von einem Löffel abreißt, dass lange Spitzen hängen bleiben. Backpulver in den erkalteten Teig arbeiten.

4 Mit 2 Teelöffeln oder mit einem Spritzbeutel 8 Teighäufchen auf ein Backblech (gefettet, mit Mehl bestäubt) setzen. Das Backblech in den Backofen schieben.

Ober-/Unterhitze: etwa 200 °C (vorgeheizt)
Heißluft: etwa 180 °C (vorgeheizt)
Gas: Stufe 3–4 (vorgeheizt)
Backzeit: 25–30 Minuten

5 Während der ersten 15 Minuten Backzeit die Backofentür nicht öffnen, da das Gebäck sonst zusammenfällt.

6 Die Windbeutel vom Backblech lösen und auf einen Kuchenrost legen. Sofort von jedem Windbeutel einen Deckel abschneiden, damit der Dampf entweichen kann. Windbeutel erkalten lassen.

7 Für die Füllung Sauerkirschen waschen, abtropfen lassen, entstielen, entsteinen und mit Zucker mischen. Sauerkirschen einige Zeit zum Saft ziehen stehen lassen. Kirschen in einem Topf kurz aufkochen und abkühlen lassen.

8 Sauerkirschen in einem Sieb abtropfen lassen, Saft dabei auffangen und 125 ml (⅛ l) davon abmessen (evtl. mit Wasser ergänzen). Speisestärke mit etwas von dem Saft anrühren. Restlichen Saft in einem Topf zum Kochen bringen. Angerührte Speisestärke unter Rühren in den von der Kochstelle genommenen Saft geben, kurz aufkochen lassen. Die Sauerkirschen unterheben. Kirschmasse abkühlen lassen.

9 Sahne mit Puderzucker, Vanillin-Zucker und Sahnesteif steif schlagen.

10 In jeden Windbeutel etwas von der Kirschmasse geben und die Sahne darauf spritzen. Auf jeden Windbeutel einen Deckel legen, mit Puderzucker bestäuben und mit Pistazienkernen bestreuen.

Tipp: Schneller geht es, wenn Sie anstelle der frischen Kirschen 1 Glas abgetropfte Sauerkirschen (Abtropfgewicht 360 g) verwenden. Die Zuckerzugabe erübrigt sich dann.

Windbeutel mit Kirschfüllung

Wirsingstrudel |

Dauert länger – für Geübte

Für den Strudelteig:
250 g Weizenmehl
1 Prise Salz
125 ml (¹/₈ l) lauwarmes Wasser
50 ml Speiseöl

Für die Füllung:
¹/₂ Kopf Wirsing (etwa 700 g)
300 g rote Paprikaschoten
100 g Zwiebeln
2 Knoblauchzehen
3 Wacholderbeeren
3 EL Speiseöl
abgeriebene Schale von ¹/₄ Bio-Zitrone
(unbehandelt, ungewachst)
125 ml (¹/₈ l) Gemüsebrühe
4 EL Weißwein
100 g Schmand
Salz
frisch gemahlener Pfeffer
Paprikapulver rosenscharf
50 g Butter

Zum Bestreichen:
20 g zerlassene Butter

Zum Bestreuen:
Semmelbrösel

Zubereitungszeit: etwa 90 Minuten, ohne Ruhe- und Abkühlzeit

Insgesamt: E: 51 g, F: 163 g, Kh: 237 g, kJ: 11538, kcal: 2754

Wirsingstrudel

1 Für den Teig Mehl in eine Rührschüssel sieben. Salz, Wasser und Öl hinzufügen. Die Zutaten mit Handrührgerät mit Knethaken zunächst kurz auf niedrigster, dann auf höchster Stufe gut durcharbeiten.

2 Anschließend auf der bemehlten Arbeitsfläche zu einem glatten Teig verkneten, ihn auf Backpapier in einen heißen trockenen Kochtopf (vorher Wasser darin kochen) legen, den Topf mit einem Deckel verschließen und etwa 30 Minuten ruhen lassen.

3 Für die Füllung vom Wirsing die groben äußeren Blätter entfernen, Wirsing in 4 Teile schneiden, dabei den Strunk heraustrennen. Wirsing abspülen und abtropfen lassen. Wirsingblätter quer in dünne Streifen schneiden.

4 Paprikaschoten halbieren, entstielen, entkernen und die weißen Scheidewände entfernen. Schoten waschen, trocken tupfen und quer in Streifen schneiden. Zwiebeln abziehen und würfeln. Knoblauch abziehen und durch die Knoblauchpresse drücken. Wacholderbeeren im Mörser zerdrücken.

5 Zwiebelwürfel und Knoblauch in einem großen Topf in erhitztem Öl andünsten. Kohl- und Paprikastreifen, Wacholderbeeren und Zitronenschale hinzufügen. Mit Brühe und Weißwein auffüllen und zugedeckt bei schwacher Hitze etwa 10 Minuten dünsten.

6 Den Deckel abnehmen, die Flüssigkeit im offenen Topf verdampfen lassen. Die Wirsing-Paprika-Masse abkühlen lassen. Dann Schmand unterheben und das Gemüse mit Salz, Pfeffer und Paprika kräftig würzen.

7 Den Strudelteig auf einem bemehlten großen Tuch (Geschirrtuch) dünn ausrollen, ihn dann mit den Händen zu einem Rechteck von etwa 90 x 50 cm ausziehen (er muss durchsichtig sein). Die Ränder, wenn sie dicker sind, abschneiden. Den Teig mit etwas von der Butter bestreichen. Semmelbrösel darauf streuen. Die Wirsing-Paprika-Masse auf einem Drittel des Teiges verteilen, dabei am Rand etwa 2 cm frei lassen.

8 Den Teig mit Hilfe des Tuches, mit der Füllung beginnend, aufrollen. Den Strudel auf ein Backblech (gefettet, mit Backpapier belegt) legen. Teigenden unter den Strudel legen. Den Strudel mit der restlichen Butter bestreichen. Das Backblech in den Backofen schieben.

Ober-/Unterhitze: etwa 200 °C (vorgeheizt)
Heißluft: etwa 180 °C (nicht vorgeheizt)
Gas: Stufe 3 – 4 (nicht vorgeheizt)
Backzeit: etwa 45 Minuten

9 Den Strudel mit dem Backpapier vom Backblech ziehen und auf einem Kuchenrost etwas abkühlen lassen. Strudel warm servieren.

Tipp: Dazu passt Kräuter-Crème-fraîche.

Zebrakuchen |

Raffiniert

Für den Teig:
5 Eigelb (Größe M)
250 g Zucker, 1 Pck. Vanillin-Zucker
¹/₂ Fläschchen Butter-Vanille-Aroma
125 ml (¹/₈ l) lauwarmes Wasser
250 ml (¹/₄ l) Speiseöl
375 g Weizenmehl
1 Pck. Backpulver
5 Eiweiß (Größe M)
2 EL gesiebtes Kakaopulver

Semmelbrösel für die Form

Für den Guss:
150 g gesiebter Puderzucker
2 EL Zitronensaft, 3 – 4 EL Wasser

Zebrakuchen

Zubereitungszeit: 35 Minuten, ohne Abkühlzeit

Insgesamt: E: 82 g, F: 288 g, Kh: 688 g, kJ: 24460, kcal: 5842

1 Für den Teig Eigelb, Zucker und Vanillin-Zucker mit Handrührgerät mit Rührbesen auf höchster Stufe schaumig schlagen. Aroma, Wasser und Öl unterrühren.

2 Mehl und Backpulver mischen, sieben und portionsweise auf mittlerer Stufe unterrühren. Eiweiß steif schlagen und unterheben. Den

Teig halbieren. Unter eine Hälfte des Teiges den Kakao rühren.

3 Zunächst 2 Esslöffel des hellen Teiges in die Mitte einer Springform (Ø 26 cm, Boden gefettet, mit Semmelbröseln ausgestreut) geben (nicht verteilen!). Auf den hellen Teig 2 Esslöffel von dem dunklen Teig geben (nicht daneben).

4 Den Vorgang wiederholen, bis der Teig aufgebraucht ist. Den Teig nicht glatt streichen. Die Form auf dem Rost in den Backofen schieben.

Ober-/Unterhitze: etwa 180 °C (vorgeheizt)
Heißluft: etwa 160 °C (nicht vorgeheizt)
Gas: Stufe 2 – 3 (nicht vorgeheizt)
Backzeit: 50 – 60 Minuten

5 Den Kuchen aus der Form lösen und auf einem Kuchenrost erkalten lassen.

6 Für den Guss Puderzucker, Zitronensaft und Wasser zu einer dickflüssigen Masse verrühren. Den Kuchen mit dem Guss überziehen. Guss fest werden lassen.

Zimt-Pflaumen-Pralinen |

Klassisch – gut vorzubereiten

Für die Pralinenmasse:
250 g getrocknete Pflaumen ohne Stein
3 EL Zwetschenwasser
1 – 2 EL Pflaumenmus
100 g abgezogene, gehackte Mandeln
1 TL gemahlener Zimt

Zum Wälzen:
50 g abgezogene, gehackte Mandeln

Zubereitungszeit: 65 Minuten, ohne Trockenzeit

Insgesamt: E: 38 g, F: 82 g, Kh: 179 g, kJ: 7946, kcal: 1898

1 Für die Pralinenmasse Pflaumen in kleine Stücke schneiden und in eine hohe Rühr-

schüssel geben. Zwetschenwasser hinzufügen und mit einem Pürierstab fein pürieren. Restliche Zutaten hinzufügen. Die Zutaten mit Handrührgerät mit Knethaken gut durcharbeiten. Aus der Masse kleine Kugeln formen.

2 Die Mandeln auf einen Teller geben. Die Kugeln darin wälzen, auf Backpapier legen und an der Luft trocknen lassen. Pralinen gekühlt aufbewahren.

Zimtsterne | 

Klassisch

Für die Baisermasse:
3 Eiweiß (Größe M)
250 g gesiebter Puderzucker
1 Pck. Vanillin-Zucker
3 Tropfen Bittermandel-Aroma
1 gestr. TL gemahlener Zimt
275 – 325 g nicht abgezogene,
gemahlene Mandeln

Zimtsterne

Außerdem:
gesiebter Puderzucker
evtl. etwas Wasser

Zubereitungszeit: 100 Minuten

Insgesamt: E: 76 g, F: 174 g, Kh: 291 g, kJ: 12523, kcal: 3229

1 Für die Baisermasse Eiweiß sehr steif schlagen. Der Schnee muss so fest sein, dass ein Messerschnitt sichtbar bleibt. Nach und nach Puderzucker unterschlagen. 2 gut gehäufte Esslöffel von dem Eischnee zum Bestreichen der Sterne beiseite stellen.

2 Vanillin-Zucker, Aroma, Zimt und die Hälfte der Mandeln vorsichtig auf niedrigster Stufe unter die übrigen Eischnee rühren, von den restlichen Mandeln so viel unterkneten, dass die Masse kaum noch klebt.

3 Die Masse auf der mit Puderzucker bestäubten Arbeitsfläche etwa $1/2$ cm dick ausrollen. Mit einer Ausstechform Sterne ausstechen, diese auf Backbleche (mit Backpapier belegt) legen. Sterne mit der beiseite gestellten Eischneemasse (die Masse muss so sein, dass sie sich glatt auf die Sterne streichen lässt, evtl. einige Tropfen Wasser unterrühren) bestreichen. Die Backbleche nacheinander (bei Heißluft zusammen) in den Backofen schieben.

Ober-/Unterhitze: 140 – 160 °C (vorgeheizt)
Heißluft: 120 – 140 °C (vorgeheizt)
Gas: etwa Stufe 1 (vorgeheizt)
Backzeit: 20 – 30 Minuten pro Backblech

4 Das Backblech auf einen Kuchenrost stellen. Das Gebäck muss sich beim Herausnehmen auf der Unterseite noch etwas weich anfühlen. Die Zimtsterne vom Backpapier lösen und auf einem Kuchenrost erkalten lassen.

Tipp: Die Zimtsterne am besten in gut schließenden Dosen aufbewahren.

Zimtwaffeln, kleine |

Für Gäste

Für den Teig:
125 g Weizenmehl
60 g weiche Butter
60 g Zucker
1 Ei (Größe M)
1 gestr. TL gemahlener Zimt

Zum Bestäuben:
Puderzucker
gemahlener Zimt

Zum Einfetten:
etwas Margarine

Zubereitungszeit: 45 Minuten

Insgesamt: E: 22 g, F: 57 g, Kh: 163 g, kJ: 5421, kcal: 1295

1 Für den Teig Mehl in eine Rührschüssel sieben. Butter, Zucker, Ei und Zimt hinzufügen. Die Zutaten mit Handrührgerät mit Rührbesen in etwa 4 Minuten zu einem glatten Teig verarbeiten.

2 Eiserkucheneisen erhitzen, fetten und jeweils 1 Teelöffel Teig in das Eisen geben und backen.

3 Die Waffeln sofort nach dem Backen zu einer Tüte aufrollen oder als Taler lassen.

4 Zum Bestäuben Puderzucker mit Zimt mischen, die Waffeln sofort nach dem Backen damit bestäuben.

Tipp: Die Waffeln in einer gut verschlossenen Dose aufbewahren. Waffeln schmecken sehr gut zu Eis oder Dessert.

Zimtwaffeln, kleine

Zitronen-Sahne-Rolle | ❄

Klassisch

Für den Biskuitteig:
4 Eier (Größe M), 4 EL heißes Wasser
125 g Zucker, 1 Pck. Vanillin-Zucker
75 g Weizenmehl, 50 g Speisestärke
1 Msp. Backpulver

Für die Füllung:
2 gestr. TL gemahlene Gelatine, weiß
¹/₂ Bio-Zitrone (unbehandelt,
ungewachst)
3 Stück Würfelzucker
5 EL Zitronensaft
500 ml (¹/₂ l) Schlagsahne
100 g gesiebter Puderzucker

Zubereitungszeit: 60 Minuten, ohne
Abkühl- und Quellzeit

Insgesamt: E: 56 g, F: 183 g, Kh: 361 g,
kJ: 14249, kcal: 3406

1 Für den Teig Eier und Wasser mit Handrührgerät mit Rührbesen auf höchster Stufe in
1 Minute schaumig schlagen. Zucker mit Vanillin-Zucker mischen, in 1 Minute einstreuen
und dann noch etwa 2 Minuten schlagen.

2 Mehl, Speisestärke und Backpulver mischen, die Hälfte davon auf die Eiercreme

sieben und kurz auf niedrigster Stufe unterrühren. Restliches Mehlgemisch auf die gleiche Weise unterarbeiten.

3 Den Teig auf ein Backblech (30 x 40 cm,
gefettet, mit Backpapier belegt) streichen. An
der offenen Seite des Backblechs das Papier
unmittelbar vor dem Teig zur Falte knicken, so
dass ein Rand entsteht. Das Backblech in den
Backofen schieben. Sofort backen.

Ober-/Unterhitze: etwa 200 °C (vorgeheizt)
Heißluft: etwa 180 °C (vorgeheizt)
Gas: Stufe 3–4 (vorgeheizt)
Backzeit: 10–15 Minuten

4 Die Biskuitplatte sofort auf mit Zucker be-
streutes Backpapier stürzen, mitgebackenes
Backpapier mit kaltem Wasser bestreichen
und vorsichtig, aber schnell abziehen. Die
Biskuitplatte mit dem Backpapier aufrollen.
Rolle erkalten lassen.

5 Für die Füllung Gelatine mit kaltem Wasser in einem kleinen Topf anrühren. 10 Minuten quellen lassen. Die gelbe Schale von
der Zitrone mit den Ecken des Würfelzuckers
abreiben. Würfelzucker zur gequollenen Gelatine geben. Alles unter Rühren erwärmen
(nicht kochen), bis die Gelatine völlig gelöst
ist. Zitronensaft hinzufügen.

6 Sahne fast steif schlagen. Die Gelatineflüssigkeit unter Schlagen nach und nach
hinzufügen. Die Sahne vollkommen steif
schlagen. Puderzucker vorsichtig unterrühren.

7 Die Biskuitrolle vorsichtig auseinander
rollen, zwei Drittel der Zitronensahne darauf-
streichen und wieder aufrollen, dabei die
äußere braune Haut entfernen.

8 Die Biskuitrolle zunächst dünn mit etwas
von der restlichen Zitronensahne, dann mit
der restlichen Zitronensahne bestreichen. Die
Biskuitrolle mit Hilfe einer Gabel durch wellenförmige Längsstriche verzieren.

Zitronen-Sahne-Rolle

Zitrus-Pie |

Fruchtig – raffiniert

Für den Knetteig:
200 g Weizenmehl
1 Msp. Backpulver
75 g Zucker
1 Pck. Vanillin-Zucker
1 Prise Salz
120 g Butter oder Margarine

Zum Bestreuen:
30 g Cornflakes
1 EL abgezogene, gemahlene Mandeln

Für die Füllung:
2 rosa Grapefruits oder 4 Blutorangen
(etwa 700 g)
30 g Speisestärke
50 ml Zitronensaft
120 g Zucker, 100 g Butter

Für die Baiserhaube:
4 Eiweiß (Größe M)
150 g Zucker, 2 TL Zitronensaft

Zubereitungszeit: 50 Minuten, ohne
Kühlzeit

Insgesamt: E: 44 g, F: 187 g, Kh: 591 g,
kJ: 18169, kcal: 4338

1 Für den Teig Mehl mit Backpulver mischen
und in eine Rührschüssel sieben. Zucker,
Vanillin-Zucker, Salz und Butter oder Margarine hinzufügen. Die Zutaten mit Handrührgerät mit Knethaken zunächst kurz auf
niedrigster, dann auf höchster Stufe gut
durcharbeiten.

2 Anschließend auf der bemehlten Arbeitsfläche zu einem glatten Teig verkneten. Sollte

er kleben, ihn in Folie gewickelt eine Zeit lang kalt stellen.

3 Zwei Drittel des Teiges auf der bemehlten Arbeitsfläche zu einer runden Platte (Ø 28 cm) ausrollen und auf den Boden einer Tarte- oder Pieform (Ø 28 cm, gefettet) legen. Restlichen Teig zu einer Rolle formen, sie als Rand auf den Boden legen, so an die Form drücken, dass ein 2 cm hoher Rand entsteht. Den Teigboden mehrmals mit einer Gabel einstechen.

4 Zum Bestreuen Cornflakes in einen Gefrierbeutel füllen. Beutel fest verschließen. Cornflakes mit der Teigrolle zerbröseln. Cornflakesbrösel mit den Mandeln mischen und auf den Teigboden streuen. Kalt stellen.

5 Für die Füllung Grapefruits oder Orangen mit einem scharfen Messer so schälen, dass auch die weiße Haut ganz entfernt wird. Orangen filetieren. Dabei den Saft auffangen und 200 ml davon abmessen. Speisestärke mit etwas von dem aufgefangenen Saft anrühren.

Restlichen Saft in einem kleinen Topf mit Zitronensaft und Zucker zum Kochen bringen. Angerührte Speisestärke unter Rühren in den von der Kochstelle genommenen Saft geben, kurz aufkochen lassen. Butter unter Rühren darin zerlassen.

6 Die Fruchtfilets auf dem Teigboden verteilen, mit dem angedickten Saft bedecken. Form auf dem Rost in den Backofen schieben.

Ober-/Unterhitze: etwa 200 °C (vorgeheizt)
Heißluft: etwa 180 °C (vorgeheizt)
Gas: Stufe 3 – 4 (vorgeheizt)
Backzeit: etwa 30 Minuten

7 Die Form auf einen Kuchenrost stellen. Die Pie etwas abkühlen lassen.

8 Für die Baiserhaube Eiweiß sehr steif schlagen. Der Schnee muss so fest sein, dass ein Messerschnitt sichtbar bleibt. Nach und nach Zucker und Zitronensaft unterschlagen. Baisermasse mit einem Esslöffel wellen-

förmig auf die Fruchtfüllung geben. Die Form wieder auf dem Rost in den Backofen schieben und die Baiserhaube überbacken.

Ober-/Unterhitze: 200 – 220 °C (vorgeheizt)
Heißluft: 180 – 200 °C (vorgeheizt)
Gas: etwa Stufe 4 (vorgeheizt)
Backzeit: 8 – 10 Minuten

9 Die Form auf einen Kuchenrost stellen. Pie etwas abkühlen lassen. Warm oder kalt servieren.

Zitrus-Pie

Zuckerkuchen | ❄

Klassisch

Für den Hefeteig:
375 g Weizenmehl
1 Pck. Trockenhefe
50 g Zucker
1 Pck. Vanillin-Zucker
1 Prise Salz
75 g zerlassene lauwarme Butter oder Margarine
200 ml lauwarme Milch

Für den Belag:
75 g Butter, 150 g Zucker

Zum Bestreichen:
150 g saure Sahne oder Crème fraîche

Zubereitungszeit: 35 Minuten, ohne Teiggehzeit

Insgesamt: E: 54 g, F: 179 g, Kh: 500 g, kJ: 16465, kcal: 3933

1 Für den Teig Mehl in eine Rührschüssel sieben, mit Trockenhefe sorgfältig vermischen. Zucker, Vanillin-Zucker, Salz, Butter oder Margarine und Milch hinzufügen. Die Zutaten mit Handrührgerät mit Knethaken kurz auf niedrigster, dann auf höchster Stufe in etwa 5 Minuten zu einem Teig verarbeiten.

2 Den Teig zugedeckt so lange an einem warmen Ort stehen lassen, bis er sich sichtbar vergrößert hat.

3 Den Teig aus der Schüssel nehmen, auf der bemehlten Arbeitsfläche nochmals kurz durchkneten und auf einem Backblech (30 x 40 cm, gefettet) ausrollen. Vor den Teig einen mehrfach geknickten Streifen Alufolie legen.

4 Für den Belag Butter in Flöckchen gleichmäßig auf den Teig setzen. Zucker darüber streuen. Den Teig zugedeckt nochmals so lange an einem warmen Ort gehen lassen, bis er sich sichtbar vergrößert hat. Das Backblech in den Backofen schieben.

Ober-/Unterhitze: etwa 200 °C (vorgeheizt)
Heißluft: etwa 180 °C (vorgeheizt)
Gas: Stufe 3 – 4 (vorgeheizt)
Backzeit: etwa 15 Minuten

5 Den Kuchen nach etwa 10 Minuten Backzeit mit saurer Sahne oder Crème fraîche bestreichen.

6 Das Backblech auf einen Kuchenrost stellen. Kuchen erkalten lassen.

Zwetschenkuchen

Gut vorzubereiten – klassisch

Für den Hefeteig:
375 g Weizenmehl
1 Pck. Trockenhefe
50 g Zucker
1 Pck. Vanillin-Zucker
1 Prise Salz
200 ml lauwarme Milch
75 g zerlassene abgekühlte Butter oder Margarine

Für den Belag:
2 1/2 kg Zwetschen

Zum Bestreuen:
2 EL Zucker

Zubereitungszeit: 75 Minuten, ohne Teiggehzeit

Insgesamt: E: 63 g, F: 76 g, Kh: 644 g, kJ: 15678, kcal: 3751

1 Für den Teig Mehl in eine Rührschüssel sieben, mit Trockenhefe sorgfältig vermischen. Zucker, Vanillin-Zucker, Salz, Milch und Butter oder Margarine hinzufügen. Die Zutaten mit Handrührgerät mit Knethaken zunächst kurz auf niedrigster, dann auf höchster Stufe in etwa 5 Minuten zu einem Teig verarbeiten.

2 Den Teig zugedeckt so lange an einem warmen Ort stehen lassen, bis er sich sichtbar vergrößert hat.

3 Für den Belag Zwetschen waschen, trocken tupfen, halbieren und entsteinen. Spitzen etwas einschneiden.

4 Den Teig aus der Schüssel nehmen, auf der bemehlten Arbeitsfläche nochmals kurz durchkneten und auf einem Backblech (30 x 40 cm, gefettet) ausrollen. Vor den Teig einen mehrfach geknickten Streifen Alufolie legen. Zwetschen dachziegelartig –

mit der Innenseite nach oben – auf den Teig legen.

5 Den Teig nochmals so lange an einem warmen Ort gehen lassen, bis er sich sichtbar vergrößert hat. Das Backblech in den Backofen schieben.

Ober-/Unterhitze: etwa 200 °C (vorgeheizt)
Heißluft: etwa 180 °C (vorgeheizt)
Gas: Stufe 3 – 4 (vorgeheizt)
Backzeit: 20 – 30 Minuten

6 Den Kuchen auf einen Kuchenrost stellen und etwas abkühlen lassen, dann mit Zucker bestreuen. Kuchen erkalten lassen.

Tipp: Den Kuchen mit Zimt-Zucker (2 Esslöffel Zucker und 1 Teelöffel Zimt) bestreuen. Den Kuchen mit Schlagsahne servieren. Anstelle der Alufolie einen Backrahmen um den Teig stellen.

Zwetschenkuchen mit Vanillecreme |

Klassisch

Für den Knetteig:
150 g Weizenmehl
1/2 gestr. TL Backpulver
65 g Zucker
1 Ei (Größe M)
65 g Butter oder Margarine

Für den Rand:
1 gestr. EL Weizenmehl

Für die Füllung:
1 Pck. Pudding-Pulver Vanille-Geschmack
40 g Zucker
500 ml (1/2 l) Milch
2 Eier (Größe M)

Für den Belag:
750 g Zwetschen oder Pflaumen

Zum Bestreichen:
25 g zerlassene Butter

Zum Bestreuen:
1 gut geh. EL Zucker
1 EL Vanillin-Zucker

Zubereitungszeit: 65 Minuten, ohne Abkühlzeit

Insgesamt: E: 61 g, F: 114 g, Kh: 383 g, kJ: 12259, kcal: 2926

1 Für den Teig Mehl mit Backpulver mischen, in eine Rührschüssel sieben. Zucker, Ei und Butter oder Margarine hinzufügen. Die Zutaten mit Handrührgerät mit Knethaken zunächst kurz auf niedrigster, dann auf höchster Stufe gut durcharbeiten.

2 Anschließend auf der bemehlten Arbeits-

fläche zu einem glatten Teig verkneten. Sollte er kleben, ihn in Folie gewickelt eine Zeit lang kalt stellen.

Zwetschenkuchen mit Vanillecreme

3 Zwei Drittel des Teiges auf dem Boden einer Springform (Ø 26 cm, Boden gefettet) ausrollen. Springformrand darumstellen. Den Teigboden mehrmals mit einer Gabel einstechen. Die Form auf dem Rost in den Backofen schieben und den Boden vorbacken.

Ober-/Unterhitze: etwa 200 °C (vorgeheizt)
Heißluft: etwa 180 °C (vorgeheizt)
Gas: Stufe 3 – 4 (vorgeheizt)
Backzeit: etwa 15 Minuten

4 Die Form auf einen Kuchenrost stellen. Boden etwas abkühlen lassen.

5 Restlichen Teig mit 1 Esslöffel Mehl verkneten und zu einer Rolle formen. Diese auf den vorgebackenen Boden legen, so an die Form drücken, dass ein etwa 3 cm hoher Rand entsteht.

6 Für die Füllung aus Pudding-Pulver, Zucker und Milch nach Packungsanleitung einen Pudding zubereiten. Zuletzt Eier unterrühren. Die Puddingmasse gleichmäßig auf dem vorgebackenen Boden verteilen.

7 Für den Belag Zwetschen oder Pflaumen waschen, trocken reiben, halbieren, entsteinen und an den Spitzen etwas einschneiden. Zwetschen- oder Pflaumenhälften mit der

Innenseite nach oben kranzförmig auf die Puddingmasse legen. Die Form wieder auf dem Rost in den Backofen schieben und den Kuchen fertig backen.

Ober-/Unterhitze: etwa 200 °C (vorgeheizt)
Heißluft: etwa 180 °C (vorgeheizt)
Gas: Stufe 3 – 4 (vorgeheizt)
Backzeit: etwa 30 Minuten

8 Die Form auf einen Kuchenrost stellen. Den Kuchen sofort mit zerlassener Butter bestreichen. Kuchen erkalten lassen.

9 Zum Bestreuen Zucker mit Vanillin-Zucker mischen und auf den Kuchen streuen.

Zwiebelkuchen | ❄

Preiswert – klassisch

Für den Hefeteig:
250 g Weizenmehl, 1 Pck. Trockenhefe
1 Prise Zucker
1 Prise Salz
50 g zerlassene abgekühlte Butter oder Margarine
125 ml (¹/₈ l) lauwarme Milch

Für den Belag:
500 g Zwiebeln, Salz
1 – 2 EL Butter oder Margarine
1 EL Weizenmehl, 3 Eier (Größe M)
300 g saure Sahne, Kümmelsamen
50 g durchwachsener Speck

Zubereitungszeit: 45 Minuten, ohne Teiggehzeit

Insgesamt: E: 77 g, F: 148 g, Kh: 236 g, kJ: 11342, kcal: 2709

1 Für den Teig Mehl in eine Rührschüssel sieben und mit Trockenhefe sorgfältig vermischen. Zucker, Salz, Butter oder Margarine und Milch hinzufügen. Die Zutaten mit Handrührgerät mit Knethaken zunächst auf nied-

rigster, dann auf höchster Stufe in etwa 5 Minuten zu einem Teig verarbeiten.

2 Den Teig zugedeckt so lange an einem warmen Ort stehen lassen, bis er sich sichtbar vergrößert hat.

3 Für den Belag Zwiebeln abziehen, halbieren und in Streifen schneiden. Butter oder Margarine zerlassen. Die Zwiebeln darin glasig dünsten lassen.

4 Mehl, Eier, Sahne, Kümmel und Salz verrühren und mit den Zwiebelstreifen vermischen.

5 Den Teig nochmals kurz durchkneten und zwei Drittel davon auf dem Boden einer Springform (Ø 26 cm, Boden gefettet) ausrollen. Restlichen Teig zu einer Rolle formen, auf den Teigboden legen und am Formrand 2 – 3 cm hochdrücken. Die Zwiebelmasse gleichmäßig auf dem Teigboden verteilen.

6 Speck in Würfel schneiden und auf der Zwiebelmasse verteilen. Den Teig nochmals so lange an einem warmen Ort gehen lassen, bis er sich sichtbar vergrößert hat.

7 Die Form auf dem Rost in den Backofen schieben.

Ober-/Unterhitze: etwa 200 °C (vorgeheizt)
Heißluft: etwa 180 °C (nicht vorgeheizt)
Gas: Stufe 3 – 4 (nicht vorgeheizt)
Backzeit: etwa 40 Minuten

8 Den Kuchen aus der Form lösen und auf einem Kuchenrost etwas abkühlen lassen. Kuchen lauwarm servieren.

Zwiebelkuchen

Zwiebelkuchen auf dem Blech |

Klassisch

Für den Hefeteig:

400 g Weizenmehl (Type 550)
1 Pck. Trockenhefe, 1 gestr. TL Zucker
1 gestr. TL Salz, 4 EL Speiseöl
250 ml (¼ l) lauwarme Milch

Für den Belag:

1 ½ kg Gemüsezwiebeln
300 g durchwachsener Speck
2 EL Speiseöl, Salz
frisch gemahlener Pfeffer
1 gestr. TL Kümmelsamen
200 g mittelalter Gouda-Käse
3 Eier (Größe M)
1 Becher (150 g) Crème fraîche

Zubereitungszeit: 50 Minuten, ohne
Teiggeh- und Abkühlzeit

Insgesamt: E: 179 g, F: 368 g, Kh: 399 g,
kJ: 24628, kcal: 5878

1 Für den Teig Mehl in eine Rührschüssel geben, mit Trockenhefe sorgfältig vermischen. Zucker, Salz, Öl und Milch hinzufügen. Die Zutaten
mit Handrührgerät mit Knethaken zunächst auf
niedrigster, dann auf höchster Stufe in etwa
5 Minuten zu einem Teig verarbeiten.

2 Den Teig zugedeckt so lange an einem
warmen Ort stehen lassen, bis er sich sichtbar vergrößert hat.

3 Für den Belag Gemüsezwiebeln abziehen,
vierteln und in Scheiben schneiden. Speck
würfeln. Öl in einem großen Topf erhitzen,
Speckwürfel darin andünsten. Die Zwiebel-
scheiben hinzufügen und etwa 5 Minuten bei
starker Hitze darin braten. Mit Salz, Pfeffer
und Kümmel würzen. Die Zwiebel-Speck-
Masse etwas abkühlen lassen.

4 Käse raspeln. Käseraspel, Eier und Crème
fraîche unter die Zwiebel-Speck-Masse rühren.

5 Den Teig leicht mit Mehl bestäuben, aus
der Schüssel nehmen und auf der bemehlten
Arbeitsfläche nochmals kurz durchkneten.
Den Teig in einer Fettfangschale (30 x 40 cm,
gefettet) ausrollen und an den Seiten etwas
hochdrücken. Die Zwiebel-Speck-Masse darauf verteilen.

6 Den Teig nochmals zugedeckt so lange an
einem warmen Ort gehen lassen, bis er sich
sichtbar vergrößert hat. Die Fettfangschale in
den Backofen schieben.

Ober-/Unterhitze: etwa 200 °C (vorgeheizt)
Heißluft: etwa 180 °C (nicht vorgeheizt)
Gas: Stufe 3 – 4 (nicht vorgeheizt)
Backzeit: etwa 40 Minuten

7 Die Fettfangschale auf einen Kuchenrost
stellen. Zwiebelkuchen etwas abkühlen
lassen und in Stücke schneiden. Warm
servieren.

Zwiebelkuchen auf dem Blech

Zwiebelwaffeln

Zwiebelwaffeln |

Für Gäste

Für den Teig:
100 g Weizenmehl
100 g Vollkorn-Weizenmehl
1 gestr. TL Backpulver
1 gestr. TL Salz
250 ml (¹/₄ l) lauwarme Milch
4 Eier (Größe M)
8 EL Speiseöl
50 g Röstzwiebeln

Für das Waffeleisen:
Speiseöl
50 g Röstzwiebeln

Für den Belag:
1 Glas (250 ml) Salatmayonnaise
¹/₂ Glas Gurkensalat „Dänische Art"
(Abtropfgewicht 180 g)
1 Glas (60 Stück) Cocktail-Würstchen

Zubereitungszeit: 60 Minuten

Insgesamt: E: 120 g, F: 326 g, Kh: 233 g,
kJ: 18949, kcal: 4524

1 Für den Teig Weizenmehl, Vollkorn-Weizen-mehl, Backpulver und Salz mischen und in eine Rührschüssel geben. Milch, Eier, Öl und Röst-zwiebeln hinzufügen. Die Zutaten mit Handrühr-gerät mit Rührbesen auf höchster Stufe zu einer geschmeidigen Masse verrühren.

2 Den Teig in kleinen Portionen in ein gut erhitztes Waffeleisen (gefettet, mit je einem Teelöffel Röstzwiebeln ausgestreut) füllen. Die Waffeln goldbraun backen und einzeln auf einen Kuchenrost legen.

3 Für den Belag jede Waffel mit Mayon-naise, Gurkensalat und Würstchen belegen und mit den restlichen Röstzwiebeln bestreut servieren.

Tipp: Röstzwiebeln gibt es fertig zu kaufen.

313

Kuchen vom Blech

Mit Alkohol

Pikantes Gebäck

Plätzchen

Schnell

Torten

Vollwert-Gebäck

Weihnachtsgebäck

Verlagsgruppe Random House FSC-DEU-0100
Das für dieses Buch verwendete
FSC®-zertifizierte Papier *Hello Fat Matt*
liefert Condat, Le Lardin Saint-Lazare, Frankreich.

2. Auflage

Hinweis   Wenn Sie Anregungen, Vorschläge oder Fragen zu unseren Büchern haben,
dann schreiben Sie uns: Dr. Oetker Verlag KG, Am Bach 11, 33602 Bielefeld
oder besuchen Sie uns im Internet unter www.oetker-verlag.de oder www.oetker.de

Copyright   © 2011 by Dr. Oetker Verlag KG, Bielefeld

Taschenbucherstausgabe 04/2011

Genehmigte Lizenzausgabe für den Wilhelm Heyne Verlag,
München, in der Verlagsgruppe Random House GmbH.
www.heyne.de
Printed in Germany 2013

Redaktion   Jasmin Gromzik, Miriam Krampitz

Rezeptfotos   Walter Cimbal, Hamburg (S. 207)
Thomas Diercks, Hamburg (S. 9, 15, 16, 25, 28, 29, 35, 40, 42, 44, 46, 47, 48, 49,
60, 61, 65, 66, 67, 71, 72, 74, 75, 85, 86, 87, 88, 96, 101, 105, 108, 109, 117, 118,
121, 128, 134, 151, 152, 153, 154, 156, 157, 162, 164, 165, 167, 174, 175, 176,
179, 181, 189, 195, 196, 197, 201, 205, 209, 213, 214, 221, 222, 225, 231, 232,
236, 237, 241, 243, 244, 248, 250, 254, 258, 259, 270, 272, 283, 289, 290, 291,
293, 301, 305, 308, 309, 313)
Ulli Hartmann, Halle/Westfalen (S. 203, 240)
Ulrich Kopp, Sindelfingen (S. 11, 17, 21, 41, 47, 58, 69, 82, 115, 117, 125, 129, 133,
135, 150, 155, 168, 171, 173, 182, 187, 191, 194, 200, 202, 204, 220, 228, 242,
243, 255, 263, 292, 294, 307, 311)
Kramp & Gölling, Hamburg (S. 7, 9, 12, 26, 37, 45, 56, 64, 67, 73, 80, 89, 100, 102,
106, 111, 138, 141, 188, 193, 234, 246, 249, 273, 275, 306)
Bernd Lippert (S. 18, 20, 34, 38, 51, 54, 59, 70, 77, 90, 93, 107, 113, 126, 132, 136,
144, 148, 149, 178, 183, 190, 204, 253, 257, 280, 281, 285, 295, 302, 307)
Christiane Pries, Borgholzhausen (S. 19, 62, 103, 159, 163, 211, 235, 238, 266)
Axel Struwe, Bielefeld (S. 114)
Norbert Toelle, Bielefeld (S. 7, 14, 55, 90, 95, 120, 146, 158, 180, 185, 212, 216,
229, 251, 269, 277, 287, 296)
Brigitte Wegner, Bielefeld (S. 6, 8, 10, 13, 22, 23, 24, 27, 31, 32, 36, 39, 43, 52, 57,
63, 68, 76, 81, 83, 84, 91, 92, 94, 97, 98, 99, 104, 110, 112, 116, 118, 119, 122,
123, 124, 127, 130, 131, 137, 139, 140, 142, 143, 145, 147, 151, 160, 161, 163,
166, 169, 170, 172, 184, 186, 192, 198, 199, 200, 206, 208, 210, 218, 224, 226,
227, 230, 241, 245, 252, 256, 260, 264, 265, 267, 271, 274, 276, 278, 279, 282,
286, 297, 298, 299, 303, 310, 312)
Bernd Wohlgemuth, (S. 53, 215, 258)

Wir danken für die
freundliche Unterstützung   Coca-Cola, Berlin
August Storck, Berlin

Umschlaggestaltung   kontur:design GmbH, Bielefeld
Grafisches Konzept   kontur:design GmbH, Bielefeld
Satz und Gestaltung   M•D•H Haselhorst, Bielefeld

Druck und Bindung   Offizin Andersen Nexö, Leipzig

Nachdruck, auch auszugsweise, nur mit unserer ausdrücklichen Genehmigung
und mit Quellenangabe gestattet.

ISBN: 978-3-453-85569-4